O Direito do Trabalho Comparado em perspectiva histórica

Coordenador: Jorge Luiz Souto Maior

LACIER

Ficha Catalográfica

Dados Internacionais de Catalogação na Publicação (CIP)
(Câmara Brasileira do Livro, SP, Brasil)

O Direito do trabalho comparado : em perspectiva histórica / organização Adriana R. Strabelli...[et al.] ; coordenação Jorge Luis Souto Maior. -- Campinas, SP : Lacier Editora, 2021.

Outros autores: Alessandro da Silva, Carlos de Carvalho Baboin, José Carlos Callegari, Larissa Matos
ISBN 978-65-88805-03-9

1. Direito comparado 2. Direito do trabalho 3. Direito do trabalho - História I. Strabelli, Adriana R. II. Silva, Alessandro da. III. Baboin, Carlos de Carvalho. IV. Callegari, José Carlos. V. Matos, Larissa. VI. Maior, Jorge Luis Souto.

21-57623 CDU-34:331

Índices para catálogo sistemático:

1. Direito do trabalho 34:331

Cibele Maria Dias - Bibliotecária - CRB-8/9427

Diretor: *Lacier José de Rezende*

Diretor assistente: *Eduardo Soares Aureliano*

Projeto gráfico e capa: *Juliana Ferreira Carnielli*

Diagramação: *Juliana Ferreira Carnielli e Alice Corbett Fogli*

Imagem da capa: *vetor criado por pikisuperstar - br.freepik*

LACIER
www.lacier.com.br

SUMÁRIO

PARTE II

APRESENTAÇÃO

A presente obra é fruto de uma disciplina do curso de pós-graduação ministrada, em 2018, na Faculdade de Direito da Universidade de São Paulo, sob a coordenação do professor **Jorge Luiz Souto Maior** e o essencial e eficiente apoio do presidente da comissão de pós-graduação, **Fernando Facury Scaff**, e do diretor da unidade, **Floriano de Azevedo Marques Neto**.

Cumpre registrar, nesta apresentação, um enorme agradecimento aos professores e professoras que se disponibilizaram a vir de seus países para ministrar memoráveis aulas e aos alunos e alunas que se dedicaram aos estudos e a contribuir, decisivamente, para a conclusão desta obra.

Trata-se, pois, de um livro importantíssimo e, porque não dizer, histórico.

A análise dos artigos em conjunto revela que o neoliberalismo impõe alterações sobre a legislação trabalhista nos mais diversos países, com o claro objetivo de precarizar as relações de trabalho, o que permite sua caracterização como contrarreformas. Todavia, ainda que seja possível falar em uma tendência global, o grau de modificação do Direito do Trabalho varia segundo a posição do país na periferia ou no centro do capitalismo. A partir dessa constatação, a obra foi organizada em duas partes: uma que trata das contrarreformas na América Latina e outra com as alterações levadas a efeitos em alguns países europeus e nos Estados Unidos.

Na primeira parte são apresentadas as contrarreformas nos países latino-americanos, que, embora formalmente independentes, inserem-se de forma subordinada no sistema capitalista mundial, motivo pelo qual sujeitam-se ao intercâmbio desigual e recorrem à superexploração da força de trabalho para compensar a transferência de valor em direção aos países do centro capitalista. Essa posição dependente determina alterações mais profundas no que diz respeito ao conteúdo e mais extensas em relação à quantidade de matérias afetadas pelas contrarreformas, de modo que, não raro, a norma abandona o objetivo de proteger os trabalhadores, finalidade constituidora do Direito do Trabalho, para tomar partido da atividade econômica, em um processo de desfiguração desse ramo do direito.

Na abertura dos artigos sobre a América Latina, **Manoel Carlos Toledo Filho** expõe a *Formação Histórica e Política da Justiça do Trabalho no Brasil.* O texto faz jus ao título, pois abrange toda a evolução dessa instituição, desde o período em que era um apêndice do Ministério do Trabalho, com atribuições administrativas, sua posterior integração no Poder Judiciário, as fases de consolidação e expansão até a etapa contemporânea, na qual a Justiça do Trabalho sofreu contundentes cortes orçamentários e tornou-se alvo central na contrarreforma trabalhista de 2017.

Em seguida, é o momento de conhecer as transformações sobre o Direito do Trabalho na Argentina. Para tanto, **Carlos A. Toselli** nos apresenta as origens desse marco normativo, com as principais leis que regularam as relações de trabalho naquele país desde o início do século XX até as mudanças mais recentes, passa pela regulação da matéria na ordem constitucional, assim como destaca a luta contra a informalidade e a dificuldade em dar efetividade a tais normas. Ao final, é possível confirmar a constatação com a qual Toselli abre seu artigo: "A República Argentina seguiu, também no processo de reconhecimento de seus direitos trabalhistas, os altos e baixos dos movimentos políticos que marcaram sua evolução histórica".

Ainda com relação à Argentina, **José Carlos Callegari** concentra sua análise no Direito Coletivo do Trabalho, por meio de um recorte específico da organização legal dos sindicatos e, por consequência, da própria formação da classe trabalhadora naquele país. Nas suas palavras, o objetivo é "compreender especificamente a relação do peronismo com a organização sindical argentina".

Além das contrarreformas trabalhistas propriamente ditas, outros campos dos direitos sociais também foram fortemente golpeados na América Latina. O sistema de previdência social vem se transformando há várias décadas nos países do subcontinente, mas é no início dos anos 1980, no auge da ditadura do general Augusto Pinochet, que o Chile torna-se um verdadeiro modelo da contrarrevolução neoliberal nessa área. No artigo sobre esse país, **Jean Carlos Barcelos Martins** expõe toda a evolução dos modelos de previdência ao longo da história, diferencia os modelos de repartição coletiva pública e aqueles de capitalização individual, apresenta um panorama das reformas da previdência na América Latina e mostra como o Chile foi "o pioneiro em modificar o antigo modelo de previdência pública por repartição, para o modelo privado de capitalização individual". Por fim, ele responde se esse seria um paradigma a ser seguido.

Larissa Matos analisa o Direito do Trabalho na Colômbia em perspectiva histórica e compara sua evolução com o desenvolvimento do Direito do Trabalho no Brasil, notadamente em relação aos pontos positivos e negativos que norteiam a relação capital-trabalho. Seu objetivo é demonstrar como os países enquadrados no capitalismo periférico tem realidades históricas e atuais semelhantes, inclusive no que concerne às contrarreformas trabalhistas.

Conquanto seja um país latino-americano, o México integra a América do Norte e faz fronteira com a principal economia do capitalismo contemporâneo, os Estados Unidos. Tendo em conta essa particularidade, **Édur Velasco Arregui** revela, de forma cristalina, como "a circunstância particular do México dentro da economia continental, consequência de sua abdução pela economia dos Estados Unidos, tem um impacto decisivo sobre a condição jurídica da classe trabalhadora mexicana na terceira década do século XXI". Arregui expõe toda a complexidade das relações entre esses dois países, inclusive no que diz respeito ao processo histórico que resultou na positivação dos direitos sociais na Constituição Mexicana de 1917, experiência que serviria de paradigma para vários países mundo afora.

Para fechar a primeira parte, é a vez de **Adriana R. Strabelli e Felipe de Melo Barbosa** fazerem um *Estudo comparativo do Direito do Trabalho no Uruguai e no Brasil: 1990 a 2018*. O artigo analisa o desenvolvimento do Direito do Trabalho no Uruguai no período de predomínio do ideário neoliberal e também no período de reformismo social, de modo a realizar um cotejo com o sistema brasileiro nas mesmas épocas. O escopo é identificar eventuais semelhanças e diferenças entre os países e contribuir para a compreensão crítica do papel do Direito do Trabalho no sistema capitalista, especialmente no Brasil.

Na segunda parte foram reunidos os artigos sobre as contrarreformas em alguns países europeus – Alemanha, Espanha, França e Itália – e nos Estados Unidos, nos quais a ofensiva sobre os direitos sociais também foi impiedosa, mas encontrou obstáculos mais bem estabelecidos, como a observação dos ritos da democracia liberal[1] e a importância do mercado interno nos países do capitalismo central.

Após relatarem em linhas gerais as principais alterações realizadas na regulamentação das relações de trabalho na Alemanha a partir dos anos 2000, **Giovana Labigalini Martins, José Carlos de Carvalho Baboin e Lara Porto Renó** concluem que "tais reformas ocorreram mediante amplo diálogo social, sobretudo com sindi-

1 Já nos países dependentes, como os latino-americanos, o Estado é instrumentalizado para agir como agente primordial da superexploração da força de trabalho, processo que implica o desenvolvimento de um capitalismo que sobrepõe os elementos de barbárie sobre os civilizatórios, assim como reduz o campo das classes dominantes para estabelecer modalidades de domínio sustentadas em formas estáveis de consenso, fundadas na legitimidade e legalidade do exercício do poder. Como exemplos eloquentes dessa tendência, e naquilo que diz respeito ao tema deste livro, as medidas de maior envergadura da contrarreforma trabalhista no Brasil foram levadas a efeito após um golpe midiático-judicial-parlamentar que em 2016 derrubou a Presidenta Dilma Rousseff, enquanto que no México, "o desdobramento das Reformas Estruturais seguiu o caminho da Guerra Disforme que começa com a grande fraude das eleições de 2006, a guerra contra o inimigo interno: a resistência popular desde a memória comunitária, do antigo tecido social da Nação mexicana", conforme nos revela Édur Velasco Aregui no artigo que integra a presente obra.

catos fortes e sociedade civil", o que acarretou "a preocupação de combater efeitos iniciais prejudiciais aos trabalhadores, como impedir a substituição de trabalhadores permanentes por temporários como forma de promover a imediata redução salarial".

É senso comum que, como foi um dos países europeus mais afetados pela crise econômica de 2008, a Espanha promoveu profundas mudanças em seu ordenamento jurídico, em especial no que concerne às relações de trabalho. Todavia, **Juan José Sevila Sánchez** mostra que desde a aprovação do Estatuto dos Trabalhadores, em 1980, esse país sofreu vários choques econômicos que o obrigaram a adotar medidas excepcionais. Ele aponta que, independentemente do debate que possa surgir sobre se foram bem-sucedidos ou não, o fato é que o crescimento do trabalho precário e as novas formas de pobreza não surgiram repentinamente devido ao estouro da bolha imobiliária em 2008, mas a vários fatores relacionados à globalização da economia, a excessiva dependência da economia espanhola no setor da construção, a desregulamentação dos mercados e as mudanças tecnológicas acabaram deteriorando o tecido produtivo.

Também com foco no debate sobre a eficácia das modificações promovidas na legislação espanhola para atingir os fins com que foram propostas, **Leonardo Aliaga Betti e Pedro Daniel Blanco Alves** examinam a realidade do país ao longo do século XX e início do século XXI, do ponto de vista de sua evolução histórica, jurídica, econômica e política. Os autores pretendem avaliar se realmente existe alguma relação entre desenvolvimento econômico e redução de direitos trabalhistas, a partir do estudo de indicadores relativos aos períodos de crise e de bonança econômica na Espanha. Para tanto, eles analisaram a transição do regime franquista para o regime democrático; os reflexos jurídicos desta importante transformação da sociedade espanhola; e a realidade enfrentada pelos espanhóis nas últimas três décadas, em que se vivencia sucessão de reformas na legislação trabalhista com o declarado intuito de se promover redução nas taxas de desemprego e de se facilitar a atividade produtiva.

Tal qual a Espanha, a França foi outro país europeu que sofreu profundas mudanças na regulação das relações de trabalho. **Tatiana Sachs** revela que essa significativa transformação se inscreve em um movimento que tomou corpo a partir de 2008 e culminou com a *Loi Travail*, aprovada em 2016, e as reformas que seguiram, como as *Ordonnances* Macron de 2017, que tinham a pretensão de "refundar" o Direito do Trabalho francês para fazer surgir "um novo modelo social". Ela identifica a lógica desse movimento e as tecnologias jurídicas utilizadas, assim como apresenta uma interpretação, segundo a qual as alterações teriam chegado a tal ponto que estaríamos diante de uma verdadeira transformação do Direito do Trabalho em Direito do mercado de trabalho.

Lucas Bento de Carvalho faz um *Ensaio de Panorama Crítico sobre as Reformas no Direito do Trabalho Francês (2004-2019)*, no qual constata que tais reformas são amplamente inspiradas pela promoção de um ideal de flexissegurança. Segundo esse dogma, um Direito de Trabalho menos rígido seria a garantia de melhor desempenho econômico que deveria, *in fine*, beneficiar a todos, tanto os assalariados como os empregadores. Lucas Bento assevera que, embora os resultados ainda estejam pendentes em termos de redução do desemprego e do crescimento, o ritmo das medidas para desregular a legislação trabalhista não está diminuindo. Ao cabo, ele constata que os assalariados franceses sofrem não apenas uma redução de seus direitos, mas assistem ao desmantelamento de sua capacidade de resistência diante dos tribunais.

Mariane Lima Borges Brasil escreveu um artigo com o intuito de fornecer conhecimentos básicos e abrangentes acerca da história do Direito do Trabalho na Itália, bem como da influência do movimento operário italiano no Brasil. O texto permite que o leitor trace paralelos com a realidade brasileira e alcance uma compreensão crítica acerca dos fundamentos históricos do Direito do Trabalho, por meio de uma efetiva imersão na realidade jurídica-histórica italiana.

Raquel Bossan, por sua vez, discorre a respeito das contrarreformas trabalhistas ocorridas na Itália e no Brasil. Através do breve cotejo histórico e das nuances das severas mudanças trazidas em cada proposta de referidos países, ela analisa de maneira crítica as alterações legislativas e sociais arraigadas nas propostas de "reforma", apontando as semelhanças e diferenças.

Referente ao Direito do Trabalho em Portugal, a obra traz dois grandes artigos. Um deles é escrito pelo Professor Português **António Garcia Pereira**, que aborda, com maestria e didática, os pontos de ataque aos direitos trabalhistas, enfatizando a eliminação de importantes direitos sociais e a destruição das relações coletivas de trabalho, a partir: 1) da negação, ou pelo menos progressiva erosão, da autonomia dogmática e científica do Direito do Trabalho, como Ramo do Direito; 2) da negação do seu valor normativo e eficácia vinculativa; 3) da defesa de um legalismo ultra positivista; 4) da afirmação acintosa e afrontosa do maior desprezo pelos princípios constitucionais mais básicos; e 5) do esvaziamento e inutilização prática dos sistemas de fiscalização da constitucionalidade das leis e de defesa dos direitos fundamentais.

O outro decorre dos estudos de **Augusto Xavier de Carvalho e Daniela Duarte Murayama** sobre o Direito do Trabalho em Portugal, comparando-o com o Brasil a partir de uma perspectiva histórica. Para tanto, descrevem o trabalho na Constituição portuguesa e delineiam as principais alterações legislativas na reforma trabalhista portuguesa, com o propósito de afirmarem que é dever constitucional das sociedades brasileira e portuguesa assumirem o compromisso de implementação de um modelo de desenvolvimento econômico sustentável, que prime pelo respeito e valorização do trabalho humano.

Por fim, com o artigo de **Manuela Cristina Fernandes Leite**, chegamos aos Estados Unidos, país que ainda ocupa a posição de epicentro do capitalismo mundial. A partir de uma perspectiva comparada entre o Brasil e os Estados Unidos, ela apresenta algumas proposições sobre o papel das entidades sindicais na desjudicialização dos conflitos trabalhistas, através da implementação de meios alternativos de solução de controvérsias, principalmente do instituto da arbitragem.

Boa leitura!

PARTE I

FORMAÇÃO HISTÓRICA E POLÍTICA DA JUSTIÇA DO TRABALHO DO BRASIL

Manoel Carlos Toledo Filho[1]

"No fundo de tudo, no fundo de toda a história, no fundo do passado e do futuro, hoje e sempre, está, em última análise, a pessoa do homem, a pessoa do homem revelado e revelador, que é, em síntese, o suporte de todas as maravilhosas e magníficas realizações modernas, que é o instrumento de todos os regimes democráticos, que é o alvo único, final e definitivo da Justiça, em todas as suas formas e, acima de todas as suas formas, da Justiça Social, objetivo da nossa época e inspiração da nossa luta". (Mozart Victor Russomano).[2]

1. INTRODUÇÃO

De acordo com dados extraídos do sítio do Tribunal Superior do Trabalho, a Justiça do Trabalho do Brasil contava, em 2019, em sua 1ª instância, com 1.573 Varas do Trabalho, distribuídas por 578 municípios, com jurisdição sobre todos os 5.570 munícipios do país. Na segunda instância, com 24 Tribunais Regionais, sendo dois deles no Estado de São Paulo, e um em cada qual dos demais Estados da Federação, com exceção dos Estados do Acre, Roraima, Amapá e Tocantins. No total, havia 3.955 cargos de magistrado, incluídos os cargos de 27 Ministros do TST, e 43.203 cargos de servidor.[3]

No plano jurisdicional, a Justiça do Trabalho Nacional possui competência para apreciar, entre outros, conflitos individuais e coletivos envolvendo trabalhadores e em-

1 Desembargador do Tribunal Regional do Trabalho da 15ª Região. Bacharel, Mestre e Doutor em Direito do Trabalho pela Universidade de São Paulo. Membro efetivo das Associações Argentina e Uruguaia de Direito do Trabalho e da Seguridade Social. Diretor da Escola Judicial do TRT-15 no biênio 2017/2018. Professor do curso de pós-graduação em direito do trabalho e processual do trabalho da PUC-Campinas.

2 RUSSOMANO, Mozart Victor. A competência normativa da justiça do trabalho. In: Temas polêmicos de direito do trabalho. Rio de Janeiro: Editora Científica Ltda, 1979, p. 122.

3 Conforme relatório geral da justiça do trabalho/2019. Disponível em: https://www.tst.jus.br/documents/18640430/26518944/RGJT+2019.pdf/f8c0ae2d-8247-b4d8-3479-2bbd1d821e4c?t=1593177429682. Acesso em 12/07/2020.

pregadores – podendo, nestes últimos, até mesmo criar normas complementares à legislação federal - ações referentes a representação sindical, pedidos de indenização por danos morais e materiais vinculados a uma relação de trabalho, inclusive quando decorrentes de acidentes de trabalho, lides abrangendo entes públicos em se tratando de servidores regidos pela CLT, questões referentes ao meio ambiente de trabalho, questões possessórias vinculadas ao exercício do direito de greve, podendo ainda executar, de ofício, as contribuições previdenciárias resultantes do cumprimento de suas sentenças.

Não está mal para uma Justiça que começou sua caminhada político-institucional como um mero apêndice do Ministério do Trabalho, sem autonomia para fazer cumprir suas decisões, sem garantias mínimas para seus julgadores, sobre os quais, ademais, se questionava se seriam ou não efetivamente magistrados e se lhes seria lícito invocar e aplicar normas de direito que não aquelas relativas à legislação do trabalho e, mesmo no tocante a estas, se poderiam reconhecer sua eventual inconstitucionalidade.[4]

O percurso efetuado pela nossa Justiça do Trabalho, cujo princípio podemos situar no ano de 1932, foi árduo, polêmico e muitas vezes ingrato, mas também foi profícuo, gratificante e glorioso. Sua história bastante se mescla ou se confunde com traços estruturais da história contemporânea da sociedade brasileira, dentro da qual nasceu, afirmou-se, expandiu-se, serviu e segue servindo, apesar das dificuldades, das limitações, dos defeitos que tenha ou das críticas, justas ou injustas, que frequentemente a ela se dirigem.

O objetivo deste artigo é facilitar a compreensão do que significa para o Brasil a Justiça do Trabalho que possui, minimamente identificando suas origens, seu contexto, seu perfil e sua missão.

2. FORMAÇÃO FUNDAMENTAL (1932/1946)

A derrocada financeira mundial precipitada pela quebra da Bolsa de Nova Iorque, com a depressão que se lhe seguiu, tornou urgente a instauração de mecanismos legais de regulação das relações de trabalho, em ordem a minimamente amenizar a inevitável tensão social adjacente ao fenômeno econômico em questão.

Assim é que, já no ano de 1931, foram, por exemplo, publicadas a primeira Lei Federal do Trabalho do México[5], o primeiro Código do Trabalho do Chile[6] e,

---

4 CESARINO JUNIOR, Antonio Ferreira. Direito processual do trabalho. Rio de Janeiro: Freitas Bastos, 1942, p. 164/168.

5 BUEN L., Néstor. Derecho del trabajo. Tomo I, 16ª edição. México: Editorial Porrúa, 2004, p. 370.

6 THAYER ARTEAGA, William. Texto, comentario y jurisprudencia del código del trabajo. 3ª edição. Santiago: Ediciones UC, 2013, p. 28.

na Espanha, as Leis de Contrato de Trabalho e de Jornada Máxima Legal[7]. Também em 1931 o Papa Pio XI publicou a encíclica *Quadragesimo Anno*, a qual, fundamentalmente, representou uma reiteração das advertências e recomendações previamente lançadas em 1891, através da encíclica *Rerum Novarum*, do Papa Leão XIII.[8]

No Brasil se deu o mesmo fenômeno. Com a chegada ao poder de Getúlio Vargas, em 1930,[9] principiou-se a gestação de uma legislação do trabalho que, pouco mais adiante, viria a adquirir um caráter orgânico, abrangendo, ademais de preceitos de cunho substancial, disposições de índole processual e jurisdicional. E isto porque já estava patente que não bastava que se procedesse à criação de um direito novo: era mister, também, a existência de uma magistratura especializada, munida de um instrumento próprio e que a ambos – direito material e processual - bem soubesse aplicar. [10]

Nesse contexto, surgem as primeiras Juntas de Conciliação e Julgamento, através do Decreto 22.132, de 26/11/1932,[11] órgãos tripartites de representação paritária, compostos por dois vogais, provenientes das classes patronal e profissional, e um presidente, preferencialmente versado em direito, todos eles selecionados pelo governo,

---

7 MONTOYA MELGAR, Alfredo. Derecho del trabajo. 26ª edição. Madrid: Editorial Tecnos, 2005, p. 73. Sem embargo, não foram estas as primeiras leis laborais espanholas, visto que, como esclarece este mesmo autor, preceitos congêneres já tinham sido editados, naquele país, nomeadamente a partir de 1917.

8 Pio XI abre a sua encíclica dizendo "No 40º aniversário da magistral encíclica de Leão XIII « Rerum novarum », todo o orbe católico, movido dos sentimentos da mais viva gratidão, propõe-se comemorá-la com a devida solenidade". In: http://www.vatican.va/content/pius-xi/pt/encyclicals/documents/hf_p-xi_enc_19310515_quadragesimo-anno.html, acesso realizado em 01/07/2020.

9 Os governos da República Velha haviam ignorado o quanto puderam a denominada "questão social". No testemunho factual de Maurício Lacerda, referindo-se a episódio ocorrido na década de 20: "Fui excluído afinal da chapa fluminense de deputado pelo partido em que viera militando desde estudante, por virtude de injunção política notória do Presidente da República, em represália a atitude por mim tomada no Parlamento e fora dele em defesa dos operários e de seus direitos de reunião, de associação, de opinião, de residência, de greve e de imprensa, e à dignidade da pessoa humana, que eram violados e destroçados "com lei ou sem lei" segundo se proclamara ao mesmo tempo em que se solicitava ao Congresso uma chusma de decretos de exceção. Tais decretos visavam, como já se sabe, declarar não existir uma questão social no Brasil onde a mesma era um caso de polícia contra a ação de "anarquistas e estrangeiros" que "exploravam" o proletariado, acabando por resumir a ação repressora e intolerante, como sendo uma reação ao "comunismo". In: Evolução legislativa do direito social brasileiro. Coleção Lindolfo Collor. Rio de Janeiro: Ministério do Trabalho, Indústria e Comércio, 1960, p. 279. Destaques feitos.

10 Nas palavras de Juan Balella: "Las razones que han inducido el legislador a substraer las controversias individuales del trabajo a la competencia de la jurisdicción de derecho común son de varia naturaleza y, sobre todo, están fundadas en la convicción de que la justicia administrada por los Tribunales ordinarios es demasiado lenta y dispendiosa y de que el Magistrado ordinario no tiene, por lo general, la competencia necesaria para juzgar de todas las cuestiones relativas al contrato de trabajo".Lecciones de legislación del trabajo. Tradução do original italiano por Teodomiro Moreno. Madrid: Editorial Reus S.A., 1933, p. 338. Segundo este autor, que escrevia na década de 20, havia então jurisdição trabalhista especializada na Alemanha, Áustria, Bélgica, Espanha, França, Hungria, Iugoslávia, Itália, Portugal e em alguns cantões suíços (idem, p.339).

11 Um pouco antes, em 12/05/1932, foram criadas as Comissões Mistas de Conciliação, pelo Decreto 21.396, cuja atribuição, porém, era fundamentalmente auxiliar no alcance de uma autocomposição ou, não sendo esta possível, propor às partes a realização de arbitragem, que essas poderiam aceitar ou não (art. 14).

ainda quando se tomasse por base, quanto aos integrantes classistas, listas formadas e enviadas pelos sindicatos ou associações patronais (art. 4°).

Este "embrião" da Justiça do Trabalho brasileira estava assim, formalmente vinculado ao Poder Executivo, notadamente ao Ministério do Trabalho, que era o responsável pela criação das Juntas, o que se faria a requerimento de qualquer sindicato e "tantas quantas forem necessárias" (art. 2°). O Ministro do Trabalho possuía, ainda, o poder de avocar os processos decididos perante as Juntas, funcionando, assim, como uma sorte de instância recursal nacional (art. 29). [12] Por outro lado, as Juntas não tinham autonomia para executar suas próprias decisões, cabendo tal tarefa à Justiça Comum (art. 23).[13]

Essa índole administrativa ou "parajudicial" dos primeiros órgãos decisórios trabalhistas foi transportada para o plano constitucional. Assim é que, na democrática Constituição de 1934, a Justiça do Trabalho veio prevista em seu artigo 122, que estava inserido no Título IV, que cuidava "Da Ordem Econômica e Social". Estava, pois, distante da disciplina própria do Poder Judiciário, que se fez no capítulo IV do Título I (artigos 63/87) que o próprio artigo 122, aliás, explicitamente declarava que à Justiça do Trabalho não seria aplicável. Tal modelo foi reprisado pelo artigo 139 da Constituição ditatorial de 1937.

Estava claro que a ideia central era posicionar a Justiça do Trabalho como uma sorte de adendo qualificado ou linha auxiliar do Poder Executivo, cuja missão principal seria a de manter sob controle os conflitos entre o capital e o trabalho, notadamente naquilo que se refere ao seu viés politicamente mais delicado, a saber, as greves.[14] Os debates havidos por ocasião da Assembleia Nacional Constituinte de 1934 deixaram bem evidenciada esta circunstância. Naquela ocasião, afirmara o então deputado Horácio Lafer:

---

12 Decreto 22.132, art. 29: "É facultado ao ministro do Trabalho, Indústria e Comércio avocar qualquer processo em que haja decisão proferida, há menos de 6 meses, pelas Juntas de Conciliação e Julgamento e na fórmula indicada no presente decreto, a requerimento da parte e provando esta ter havido flagrante parcialidade dos julgadores ou violação expressa de direito". In: https://www2.camara.leg.br/legin/fed/decret/1930-1939/decreto-22132-25-novembro-1932-526777-publicacaooriginal-82731-pe.html. Acesso realizado em 01/07/2020.

13 Tal dualidade jurisdicional – juntas julgando, juízes de direito executando – foi abolida somente com o advento do decreto-lei 1237/39, cuja vigência principiou em 01/05/1941. Para maiores detalhes sobre a composição e o funcionamento das primeiras Juntas de Conciliação e Julgamento, consulte-se: TOLEDO FILHO, Manoel Carlos. A competência funcional do juiz-presidente da conciliação e julgamento. São Paulo: LTr. 1997, p. 15/29.

14 Em conferência ocorrida em 1974, Mozart Victor Russomano, um dos maiores estudiosos do tema jurídico-trabalhista no mundo, afirmou: "Tenho repetido que a Justiça do Trabalho é instrumento de Segurança Nacional. Como quando faço essa afirmativa, muitas vezes, é ela tomada com reservas, aproveito o magnífico espetáculo desse auditório, constituído em sua quase unanimidade por gente moça, para repetir essa premissa inicial: a Justiça do Trabalho é instrumento de Segurança Nacional". RUSSOMANO, Mozart Victor. "Justiça do Trabalho e Segurança Nacional". In: Direito processual do trabalho. 2ª edição. São Paulo: LTr, 1977, p. 95. O destaque é do texto original.

> Sr. Presidente, tendo sido criada a Justiça do Trabalho - vou colocar a questão em poucas palavras - ou a resistência se estabelece antes da intervenção da mesma justiça, e, neste caso, um dos fundamentos mais fortes que levaram os Deputados a votar por aquela providência está invalidado, porquanto o que se visava era evitar os dissídios ou se vai operar depois da sentença da Justiça, e, nestas condições, a inutiliza. Sejamos lógicos: ou reconhecemos o direito de greve, de resistência e acabamos com a Justiça do Trabalho, ou criamos essa Justiça e suprimimos o direito à resistência. [15]

Em igual sentido foi a manifestação do Deputado Medeiros Neto:

> Sr. Presidente, requeri o destaque em apreço, porque me pareceu uma excrescência, na Constituição que estamos a votar, dispositivo permitindo a greve ou o lock out desde quando estabelecemos a justiça do trabalho. Afigurou-se-me, Sr. Presidente, que, instituída essa justiça, todas as dissensões entre operários e patrões, ou entre esses e aqueles, deviam ser levadas aos tribunais, cujas sentenças deveriam ser acatadas.[16]

Já entre os deputados constituintes que ali representavam a classe operária o que existia era uma explícita desconfiança acerca do papel que deveria a Justiça do Trabalho desempenhar, como se denota do excerto a seguir reproduzido:

> O SR. VALDEMAR REIKDAL[17] - O companheiro ainda tem ilusões com relação a essa organização de Genebra?! E uma agremiação de burgueses, que lá está para tapear. SR. RODRIGUES DE SOUSA[18] - Em resposta ao aparte do ilustre Deputado devo dizer que, não só não tenho ilusões a esse respeito, como ainda não acredito nas Juntas de conciliação; tão pouco nesta justiça do trabalho, aqui há pouco votada. Quero adiantar, Sr. Presidente, para esclarecer o meu raciocínio, que a justiça do trabalho será um corolário, a consequência dessas juntas de conciliação e arbitramento. [19]

---

15 In: Annaes da assembléa nacional constituinte 1933/1934, volume 21, p. 499. Destaque nosso. Disponível em https://bd.camara.leg.br/bd/handle/bdcamara/8071 . Acesso realizado em 03/07/2020. Esta perspectiva foi confirmada na Assembleia Nacional Constituinte de 1946, na fala do deputado Segadas Viana: "Estabelecia-se, entretanto, a proibição da greve no pressuposto de que a Justiça do Trabalho remediaria todos os problemas econômico-sociais, o que, se em tese poderia ser defendido, na realidade se comprovou importar numa restrição ao direito de união do proletariado para se defender das injunções e da opressão da classe capitalista". In: Anais da assembléia constituinte 1946. Volume VIII, p. 109. Disponível em https://bd.camara.leg.br/bd/handle/bdcamara/6/browse?value=Brasil.+Assembleia+Nacional+Constituinte+%281946%29&type=subject , acesso realizado em 03/07/2020.

16 In: Annaes..., volume 21, p. 508. Destacamos.

17 Deputado classista, comunista e membro do Sindicato dos Metalúrgicos de Curitiba. Conforme MONTEIRO, Claudia. Política entre razão e sentimentos. A militância dos comunistas no Paraná, 1945-1947.Curitiba, Histórias do Paraná – Coleção Museu Paranaense, 2017, p. 200. Disponível em:http://www.museuparanaense.pr.gov.br/arquivos/File/Livros/Ebook_Politica_razao_sentimento.pdf. Acesso realizado em 09/07/2020.

18 Deputado classista, presidente do sindicato dos estivadores do Rio de Janeiro. Conforme biografia disponível em http://www.fgv.br/cpdoc/acervo/dicionarios/verbete-biografico/antonio-rodrigues-de-sousa , acesso realizado em 09/07/2020.

19 In: Annaes da assembléa nacional constituinte 1933/1934, volume 21, p. 503. Destaque nosso. Disponível em https://bd.camara.leg.br/bd/handle/bdcamara/8071 . Acesso realizado em 03/07/2020. Essa desconfiança com a Justiça do Trabalho, aliás, voltaria a ser explicitamente externada mais de meio século depois, na Assembleia Nacional Constituinte de 1987/1988, como se pode ver em manifestação do deputado Augusto Carvalho: "Sr. Presidente, gostaria de deixar registrado aqui, pela Liderança do Partido Comunista Brasileiro, o nosso mais veemente protesto contra a declaração do Presidente do Tribunal Superior do Trabalho do nosso País, S. Ex.ª,

Por conta mesmo deste contexto, intensa discussão doutrinária houve, durante o período de 1934 a 1946, acerca da natureza jurídica da Justiça do Trabalho, se seria ela tipicamente judicial ou meramente administrativa.[20] Esta polêmica tornou-se ainda mais pertinente e complexa quando do advento do Decreto-Lei 1237 de 02/05/1939 – cuja vigência, porém, somente se deu a partir de 01/05/1941 - que consubstanciou o primeiro diploma legal a estruturar nacional e organicamente a jurisdição especializada laboral, dando-lhe contornos similares a um poder judiciário genuíno.

A polêmica resolveu-se no plano constitucional com a carta política de 1946, o que para nada transmudaria, porém, a percepção que se possuía acerca do papel "neutralizador" a ser desempenhado pelos Tribunais do Trabalho, como se pode inferir de uma entrevista dada em 08/03/1946 pelo então Presidente da República, Eurico Gaspar Dutra:

> As greves que têm surgido no Brasil, por motivo de questões de salário vão sendo resolvidas rapidamente, com equidade e serena compreensão. As autoridades em todo o pais têm a mesma orientação: evitar violências, examinar os casos com justiça e atender, na medida do possível, aquilo que os operários pedem e que se enquadre nas reivindicações razoáveis. Entretanto, estou certo de que todos esses movimentos poderiam ser evitados, se o trabalhador bem aconselhado, em vez de adotar a medida extrema da paralisação do trabalho, recorresse à Justiça do Trabalho, que dispõe de meios adequados para dirimir essas questões, dentro de um elevado critério de justiça social.[21]

Sem embargo, desde sempre esteve evidente a *ojeriza* que parte significativa de nossa classe jurídica dedicava aos órgãos judiciários trabalhistas. Na Assembleia Nacional Constituinte de 1946 discutiu-se proficuamente a conveniência, ou não, da

---

o Sr. Marcelo Pimentel, que, saindo da sua condição de magistrado e assumindo claramente aquelas denúncias que os trabalhadores, através dos seus sindicatos, têm feito de que não temos no Brasil uma Justiça do Trabalho, mas a Justiça do capital. Vem o Sr. Marcelo Pimentel condenar e tachar como irresponsáveis os Constituintes que aqui defendem a estabilidade no emprego e a redução da jornada de trabalho para 40 horas. Sr. Presidente, dessa forma é dada aos trabalhadores os pretensos argumentos para não acreditarem nas instituições do nosso País, especialmente na Justiça do Trabalho, uma farsa montada na época da ditadura fascista de Getúlio Vargas, para tentar iludir os trabalhadores, como se esta Justiça – integrada por representantes impostos, escolhidos pelo Poder Executivo, representantes do capital, do trabalho e do poder público – fosse capaz de solucionar a luta de classe que, inexoravelmente, é a força motriz da nossa sociedade. In: http://www.senado.leg.br/publicacoes/anais/constituinte/N006.pdf, p. 727. Destacamos.

20 A este respeito, anota Francisco José Calheiros Ribeiro Ferreira que "os debates foram bastante ricos, não tendo havido estudioso do assunto que não tenha opinado, embora tenham sido mais conhecidos os argumentos trazidos à tona por Waldemar Ferreira e Oliveira Viana". In: O juiz classista no poder judiciário: uma forma de participação popular na administração da justiça. São Paulo: LTr, 1993, p. 140/141.

21 In: Anais da assembleia constituinte 1946. Volume III, P. 272. Disponível em https://bd.camara.leg.br/bd/handle/bdcamara/6/browse?value=Brasil.+Assembleia+Nacional+Constituinte+%281946%29&type=subject , acesso realizado em 03/07/2020. Nesta mesma linha foi a manifestação do então deputado e futuro Ministro do STF Hermes Lima: "Devemo-nos influenciar para que a Justiça do Trabalho possa vir a ser elemento indispensável da paz social de que o país precisa, de que todas as nações necessitam, neste momento de profundas transformações econômicas. Se não se tiver capacidade para resolver os graves problemas de transformação da ordem econômica, existentes no mundo, não haverá dúvida de que esses problemas virão a ser solucionados pela violência; sem decisão é que eles não ficarão". In: Trabalho e Seguro Social, ano IV, volume XII, maio/junho de 1946, p. 107.

manutenção de sua representação paritária, visto como um "corpo estranho" ou algo indigno de integrar a magistratura nacional. A este respeito, confira-se a fala de Plínio Barreto, deputado constituinte pela UDN e primeiro presidente da OAB –SP:[22]

> Na verdade, os julgamentos da Justiça do Trabalho se afastam, em geral, por um motivo ou outro, dos ditames da justiça. A propósito do assunto, assinalei fundado na observação do que se passa no meu Estado, o seguinte à Comissão redatora da Constituição: o fato de ser especializada essa Justiça não lhe tira o caráter de órgão judiciário. A Justiça do Trabalho deve ser entregue a juízes togados: a experiência, pelo menos no Estado de São Paulo, tem sido contrária à organização paritária dos Tribunais de Trabalho. Dão para encher talvez um volume de anedotas os julgados extravagantes com que essa Justiça tem enriquecido a literatura jocosa do país.[23]

Curiosamente, porém, ao mesmo tempo em que se atacava a representação paritária, se admitia que, na prática, o conteúdo das decisões das Juntas era determinado pelo posicionamento de seu presidente, é dizer, pelo componente técnico do órgão. Examine-se, a respeito, a manifestação do também deputado constituinte udenista Monteiro de Castro, em aparte ao deputado petebista Gurgel do Amaral:

> Quero declarar a V. Exa. que milito também na advocacia trabalhista, por isso, posso afirmar que todas as decisões da justiça do trabalho - e quando faço esta afirmativa me baseio na justiça do trabalho em Belo Horizonte - tiveram como resultado a vitória da tese do presidente da junta, que é sempre um juiz técnico. Isto significa que os vogais estiveram ao lado do presidente; quase nunca participam das decisões da junta e, quando o fizeram, isso se verificou em percentagem mínima.[24]

Ora, se as decisões das Juntas eram "jocosas", e elas normalmente refletiam a opinião ou o parecer de seu único integrante técnico, parece lógico concluir que o problema não estaria fundamentalmente no órgão em si, mas no direito que lhe cumpria interpretar e aplicar.[25] O ataque à representação paritária significava, assim, em sua

---

22 Conforme Marcos da Costa: Plínio Barreto: primeiro presidente da OABSP e revolucionário de 32. Disponível em: http://www.oabsp.org.br/sobre-oabsp/palavra-do-presidente/2012/163. Acesso realizado em 05/07/2020.

23 In: Anais. volume VI, p. 75. Destaque nosso. No mesmo diapasão se expressou o deputado baiano pelo PSD Aluísio de Castro: "Devo declarar a V. Exa. que sou advogado há 25 anos na minha terra natal. Compareci, porém, uma e única vez ao Tribunal trabalhista, para nunca mais voltar, em virtude de uma decisão da Junta de Conciliação". In: Anais.volume VIII, p. 238.

24 In: Anais, volume VII, p. 128. Destaque nosso. No mesmo sentido se externou o advogado e deputado udenista pela Paraíba, Fernando Nóbrega: "Não há organização mais defeituosa do que essa justiça, porque nem o vogal dos empregadores vota, nem o vogal dos empregados. Aceitam a decisão do juiz presidente, que, em geral, é escolhido pelo critério partidário". Anais...volume VIII, p. 238. Curiosamente, esse deputado seria em 1960 nomeado Ministro do TST, havendo inclusive posteriormente ocupado a função de Corregedor Geral da Justiça do Trabalho (cf. https://cpdoc.fgv.br/producao/dossies/JK/biografias/Fernando_Nobrega e também biografia constante do sítio do TST). Opinião de igual teor foi externada pelo deputado gaúcho pelo PSD, Adroaldo Mesquita da Costa (Anais...volume XXII, p. 241).

25 Coisa similar se passou, nessa mesma época, na República Argentina: os primeiros juízes do trabalho daquele país, que principiaram sua função em Buenos Aires em 1944, sofreram críticas severas, apesar de serem profissionais do direito altamente qualificados. Basta dizer que um deles era José Ramiro Podetti, jurista

essência, um ataque indireto ou dissimulado à legislação do trabalho, da qual a Justiça especializada era, enfim, uma *derivação direta*.

De fato: a absorção dos órgãos trabalhistas pela Justiça Comum, que seria a consequência natural da extinção da representação paritária, já que não existiam, ainda, juízes trabalhistas devidamente organizados em uma carreira própria, iria fazer com que os conflitos entre empregadores e trabalhadores se perdessem no meio da realidade multifária dos conflitos examinados pela Justiça Comum, e os princípios informadores do direito e do processo do trabalho tivessem sua aplicação a cargo de magistrados formados e preparados para administrar conflitos entre partes economicamente iguais. Isso, aliás, era o que já ocorria no âmbito dos juízes de direito investidos de jurisdição trabalhista, objeto da crítica a seguir reproduzida, da lavra do deputado constituinte pelo PCB, João Amazonas[26]:

> O caso brasileiro, é atípico. Nas localidades onde não há Juntas de Conciliação e Julgamento, e essas são inúmeras, a aplicação dos princípios do Direito Trabalhista está afeta, conforme sabemos, aos Juízes de Direito da Comarca: temos, portanto, aí a Justiça togada. E o resultado tem sido o pior possível. Na maioria dos casos os Juízes e escrivães nem tomam sequer conhecimento das reclamações apresentadas, deixando o trabalhador em verdadeiro desamparo, o que é mais difícil acontecer nos locais onde funciona a Justiça paritária.[27]

De toda sorte, a Justiça do Trabalho saiu da Constituinte de 1946 mais forte do que entrara, pois, não apenas manteve sua representação paritária – e, com isso, preservou sua especialização e plena autonomia – como também viu alçada ao plano constitucional a possibilidade de, nos dissídios coletivos, "estabelecer normas e condições de trabalho" (art. 123, p. 2° da CEUB – Constituição dos Estados Unidos do Brasil). Ou seja, à peculiaridade da representação paritária agregou-se a excentricidade do poder normativo, fazendo da Justiça do Trabalho uma Justiça duplamente especial.[28] E, se bem tenha a Constituição de 1946 sucumbido ao golpe de estado perpetrado em 1964, a

renomado e docente de direito processual civil, e que, no preâmbulo de uma de suas obras, faz o registro do tratamento injusto e preconceituoso que lhes fora então dispensado (Tratado del proceso laboral, tomo 1. Buenos Aires: Ediar, 1949, p. 12).

26 Essa manifestação destoa de outras, citadas nesse artigo, onde a desconfiança dos partidos vinculados à causa operária com a justiça do trabalho era explícita. De fato, o exame das atas da Constituinte de 1946 parece sinalizar que, naquele momento, os mais incomodados com a jurisdição trabalhista especializada eram mesmo os representantes dos empregadores.

27 In: Anais..., volume IX, p. 15. Essa constatação, na verdade, já se fizera largamente antes, quando a execução da decisão das Juntas estava sob a responsabilidade dos juízes ordinários. Doutrinadores da década de 30 rotulavam a execução das decisões trabalhistas perante a justiça comum o como um "pesadelo" que causava aos trabalhadores um "prejuízo colossal". A este respeito: TOLEDO FILHO, Manoel Carlos. A competência...p. 21/22.

28 O embrião do poder normativo da Justiça do Trabalho do Brasil surgiu com o decreto-lei 1.237/39 (artigos 56/66). Dali se transportou para o Decreto 6.596/40 (artigos 158/173) e, na sequência, para a CLT (artigos 856/875)

Justiça do Trabalho teve o referido formato confirmado tanto na Constituição de 1967 quanto na EC 01 de 1969 (artigos 133/134 e 141/142, respectivamente).

3. CONSOLIDAÇÃO POLÍTICA E EXPANSÃO ESTRUTURAL (1946 / FINAL DA DÉCADA DE 80)

Superada a etapa administrativa, afirmada sua identidade judiciária[29] e definidos os limites de sua competência, a Justiça do Trabalho começa então a paulatinamente expandir sua estrutura e, como corolário, aumentar seu espectro de influência institucional.

No que concerne aos órgãos de base da Justiça do Trabalho, o Decreto-Lei 1237/39, em seus artigos 4° e 5°, prescrevia que:

> Art. 4º As Juntas de Conciliação e Julgamento serão criadas pelo Presidente da República, no Distrito Federal e nas capitais dos Estados, tantas quantas forem necessárias, salva ao Governo a faculdade, a qualquer tempo, institui-las noutras localidades.
>
> Art. 5º. Nas localidades em que o Governo não prover sobre a criação de Junta, competente ao Juiz de Direito da respectiva jurisdição e administração da Justiça do Trabalho.
>
> Parágrafo único. Os titulares e funcionários dos Juízos de Direito, investidos da administração da Justiça do Trabalho exercerão as atribuições e aplicarão as normas processuais estabelecidas neste decreto-lei de Conciliação e Julgamento e suas Secretarias.[30]

A prerrogativa de criação de novas Juntas por ato do Poder Executivo fora utilizada pela primeira vez já no ano de 1943, através do Decreto-Lei 5.926 que, em seu art. 1°, autorizou a criação - para instalação a partir de 01/01/1944 - de oito (8) Juntas de Conciliação e Julgamento da Justiça do Trabalho, com sede, respectivamente, em Petrópolis e Campos, no Estado do Rio de Janeiro (1ª Região); Santos, Sorocaba, Campinas e Jundiaí, no Estado de São Paulo (2ª Região); Juiz de Fora, no Estado de Minas Gerais (3ª Região); e Rio Grande, no Estado do Rio Grande do Sul (4ª Região).

---

29 É necessário aqui advertir que o fato de haver a Justiça do Trabalho sido formalmente integrada ao Poder Judiciário não significa que essa transposição igualmente se tenha consumado na visão média que a sociedade possuía dela. Em outras palavras, o só fato de mudar a lei não muda necessariamente a mente das pessoas: a transição, nessa dimensão, costuma ser bem mais lenta. Sempre recordo de um episódio, de minha experiência pessoal, ocorrido em 1991, na cidade de Itapetininga, quando fui confundido por um trabalhador do pedágio – a quem eu já me havia identificado, em uma ocasião anterior, como o Juiz do Trabalho local - com um fiscal do INSS. A Junta de Conciliação e Julgamento de Itapetininga fora criada pela Lei nº 7.471, de 30 de abril de 1986, ou seja, a jurisdição especializada laboral local já estava em atividade ali há cerca de 05 anos. E esta confusão não se verifica apenas no Brasil. Passei por experiências semelhantes na Argentina (Córdoba) e no Chile (Punta Arenas) onde, pedindo informações sobre a localização do órgão local da Justiça do Trabalho, fui encaminhado para a respectiva sede do Ministério do Trabalho.

30 Esta dependência da justiça comum na primeira instância foi arrefecendo ao longo do tempo até desaparecer. Porém, fato é que, ainda hoje, a possiblidade de delegação de jurisdição trabalhista aos juízes de direito, que do Decreto-Lei 1237 naturalmente se transportou à CLT (artigos 668/669) e dali à Constituição de 1946 (art. 122, p. 3°), formalmente sobrevive até hoje (CRFB/88, art. 112).

Na sequência, mediante a edição leis específicas,[31] foram criadas, em todo o território nacional: **a)** na década de 50, 66 (sessenta e seis) JCJs; **b)** na década de 60, 74 (setenta e quatro) JCJs; **c)** na década de 70, foram criadas 186 (cento e oitenta e seis) Juntas de Conciliação e Julgamento;[32] **d)** na década de 80, houve uma *ampliação magna*: foram criadas 340 (trezentos e quarenta) novas Juntas de Conciliação e Julgamento.[33]

No tocante à 2ª instância, o Decreto-Lei 1.237/39 estabelecera, em seu artigo 16, a criação de 8 (oito) Conselhos Regionais, que se tornariam, a seu tempo, Tribunais Regionais (Decreto-Lei 9.797/46, art. 1°):

1ª Região - Distrito Federal e Estados do Rio de Janeiro e Espírito Santo. Sede: Distrito Federal.

2ª Região - Estados de São Paulo, Paraná e Mato Grosso. Sede: São Paulo.

3ª Região - Estados de Minas Gerais e Goiás. Sede: Belo Horizonte.

4ª Região - Estados do Rio Grande do Sul e Santa Catarina. Sede: Porto Alegre.

5ª Região - Estados da Baía e Sergipe. Sede: cidade de Salvador.

6ª Região - Estados de Alagoas, Pernambuco, Paraíba e Rio Grande do Norte. Sede: Recife.

7ª Região - Estados do Ceará, Piauí e Maranhão. Sede: Fortaleza.

8 Região - Estados do Amazonas, Pará e Território do Acre. Sede: Belém do Pará.

Esta formatação nacional inicial permaneceu intocada até 22/09/1975, quando foi criado o Tribunal Regional da 9ª Região, com sede em Curitiba (Lei 6.241).[34] A década de 80, de novo, foi particularmente prolífica neste particular, visto que, nela, foram criados 09 Tribunais Regionais (10ª até 18ª Regiões, respectivamente).

Já o Tribunal Superior do Trabalho, que principiara sua atuação com 19 membros (Decreto-Lei 1.346/39, art. 1°), passou a 11 integrantes em 1946 (Decreto-Lei 9.797) a 17 Ministros em 1968 (Lei 5.442/68), número ampliado para 27 com a Constituição de 1988.[35]

---

31 A pesquisa concernente à criação das Juntas de Conciliação e Julgamento foi realizada no sítio http://www4.planalto.gov.br/legislacao/portal-legis/legislacao-1/leis-ordinarias, conforme acesso realizado em 08/07/2020.

32 Das quais, 74 (setenta e quatro) o foram no ano de 1970 e 104 (cento e quatro) em 1978, pela Lei 6.563.

33 Sendo 110 no ano de 1986, através das Leis 7.471 (105 Juntas) e 7.522 (5 Juntas), 01 em 1988 (Lei 7665, que criou a JCJ de Congonhas, na 3ª Região) e 229 no ano de 1989 (Lei 7.729 de 16/01/89).

34 CLT Acadêmica e Constituição Federal. 11ª edição. São Paulo: Saraiva, 2013, p.136.

35 Este número foi reduzido a 17 Ministros em vista da extinção da representação paritária pela EC 24/99, e novamente fixado em 27 Ministros pela EC 45/2004.

Este período foi igualmente palco de mudanças importantes no âmbito da legislação ordinária. Em tal lapso se inserem, dentre outros temas, a garantia do descanso semanal remunerado (Lei 605/49), o surgimento do 13 salário (Leis 4.090/62 e 4.749/65), a instituição do Fundo de Garantia do Tempo de Serviço (Lei 5.107/66), a regulamentação do trabalho rural (Leis 4.214/63 e 5.889/73), a disciplina do trabalho doméstico (Lei 5.859/72) e a criação da figura do trabalho temporário (Lei 6.019/74).

É intuitivo o impacto institucional que a ampliação ou diversificação do direito material do trabalho haveria de ocasionar na dimensão judiciária que lhe fora correspondente. A Lei 4.214 (que ficou conhecida como o "Estatuto do Trabalhador Rural"), aliás, que, entre pequenos proprietários, parceiros, trabalhadores permanentes e temporários iria potencialmente abranger cerca de11 milhões de pessoas,[36] explicitamente se reportava à Justiça do Trabalho como foro competente para dirimir as controvérsias que de seu conteúdo surgissem.[37] No período referente, por exemplo, ao triênio 1972/1974 e no primeiro semestre de 1975, as Juntas de Conciliação e Julgamento do Brasil decidiram mais de um milhão e duzentas mil causas, com destaque para a 2ª Região, cujas respectivas Juntas estavam esmagadas sob o volume crescente de processos.[38]

Já no campo do direito processual, sem embargo, ocorreram somente modificações pontuais, como aquelas propiciadas, por exemplo, pelas Leis 5.442/68 e 5.584/70.[39] É certo que houve propostas de criação de códigos de processo do trabalho, capitaneadas por magistrados e juristas de escol, como Délio Maranhão e Evaristo de Morais Filho (1952),[40] Mozart Victor Russomano (1963)[41] e Wagner Giglio (1970)[42]. Nenhuma delas, contudo, logrou êxito.[43]

---

36 Conforme exposição de motivos (justificativa) apresentada pelo deputado Fernando Ferrari em 02/05/1960. Disponível em http://imagem.camara.gov.br/Imagem/d/pdf/DCD07MAI1960.pdf#page=20. Acesso realizado em 10/07/2020.

37 Vide artigos 9°, 10, 13, 24, 110, 113 e 152/153 da Lei 4.214.

38 RUSSOMANO, Mozart Victor. Um instantâneo estatístico do funcionamento da justiça do trabalho em fins de 1975. In: Direito processual do trabalho. São Paulo, LTr, 1977, p. 141/142.

39 Também vale registrar a edição da Lei 6.203/75, que criou uma medida liminar ou tutela antecipada específica para as situações de transferências de empregados.

40 TOLEDO FILHO, Manoel Carlos. Fundamentos e perspectivas do processo trabalhista brasileiro. São Paulo: LTr, 2006, p. 111.

41 Idem.

42 Conforme manifestação do deputado Francisco Amaral, disponível em http://imagem.camara.gov.br/Imagem/d/pdf/DCD22MAI1970.pdf#page=24. Acesso realizado em 10/07/2020.

43 Uma ainda, em 1991, outra tentativa frustrada, patrocinada pelos Ministros do TST Carlos Alberto Barata Silva e José Luiz Vasconcellos. A este respeito, consulte-se: SILVA, Carlos Alberto Barata; VASCONCELLOS, José Luiz. Legislação processual do
trabalho: projeto de alteração. São Paulo: LTr, 1991.

4. REAFIRMAÇÃO E AMPLIAÇÃO INSTITUCIONAL (FINAL DA DÉCADA DE 80 /2005)

Na Assembleia Nacional Constituinte de 1987/1988 volta-se a discutir intensamente a pertinência e o formato da Justiça do Trabalho do Brasil. Seus traços distintivos naturais – representação paritária e poder normativo – são reexaminados e objeto de debates específicos.[44] A representação paritária volta a sofrer, fundamentalmente, as mesmas críticas face a ela lançadas em 1946.[45] Já a análise do poder normativo provoca objeções dos representantes da classe trabalhadora, no sentido de ser este um instrumento de sufocação de movimentos paredistas.[46] O resultado final, de certo modo, reprisa aquele de 1946: a Justiça do Trabalho não apenas mantém as suas peculiaridades históricas, como ainda amplia sua competência e estrutura.[47]

---

44 Falando em nome da ABRAT, afirmou, na ocasião, Reginald Felker: "Há uma tendência – dizem que há até lobbies constituídos – para transformar a Justiça do Trabalho numa simples Vara especializada da Justiça comum federal. E duas coisas envolvem esse esvaziamento: terminar com a representação classista e com a possibilidade do poder normativo da Justiça do Trabalho. No momento em que essas duas coisas desaparecem, realmente a Justiça do Trabalho, ainda que com o nome da Justiça do Trabalho, será apenas uma vara comum, como qualquer outra". In: http://www.senado.leg.br/publicacoes/anais/constituinte/3c_Subcomissao_Do_Poder_Judiciario.pdf, p. 54.

45 Neste particular, assim se expressou o Deputado Constituinte pelo PDT, Vivaldo Barbosa: "Sr. Presidente, Sr. Relator, Srs. Constituintes, houve, nesta Subcomissão e em torno dos debates desta Assembleia Nacional Constituinte, debate muito especial e intenso sobre a questão da Justiça do Trabalho. Esse debate centrou-se numa questão fundamental: deve a Justiça do Trabalho continuar como justiça de representação classista também ou deve ser uma justiça comum e, como tal, ser uma das justiças especializadas dos nossos Tribunais? Apesar da discussão e da intensa argumentação produzida nos debates sempre me inclinei pela continuidade da Justiça do Trabalho, tal como ela foi conformada e configurada desde a década de 30 e que persiste até o nosso tempo. No particular da forma de atuação dos representantes classistas, é evidente que o debate acerca dessa questão impôs a nós que imaginássemos uma forma diferente de participação atuação dos juízes classistas, representantes dos empregados e dos empregadores. É evidente que a sua permanência é mais do que necessária. Para um empregado que entra num Tribunal, por exemplo, naquele mundo tão diferente para o cidadão comum, e sobretudo para o empregado e vê o juiz togado num plano mais elevado, numa mesa geralmente preta, sentado numa cadeira muito elevada uma postura séria, muito austera – também de roupa preta, é evidente que ele vai sentir-se diminuído diante da Justiça, principalmente os mais pobres, desassistidos, desempregados trabalhadores do nosso País". In: http://www.senado.leg.br/publicacoes/anais/constituinte/3c_Subcomissao_Do_Poder_Judiciario.pdf , p. 246.

46 Conforme se pode constatar na fala de Ulysses Riedel de Resende, representante do DIAP: "Em primeiro lugar, gostaríamos de dizer que os trabalhadores têm considerado, e isso faz parte da resolução de praticamente todos os congressos dos trabalhadores, no que diz respeito à questão do direito de greve, que um dos pontos que merece reparo diz respeito à intervenção precipitada da Justiça do Trabalho. É preciso que se tenha atenção para o fato de que, na maior parte dos países do mundo, senão na totalidade deles, não existe uma Justiça do Trabalho que interfira no problema coletivo. O processo de solução do problema coletivo passa por outros espaços, especialmente da arbitragem, e não do processo da Justiça do Trabalho, julgando os problemas coletivos. E, na nossa sistemática, em que a Justiça do Trabalho exerce o poder de julgar os dissídios coletivos, o que nós verificamos na prática é que a Justiça do Trabalho acaba sendo utilizada como um instrumento para impedir um legítimo direito de paralisação". In: http://www.senado.leg.br/publicacoes/anais/constituinte/7a_Subcomissao_Dos_Direitos_Dos_Trabalhadores.pdf, p. 58.

47 O conjunto dos Tribunais Regionais completou-se já ao início década de 90, com a criação dos Tribunais das 19ª a 24ª Regiões, sendo a última Lei a esse respeito datada de 09/06/1992 (Lei 8.431). Quanto à 1ª instância, também ao início da década de 90 foram criadas 369 novas Juntas, sendo 01 pela Lei 8.426 (JCJ de São Gabriel – 4ª Região) e 368 pela Lei 8.432 de 11/06/1992. Por fim, no século XXI, foram criadas 493 Varas do Trabalho, sendo 269 em 2003 (todas elas pela Lei 10.770/03), 140 em 2011 e 84 em 2012.

Já desde ali, todavia, se podia divisar que a representação paritária teria um futuro incerto. É que, diferentemente do que se dera em 1946, em 1988 a Justiça do Trabalho já possuía uma magistratura togada organizada, ciente e consciente de sua importância, e cuja respectiva associação nacional, inclusive, expressamente defendera a extinção dos juízes classistas.[48] Às objeções históricas já conhecidas agregou-se, mais adiante, a tendência mundial de flexibilização dos direitos sociais ocorrida na segunda metade da década de 90[49], para a qual, depois de tudo, a representação paritária era um alvo conveniente e fácil, pela economia imediata de gastos que sua extinção propiciaria. Assim, primeiramente extinguiu-se a possiblidade de aposentadoria diferenciada de seus integrantes (Lei 9.528/97) e, pouco depois, a própria instituição em si (EC 24/99).[50]

Sem embargo, fato é que, coincidentemente ou não, ao mesmo tempo em que se eliminava do seio da Justiça do Trabalho uma de suas distinções mais marcantes, outra era quase simultaneamente criada, através da Emenda Constitucional 20/98: a possibilidade da execução, "de ofício, as contribuições sociais previstas no art. 195, I, a, e II, e seus acréscimos legais, decorrentes das sentenças que proferir".[51] É dizer: o

---

48 Nas palavras enfáticas do então presidente da ANAMATRA, Antônio Carlos Facioli Chedid: "De notoriedade gritante, por outro lado, são os prejuízos causados pela mantença irreverente da representação classista na Justiça do Trabalho, de resquícios fascistas e instrumental político getuliano, criador de empreguismo e mantenedor de instrumento de ingerência, ou de interesse nas próprias Cortes trabalhistas, a par da busca incessante pelo cargo e pela função, com vistas ao prestigio, à remuneração e à comodidade de exercício simultâneo da condição de membro, dirigente sindical e também juiz classista". In: http://www.senado.leg.br/publicacoes/anais/constituinte/3c_Subcomissao_Do_Poder_Judiciario.pdf , p. 33.

49 A este respeito, escreveu José Dari Krein que "em certa medida, o que prevaleceu nos anos 90 foi uma flexibilização predatória do trabalho, aprofundando um sistema de relações de trabalho e um mercado de trabalho já marcados pela flexibilidade, em um contexto de questionamento dos valores coletivos, do "sindicato como ator social e do papel do Estado como ente organizador e regulador de diferentes interesses sociais"". In: O aprofundamento da flexibilização das relações de trabalho no Brasil nos anos 90. Dissertação de mestrado. Campinas: Unicamp, fevereiro de 2001. Disponível em: http://repositorio.unicamp.br/bitstream/REPOSIP/285915/1/Krein_JoseDari_M.pdf, acesso realizado em 06/07/2020.

50 Dentro deste mesmo contexto, equiparou-se o prazo prescricional dos trabalhadores urbanos e rurais (EC 28/2000).Para tanto, um dos argumentos utilizados foi que "a previsão constitucional que permite aos trabalhadores rurais demandarem, até dois anos após a extinção do contrato, por direitos eventualmente devidos ao longo de todo o contrato, tem ensejado rotatividade de mão-de-obra, burocratizado a documentação das relações trabalhistas no campo e causado, quando da tramitação dos processos, insegurança jurídica a respeito da realidade dos fatos em discussão". Trecho do parecer emitido pelo Senador Ramez Tebet. Disponível em: https://www.camara.leg.br/proposicoesWeb/fichadetramitacao?idProposicao=24959. Acesso realizado em 06/07/2020.

51 Aqui, na realidade, o que houve foi a culminação de um processo que principiara com o artigo 12 da Lei 7787/89, que assim dispunha: "Em caso de extinção de processos trabalhistas de qualquer natureza, inclusive a decorrente de acordo entre as partes, de que resultar pagamento de vencimentos, remuneração, salário e outros ganhos habituais do trabalhador, o recolhimento das contribuições devidas à Previdência Social será efetuado incontinenti" Parágrafo único: "A autoridade judiciária velará pelo fiel cumprimento do disposto neste artigo". Este preceito fora após parcialmente reprisado pelo artigo 43 da Lei 8212/91, em sua redação original, que foi modificada em 1993 pela Lei 8.620, que a ele conferiu seu conteúdo atual: "Art. 43. Nas ações trabalhistas de que resultar o pagamento de direitos sujeitos à incidência de contribuição previdenciária, o juiz, sob pena de responsabilidade, determinará o imediato recolhimento das importâncias devidas à Seguridade Social". É dizer, essa simbiose institucional entre a Justiça do Trabalho e a Previdência Social foi sendo gradativamente construída logo após o advento da Constituição de 1988.

Estado poderia dispensar os julgadores paritários, mas para nada renunciaria ao papel de "órgão auxiliar" da Justiça do Trabalho no enfrentamento da questão social, desta vez, porém, na anômala função de órgão arrecadador autônomo de haveres destinados aos cofres previdenciários.

O ciclo formativo institucional se completou com o advento da Emenda Constitucional n° 45, de 30/12/2004, que reformulou e ampliou a competência material da Justiça do Trabalho. E, aqui, há dois aspectos específicos, que merecem um exame particular.

O primeiro deles está relacionado aos servidores públicos estatutários e sua eventual sujeição à órbita institucional da Justiça do Trabalho.

Os servidores públicos estatutários (*rectius:* funcionários públicos) estiveram tradicionalmente excluídos da dimensão institucional representada pelo direito material, pelo processo e pela Justiça do Trabalho, como desde sempre advertira o artigo 7° da CLT, em suas alíneas "c" e "d".

Com o advento da Constituição de 1988, que em seu artigo 114 dispunha que à Justiça do Trabalho competiria "conciliar e julgar os dissídios individuais e coletivos entre trabalhadores e empregadores, abrangidos os entes de direito público externo e da administração pública direta e indireta dos Municípios, do Distrito Federal, dos Estados e da União e, na forma da lei, outras controvérsias decorrentes da relação de trabalho", instaurou-se a possibilidade de uma interpretação mais aberta. E foi isso o que ocorreu com a edição da Lei 8112/90, que dispôs sobre o regime jurídico dos servidores públicos civis da União, das autarquias e das fundações públicas federais, cujo artigo 240 prescrevia que seria assegurado ao servidor público civil o direito de propor ações individuais e coletivas frente a Justiça do Trabalho (alínea "e").

Tal disposição foi vetada pelo Presidente da República, mas o Congresso a restabeleceu.[52] Ajuizada Ação Direta de Inconstitucionalidade pela Procuradoria Geral da República, o Supremo Tribunal Federal a declarou procedente, sob o argumento de que somente relações de índole contratual firmadas pelos entes públicos com seus trabalhadores poderiam ser apreciadas pela Justiça do Trabalho, o que excluiria assim os liames estatutários.[53]

Parecia estar superada a questão. Porém, a EC n° 45/2004, ao remodelar o artigo 114, e em seu inciso I assentar a abrangente expressão "ações oriundas da relação de trabalho, abrangidos os entes de direito público externo e da administração

---

52 Conforme mensagem de veto e informe subsequente do Congresso, disponíveis em http://www.planalto.gov.br/ccivil_03/leis/l8112cons.htm. Acesso realizado em 10/07/2020.

53 ADI 492-1, DF, Relator Ministro Carlos Velloso, julgamento ocorrido em 21/10/1992.

pública direta e indireta da União, dos Estados, do Distrito Federal e dos Municípios" ressuscitou a polêmica, que mais uma vez foi levada ao STF, que ratificou sua posição antecedente, pronunciando-se pelo afastamento da Justiça Especializada Laboral dos temas conexos a servidores públicos regidos por estatutos a eles específicos.[54]

Neste passo, o comentário a se fazer é que, se bem a Justiça do Trabalho não tenha mesmo sido originariamente pensada ou concebida para o exame de conflitos envolvendo servidores do Estado, mas sim das contendas entre o capital (entendido este em sua acepção privada) e o trabalho, parece claro, de outro lado, que as disposições constitucionais acima referidas não detinham a índole restritiva que a Suprema Corte ao final lhes impingiu. Aparentemente, a resistência que aqui se formou foi mais de ordem política – no sentido de disputa de poder entre diferentes ramos do judiciário – do que propriamente jurídica.

O segundo aspecto está relacionado aos acidentes de trabalho.

Tal qual se deu com os conflitos pertinentes aos funcionários públicos, os litígios relativos aos acidentes de trabalho se viram, desde sempre, apartados da competência especializada laboral, mercê de sucessivos diplomas legais que assim determinaram, com destaque para o parágrafo segundo, do artigo 643, da própria CLT.[55] No plano constitucional, esta exclusão veio expressa na Carta de 1946 (art. 123, p. 1°), havendo sido reprisada em 1967 (art. 134, p. 2°) e 1969 (art. 142, p. 2°).

A Constituição de 1988 não reproduziu explicitamente esta exclusão, pelo que era perfeitamente razoável inferir que, em se tratando de um acidente em que a lide judicial correlativa se formasse entre empregado e empregador[56], incumbiria à Justiça do Trabalho proceder ao exame e decisão do processo.[57]

---

54 ADI 3395-DF, Requerentes AJUFE e ANAMAGES, Relator Ministros César Peluso e Alexandre de Moraes. O julgamento da medida liminar correspondente ocorreu em 05/04/2006. O mérito, contudo, somente foi decidido em 15/04/2020, é dizer, mais de 14 (quatorze) anos depois, ocasião em que se ratificou a decisão proferida em sede cautelar.

55 "As questões referentes a acidentes do trabalho continuam sujeitas a justiça ordinária, na forma do Decreto n. 24.637, de 10 de julho de 1934, e legislação subsequente". Na realidade, como assinalou posteriormente o jurista e deputado constituinte de 1946 Eloi Rocha, esses preceitos da legislação ordinária iam de encontro ao disposto nas Constituições de 1934 e 1937. Apesar disso, a Justiça Comum se encarregava de tais conflitos, vale dizer: prestigiava-se a tradição inaugurada pelas normas ordinárias em detrimento dos preceitos constitucionais a elas supervenientes. In: Anais... volume 15, p. 256.

56 Não, portanto, a demanda que buscasse o reconhecimento de prestação previdenciária perante o INSS, já que o conflito aí seria entre um particular e o Estado.

57 Veja-se, no particular, o interessante comentário feito pelo então deputado constituinte Michel Temer: "Quero, Sr. Presidente, focalizar dois aspectos da exposição que acabamos de ouvir. Um deles refere-se à ampliação da competência da Justiça do Trabalho e, o outro, à extinção do vocalato. Quero manifestar, desde já, minha integral concordância. Estou, portanto, quase antecipando a eventual possibilidade de um voto favorável, nesta Subcomissão, à ampliação da competência da Justiça do Trabalho, especialmente no que pertine à questão dos acidentes do trabalho. Vou até dar um exemplo pessoal: no terceiro ano da Faculdade, começando a trabalhar

A comunidade jurídica, contudo, não se deu conta – ou preferiu ignorar – esta magna circunstância, pelo que, na prática judicial, nada mudou: as ações propostas por trabalhadores contra empregadores seguiram sob a égide da Justiça Comum.[58] E, com o advento da Lei 8213/91, criou-se uma dualidade curiosa: o trabalhador que fosse vítima de acidente de trabalho buscava perante a Justiça do Trabalho a garantia de emprego prevista pelo artigo 118 daquele diploma legal e, simultaneamente, com base no Código Civil, acionava seu empregador perante a Justiça Comum postulando danos morais e materiais.[59]

A Emenda Constitucional nº. 45, ao explicitamente inserir no âmbito da competência material da Justiça do Trabalho "as ações de indenização por dano moral ou patrimonial, decorrentes da relação de trabalho" (artigo 114, inciso VI), reavivou o tema, que rapidamente foi levado a exame perante o Supremo Tribunal Federal.

Num primeiro momento (03/2005), aquela Corte reafirmou a competência da Justiça Comum para o exame de tais ações. O argumento para tanto utilizado, e que fora então acolhido por um largo placar de 09 votos contra 02, foi de evitar-se a prolação de decisões contraditórias sobre um mesmo fato histórico, a saber, o acidente de trabalho, preservando-se, assim, a "unidade de convicção".[60] Este mesmo fundamento, aliás, fora suscitado na Constituinte de 1946, em ordem a justificar a exclusão dos litígios decorrentes de acidentes do trabalho da esfera da Justiça Especializada Laboral.[61]

Mas, precisamente porque a norma constitucional desde 1988 era outra, outra também deveria ser a conclusão sobre o órgão competente para exame dos litígios em apreço. E foi isto mesmo que, poucos meses depois (06/2005), em uma surpreendente

no escritório de um advogado, determinou-se que eu examinasse um processo de acidente de trabalho. Dirigi-me imediatamente à Justiça do Trabalho, certo de que qualquer linha advocatícia lhe era pertinente. Para surpresa minha, vim a saber que a Vara de Acidentes do Trabalho não integrava a Justiça do Trabalho, o que contrariava o que aprendi no terceiro ano da Faculdade, com o Prof. Cesarino Júnior". In: http://www.senado.leg.br/publicacoes/anais/constituinte/3c_Subcomissao_Do_Poder_Judiciario.pdf, p. 40.

58 Tal qual se dera, portanto, na década de 30, a tradição forense tornava a solapar o preceito constitucional.

59 A denominação que se costumava dar a tais demandas, aliás, já denunciava uma virtual contraditio in adjecto: "ação de indenização civil por acidente de trabalho".

60 RE 438.639-9, redator para o acórdão Ministro César Peluso, julgamento ocorrido em 09/03/2005, ficando vencidos os Ministros Carlos Ayres Brito e Marco Aurélio.

61 Conforme manifestação do então deputado e futuro Ministro e Presidente do STF, Eloi Rocha, defendendo emenda (nº 2662) por ele proposta e que fora ao depois aprovada: "Conservado o texto do Projeto, as questões de acidentes do trabalho, entre empregados e empregadores deverão ser dirimidas pela Justiça do Trabalho. Será inevitável, então, a dualidade da Justiça - a do Trabalho e a comum - para os acidentes do trabalho, segundo se cuide ou não, de dissídios entre empregados e empregadores ou oriundos de "relações de trabalho" reguladas na legislação do trabalho. Ora, parece conveniente que à Justiça comum fiquem afetas as questões de acidentes do trabalho mesmo quando suscitadas entre empregados e empregadores. Assim, além de tudo, uma só Justiça - a comum - conhecerá de todas as questões de acidentes do trabalho". In: Anais... volume 15, p. 256.

reviravolta histórica, definiu o STF, por votação unânime,[62] que, cuidando-se de ação decorrente de acidente agregada a um conflito entre empregado e empregador, da Justiça do Trabalho seria a competente para dirimi-lo,[63] entendimento que foi consolidado em sua Súmula Vinculante n° 22,[64] encerrando-se, com isso, essa polêmica e histórica controvérsia.

5. ETAPA CONTEMPORÂNEA: ATUAÇÃO SUPERLATIVA E CRÍTICAS RENOVADAS (2006/2020)

O reconhecimento institucional amplificado trazido pela EC 45/2004, como era natural, entusiasmou os operadores do direito e do processo trabalhista, em especial a sua magistratura especializada.

Assim é que, em um primeiro momento, diversas vozes sustentaram que, a partir dali a Justiça do Trabalho seria competente para o julgamento de todas as controvérsias que, direta ou indiretamente, envolvessem uma relação de trabalho, inclusive as que se firmassem entre trabalhadores autônomos, ou, mesmo, entre pessoas jurídicas. Logo, aquela sua função tradicional histórica, fundamentalmente agregada à análise das premissas e consequências de relações de emprego ou de trabalho dependente, pertenceria ao passado.[65] Mas esse deslumbramento durou pouco: esqueceram-se aqueles que o compartilharam que o sucesso de suas teses dependeria da adesão a elas de outros segmentos da comunidade jurídica e do próprio Poder Judiciário, e isto pura e simplesmente não se consumou.[66]

---

62 O Ministro Marco Aurélio ficou vencido somente na questão da modulação dos efeitos da decisão.

63 Conflito de competência 7.204-1 – MG, Relator, Min. Ayres Britto, julgamento ocorrido em 29/06/2005. O item 2 da ementa respectiva ficou assim redigido: "2- Revisando a matéria, porém, o Plenário concluiu que a Lei Republicana de 1988 conferiu tal competência à Justiça do Trabalho. Seja porque o art. 114, já em sua redação originária, assim deixava transparecer, seja porque aquela primeira interpretação do mencionado inciso I do art. 109 estava, em boa verdade, influenciada pela jurisprudência que se firmou na Corte sob a égide das Constituições anteriores". Em outras palavras, e como na ocasião registrou o Ministro Sepúlveda Pertence, o STF descobriu que, desde 1988, estava julgando errado (In: http://redir.stf.jus.br/paginadorpub/paginador.jsp?docTP=AC&docID=25686, Acesso realizado em 06/07/2020.

64 "A Justiça do Trabalho é competente para processar e julgar as ações de indenização por danos morais e patrimoniais decorrentes de acidente de trabalho propostas por empregado contra empregador, inclusive aquelas que ainda não possuíam sentença de mérito em primeiro grau quando da promulgação da Emenda Constitucional 45/2004".

65 A polémica que essa discussão ocasionou foi objeto de acurado e brilhante exame por Jorge Luiz Souto Maior, no artigo "Em defesa da ampliação da competência da justiça do trabalho", onde, com fina e educada ironia, o professor da USP escancara a contradição das posições "ampliativas" de então, as quais pareciam mesmo mais interessadas em agregar poder político do que sustentar uma perspectiva científica. In: https://juslaboris.tst.jus.br/handle/20.500.12178/105324, acesso realizado em 11/07/2020.

66 Nos termos do consagrado brocardo popular criado pela genialidade peculiar do craque Mané Garrincha, para a realização desta perspectiva seria necessário "combinar com os russos". Ocorre que os "russos" dessa ocasião

De toda sorte, já era possível antever que a ampliação da competência e da importância institucional da Justiça do Trabalho, somada a uma tradição de poderes instrutórios amplos (CLT, art. 765) e a uma postura de ousadia criativa de seus juízes, iria gerar questionamentos contundentes.

Um exemplo adequado desta assertiva pode ser encontrado no Projeto de Lei 2.597, apresentado à Câmara dos Deputados em 2003, antes mesmo, portanto, da EC n° 45, e cujo objetivo era estabelecer que, na Justiça do Trabalho, a penhora de dinheiro fosse a última alternativa a ser seguida, pois, segundo seu autor, deputado César Bandeira, diante das facilidades propiciadas pelo bloqueio eletrônico, "inúmeros juízes, travestidos de justiceiros implacáveis acima do bem e do mal, têm tornado a vida das empresas que, por um motivo ou outro, figuram no polo passivo de uma execução trabalhista, um verdadeiro pesadelo".[67] Nesta mesma época (17/12/2003), foi proposta pelo Partido da Frente Liberal (PFL) a ADI 3.091, contra os provimentos e o convênio do TST relacionados à penhora eletrônica, em cuja petição inicial se afirmara estarem os devedores de processos trabalhistas "submetidos a tratamentos degradantes e coativos impostos pelos juízes monocráticos das varas vinculadas aos Tribunais Regionais do Trabalho".[68]

Mas, resistências ou idiossincrasias à parte, o aumento da influência e dos poderes da justiça e da magistratura do trabalho era um fato político em marcha. E isto fica evidenciado na jurisprudência do STF que, gradativamente, foi reconhecendo a ampliação da competência especializada laboral. Já em 2002, aquela Corte havia pacificado o entendimento de que os conflitos relacionados ao meio ambiente laboral deveriam ser decididos pela Justiça do Trabalho, editando, a respeito, sua Súmula 736,[69]

não estavam para nada dispostos a entregar a partida, como já ficara claro na referida ADI 3395, proposta pela AJUFE e pela ANAMAGIS.

67 Conforme texto disponível em https://www.camara.leg.br/proposicoesWeb/prop_mostrarintegra;jsessionid=65CF987633B7F03C4EC95489454EB68E.node2?codteor=327957&filename=Avulso+-PL+2597/2003, acesso realizado em 11/07/2020.

68 Conforme http://portal.stf.jus.br/processos/detalhe.asp?incidente=2191134, acesso ultimado em 11/07/2020. Esta ação, na qual não houve concessão de medida liminar nem tampouco julgamento plenário, foi considerada incabível e extinta sem apreciação de seu mérito, por decisão monocrática proferida em 31/03/2016.

69 Súmula 736
Compete à justiça do trabalho julgar as ações que tenham como causa de pedir o descumprimento de normas trabalhistas relativas à segurança, higiene e saúde dos trabalhadores. Data de publicação do enunciado: DJ de 11-12-2003.

à qual se viriam somar, em 2009, as Súmulas Vinculantes 22 (acidentes do trabalho)[70] e 23 (ações possessórias no contexto da greve).[71]

O ponto culminante dessa afirmação ou autoafirmação institucional pode ser posicionado no biênio 2011/2012, quando o Tribunal Superior do Trabalho, nas chamadas "Semanas do TST" (maio de 2011 e setembro de 2012), efetuou, por iniciativa própria, uma revisão de sua jurisprudência e de suas normas regimentais, ademais de estudar a eventual proposição de projetos de lei.

Na primeira semana, os debates havidos "resultaram no cancelamento de cinco Orientações Jurisprudenciais (OJs) e uma Súmula (a 349), em alterações em duas OJs e nove súmulas e a criação de duas novas súmulas"[72]. Já o evento da 2ª semana "resultou na edição de seis novas Súmulas, na alteração de outras 13 Súmulas, na conversão de três Orientações Jurisprudenciais em Súmulas, no cancelamento de duas OJs e na alteração de outras quatro OJs. Aproximadamente 40 dispositivos do Regimento Interno do TST foram alterados, e o Tribunal encaminhou ao Congresso Nacional proposta de anteprojeto de lei dispondo sobre a composição, o funcionamento e a competência do Conselho Superior da Justiça do Trabalho (CSJT)".[73]

O propósito nobre, contudo, deixava transparecer algum exagero na autonomia do órgão de cúpula do judiciário trabalhista, que parecia disposto a abraçar atribuições que, a rigor, iam além do necessário ao aperfeiçoamento da prestação jurisdicional, que se supunha ser o objetivo último dos eventos em questão. Afinal, a modificação da jurisprudência - que fora, aliás, o aspecto preponderante em ditos eventos - deve, idealmente, ser concretizada desde a base para a cúpula, mediante o amadurecimento paulatino das teses externadas pela sociedade perante o conjunto de órgãos jurisdicionais espalhados pelo verdadeiro "continente" que é o nosso território nacional, e, não, de "cima para baixo", por maior que seja a qualidade pessoal ou as boas intenções que se possam acumular no topo de uma determinada organização judiciária.

---

70 Súmula Vinculante 22
A Justiça do Trabalho é competente para processar e julgar as ações de indenização por danos morais e patrimoniais decorrentes de acidente de trabalho propostas por empregado contra empregador, inclusive aquelas que ainda não possuíam sentença de mérito em primeiro grau quando da promulgação da Emenda Constitucional 45/2004. Data de publicação do enunciado: DJE de 11-12-2009.

71 Súmula Vinculante 23
A Justiça do Trabalho é competente para processar e julgar ação possessória ajuizada em decorrência do exercício do direito de greve pelos trabalhadores da iniciativa privada. Data de publicação do enunciado: DJE de 11-12-2009.

72 Conforme http://www.tst.jus.br/noticias/-/asset_publisher/89Dk/content/semana-do-tst-promoveu-atualizacao-da-jurisprudencia-em-2011, acesso realizado em 11/07/2020.

73 In: https://www.conjur.com.br/2013-fev-04/presidente-tst-portaria-mte-reduzira-processos-2013, acesso realizado em 11/07/2020.

Ainda no ano de 2011, há um fato relevante a destacar, que foi a indicação de uma integrante do Tribunal Superior do Trabalho – a Ministra Rosa Weber – para o Supremo Tribunal Federal, em vaga decorrente da aposentadoria da Ministra Ellen Gracie. Foi essa a primeira vez, em seus já ali 70 anos de história, que a Justiça do Trabalho tinha um magistrado de carreira indicado para a Suprema Corte,[74] circunstância que não passou despercebida quando de sua sabatina no Senado Federal. Contudo, o tom que se percebeu na fala de alguns Senadores não foi de celebração, senão de uma crítica preconcebida, como se pode extrair de um trecho da arguição efetuada pelo Senador Pedro Taques:[75]

V. Exa. tem uma carreira toda trilhada, com muita honra, na Justiça do Trabalho, uma Justiça que orgulha a República Federativa do Brasil por vários motivos, e, com isso, quero render homenagens a V.Exa. e à Justiça do Trabalho, no entanto, no Supremo Tribunal Federal, segundo dados de ontem, apenas 4,86% são matérias ligadas ao direito do trabalho e 12,13% são matérias relacionadas ao direito processual civil e trabalhista, com isso, eu quero dizer a V. Exa. que eu vou elencar as minhas perguntas, além do direito do trabalho, em outras searas do direito, porque eu penso que o Supremo Tribunal Federal, apesar da importância da Justiça do Trabalho, apesar do seu significado valor na concretização dos direitos sociais, o indicado ao Supremo precisa ter conhecimento também sobre outros temas".

Estava, pois, bastante claro que, para o Senador em questão, uma carreira honrada, longa e profícua na Justiça do Trabalho, só por si, jamais seria suficiente para uma indicação ao Supremo Tribunal da nação.

Essa suposição veio a ser confirmada ao final de sua intervenção, quando - após ter formulado perguntas envolvendo temas de direito administrativo, ambiental, penal, constitucional, eleitoral, internacional, civil (e nada sobre direito material ou processual do trabalho) – indagou à Ministra "como uma indicada chega a essa posição que V. Exa. se encontra", pois, segundo ele, como a imprensa dava conta de reuniões para a escolha do indicado ao Supremo, ela quiçá poderia então revelar quais as "conversas" que teria tido para conseguir chegar até ali. Mais adiante, quando da votação em plenário (13/12/2011), a indicação foi aprovada por 57 votos a favor e

74 Se bem que o primeiro integrante da Justiça do Trabalho que chegou ao STF tenha sido o Ministro Marco Aurélio (1990), a Ministra Rosa Weber foi a primeira – e, até o presente momento, a única - da magistratura trabalhista de carreira a atingir o topo da pirâmide judiciária nacional.

75 Fala extraída de vídeo disponível no sítio https://www.youtube.com/watch?reload=9&v=ymrE01Axc-Q, acesso realizado em 10/07/2020.

14 contra, com senadores argumentando que a candidata não atenderia ao requisito constitucional do "notável saber jurídico".[76]

A hostilidade externada face à Ministra Rosa Weber, na verdade, serviu como uma espécie de advertência velada de que a Justiça do Trabalho, apesar de tudo, ainda não conseguira despegar-se por completo do ranço de que não seria ela uma Justiça como as outras. [77] Advertência esta que seria renovada, por ocasião dos debates e da aprovação do Código de Processo Civil de 2015, nos quais se pode claramente perceber uma vontade de "civilizar" o processo do trabalho".[78]

Mas a verdadeira ofensiva frontal ainda estava por vir. E ela principia no ano de 2016, quando foi realizado um corte orçamentário de 50% das dotações para custeio e 90% dos recursos destinados para investimentos, sendo que uma das justificativas para tanto apresentada foi que seria essa uma "forma de estimular uma reflexão sobre a necessidade e urgência" de mudanças na legislação, em ordem a "diminuir a demanda de litígios na justiça trabalhista".[79] A magnitude da medida colocou a Justiça do Trabalho

---

76 Conforme notícia constante do sítio https://www12.senado.leg.br/noticias/materias/2011/12/13/aprovada-indicacao-de-rosa-maria-weber-ao-stf, acesso realizado em 11/07/2020. Qualquer semelhança com os debates parlamentares ocorridos durante a Assembleia Nacional Constituinte de 1946 talvez não seja mera coincidência. Bem diferente, aliás, foi a sabatina, ocorrida neste mesmo ano (09/02/2011) do Ministro Luiz Fux. Em sua apresentação pessoal, afirmou o Ministro que se preparara a vida toda para ser Ministro do STF, e a sequência da sessão deixou claro que a Casa concordava com essa ilação, transmitindo inclusive a impressão de que, talvez, fosse até dispensável, no caso dele, qualquer sabatina formal (vide notícias constantes dos sítios https://correio-forense.jusbrasil.com.br/noticias/2561845/luiz-fux-afirma-que-se-preparou-a-vida-inteira-para-ser-ministro-do-stf e http://g1.globo.com/politica/noticia/2011/02/apos-4-horas-de-sabatina-comissao-do-senado-aprova-fux-para-o-stf.html, acesso realizado em 10/07/2020

77 Circunstância que veio a ser confirmada, aliás, a contrario sensu, com a publicação da Emenda Constitucional 92/16, que, segundo se noticiou à época, teve o efeito de "reconhecer o TST como órgão do Poder Judiciário", cujos candidatos a Ministros também então passariam ter de formalmente cumprir os requisitos de "notável saber jurídico e reputação ilibada, da mesma forma que em outros tribunais superiores". In: https://www.migalhas.com.br/quentes/242282/promulgada-emenda-que-reconhece-tst-como-orgao-do-poder-judiciario, acesso realizado em 11/07/2020.

78 Vale a pena conferir, a este respeito, a excelente conferência realizada pelo Professor Homero Batista Mateus da Silva, em Simpósio promovido pelo TST sobre o então projeto do CPC e disponível no sítio https://www.youtube.com/watch?v=IUiBHowRnJw (acesso realizado em 12/07/2020). Veja-se, outrossim, a entrevista concedida em julho de 2015 sobre o novo CPC para o canal da AASP, pelo professor Cândido Rangel Dinamarco. Falando especificamente sobre a figura do incidente de desconsideração da personalidade jurídica, assinalou o festejado jurista que esta inovação lhe agradara bastante, porque ela serviria para conter principalmente a obsessão arbitrária dos juízes do trabalho: "é aquela coisa: na justiça do trabalho o empregado nunca sai com a mão vazia". Disponível em https://www.youtube.com/watch?v=rPbdixN7DwU. Acesso realizado em 11/07/2020. Tal crítica é tão imprecisa quanto antiga: podemos encontra-la já na Constituinte de 1946, na fala do Deputado Aluísio Castro – aquele mesmo que fizera uma única audiência em uma JCJ e nunca mais ali voltara - segundo quem, na Justiça do Trabalho, mais de 90% das decisões seriam favoráveis aos empregados já que, afinal, "a Justiça trabalhista se instituiu para satisfazer a todas as suas pretensões". In: Anais...volume VIII, p. 238.

79 Conforme relatório apresentado pelo Deputado Ricardo Barros à comissão mista de planos, orçamentos públicos e fiscalização, em 13/12/2015. Disponível em: https://www.conjur.com.br/dl/relatorio-comissao-congresso.pdf , acesso em 11/07/2020.

nacional sob a expectativa de eventualmente até parar de funcionar[80], levando inclusive a ANAMATRA a propor uma Ação Direta de Inconstitucionalidade perante o STF, a qual, todavia, foi declarada improcedente por 08 votos contra 3.[81]

No ano de 2017 viria aquele que, sem dúvida, representou o ataque político mais contundente à nossa Justiça do Trabalho, desde a sua criação: a Lei 13.467, referente à denominada "Reforma Trabalhista". A relevância do tema justificaria uma obra à parte, e este não é o nosso escopo aqui. Basta registrar, nesta sede, que vários dispositivos inseridos ou remodelados nessa ocasião na CLT tiveram o evidente objetivo de neutralizar a jurisprudência trabalhista, notadamente aquela oriunda do TST, servindo de exemplo os preceitos constantes dos artigos 8°, parágrafos 2° (limites ao conteúdo da jurisprudência uniformizada) e 3° (interpretação de normas coletivas), 58, parágrafo segundo (horas *in itinere*), 71, parágrafo 4° (intervalo intrajornada), 477-A (dispensas coletivas) e 477-B (planos de demissão voluntária), ademais de diversas disposições outras abertamente focadas em enfraquecer a efetividade do processo trabalhista, como aquela que restringiu a execução de ofício aos processos em que não tenha o demandante advogado constituído (art. 878).

Por fim, em 2019, veio outro ataque frontal, através de uma proposta de emenda constitucional visando fundir a Justiça do Trabalho e a Justiça Federal que, se bem tenha sido retirada pelo seu autor, deixou claro que o embate político está em curso e não deverá terminar tão cedo.[82]

6. CONCLUSÃO

A existência, a conveniência, a composição e a forma de atuação da Justiça do Trabalho brasileira sempre possuíram historicamente um conteúdo apto a gerar polêmicas, cuja intensidade iria depender do contexto político, social e econômico que estivesse a circunstancialmente preponderar tanto em nosso país quanto no plano internacional.

---

80 http://g1.globo.com/politica/noticia/2016/07/sem-dinheiro-tribunais-do-trabalho-adotam-medidas-para-nao-fechar.html , acesso em 11/07/2020.

81 https://www.conjur.com.br/2016-jun-29/supremo-declara-validos-cortes-legislativo-justica-trabalho , acesso em 11/07/2020.

82 Conforme https://www.conjur.com.br/2019-out-09/deputado-apresenta-pec-acabar-justica-trabalho e https://monitormercantil.com.br/deputado-suspende-assinaturas-de-pec-que-extinguia-justica-do-trabalho , acesso realizado em 11/07/2020. Proposta similar, que tampouco teve vida longa, já fora apresentada 10 anos antes, pelo Senador Aloysio Nunes (https://www1.folha.uol.com.br/fsp/brasil/fc01069916.htm , acesso realizado em 11/07/2020).

É imperativo ressaltar que este tema nada tem de singelo, simples ou fácil de resolver. Como buscamos demonstrar, o surgimento da justiça do trabalho foi determinado por razões históricas e políticas complexas. E para que se possa entender completamente este aspecto, há que se examinar não apenas o aparato judicial propriamente dito, mas também, e quiçá principalmente, a sua origem direta, que são as normas integrantes da legislação do trabalho. Foi para efetivá-las que a Justiça do Trabalho foi pensada e instaurada. Assim, é natural que quando se coloque em xeque a adequação da legislação do trabalho, este questionamento igualmente atinja a jurisdição especializada trabalhista. É dizer, uma discussão sobre a extinção ou desregulamentação das relações de trabalho, cedo ou tarde, irá alcançar ou se voltar contra o aparato judiciário trabalhista, pugnando pela sua transformação, adaptação ou desaparecimento.

Contudo, tal qual a Justiça do Trabalho, a natureza dos preceitos integrantes da legislação do trabalho sempre foi potencialmente controversa. Para alguns, eles serviriam, fundamentalmente, para anestesiar o ímpeto transformador ou revolucionário da classe trabalhadora; para outros, consubstanciariam tais preceitos uma fórmula destinada a aprimorar e equilibrar a relação entre o capital e o trabalho, e, com isso, promover a evolução da sociedade, virtualmente emancipando seus segmentos mais frágeis ou menos favorecidos.[83]

O direito e a justiça do trabalho, portanto, nasceram e se desenvolveram sob o signo de um paradoxo[84] que, se bem possa ser relativizado, desconsiderado ou até ignorado, sempre haverá de acompanhá-los, pois, bem ou mal, faz parte integrante de sua matriz histórica e de sua formação política. E quem eventualmente se proponha a reformar qualquer um deles deverá, quando menos, entender porque tais institutos existem, de que modo foram criados, e qual caminho percorreram para chegar até aqui, sem o que, como advertia o célebre pensador inglês Gilbert Keith Chesterton (1874/1936), não se estará diante de um reformador inteligente, mas, apenas, talvez, de um deformador moderno.[85]

83 Sem olvidar daqueles que, focando embora, quase exclusivamente, na dimensão econômica, encaram a legislação do trabalho como um mero entrave ao desenvolvimento da nação.

84 Como assinala Jorge Luiz Souto Maior, o direito do trabalho representou, simultaneamente, um instrumento de controle e de valorização do trabalho de caráter dependente. In: O direito do trabalho como instrumento de justiça social. São Paulo: LTr, 2000, p. 70.

85 "In the matter of reforming things, as distinct from deforming them, there is one plain and simple principle; a principle which will probably be called a paradox. There exists in such a case a certain institution or law; let us say, for the sake of simplicity, a fence or gate erected across a road. The more modern type of reformer goes gaily up to it and says, 'I don't see the use of this; let us clear it away.' To which the more intelligent type of reformer will do well to answer: 'If you don't see the use of it, I certainly won't let you clear it away. Go away and

Seja como for, fato é que a Justiça do Trabalho do Brasil, desde 1932 até o momento atual, com seus defeitos, virtudes, limitações, criatividade, morosidade ou eficiência, apenas buscou cumprir a missão institucional que a sociedade até aqui lhe confiou. [86] A esta mesma sociedade caberá definir o itinerário seguinte; e o que minimamente dela se espera é que as sérias lições e as graves advertências da história não sejam deixadas de lado, de sorte que as gerações vindouras não se vejam sacrificadas pela impudente imprudência de quem, preocupado demais em acomodar o presente, ignora o passado e destrói o futuro.

7. REFERÊNCIAS BIBLIOGRÁFICAS

AASP. **Cândido Rangel Dinamarco - Grandes Juristas Comentando o Novo CPC.** Disponível em https://www.youtube.com/watch?v=rPbdixN7DwU. Acesso em 11/07/2020.

BRASIL. **Lei 8.112/90.** Disponível em: http://www.planalto.gov.br/ccivil_03/leis/l8112cons.htm. Acesso em 10/07/2020.

BUEN L., Néstor. **Derecho del trabajo.** Tomo I, 16ª edição. México: Editorial Porrúa, 2004, p. 370.

CÂMARA DOS DEPUTADOS. **Anais da assembléia constituinte 1946.** Volume VIII, p. 109. Disponível em: https://bd.camara.leg.br/bd/handle/bdcamara/6/browse?value=Brasil.+Assembleia+Nacional+Constituinte+%281946%29&type=subject. Acesso em 03/07/2020.

CÂMARA DOS DEPUTADOS. **Annaes da assembléa nacional constituinte 1933/1934.** Volume 21, p. 503.

CÂMARA DOS DEPUTADOS. **Annais da assembléa nacional constituinte 1933/1934.** volume 21, p. 499. Destaque nosso. Disponível em https://bd.camara.leg.br/bd/handle/bdcamara/8071. Acesso em 03/07/2020.

CÂMARA DOS DEPUTADOS. **Diário do congresso nacional.** Disponível em http://imagem.camara.gov.br/Imagem/d/pdf/DCD22MAI1970.pdf#page=24. Acesso realizado em 10/07/2020.

CÂMARA DOS DEPUTADOS. Legislação Informatizada - Decreto nº 22.132, de 25 de Novembro de 1932 - Publicação Original. Disponível em: https://www2.camara.leg.br/legin/fed/

think. Then, when you can come back and tell me that you do see the use of it, I may allow you to destroy it". CHESTERTON, G. K. The Thing (English Edition) eBook Kindle, p. 19/20.

86 Não se pode aqui deixar de registrar a lúcida manifestação realizada, em 27/07/2018, pelo Desembargador Federal André Fontes, então ocupando a função de presidente do TRF-2: "Não podemos permitir que, numa canetada, se ponha fim à Justiça do Trabalho, cujo histórico de organização judiciária complexa é um exemplo para o mundo inteiro e sofre, hoje, uma reação de políticos, que decidiram enfrentá-la porque ela cumpriu a sua missão histórica com competência e seriedade". In: https://www.conjur.com.br/2018-jul-27/juristas-atacam-ideia-juntar-justicas-federal-trabalho, acesso realizado em 12/07/2020.

decret/1930-1939/decreto-22132-25-novembro-1932-526777-publicacaooriginal-82731-pe.html. Acesso realizado em 01/07/2020.

CÂMARA DOS DEPUTADOS. **PEC 07/1999.** Disponível em: https://www.camara.leg.br/proposicoesWeb/fichadetramitacao?idProposicao=24959. Acesso em 06/07/2020.

CÂMARA DOS DEPUTADOS. **Projeto de LEI N.º 2.597-A, de 2003** Disponível em https://www.camara.leg.br/proposicoesWeb/prop_mostrarintegra;jsessionid=65CF987633B7F03C4EC95489454EB68E.node2?codteor=327957&filename=Avulso+-PL+2597/2003. Acesso em 11/07/2020.

CESARINO JUNIOR, Antonio Ferreira. **Direito processual do trabalho.** Rio de Janeiro: Freitas Bastos, 1942, p. 164/168.

CONJUR. **Advogados e magistrados criticam ideia de juntar Justiças Federal e do Trabalho.** Disponível em: https://www.conjur.com.br/2018-jul-27/juristas-atacam-ideia-juntar-justicas-federal-trabalho Acesso em 12/07/2020.

CONJUR. **Portaria reduzirá número de processos, diz Dalazen.** Disponível em: https://www.conjur.com.br/2013-fev-04/presidente-tst-portaria-mte-reduzira-processos-2013. Acesso em 11/07/2020.

CONJUR. **Relatório final.** Disponível em: https://www.conjur.com.br/dl/relatorio-comissao-congresso.pdf. Acesso em 11/07/2020.

CONJUR. **STF declara válidos cortes do Legislativo nos recursos da Justiça do Trabalho.** Disponível em: https://www.conjur.com.br/2016-jun-29/supremo-declara-validos-cortes-legislativo-justica-trabalho_. Acesso em 11/07/2020.

COSTA, Marcos da. Plínio Barreto: primeiro presidente da OABSP e revolucionário de 32. Disponível em: http://www.oabsp.org.br/sobre-oabsp/palavra-do-presidente/2012/163. Acesso realizado em 05/07/2020.

ENAMAT. **CFC - Simpósio - O Novo CPC - Prof. Homero Batista Mateus da Silva.** Disponível em: https://www.youtube.com/watch?v=IUiBHowRnJw Acesso em 11/07/2020

FERREIRA, Waldemar Ferreira; VIANA, Oliveira. **O juiz classista no poder judiciário: uma forma de participação popular na administração da justiça.** São Paulo: LTr, 1993, p. 140/141.

FGV. Antonio Rodrigues de Sousa. Disponível em: http://www.fgv.br/cpdoc/acervo/dicionarios/verbete-biografico/antonio-rodrigues-de-sousa . Acesso em 09/07/2020.

G1. **Sem dinheiro, tribunais do trabalho adotam medidas para não fechar.** Disponível em: http://g1.globo.com/politica/noticia/2016/07/sem-dinheiro-tribunais-do-trabalho-adotam-medidas-para-nao-fechar.html_. Acesso em 11/07/2020.

JUSTIÇA DO TRABALHO. **Semana do TST promoveu atualização da jurisprudência em 2011.** Disponível em: http://www.tst.jus.br/noticias/-/asset_publisher/89Dk/content/semana-do-tst-promoveu-atualizacao-da-jurisprudencia-em-2011 . Acesso em 11/07/2020.

KREIN, Jose Dari. **O aprofundamento da flexibilização das relações de trabalho no Brasil nos anos 90.** Disponível em: http://repositorio.unicamp.br/bitstream/REPOSIP/285915/1/Krein_JoseDari_M.pdf, Acesso em 06/07/2020.

MARTINES, Fernando. **Deputado apresenta PEC para acabar com a Justiça do Trabalho.** Disponível em: https://www.conjur.com.br/2019-out-09/deputado-apresenta-pec-acabar-justica-trabalho_. Acesso em 11/07/2020.

MIGALHAS. **Promulgada emenda que reconhece TST como órgão do Poder Judiciário.** Disponível em: https://www.migalhas.com.br/quentes/242282/promulgada-emenda-que-reconhece-tst-como-orgao-do-poder-judiciario, acesso realizado em 11/07/2020.

MONTEIRO, Claudia. **Política entre razão e sentimentos.** *A militância dos comunistas no Paraná, 1945-1947.Curitiba, Histórias do Paraná – Coleção Museu Paranaense, 2017, p. 200. Disponível em:*http://www.museuparanaense.pr.gov.br/arquivos/File/Livros/Ebook_Politica_razao_sentimento.pdf. *Acesso realizado em 09/07/2020.*

MONTOYA MELGAR, Alfredo. **Derecho del trabajo**. 26ª edição. Madrid: Editorial Tecnos, 2005, p. 73.

RUSSOMANO, Mozart Victor. **A competência normativa da justiça do trabalho.** *In*: Temas polêmicos de direito do trabalho. Rio de Janeiro: Editora Científica Ltda, 1979, p. 122.

RUSSOMANO, Mozart Victor. **Justiça do Trabalho e Segurança Nacional.** *In*: *Direito processual do trabalho*. 2ª edição. São Paulo: LTr, 1977, p. 95.

SENADO NOTÍCIAS. **Aprovada indicação de Rosa Maria Weber ao STF.** Disponível em: https://www12.senado.leg.br/noticias/materias/2011/12/13/aprovada-indicacao-de-rosa-maria-weber-ao-stf . Acesso em 11/07/2020.

SENADO. **Assembléia nacional constituinte (atas de comissões)** Disponível em: http://www.senado.leg.br/publicacoes/anais/constituinte/3c_Subcomissao_Do_Poder_Judiciario.pdf . Acesso em 11/07/2020.

SENADO. ASSEMBLÉIA NACIONAL CONSTITUINTE (ATAS DE COMISSÕES). Disponível em: http://www.senado.leg.br/publicacoes/anais/constituinte/3c_Subcomissao_Do_Poder_Judiciario.pdf . Acesso em 06/07/2020.

SENADO. Assembleia nacional constituinte. Disponível em: http://www.senado.leg.br/publicacoes/anais/constituinte/N006.pdf. Acesso em 09/07/2020

SILVA, Carlos Alberto Barata; VASCONCELLOS, José Luiz. **Legislação processual do trabalho:** projeto de alteração. São Paulo: LTr, 1991.

SOUTO MAIOR, Jorge Luiz. Em defesa da ampliação da competência da justiça do trabalho. Revista do Tribunal Regional do Trabalho da 15ª Região, Campinas, SP, n. 26, p. 39-52, jan./jun. 2005.

STF. **ADI 3091.** Disponível em: http://portal.stf.jus.br/processos/detalhe.asp?incidente=2191134 . Acesso em 11/07/2020.

STF. **Conflito de competência 7.204-1 Minas Gerais.** Disponível em: http://redir.stf.jus.br/paginadorpub/paginador.jsp?docTP=AC&docID=25686, Acesso em 11/07/2020.

THAYER ARTEAGA, William. **Texto, comentario y jurisprudencia del código del trabajo**. 3ª edição. Santiago: Ediciones UC, 2013, p. 28.

TOLEDO FILHO, Manoel Carlos. **Fundamentos e perspectivas do processo trabalhista brasileiro**. São Paulo: LTr, 2006, p. 111.

TST. **Relatório geral da justiça do trabalho/2019.** Disponível em: https://www.tst.jus.br/documents/18640430/26518944/RGJT+2019.pdf/f8c0ae2d-8247-b4d8-3479-2bbd1d821e4c?t=1593177429682 . Acesso em 12/07/2020.

VATICANO. **Carta encíclica quadragesimo anno de sua santidade papa PIO XI**. Disponível em: http://www.vatican.va/content/pius-xi/pt/encyclicals/documents/hf_p-xi_enc_19310515_quadragesimo-anno.html. Acesso em 01/07/2020.

YOUTUBE. Parte 1 - Questionamentos do senador Pedro Taques na sabatina da ministra Rosa Weber. Disponível em: https://www.youtube.com/watch?reload=9&v=ymrE01Axc-Q_. Acesso em 10/07/2020.

UMA HISTÓRIA SEM FIM[1]

Carlos A. Toselli[2]

1. INTRODUÇÃO

A República Argentina seguiu, também no processo de reconhecimento de seus direitos trabalhistas, os altos e baixos dos movimentos políticos que marcaram sua evolução histórica. Assim, os fundamentos do liberalismo estiveram presentes na formação política do Estado Argentino e na afirmação dos direitos fundamentais básicos, aqueles de primeira geração – liberdade de contratação, direito de propriedade, direito à defesa em processos judiciais –,sem que, contudo, houvesse qualquer lei que contemplasse a situação do trabalhador dependente, muito menos sua situação de hipossuficiência nas negociações, fato que viria a ser o germe do intervencionismo estatal quando do reconhecimento dos direitos trabalhistas fundamentais no século XX.

Nesse sentido, as relações de trabalho eram regidas pelas disposições do "Código Civil Velezano" (de 1871), que remetia à locação de serviços todo o capítulo relacionado com o trabalho dependente industrial ou comercial, contemplando algumas regras específicas para o trabalho rural. ou, os assim chamados, domésticos.

A esse respeito, é extremamente interessante o relato do Dr. Mario L. Deveali[3] em seu Tratado de Direito do Trabalho, no qual ele afirma que, com a expansão da indústria de manufatura, um novo sujeito denominado "proletariado" aparece no campo social. Esse sujeito é composto por uma coletividade de pessoas que obtêm seus meios de subsistência unicamente por meio de salários pagos pelo empregador, que muitas

1 Traduzido por José Carlos Callegari, advogado, mestre e doutorando em Direito do Trabalho e da Seguridade Social pela Faculdade de Direito da USP. Pesquisador do GPTC-USP (Grupo de Pesquisa Trabalho e Capital da Faculdade de Direito da USP).

2 Professor da Universidade Nacional de Córdoba.

3 DEVEALI, Mario L: (dir) Tratado de Derecho del Trabajo, La Ley, Buenos Aires, 1972.

vezes se apresenta como um monopolista que define a seu critério as condições de trabalho e a mensuração dos salários, e a quem corresponde a possibilidade concreta de lhes oferecer trabalho.

Por outro lado, o mesmo autor diz que a competição entre trabalhadores que procuravam trabalho era acentuada por conta da exploração desumana do trabalho de crianças e mulheres.

Vale destacar que o maquinismo, mesmo nas suas experiências mais incipientes, contribuiu, por um lado, para agravar os riscos às quais estavam expostas a integridade física dos trabalhadores e, por outro, exigiu a adoção de algumas normas de proteção.

Dessa forma, as primeiras leis trabalhistas respondem à essa exigência e podem ser consideradas como uma manifestação do poder de polícia do Estado.

Posteriormente, em alguns países (especialmente de origem latina) a legislação evoluiu porque começou a levar em conta que na maioria dos casos o trabalhador não goza de verdadeira liberdade quando celebra o contrato de trabalho, mas sim age pressionado pela necessidade econômica. E assim começam a ser editadas normas reguladoras das condições de trabalho, fixando condições mínimas inderrogáveis pelas partes.

Não se pode ignorar que o Direito do Trabalho nasce como um ramo que se descola do direito civil em relação à regulamentação das relações entre empregadores e empregados, a partir do entendimento de que era necessário criar uma "lei desigual" para reverter a situação de desigualdade, que imperava entre os que detinham a força econômica e os que apenas possuíam sua força de trabalho como mecanismo para se obter o sustento econômico que garantia sua subsistência em condições decentes.

Nesse sentido, a concepção de igualdade que advinha de dispositivos como o artigo 1190 do Código Civil Velezano, que impunha às relações humanas o princípio da "autonomia da vontade" e que as relações laborais deviam ser regidas por acordos celebrados pela livre vontade dos contratantes, vai sendo abandonada.

Isso implica que as relações de trabalho comecem a ser encaradas como uma questão social, ou seja, como a ação de alguém que intermedia essa relação para garantir precisamente essa igualdade de tratamento. E esse papel necessariamente recai sobre o Estado, pelo menos em sua primeira etapa, através da legislação estatal, sem prejuízo do surgimento, pelo menos na Argentina, de um fenômeno peculiar: a negociação como resultado da autonomia da vontade coletiva dos sindicatos, que negocia com efeitos "erga omnes" as condições salariais e de trabalho de todo o ramo de atividade representado (no modelo sindical argentino de personalidade gremial somente por atividade).

2. O MARCO NORMATIVO ARGENTINO

a) As origens

Podemos afirmar que o Direito do Trabalho nasce no final do século XIX e que as primeiras tentativas normativas surgem em nosso país no começo do século XX. Assim, fazendo uma breve enumeração, podemos apontar a seguinte cronologia dos primórdios da normatização trabalhista[4]:

1904: surge o primeiro projeto de Código de Trabalho; na época o ministro do interior era o Dr. Joaquín V. Gonzalez. O projeto, que não chegou a ser apreciado pelo Congresso da Nação, estabelecia, entre outros pontos, o princípio da onerosidade do trabalho subordinado, a licença remunerada por doença, contrato de experiência de duas semanas, indenização em caso de demissão, limitação de jornada, direito à sindicalização e o mecanismo de conciliação e arbitragem para solução dos conflitos coletivos. Merece destaque, nesse mesmo ano, a apresentação do Relatório sobre o Estado da Classe Trabalhadora Argentina, elaborado pelo Dr. Juan Bialet Massé[5][6].

1905: é editada a Lei 4.661, a primeira lei trabalhista argentina, que regulou o descanso semanal ao estabelecer a proibição de trabalhos aos domingos na Capital Federal.

1907: é criada a Direção Geral do Trabalho, que logo passa a chamar Direção Nacional do Trabalho.

1914: é sancionada a lei 9.511 que estabelecia a impenhorabilidade de salários.

1915: é promulgada a lei 9.688 que vigeu com a mesma estrutura até 1996 (apesar de reformas que a modificaram) e regulamentou a proteção em matéria de acidentes de trabalho; recentemente foi modificada com a sanção da lei 24.557 sobre Prevenção e Reparação dos Riscos do Trabalho.

1921: é sancionada a lei 11.127 relativa a condições de trabalho insalubres, segurança e higiene no trabalho, que proibiu o uso de fósforo branco e amarelo na fabricação de palitos de fósforos.

---

4 Extraído de TOSELLI, Carlos A Derecho del Trabajo y de la Seguridad Social, 3ra. Edición ampliada y actualizada, Alveroni Ediciones, Córdoba, 2009.

5 NT.: os textos legais foram mantidos no original.

6 O Decreto do Poder Executivo Nacional editado pelo Presidente Roca, em seu art. 1 estabelecia: "Comisiónase al Dr. Juan Bialet Massé, para que se traslade a las diversas localidades y centros de trabajo del interior de la República y previas las investigaciones necesarias, presente al Ministerio del Interior, un informe detallado sobre las condiciones del trabajo y de la población obrera en general, y en particular de la Argentina, y demás objetos expresados en el Preámbulo del presente Decreto".

1924: é editada a lei 11.317 que proibia o trabalho de mulheres e crianças em horário noturno, considerando para tanto o trabalho prestado entre às 22h00 de um dia até às 06h00 da manhã do dia seguinte.

1929: é sancionada a lei 11.544, que regula a jornada de trabalho. Esta lei **ainda está em vigor** e foi complementada com o decreto regulamentador Nº 61.115/33.

1934: é editada a lei 11.729, conhecida como "lei da dispensa", que estabelecia a forma de indenização em caso de dispensa dos trabalhadores do comércio, ampliando-a posteriormente a todo empregado por meio do decreto Nº 33.302/45, ratificado pela lei 12.921.

1953: é sancionada a lei 14.250 que regulamentou a negociação coletiva e a regulação das relações de trabalho através das convenções coletivas de trabalho firmadas por entidades sindicais de trabalhadores e empregadores.

1974: é sancionada a lei 20.744, Lei Geral do Contrato de Trabalho, considerada o primeiro código de trabalho de nosso país.

1976: a ditadura militar edita a lei 21.276, que modifica 97 e sumprime 25 artigos do texto original da Lei de Contrato de Trabalho, que passa a contar com 277 artigos.

1991: é sancionada a lei 24.013 que visa a eliminação do emprego não registrado, impondo pesadas sanções econômicas àqueles que não cumprem com suas obrigações previdenciárias e de registro correto de empregados, e é criado o Seguro Desemprego. Também é sancionada a lei 24.028 que introduz importantes modificações em matéria de acidente do trabalho.

1995: são sancionadas as leis 24.465 sobre Flexibilização Trabalhista e 24.467 que estabelece um regime especial para as pequenas e médias empresas.

1996: entra em vigor a lei 24.557 que modifica substancialmente o regime de prevenção e reparação de acidentes do trabalho.

1998: é sancionada e lei 25.013 que muda totalmente o método de reparação das indenizações por dispensa sem justa causa ao estabelecer o ciclo indenizatório em "mês ou fração superior a 10 dias" em substituição à tradição de se considerar ciclos anuais ou fração superior a três meses. Também incorpora na legislação trabalhista a dispensa discriminatória, que foi derrogada pela lei 25.877 face o entendimento de que isso representava uma redução dos direitos dos trabalhadores que agora poderiam reclamar melhores direitos na justiça através da utilização da legislação geral antidiscriminatória (lei 23.592).

2000: é editada a lei 25.250 que amplia substancialmente o período de experiência e modifica de maneira significativa o sistema de negociação em nosso país.

2004: após o escândalo desencadeado pela investigação de supostos subornos no Senado da Nação para a aprovação da lei 25.250, tal norma é revogada e substituída pela lei 25.877 que, entre outros aspectos específicos, eliminou o sistema dual de indenização pela data de contratação, fazendo remissão exclusiva ao texto reformado da Lei de Contrato de Trabalho. Essa foi a sua última grande reforma integral, sem prejuízo de aspectos pontuais que foram se sucedendo ao longo dos anos e que iremos trata-los no desenvolvimento deste trabalho.

b) A ordem constitucional

Na Constituição Nacional sancionada em 1853 não havia uma norma específica que tratasse da questão do trabalho como um direito individual. Eram garantidos os direitos individuais, porém sempre com base no tradicional sistema de liberdade de contratação e igualdade entre os contratantes.

A Constituição sancionada em 1949, em seu art. 37, introduziu os direitos do trabalhador, da família, dos idosos, à educação e à cultura. Entre eles, se destacavam o direito de trabalhar, o direito à capacitação, à justa remuneração, às condições dignas de trabalho, à preservação da saúde, ao bem-estar, à seguridade social, à proteção de sua família, à melhoria econômica e a defesa dos interesses profissionais.

A revolução de 1955 revoga a Constituição de 1949 e torna sem efeito o art. 37 que viria a ser, no entanto, a fonte de inspiração para o art. 14 bis que seria aprovado pela Convenção Constituinte de 1957 e que introduz em nosso país os direitos do trabalhador divididos de três formas: direitos individuais, direitos coletivos, ou de associação e representação sindical, e os direitos da seguridade social.

A Constituição Nacional aprovada em 1994, em conformidade com o "Pacto de Coincidencias Basicas"[7], não poderia alterar a parte dogmática da Constituição, razão pela qual se mantiveram as disposições anteriores, ainda que introduzidos, dentro das atribuições do Congresso da Nação, novos conceitos como progresso com justiça social e normas relacionadas à integração e proteção dos direitos do consumidor e interesses difusos.

7 NT: Em 1994 os dois principais partidos da Argentina, a União Cívica Radical do ex-presidente Raul Alfonsin e o Partido Justicialista do então presidente Carlos Menem, firmaram um acordo de concordâncias mínimas, também conhecido como Pacto de Olivos, para uma reforma constitucional.

c) A luta contra o emprego não registrado ou informal

A lei nacional 24.013 estabeleceu um sistema de indenizações em favor do trabalhador com o intuito de desestimular a falta de registro do contrato de trabalho, o registro incorreto da data de admissão, quando o empregador consigna uma data posterior à data real de ingresso no trabalho, ou da remuneração menor que a recebida.[8]

Referida lei ainda estabeleceu uma forma de proteção para evitar dispensas por represália quando o trabalhador notificar formalmente o empregador para seu correto registro, dobrando as indenizações estabelecidas na Lei de Contrato de Trabalho se a demissão ocorrer em até dois anos da realização da intimação. Da mesma forma, essa dobra ocorre no caso de pedido de demissão, fundado no conceito de justa causa vinculada previsto nos artigos 8, 9 e 10.[9]

---

8 Ley 24013
TITULO II
De la regularización del empleo no registrado
Capítulo 1
Empleo no registrado
ARTICULO 7° — Se entiende que la relación o contrato de trabajo ha sido registrado cuando el empleador hubiere inscripto al trabajador:
a) En el libro especial del artículo 52 de la Ley de Contrato de Trabajo (t.o. 1976) o en la documentación laboral que haga sus veces, según lo previsto en los regímenes jurídicos particulares;
b) En los registros mencionados en el artículo 18, inciso a).
Las relaciones laborales que no cumplieren con los requisitos fijados en los incisos precedentes se considerarán no registradas.
ARTICULO 8° — El empleador que no registrare una relación laboral abonará al trabajador afectado una indemnización equivalente a una cuarta parte de las remuneraciones devengadas desde el comienzo de la vinculación, computadas a valores reajustados de acuerdo a la normativa vigente.
En ningún caso esta indemnización podrá ser inferior a tres veces el importe mensual del salario que resulte de la aplicación del artículo 245 de la Ley de Contrato de Trabajo (t.o. 1976).
ARTICULO 9° — El empleador que consignare en la documentación laboral una fecha de ingreso posterior a la real, abonará al trabajador afectado una indemnización equivalente a la cuarta parte del importe de las remuneraciones devengadas desde la fecha de ingreso hasta la fecha falsamente consignada, computadas a valores reajustados de acuerdo a la normativa vigente.
ARTICULO 10. — El empleador que consignare en la documentación laboral una remuneración menor que la percibida por el trabajador, abonará a éste una indemnización equivalente a la cuarta parte del importe de las remuneraciones devengadas y no registradas, debidamente reajustadas desde la fecha en que comenzó a consignarse indebidamente el monto de la remuneración.
ARTICULO 11. — Las indemnizaciones previstas en los artículos 8°, 9° y 10 procederán cuando el trabajador o la asociación sindical que lo representen cumplimente en forma fehaciente las siguientes acciones:
a. intime al empleador a fin de que proceda a la inscripción, establezca la fecha real de ingreso o el verdadero monto de las remuneraciones, y b. proceda de inmediato y, en todo caso, no después de las 24 horas hábiles siguientes, a remitir a la Administración Federal de Ingresos Públicos copia del requerimiento previsto en el inciso anterior.
Con la intimación el trabajador deberá indicar la real fecha de ingreso y las circunstancias verídicas que permitan calificar a la inscripción como defectuosa. Si el empleador contestare y diere total cumplimiento a la intimación dentro del plazo de los treinta días, quedará eximido del pago de las indemnizaciones antes indicadas.
A los efectos de lo dispuesto en los artículos 8°, 9° y 10 de esta ley, solo se computarán remuneraciones devengadas hasta los dos años anteriores a la fecha de su entrada en vigencia.
(Artigo substituído pelo art. 47 da Lei n° 25.345 B.O. 17/11/2000)

9 ARTICULO 15 Ley 24013. — Si el empleador despidiere sin causa justificada al trabajador dentro de los dos años desde que se le hubiere cursado de modo justificado la intimación prevista en el artículo 11, el trabajador

A lei 23.345, em seu art. 47, modifica o artigo 11 da lei 24.013 exigindo como requisito para a procedência das multas previstas nos artigos 8, 9 e 10 a notificação por meio confiável da "Administracion Federal de Ingresos Publicos" acerca da intimação formulada pelo trabalhador ao empregador. E estabelece um prazo para isso: "imediatamente ou em até 24 horas úteis após o requerimento". E em seu Inciso "b" foi estabelecido a regulamentação que exige que a intimação, para que produza seus efeitos, deve ser realizada durante a vigência do contrato de trabalho.[10]

Por sua vez, a lei nacional 25.323 estabelece em seu art. 1º o dobro da indenização prevista na Lei de Contrato de Trabalho – lei 20.744 e modificações – quando se trata de uma relação de trabalho que no momento da dispensa não esteja registrada, ou a esteja de maneira incorreta. Porém, este aumento da indenização não é cumulativo com as indenizações previstas nos artigos 8º, 9º, 10 e 15 d Lei 24.013.

Com o intuito de evitar a litigiosidade a lei 25.323 prevê em seu artigo 2º o aumento de cinquenta por cento das indenizações quando o empregador, intimado por meio confiável pelo trabalhador, não realizar o pagamento daquelas previstas nos artigos 232, 233 e 245 da Lei 20.744 (texto de 1976) e nos artigos 6º e 7º da Lei 25.013, ou aquelas que no futuro a substituírem e, consequentemente, obrigar o trabalhador a ingressar com ações judiciais ou recorrer a qualquer instância prévia obrigatória para este fim.

Se houver existido causas que justifiquem a conduta do empregador, os juízes, através de decisão fundamentada, poderão diminuir com moderação ou extinguir a indenização imposta pela lei.

Enquanto a instância administrativa prévia é obrigatória para discussões relacionadas ao contrato de trabalho, conforme estabelecido pela legislação, a lei não exige essa obrigação para questões relacionadas ao trabalho não registrado.[11] A Argentina, tampouco, ficou alheia ao fenômeno da uberização do trabalho, em especial

---

despedido tendrá derecho a percibir el doble de las indemnizaciones que le hubieren correspondido como consecuencia del despido. Si el empleador otorgare efectivamente el preaviso, su plazo también se duplicará. La duplicación de las indemnizaciones tendrá igualmente lugar cuando fuere el trabajador el que hiciere denuncia del contrato de trabajo fundado en justa causa, salvo que la causa invocada no tuviera vinculación con las previstas en los artículos 8, 9 y 10, y que el empleador acreditare de modo fehaciente que su conducta no ha tenido por objeto inducir al trabajador a colocarse en situación de despido.

10 Dec. Reg. 2725/91Art. 3° — (Artículo 11 de la Ley 24.013).
1). — La intimación para que produzca los efectos previstos en este artículo, deberá efectuarse estando vigente la relación laboral.
2). — El plazo de TREINTA (30) días es de días corridos.
3). — La eximición del pago comprende exclusivamente a las indemnizaciones de los artículos 8, 9 y 10 de la Ley N° 24.013.

11 ARTÍCULO 1° ley 27348— Dispónese que la actuación de las comisiones médicas jurisdiccionales creadas por el artículo 51 de la ley 24.241 y sus modificatorias, constituirá la instancia administrativa previa, de carácter obligatorio y excluyente de toda otra intervención, para que el trabajador afectado, contando con el debido patrocinio

no ramo de entregas de comida ou produtos (Uber eats, glovo, rappi e "pedidos ya") ou no transporte privado de passageiros (Uber, cabify), que posicionam o trabalho no mesmo local onde o serviço é prestado, diferentemente de outros serviços prestados por empresas de internet (Trivago ou similares), e que motivaram interessantes discussões em tribunais norte-americanos, europeus, brasileiros e argentinos a respeito, fundamentalmente, da possibilidade de configuração de relação de emprego com as plataformas em que são feitos os pedidos dos usuários ou se simplesmente, nessa "economia de colaboração", os aplicativos apenas fazem a intermediação entre usuários demandantes de serviços e diversos prestadores, sendo os serviços de delivery (de coisas ou passageiros) prestados por trabalhadores independentes (autônomos, microempreendedores ou similares).

A Argentina segue com um déficit importante de codificação, vez que a reforma constitucional de 1994 estabeleceu que é competência exclusiva do governo federal a edição de leis em matéria de direito do trabalho e da seguridade social, seja em um código único ou em leis esparsas como ocorre atualmente. A falta de consenso para se avançar em um compilado único de legislação laboral a torna dispersa e até contraditória.

No sentido normativo da proteção ao emprego formal, a Lei de Contrato de Trabalho de 1974, com a alteração de 1976 feita pela ditadura e posterior restauração parcial de suas normas através de reformas esparsas realizadas a partir de 1984, constitui o compilado mais relevante na legislação atual mesmo sofrendo todos os ataques do último governo liberal que tentou introduzir modificações substanciais no sistema de proteção que vige no país.

3. MEIOS DE SOLUÇÃO DE CONFLITOS

A título de esclarecimento inicial, deve-se notar que na Argentina vige um sistema processual-adjetivo federal e, não existindo um código processual de traba-

letrado, solicite la determinación del carácter profesional de su enfermedad o contingencia, la determinación de su incapacidad y las correspondientes prestaciones dinerarias previstas en la Ley de Riesgos del Trabajo.
Será competente la comisión médica jurisdiccional correspondiente al domicilio del trabajador, al lugar de efectiva prestación de servicios por el trabajador o, en su defecto, al domicilio donde habitualmente aquel se reporta, a opción del trabajador y su resolución agotará la instancia administrativa.
Los trabajadores vinculados por relaciones laborales no registradas con empleadores alcanzados por lo estatuido en el apartado primero del artículo 28 de la ley 24.557 no están obligados a cumplir con lo dispuesto en el presente artículo y cuentan con la vía judicial expedita.
Los honorarios profesionales que correspondan por patrocinio letrado y demás gastos en que incurra el trabajador a consecuencia de su participación ante las comisiones médicas estarán a cargo de la respectiva aseguradora de riesgos del trabajo (A.R.T.).

lho unificado para todo o país, cada jurisdição estadual – provincial – tem seu próprio sistema de acesso à justiça. Da mesma maneira, a fiscalização do cumprimento da legislação trabalhista constitue o que chamamos de poder de polícia provincial e cada província o organiza livremente, ainda que a partir de 2004, com a sanção da lei 25.877, estabeleceu-se o "Servicio de Inspección de Derecho del Trabajo y de la Seguridad Social (SIDYTYSS)" que acabou por transferir uma série de poderes ao Conselho Federal do Trabalho (presidido pelo Ministro do Trabalho da Nação) responsável pela administração da questões trabalhistas e com poderes de fiscalização cujo nobre objetivo é impedir o dumping social interno por ausência de controle do cumprimento da norma trabalhista. Em última instância, a lei delega a esse órgão poderes de intervenção administrativa, o que parece ser de constitucionalidade duvidosa vez que subjuga a jurisdição provincial que emana da norma constitucional.

Feitos esses esclarecimentos e indicada a coexistência de regimes administrativos e jurisdicionais próprios de cada estado provincial, analisaremos as diversas alternativas para se chegar à composição do conflito trabalhista.

a) A instância administrativa obrigatória

Existem duas hipóteses legais em que é obrigatória a submissão da causa a uma instância administrativa prévia. A primeira delas é a relativa à reparação de acidentes do trabalho, cuja lei nacional 27.348 estabeleceu a obrigatoriedade da submissão às comissões médicas, que são organismos administrativos federais dotados de poderes jurisdicionais (semelhantes, em seu formato, a um órgão judicial) e cujo questionamento sobre sua constitucionalidade ainda não foi resolvido pelo tribunal máximo da Nação, embora exista um caso próximo da solução – o resultado desse precedente[12] em uma matéria tão sensível e que diz respeito a trabalhadores tão vulneráveis por terem sua saúde prejudicada, o que constitui seu único meio de subsistência e obtenção de seus salários, cuja natureza alimentar está fora de qualquer discussão, provavelmente determinará o destino do sistema privado de indenizações pelos danos sofridos pelos trabalhadores. Esse sistema é terceirizado às entidades gestoras que almejam lucros, totalmente apartadas de uma visão global da seguridade social.

12 Trata-se do caso "Pogonza X Asociart ART AS" em que o parecer do Ministério Público opinou pela improcedência do pedido de inconstitucionalidade e a ratificação da obrigatoriedade de submissão da demanda ao órgão administrativo. Além disso, com a composição anterior, o máximo Tribunal de La Nación determinou que tal exigência constituía uma inequívoca afronta à doutrina constitucional do próprio tribunal supremo (caso Obregón X Liberty, de 2012)

A segunda hipótese que exige a etapa administrativa obrigatória refere-se às questões vinculadas aos trabalhadores de residências privadas (antigamente chamados empregados domésticos ou cuidadores de doentes em domicílio). A justificativa para isso é dada pela natureza do trato quase familiar entre o setor patronal (pais, filhos, avôs) e os prestadores de serviço, que em muitos casos participaram dos acontecimentos mais importantes da família (nascimentos, casamentos, falecimentos).

O objetivo aqui é claro: desescalar o conflito e tentar sua composição evitando a judicialização dessa relação desfeita, com todo o trauma que isso implica.

Para os demais conflitos trabalhistas existe ainda em algumas jurisdições um serviço de conciliação trabalhista obrigatória (SECLO no âmbito federal e denominações estaduais semelhantes), que impede o ajuizamento de processos sem antes submetê-lo a um conciliador privado que emitirá um certificado de habilitação para interposição de demanda judicial caso não haja conciliação.

b) A instância administrativa voluntária

Sem prejuízo do trâmite obrigatório supra referido, a via administrativa é possível para outros tipos de disputas trabalhistas e tende a desafogar as ações perante o judiciário, havendo para tanto a figura da "coisa julgada administrativa" em que os itens que foram objeto do acordo homologado nessa não podem ser objeto de discussão no litígio judicial. Isso representa uma tensão evidente entre segurança jurídica (alegada pelos demandados que realizaram acordo administrativo e pagaram os valores pactuados) e irrenunciabilidade (vez que os trabalhadores denunciam que muitas vezes o acordo celebrado implica a perda de direitos indisponíveis).

O calcanhar de Aquiles destas soluções administrativas reside no fato de que elas devem ser celebradas respeitando o disposto no art. 15 da LCT, que determina que um servidor público deve se pronunciar sobre a justeza do acordo celebrado antes de sua homologação. Se a realidade impõe que não existe a certeza de que tal controle prévio aconteça (seja por acúmulo de tarefas, por falta de capacitação dos funcionários ou por ausência de documentos fundamentais para a elaboração desse juízo de valor) torna-se uma injustiça notória que os trabalhadores percam grande parte de seus direitos apenas pelo fato de que possam receber o valor acordado com relativa rapidez.

c) Os caminhos judicias

Como dito anteriormente, na Argentina existe um sistema jurisdicional federal residual regido pela lei 18.345 em que tramitam apenas as reclamações trabalhistas federais (pedidos relacionados às carreiras de empregados públicos de repartições federais, aí incluídos as universidades federais e as revisões de dispensas ou exonerações resultantes de processos administrativos internos resultados das imputações de ilícitos contratuais). A decisão favorável ao trabalhador demandante nos casos de dispensa resulta na nulidade do ato administrativo, sua reintegração e pagamento dos salários não pagos durante o período que perdurou a dispensa.

Por outro lado, as reclamações de trabalhadores privados tramitam nas jurisdições provinciais (estadual) por força de competência constitucional exclusiva e os procedimentos podem ser tanto escritos quanto orais. Esses procedimentos são informados por diversos princípios com o objetivo de facilitar o acesso à justiça do trabalhador, como a gratuidade, meios de apreciação de provas (*in dubio pro operario* na valoração das provas), inversão do ônus da prova e o poder do magistrado de sentenciar ultra petita, isso é, não ficar adstrito às pretensões numéricas das partes podendo suprir incorreções e realizar ajustes considerando as disposições legais vigentes. Em relação à forma de instrução do processo, existem elementos de natureza inquisitiva nos procedimentos orais em que o juiz atua como presidente do processo, porém a busca da verdade real deve nortear também as sentenças prolatadas nos processos judiciais trabalhistas de natureza escrita.

Um grave problema que aflige o sistema judicial trabalhista argentino é a demora na solução dos processos. As causas são as mais diversas, mas na era da tecnologia não parece razoável que uma ação leve 4 ou 5 anos para ter uma solução nas vias ordinárias. Somado o tempo que levam os recursos extraordinários estaduais ou federais, quando são interpostos, essas ações podem demorar até 8 ou 9 anos, o que é inaceitável sobre todos os pontos de vista.

Embora com o louvável objetivo de abreviar os processos, em especial os de menor complexidade, as reformas processuais implementadas incorporaram o duplo grau de jurisdição obrigatório com a apelação oral interposta por meio de um sistema de gravação de vídeo. Os projetos aprovados, pelo menos na Província de Córdoba, possuem os objetivos dos 3 b: "bom, bonito e barato". Porém, ainda mais com uma instância adicional, não parece que alcançarão o objetivo de reduzir o atraso ou encurtar a duração dos processos trabalhistas que, como já apontado acima, revestem-se de características alimentarias e assistenciais. A lógica indicaria que a forma de se alcançar maior celeridade processual seria através da supressão de instâncias, já que o contrário implica a tramitação por uma instância recursal adicional com as consequências temporais que isso acarreta.

As vias recursais dependem do tipo de processo adotado. Nos procedimentos orais de instância única (ainda que se possa ter duas etapas, a primeira com finalidade conciliatória como ocorre na minha província), a possibilidade de questionamento da decisão judicial será por via do recurso de Cassação, que é um recurso extraordinário, limitado pela taxatividade recursal e pela extensão do dano. Ao contrário, se em vez disso o processo for escrito, a sentença de primeira instância prolatada por um juiz singular exigirá a revisão por uma Câmara de Apelação para existir a possibilidade de interposição de algum dos recursos extraordinários locais (Cassação ou Inaplicabilidade da Lei), cujo tramitação é a via de acesso ao Recurso Extraordinário Federal perante a Corte Suprema de Justiça do país.

4. REFORMAS TRABALHISTAS

Limitaremos essa análise aos dois últimos governos que regeram os destinos do país e deixaremos para um momento posterior a análise das consequências das modificações mencionadas, empregando a técnica descritiva. Assim, por uma questão metodológica, serão vistas primeiro as reformas transformadas em lei e depois os principais projetos apresentados pelo governo Macri que não obtiveram aprovação legislativa.

O que foi sancionado: a) nas relações individuais de trabalho: 1. o princípio da irrenunciabilidade de direitos foi reforçado, considerados como tais inclusive os exclusivamente relacionados com o contrato individual de trabalho; 2. Foram aprimoradas as disposições relativas à aplicação da legislação de saúde e segurança no trabalho, com técnica legislativa muito superior e adequada às modificações e avanços científicos na matéria[13]. 3. Foi regulamentada a lei de jornada de trabalho estabelecendo que a exceção para sua aplicação se refere apenas a diretores e gerentes de empresas, incorporando no âmbito da proteção constitucional o pessoal de fiscalização e cargos de confiança que eram considerados "à disposição" em decorrência de suas atribuições

13 Art. 75 LCT: El empleador debe hacer observar las pausas y limitaciones a la duración del trabajo establecidas en la ley y demás normas reglamentarias y adoptar las medidas que según el tipo de trabajo, la experiencia y la técnica sean necesarios para tutelar la integridade psicofísica y la dignidad de los trabajadores, debiendo evitar los efectos perniciosos de las tareas penosas, riesgosas o determinantes de vejez o agotamiento prematuro, así como también los derivados de ambientes insalubres o ruidosos. Está obligado a observar las disposiciones legales y reglamentarias pertinentes sobre higiene y seguridad en el trabajo. El trabajador podrá rehusar la prestación del trabajo, sin que ello le ocasione pérdida o disminución de su remuneración, si el mismo le fuera exigido en transgresión a tales condiciones, siempre que exista peligro inminente de daño o se hubiere configurado el incumplimiento de la obligación, mediante constitución en mora, o si habiendo el organismo competente declarado la insalubridad del lugar, el empleador no realizara los trabajos o proporcionara los elementos que dicha autoridad establezca

e, portanto, impedidos de receber horas adicionais. 4. Foi restabelecida a cláusula legal de desigualdade compensatória que, de conteúdo filosófico, dispõe expressamente que as desigualdades contempladas pela lei a favor do trabalhador na condição de contratante mais fraco servem para compensar as desigualdades existentes na vida real (art. 17 bis LCT) e 5) Foi determinada a aplicabilidade da lei antidiscriminação a todo o campo das relações de trabalho. Nesse sentido, foi estipulado que tal norma legal positiva a Convenção 111 da OIT e atinge de maneira transversal todo o ordenamento jurídico argentino, de modo que sua violação em matéria trabalhista acarreta a nulidade do ato discriminatório e a reintegração do trabalhador demitido.[14] , Entendimento em sentido contrário estabeleceria uma espécie de cota de discriminação no direito do trabalho. b) Em matéria de Direito Coletivo não houve grandes mudanças em âmbito legislativo, mas não se pode ignorar a forte ingerência da Corte Suprema de Justiça da Nação no modelo sindical argentino de personalidade única e atributos exclusivos. Nessa linha de análise, diversas sentenças foram trilhando um claro caminho de adequação à normativa do Comitê de Liberdade Sindical da OIT, favorecendo as organizações simplesmente inscritas através da declaração de inconstitucionalidade da convocação exclusiva de eleições de delegados sindicais na empresa (art. 41), a determinação da expansão da proteção do dirigente sindical não formalizado (art. 52), a possibilidade das associações sindicais simplesmente inscritas exercerem a representação individual ou coletiva de seus filiados (art. 31) e a possibilidade de declaração legal de greve e outras medidas legítimas de ação direta.[15] c) Foi em relação à reparação de danos à saúde que o regime jurídico se tornou mais regressivo, já que durante o governo de Cristina Fernández foi estabelecido o modelo de opção por um sistema de reparação plena (dano material, moral, psíquico, perda de capacidade laboral, perda da chance etc) no lugar da possibilidade de acumulação de ações conforme determinado pelo precedente da Corte Suprema de Justiça da Nação no caso "Llosco"[16]. Isso apesar da existência de normas de alto escalão como as Convenções 17 e 102 da OIT, que estabelecem a vigências dos princípios de irrenunciabilidade, progressividade e reconhecimento de dívida pela parte obrigada por sua compensação. O governo do presidente Macri se encarregou de aprofundar esta norma regressiva obrigando a submissão do caso a uma comissão médica prévia com poderes quase judiciais, o

14 CSJN – Processo: "Alvarez Maximiliano y otros c/ Cencosud S.A. – Acción de Amparo" Sentença de 7 de dezembro de 2010

15 CJSN – Processo: "Orellano Francisco Daniel c/ Correo Oficial de la República Argentina S.A.– Juicio sumarísimo", sentença de 7 de junho de 2016

16 CSJN – Processo: "Recurso de Hecho Llosco Raúl c/ Irmi S.A.", Sentença de 12 de junho de 2007

que foi agravado pelas regras de acesso à justiça das diversas jurisdições provinciais que incluem um prazo decadencial muito curto (entre 15 dias, os mais restritos, até 90 dias os mais longos), o que fez letra morta do prazo prescricional de 2 anos para ajuizamento da ação. d) No plano previdenciário, a forma de reajuste foi alterada e gerou forte reação popular. Contudo, paradoxalmente, agora que o reajuste trimestral correspondente iria favorecer o trabalhador readaptado, o novo governo de Alberto Fernández suspendeu sua aplicação para elaborar uma nova fórmula menos benéfica que a fórmula diferida atual. Além disso, foi aumentada para 70 anos a idade em que o trabalhador pode ser notificado pelo empregador para optar pela aposentadoria por idade, o que pode ser considerado positivo. Tal norma é favorável por ser uma opção para o segurado, vez que anteriormente o empregador poderia notificar o empregado a se aposentar com 65 anos sem obrigação alguma de pagar qualquer indenização. Por outro lado, se o trabalhador decide passar para a inatividade com essa idade por contar com o tempo de contribuição, poderá se aposentar sem ter que aguardar os 70 anos. Mas se prefere, contudo, manter seu emprego ante a notória diferença existente entre o salário da ativa e a aposentadoria o empregador, caso decida rescindir o contrato antes, deverá pagar a correspondente indenização por tempo de serviço e o aviso-prévio. O governo macrista também modificou o sistema de contribuições patronais em detrimento das pequenas empresas e benefício das grandes, já que estabeleceu uma contribuição única de 19,5% no lugar da anterior de 17% para as pequenas e médias empresas (PYME) e de 21% para as grandes empresas. Da mesma forma, o sistema continuou a ser subfinanciado ao prever que o equivalente a um Salário Mínimo fosse deduzido da base de cálculo das contribuições, o que gera um enorme impacto econômico no fundo de pensões que deixa de contar com a contribuição mensal dos trabalhadores devidamente registrados equivalente a dez milhões de salários mínimos.

Os projetos: os pacotes de projetos de reformas trabalhistas emanados do Poder Executivo ou do Ministério do Trabalho da gestão macrista inseriram-se em uma reforma mais profunda e prejudicial aos trabalhadores. Esses pacotes naufragaram por ausência de força parlamentar, forte resistência dos setores sindicais e, doutrinariamente, dos advogados trabalhistas. Os projetos iniciaram pelo aspecto filosófico ao sustentar que a finalidade da lei era libertar as forças produtivas e o trabalho de todos os mecanismos regulatórios e distorções que impediam o desenvolvimento das empresas como entidades produtivas, inovadoras, eficientes e competitivas e que a cooperação entre as partes para a promoção dessa atividade produtiva e criativa constitui um valor social partilhado, gerador de direitos e deveres recíprocos e regra essencial de execução do contrato de trabalho. A noção de um direito igual e colaborativo abandona, portanto, o conceito de hipossuficiência.

Entre os aspectos centrais da proposta de reforma estavam os seguintes: a) eliminação do regime de solidariedade patrimonial na terceirização de segurança, vigilância, logística, etc; b) alteração do princípio da inalienabilidade, permitindo a renúncia individual a melhores condições de trabalho ou de salário, ou ainda modificação do núcleo duro do contrato com consentimento do sindicato; c) Exclusão de gratificações e diárias da base de cálculo da rescisão e estabelecimento da proporcionalidade do salário anual complementar; d) criação de um fundo garantidor de indenização por atividade, com a participação dos sindicatos ("Fondo de Cese Laboral Sectorial"), que constituía uma espécie de seguro-garantia para o empregador no pagamento da indenização rescisória; f) Sob o pretexto da igualdade de gênero, ampliou-se quem pode exercer atividades penosas, perigosos ou insalubres presumindo-se a igualdade na proteção contra esses trabalhos ao invés de se empenhar pela supressão de tais tarefas que afetam o organismo humano, salvo nos casos em que, por motivos excepcionais e objetivos, o regulamento determine a restrição ou proibição do trabalho de mulheres; g) pretendeu-se substituir, nos projetos iniciais, as equipes de obras (até 5 trabalhadores) do regime jurídico específico da LCT por um regime especial indefinido; e h) Pretendia-se a criação de um regime de trabalhadores autônomos economicamente dependentes com maior vínculo empresarial, semelhante ao TRADE Espanhol.

Como aspectos positivos dos projetos que não foram aprovados, estavam a adequação do art. 245 da LCT à decisão "Vizzoti" da CSJN, que dispunha que, em hipótese alguma, a base de cálculo da indenização a ser recebida pelo trabalhador dispensado sem justa causa poderia ser inferior a 67% do seu salário bruto. Da mesma forma, a modificação do regime de licenças criaria um paradigma positivo de adaptação à realidade dos tempos históricos atuais ao incorporar no sistema jurídico as licenças paternidade, por adoção, por união estável e por violência de gênero. Também haviam projetos interessantes de promoção de estágios para jovens à procura de emprego, a partir da noção de formação continuada para o trabalho, e da criação da Matriz de Qualificação Laboral e do Documento Nacional de Identidade Ocupacional, que ficaram no baú das memórias e boas intenções.

5. EFEITOS DAS REFORMAS

Os efeitos das reformas podem ser posicionados em diferentes planos: 1) Empresarial: conforme explicado no ponto anterior, o que foi sancionado representou menores encargos sobre a folha de pagamento e os projetos frustrados penderam a balança definitivamente em favor do setor economicamente mais rico. 2) Direito individual do trabalho: travou-se uma luta permanente contra a inflação que minava o poder aquisitivo do salário (em 2019 a inflação foi de 59%), sendo muito poucos os sindicatos que conseguiram até certo ponto controlar essa defasagem. Isso foi alcançado, em especial, em um poderoso setor público (empregados municipais das capitais, das empresas estatais ou do setor bancário) ou algum setor industrial privado com forte viés exportador (indústria de petróleo), que conquistaram cláusulas de gatilho salarial ou a inclusão da cesta básica elaborada pela Universidade Nacional de la Plata como ponto de partida para a discussão salarial da categoria,. 3) Plano coletivo: os sindicatos, sempre dentro da lógica de manter o *status quo* e não tensionar demais as relações, passaram os últimos 4 anos na luta contra o modelo neoliberal macrista com a política de "golpear e negociar". De resto, nos últimos dois anos os sindicatos começaram a farejar a mudança ideológica e, em especial logo após a derrocada monetária do governo com a desvalorização de Abril de 2018, passaram a se reposicionar para a chegada do futuro governo kirchnerista.

6. CONCLUSÕES

1) Embora a legislação trabalhista argentina seja protetiva e favorável aos direitos dos trabalhadores na sua relação contratual, e de poder, com o empregador, o modelo neoliberal implantado no país a partir da década de noventa do século passado deixou profundas feridas que aumentaram ainda mais as deixadas pela ditadura militar que, ao esquartejar a Lei do Contrato de Trabalho, também cometeu um genocídio normativo contra o que constitui, ainda hoje, o compêndio de leis que regulam a relação entre as partes vinculadas pelo vínculo empregatício.

2) A consolidação da gestão ao longo dos doze anos de governo kirchnerista, implicou uma lenta restauração de algumas daquelas normas mutiladas em um contexto que o progressista era voltar ao modelo produtivo de trinta anos atrás, ou seja, era retornar ao antigo.

3) No âmbito do direito coletivo do trabalho, esse modelo impôs um hiato na negociação coletiva que se dedicou basicamente à recomposição salarial mantendo as condições de trabalho e cláusulas normativas vigentes desde a década de 1970, o que significa um enorme descompasso. O modelo sindical foi colocado sob o prisma constitucional e do Comitê de Liberdade Sindical da OIT pela a Corte Suprema de Justiça da Nação, que frisou as importantes contradições existentes entre o direito sindical interno e as normas internacionais. Sem prejuízo de tais pronunciamentos e de suas repercussões legais nas instâncias inferiores, os legisladores mantiveram seu

silêncio em relação à promoção de possíveis reformas condizentes com as diretrizes acima mencionadas.

4) O experimento neoliberal do Presidente Macri, que culminou com o castigo popular nas urnas e o retorno do kirchnerismo através da dupla Alberto-Cristina, começou com um ataque aberto ao Direito do Trabalho sobre vários aspectos: a) a tentativa de impedir as ações por acidente do trabalho através de uma lei-torniquete que exigia a submissão prévia da demanda a um órgão médico federal para que só depois fosse possível acessar a instância judicial, com um mecanismo quase extorsivo que impedia o recebimento do valor correspondente ao dano apurado em caso de não aceitação do quanto determinado na instância administrativa. Soma-se a isso o fato de que o trabalhador incapacitado dificilmente poderia ser inserido novamente no mercado de trabalho justamente pela diminuição de suas funções psicomotoras; b) o permanente assédio contra advogados trabalhistas (a quem apelidou de "máfia trabalhista") e o ataque aos juízes do trabalho com a instauração de procedimentos disciplinares perante o Conselho da Magistratura visando à demissão contra quem se atrevesse a discordar do governo e; c) a batelada de normas cuja tentativa de aprovação fracassaram por erros grosseiros de avaliação política mas que significaram uma tendência irreversível de favorecimento do empresariado, tanto é que o único ponto que favorecia o trabalhador no primeiro projeto de reforma enviado pelo Poder Executivo Nacional era a possibilidade de concessão de licença de trinta dias por questões particulares (sem recebimento de salários). O fracasso dessas estratégias teve mais a ver com o desastre econômico do último ano e meio de sua gestão do que com o apoio da maioria da população argentina aos direitos humanos. Mais uma vez o ditado "it´s the economy, stupid" marcou a tendência, e o fim (por enquanto), do projeto neoliberal que seduziu grande parte do eleitorado nacional.

5) A história que começa a ser escrita pela nova gestão governamental não abre grandes perspectivas de melhorias gerais para os trabalhadores ativos ou reabilitados. Embora seja verdade que os setores mais vulneráveis tenham melhorado sua renda por meio de reajustes salariais e de pensões, não parece haver uma política geral de recuperação da perda de poder aquisitivo dos demais trabalhadores assalariados nem dos valores das aposentadorias que ultrapassam o dobro do salário mínimo. Soma-se a essa tendência o congelamento dos reajustes das pensões e a falta de aumento salarial para os que ganham mais de US$ 730 (considerando para tal o valor de venda do dólar acrescido do imposto PAIS de 30%). Para se determinar como será a evolução do direito material e processual do trabalho argentino resta saber se as bases sindicais

aceitarão, ou não, este novo sacrifício que lhes é pedido para evitar o abismo que se anuncia em prol de um aumento futuro e imaginário do bem-estar.

A noção de que não é prioritário encarar uma reforma trabalhista reafirma o *status quo* que cristaliza desigualdades e que, em muitos aspectos, significa relações de exclusão tanto no nível individual, como as que se operaram com as plataformas tecnológicas e sua pretensa noção de colaboração independente e autônoma, quanto no nível coletivo, com a manutenção das estruturas sindicais em que círculos de poder burocráticos são priorizados em detrimento da injeção de sangue novo para sua tão necessária renovação.

A história sem fim refere-se àquele ditado que diz que os povos que não conhecem sua história estão fadados a repeti-la. A Argentina, que segundo um Presidente estava condenada a dar certo[17], encontra-se novamente em uma encruzilhada que, conforme Dante, pode nos levar a conhecer os diversos círculos do tão temido inferno. Caberá ao povo em seu conjunto, e aos dirigentes mais visionários, lutar para evitar que as chamas nos consumam e que as futuras gerações possam vislumbrar um país que respeite os Direitos Humanos, o princípio da proteção trabalhista, e o estado de bem-estar que nós argentinos, ainda que parcialmente, um dia já tivemos.

---

17 Presidente Duhalde. Alguém brincou que o país imediatamente recorreu da sentença alegando excesso na condenação e por isso temos o país em que vivemos.

O "MODELO DUPLO" DA ORGANIZAÇÃO SINDICAL ARGENTINA: DE PERÓN ATÉ HOJE

José Carlos Callegari[1]

1. INTRODUÇÃO

As comparações entre a história de Brasil e Argentina são muito comuns não só pela proximidade física – e , porque não, afetiva – entre os dois países, mas também pelas semelhanças e diferenças entre esses países umbilicalmente ligados no cone sul do continente americano.

A história de Vargas e Peron já foi tratada por diversos estudos, muitos deles bastante ricos, tanto no Brasil quanto na Argentina. Nesse momento, pretende-se compreender especificamente a relação do peronismo com a organização sindical argentina. Como esse tema, por si só, poderia ser objeto de um estudo muito mais aprofundado, irei buscar o recorte específico da organização legal dos sindicatos na Argentina. O que é "personalidade gremial", sindicatos "simplesmente inscritos", direitos dos sindicatos nas negociações coletivas, entre outros.

Considerando que a organização sindical de um país está intrinsecamente ligada a formação da classe trabalhadora, primeiramente deve-se ater a um elemento de história da formação da classe operária argentina: a organização de trabalhadoras e trabalhadores no período que antecedeu o peronismo. Falar das bases jurídicas do sindicalismo argentino sem se ater a esse ponto histórico implica enxerga-lo como uma estrutura que paira no tempo-espaço, sem qualquer relação com a realidade.

1 Advogado. Bacharel em Direito, mestre e doutorando em Direito do Trabalho e da Seguridade Social pela Faculdade de Direito da USP. Pesquisador do GPTC-USP (Grupo de Pesquisa Trabalho e Capital da Faculdade de Direito da USP).

Assim, antes de entrar na estrutura legal do ordenamento jurídico argentino, que regula as relações sindicais, é preciso fazer essa breve digressão. E seria impossível falar desse assunto sem tratar de Juan Domingos Perón e o peronismo.

Perón foi o maior líder popular da história política argentina. Até hoje sua figura é simultaneamente cultuada e odiada e, mais de 40 anos após sua morte, o peronismo é o principal movimento político de nossos vizinhos. O impacto simbólico desse movimento para a política argentina pode ser verificado, por exemplo, na posse presidencial de Alberto Fernandez em que parlamentares, o presidente e a vice-presidenta eleita entoaram a "Marcha Peronista" – hino do movimento peronista – dentro do Congresso da Nação.

Essa relação de Perón com as trabalhadoras e os trabalhadores é complexa e certamente teve impactos no desenho legal da regulamentação sindical argentina.

2. O MOVIMENTO OPERÁRIO ARGENTINO NA FORMAÇÃO DO PERONISMO

O movimento operário argentino não é um tema fácil e é certo todos os seus aspectos não cabem nesse artigo. Diante disso, irei me deter na organização desse movimento durante o período que antecedeu a chegada de Perón ao poder. Mas antes disso alguns elementos devem ser considerados.

A mais recente edição argentina do livro "Estudos sobre as origens do peronismo", de Miguel Murmi e Juan Carlos Portantiero – um dos mais fundamentais para entender a formação do peronismo, já considerado um clássico das ciências sociais da Argentina – traz na sua introdução um extenso artigo de Hernán Camarero. Em uma das passagens, o professor da Universidade de Buenos Aires faz a seguinte comparação direta entre Brasil e Argentina, ou mais especificamente entre Vargas e Perón:

> "no caso do varguismo, foi o Estado que imediatamente e diretamente constituiu a classe trabalhadora como um todo, sem passar pela instância de ter que 'estatizar' ou disciplinar organizações existentes (em vez disso, criou os sindicatos 'de cima para baixo'). O peronismo, por outro lado, representou um caso distinto. Na Argentina, uma vez que os sindicatos eram aparelhos poderosos já antes da chegada do regime populista, este teve que aceitar a posição desses (e, por um período curto, do partido que haviam criado) como mediadores entre trabalhadores e poder político"[2] (tradução do original)

2 CAMARERO, Hernán. Claves para la relectura de un clásico, in MURMIS, Miguel. PORTANTIERO, Juan Carlos Portantiero. Estudios sobre los orígenes del peronismo. [Edición definitiva]. 2ª edição. 1ª reimpressão. Buenos Aires: Siglo XXI Editores, 2012. p. 35

Essa passagem – ainda que passível de muitas críticas fundamentadas por aqueles que estudam a história do direito do trabalho e a formação do movimento operário no Brasil – é interessante por trazer a visão de um respeitado professor argentino sobre o processo de formação dos sindicatos em ambos os países. Tirando o foco da ideia de que o varguismo "criou os sindicatos 'de cima para baixo'" – que, inclusive, pode ser interpretada como a estrutura legal do corporativismo celetista – o cerne da discussão que pretendo trazer nessas breves linhas é justamente o que o autor diz em relação ao peronismo.

Ao dizer que o varguismo não precisou "disciplinar as organizações existentes" e que os sindicatos na Argentina eram "aparelhos poderosos" antes da chegada de Perón ao poder, Camarero estabelece uma base de comparação muito pertinente em relação à dimensão da organização sindical em ambos os países na primeira metade do século XX.

Diferentemente do que ocorria na Argentina, na qual a imigração e a industrialização tornaram o processo de constituição da classe trabalhadora mais acentuado e precoce, as organizações sindicais brasileiras no começo do século XX estavam em estágio inicial de desenvolvimento.

Entre 1871 a 1914 a Argentina recebeu 3 milhões de imigrantes e que desse contingente, 80% estava em idade ativa e pôde se incorporar imediatamente ao mercado de trabalho.[3]

Apenas a título de comparação, dados do IBGE dão conta que durante o mesmo período a imigração no Brasil também somou a marca de aproximadamente 3 milhões de pessoas.[4] Se considerarmos que em 1920 a população total do Brasil era de 30 milhões de habitantes e a da Argentina era de aproximadamente 8 milhões[5] pode-se facilmente avaliar os impactos que a imigração provocou na vida dos nossos vizinhos entre o final do século XIX e início no século XX.

Hiroshi Matsushita, professor da Unniversidade de Kobe, Japão, escreveu o que é reconhecida como uma das teses-chave para a compreensão do peronismo –

3 ZIMMERMANN, Eduardo. Sindicatos y Politica em la Argentina (1900-1943). Revista Libertas. V. 2. Instituto Universitario ESEADE: Buenos Aires, 1985. Disponível em https://www.eseade.edu.ar/wp-content/uploads/2016/07/Zimmermann.pdf acesso em 16.06.2019.

4 INSTITUTO BRASILEIRO DE GEOGRAFIA E ESTATÍSTICA. *Brasil*: 500 anos de povoamento. Rio de Janeiro, 2000. Apêndice: Estatísticas de povoamento. p.225.

5 Segundo dados do INDEC (Instituto Nacional de Estadística y Censos), órgão oficial do governo argentino que realiza os censos no país. Os dados sobre a população argentina estão no "Portal Población" do INDEC, disponível em https://www.indec.gob.ar/nivel2_default.asp?id_tema=2&seccion=P. Acesso em 16.06.2019.

Movimiento Obrero Argentino 1930-1945. Ao tratar da evolução da classe trabalhadora ao longo do século XIX até 1930 o historiador japonês escreve:

> Praticamente durante todo esse período, o desenvolvimento econômico se baseava em diversos fatores de ordem internacional e fatores políticos e econômicos de ordem nacional. Como fator político se destaca a estabilidade política da qual o país gozava durante esse período. Entre os fatores econômicos merece destaque a chegada de enormes contingentes de estrangeiros como mão de obra abundante e o estabelecimento de capitais estrangeiros. Estes dois fatores cuja presença já se notava na década de 1860, adquirem grande importância a partir de 1880 (...) segundo o censo de 1914, os estrangeiros representavam quase 30% da população total.[6] (tradução do original)

Vemos aqui que dois fatores são importantes para o desenvolvimento e organização da classe operária na Argentina: o relativo sucesso econômico daquele país no início do século XX e uma proporção de imigrantes na casa de 30% da população total em 1914. Não é difícil perceber os impactos que a grande proporção de imigrantes, que vinham de uma classe trabalhadora europeia com estofo e organização em níveis avançadíssimos para os padrões sulamericanos, teve na formação do movimento operário.

Além disso, outro dado relevante para análise é a divisão populacional argentina entre urbana e rural: Em 1914, a maioria da população argentina já vivia em centros urbanos e em 1947 esse número chegava a 62,5% da população do país.[7]

Diferentemente da Argentina, no Brasil a população urbana somente ultrapassa a população rural na década de 1960.[8] Apesar de não ser possível fazermos comparações lineares, com base em meras suposições, parece que as condições para a industrialização, e para o consequente aumento significativo de uma classe trabalhadora organizada, estiveram presentes da Argentina 50 anos antes do que no Brasil. Inclusive, o seguinte quadro, retirado da obra de Matsushita, demonstra a importância da industrialização no desenvolvimento do movimento operário argentino.[9]

---

6 MATSUSHITA, Hiroshi. Movimiento obrero argentino (1930-1945). Buenos Aires: Siglo Veinte, 1983. p. 21.

7 CAMPOLINA DE SA, Cristina. Formação da classe trabalhadora na Argentina. História Revista, v. 19, n. 3, p. 189 - 208, 14 jan. 2016. p. 190.

8 IBGE, Censo demográfico 1940-2010. Até 1970 dados extraídos de: Estatísticas do século XX. Rio de Janeiro: IBGE, 2007 no Anuário Estatístico do Brasil, 1981, vol. 42, 1979.

9 Op. Cit. p. 32

Cuadro I-1. Las centrales obreras argentinas 1890-1943

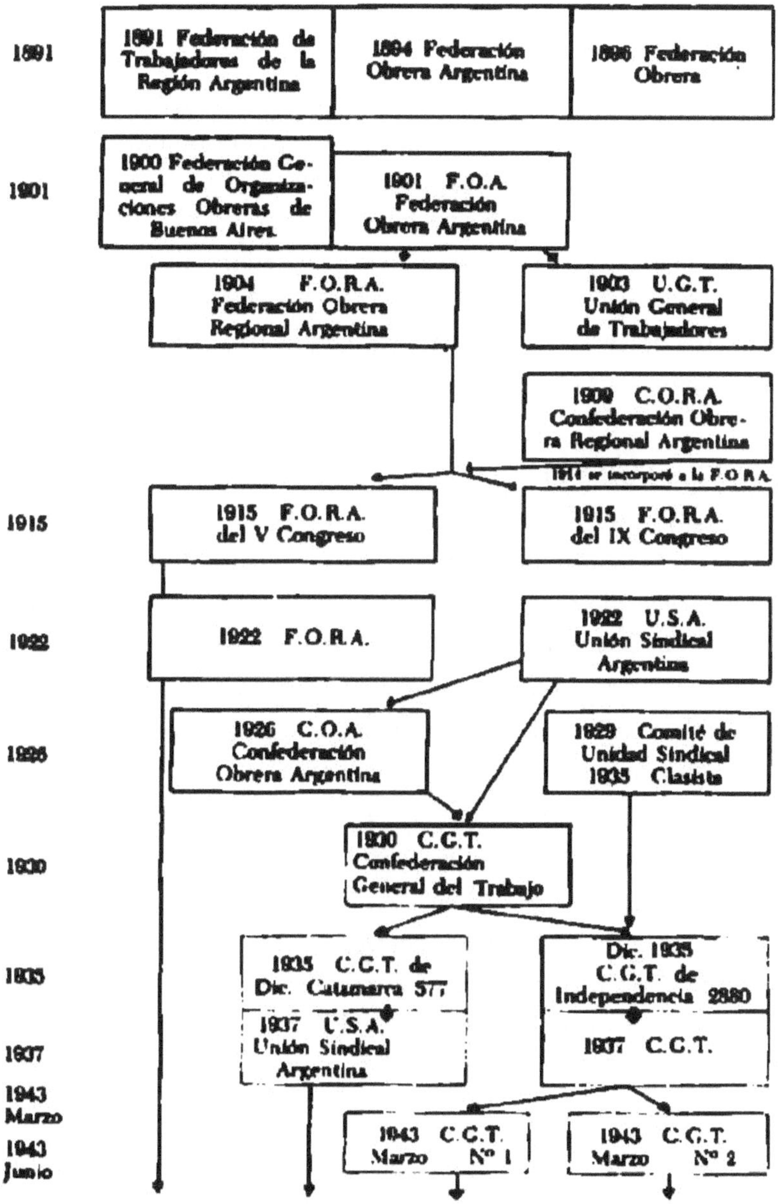

Como se pode verificar a Argentina possuiu, não concomitantemente, 21 centrais sindicais de trabalhadoras e trabalhadores entre 1891 e 1943. Ainda que as disputas no centro do movimento sindical tenham sido responsáveis pela grande divisão, fusão, incorporação e cisão de entidades obreiras, isso não significa que o movimento da classe operária na Argentina se enfraqueceu durante esse período. É verdade que houve momentos com maior ou menor organização de classe. Mas, por exemplo, apenas a COA (Confederação Obreira Argentina) reunia em 1926 sindicatos que, juntos, possuíam mais de 100 mil sócios.[10]

Ainda que se evite comparações valorativas dos contextos históricos de cada país, é inegável que quando Perón ascende ao poder as forças produtivas da Argentina estavam em um patamar diverso das do Brasil de Vargas. Dessa forma, a solução que Perón encontrou para garantir o apoio e interação com a classe trabalhadora argentina não pôde ser a mesma de Vargas, razão pela qual, retomando o texto de Camarero, podemos ver algum propósito na afirmação de que o peronismo precisou "estatizar" e "disciplinar" as organizações sindicais existentes, criando uma estrutura legal que chegou até os dias atuais praticamente intacta.

3. ESTRUTURA LEGAL DOS SINDICATOS

O Decreto 23.852/45 – primeira lei na Argentina que efetivamente se preocupou em organizar todo um sistema de representação sindical, negociação coletiva e organizações de trabalhadores, editado ainda durante o governo provisório do presidente Farrel[11] – criou um sistema de dupla representação que vige até hoje na Argentina.

A lei 23.551/88[12], que atualmente rege estrutura sindical argentina, manteve praticamente intacto o modelo sindical peronista. O ponto central desse modelo é a diferença entre organizações sindicais "simplesmente inscritas" e as com "personalidade gremial".

O modelo social do nosso vizinho está elevado à categoria constitucional pelo artigo 14-bis da constituição argentina, que diz o seguinte:

Artigo 14-bis: o trabalho em suas diversas formas gozará da proteção das leis, que assegurarão ao trabalhador: condições dignas e equitativas de trabalho, limitação de jornada; descanso e férias remuneradas; retribuição justa; salário mínimo vital móvel; igual remuneração para igual tarefa; participação nos lucros das empresas, com

---

10 Idem, p. 30.

11 Em 1943 um grupo de oficiais, do qual Perón faz parte, realiza um movimento militar que derruba o último governo da chamada "década infame" argentina, período marcado por fraudes eleitorais, governos oligárquicos e acelerada industrialização. Entre 1943 e 1946 Perón ocupa diversos cargos e atinge seu ápice como secretario de trabalho e provisão, espécie de ministro do trabalho e previdência da época. Nesse período Perón assume uma importante agenda trabalhista e passa a ter interlocução com os principais sindicatos do país. Essa sua proeminência faz com que uma oposição interna exija sua renúncia. Perón então é preso e no dia 17 de outubro de 1945 uma massa de trabalhadoras e trabalhadores sem precedente na história argentina ocupa o centro de Buenos Aires exigindo a libertação de Perón e sua recondução ao governo. Esse dia ficou conhecido como "dia da lealdade peronista" e foi feriado durante todos os anos dos governos de Perón.

12 Disponível em http://servicios.infoleg.gob.ar/infolegInternet/anexos/20000-24999/20993/texact.htm. Acesso em 27.02.2020.

controle da produção e colaboração na direção; proteção contra despedida arbitrária; estabilidade do servidor público; organização sindical livre e democrática, reconhecida pela simples inscrição em um regime especial.

Fica garantido aos grêmios: celebrar convenções coletivas de trabalho; recorrer à conciliação e arbitragem; o direito de greve. Os representantes gremiais gozarão das garantias necessárias para o cumprimento de sua gestão sindical bem como as relacionadas à estabilidade no emprego. (tradução do original)

É necessário atentarmos aos detalhes: é justamente essa garantia específica aos "grêmios" e a necessidade da inscrição em um regime especial que mantém o sistema dual do modelo sindical argentino.

Em relação à simples inscrição, a lei 23.551 já garante uma série de direitos às associações profissionais:

> Artigo 23 – A partir de sua inscrição, a associação adquirirá personalidade jurídica e terá os seguintes direitos:
>
> a) peticionar e representar, a pedido da parte, os interesses individuais de seus filiados;
>
> b) representar os interesses coletivos quando não houver na mesma atividade ou categoria profissional associação com personalidade gremial;
>
> c) Promover:
>
> 1. A formação de sociedades cooperativas e de mútuo;
>
> 2. O aperfeiçoamento da legislação trabalhista, previdenciária e de seguridade social;
>
> 3. A educação geral e formação profissional dos trabalhadores;
>
> d) Impor contribuições a seus filiados;
>
> e) realizar reuniões ou assembleias sem necessidade de autorização prévia; (tradução do original)

Note-se que os sindicatos "simplesmente inscritos" gozam de direitos que, no Brasil, são muito semelhantes a uma associação civil e só adquirem direitos inerentes a um sindicato propriamente dito se não houver outra entidade com personalidade gremial no mesmo ramo de atividade ou categoria profissional.

A propósito, a esse respeito a própria lei estabelece que sindicatos podem se constituir por atividade profissional, profissão ou empresa:

> Artigo 10 – Consideram-se associações sindicais de trabalhadores as constituídas por:
>
> a) Trabalhadores de uma mesma atividade ou atividades afins;
>
> b) Trabalhadores de um mesmo ofício, profissão ou categoria, ainda que desempenhem atividades distintas;
>
> c) Trabalhadores que prestem serviço em uma mesma empresa. (tradução do original)

Aqui verifica-se uma grande diferença sobre o conceito de sindicato por categoria profissional que vige no Brasil.

Porém, é apenas com a inscrição e garantia da "personalidade gremial" que o sindicato passa a possuir sua "personalidade plena":

> Artigo 31 – São direitos exclusivos da associação sindical com personalidade gremial:
>
> Defender e representar perante o estado e os empregadores os interesses individuais e coletivos dos trabalhadores.
>
> Participar de instituições de planificação e controle das normas coletivas
>
> Intervir em negociações coletivas e garantir o cumprimento da norma trabalhista e de seguridade social;
>
> Colaborar com o Estado no estudo e solução dos problemas dos trabalhadores;
>
> Constituir patrimônios que tenham os mesmos direitos que as cooperativas e sociedades de mútuo;
>
> Administrar suas próprias obras sociais e, conforme o caso, participar da administração das criadas por lei ou por convenções coletivas de trabalho (tradução do original)

Aqui verifica-se que é apenas com a personalidade gremial que os sindicatos adquirem os direitos inerentes à atividade sindical, principalmente o de realizar negociações coletivas. Note-se, também, que existe um nítido caráter colaboracionista das entidades sindicais argentinas, que possuem como "direito exclusivo" "colaborar com o Estado no estudo e solução dos problemas dos trabalhadores".

E, por fim, para aquisição dessa personalidade ampliada, a lei estabelece uma série de requisitos afetos à representatividade das associações sindicais:

> Artigo 25 – A associação que, em seu âmbito territorial e pessoal de atuação, for a mais representativa obterá a personalidade gremial sempre que cumpra os seguintes requisitos:
>
> a) Esteja inscrita de acordo com esta lei e seja constituída a pelos menos 6 meses;
>
> b) Tenha como filiados mais de 20% dos trabalhadores que pretenda representar;
>
> c) A qualificação de mais representativa será atribuída à associação que conte com o maior número de filiados contribuintes dentre os quais pretenda representar. (tradução do original)

Assim, nota-se que o sistema funciona a partir da aferição da representatividade de uma organização garantindo, porém, o status sindical das organizações "simplesmente inscritas", ainda que com menores poderes e, na prática, com menos prestígio perante o modelo sindical como um todo.

4. CONCLUSÃO

Assim, podemos dizer que o modelo sindical argentino é, ainda, o modelo peronista. Nele, pragmaticamente, se uma organização sindical não consegue o status de personalidade gremial, sua atuação não vai diferir muito de uma simples associação de trabalhadoras e trabalhadores. Por outro lado, dificilmente um sindicato gremial vai perder essa condição, o que tende a favorecer burocracias dirigentes e afastar esses sindicatos das bases.

Ainda assim, é inegável que os sindicatos na Argentina continuam a ser importantes atores políticos no cenário nacional. E se essa estrutura, que surgiu para contemplar os grandes sindicatos que já existiam com força política em 1945, por um lado burocratiza o modelo, acaba também por retroalimentar um sistema sindical que, ainda que com dificuldades, sobrevive.

Comparar é aproximar realidades distintas para buscar soluções a partir do pensamento concreto. Nesse sentido, o presente artigo busca olhar para a Argentina de maneira muito sintética perguntando como nossos vizinhos chegaram até aqui e refletir sobre o que podemos fazer, no Brasil, para irmos além. Olhar para fora é um exercício de observação que pode ser útil quando precisamos olhar para dentro.

5. REFERÊNCIAS BIBLIOGRÁFICAS

CAMARERO, Hernán. Claves para la relectura de un clásico, in MURMIS, Miguel. PORTANTIERO, Juan Carlos Portantiero. Estudios sobre los orígenes del peronismo. [Edición definitiva]. 2ª edição. 1ª reimpressão. Buenos Aires: Siglo XXI Editores, 2012. p. 35

CAMPOLINA DE SA, Cristina. Formação da classe trabalhadora na Argentina. História Revista, v. 19, n. 3, p. 189 - 208, 14 jan. 2016. p. 190.

IBGE, Censo demográfico 1940-2010. Até 1970 dados extraídos de: Estatísticas do século XX. Rio de Janeiro: IBGE, 2007 no Anuário Estatístico do Brasil, 1981, vol. 42, 1979.

INSTITUTO BRASILEIRO DE GEOGRAFIA E ESTATÍSTICA. *Brasil*: 500 anos de povoamento. Rio de Janeiro, 2000. Apêndice: Estatísticas de povoamento. p.225.

INDEC, Portal Población disponível em https://www.indec.gob.ar/nivel2_default.asp?id_tema=2&seccion=P.

MATSUSHITA, Hiroshi. Movimiento obrero argentino (1930-1945). Buenos Aires: Siglo Veinte, 1983. p. 21.

ZIMMERMANN, Eduardo. Sindicatos y Politica em la Argentina (1900-1943). Revista Libertas. V. 2. Instituto Universitario ESEADE: Buenos Aires, 1985. Disponível em https://www.eseade.edu.ar/wp-content/uploads/2016/07/Zimmermann.pdf.

http://servicios.infoleg.gob.ar/infolegInternet/anexos/20000-24999/20993/texact.htm.

AS TRANSFORMAÇÕES NO SISTEMA DE PREVIDÊNCIA SOCIAL DO CHILE: A PREVIDÊNCIA PRIVADA POR CAPITALIZAÇÃO INDIVIDUAL CHILENA SERIA UM PARADIGMA A SER SEGUIDO?

Jean Carlos Barcelos Martins[1]

1. INTRODUÇÃO

O presente trabalho abordará as transformações nos sistemas de seguro social da América Latina que vem acontecendo ao longo dos últimos quarenta anos. Em especial, após o início da década de 1980, quando o Chile, se tornou o pioneiro em modificar o antigo modelo de previdência pública por repartição, para o modelo privado de capitalização individual.

Desde então, quase todos os demais países latino-americanos, passaram por alterações nos seus sistemas de previdência social, o que tem levado constantemente a várias discussões sobre a validade, eficácia e desempenho desses novos modelos adotados, já que poucos reflexos no desenvolvimento e mudanças das questões sociais tem se verificado, até mesmo no Chile.

Falar do tema seguridade social, remete-nos inquestionavelmente, às questões relativas ao desenvolvimento e qualidade de vida da população em todo e qualquer lugar do mundo, não sendo diferente aqui na América Latina e Caribe, que mesmo após sua decolonialidade e modernização, continua apresentando altos níveis de desigualdades sociais, econômicas e na continuidade da pobreza das populações.

Entender como essas modificações nos sistemas de previdência social afetam o desenvolvimento dos Estados, e consequentemente das pessoas, adotando como

---

1 Doutorando do Programa em Integeração da América Latina – PROLAM/USP, Mestre em Direito Público pela Universidade Federal de Uberlândia – UFU, atualmente é professor Associado da Faculdade de Direito "Jacy de Assis" também da Universidade Federal de Uberlândia – UFU e pesquisador na área de Direito Previdenciário comparado.

modelo um paradigma é o objetivo do presente trabalho, que se iniciara falando sobre os diferentes tipos de sistemas previdenciários, depois será abordado o modelo chileno de capitalização individual e ao final serão traçadas algumas considerações sobre esse modelo e suas principais implicações.

2. O MODELO DE PREVIDÊNCIA "BISMARCKIANO", O PLANO BEVERIDGE E O MODELO DE PREVIDÊNCIA PRIVADA

A proteção social dos trabalhadores tem início no final do século XIX, quando o chanceler Alemão Otto Von Bismarck, cria em 1883, uma nova forma de seguro protetivo ao trabalhador, que está impossibilitado de dar continuidade na prestação de serviços, não ficando desamparado e fazendo jus ao recebimento de um benefício, custeado por depósitos regulares e anteriormente feitos pelo desconto de seus salários[2].

Esse seguro social, amplia-se do seguro contra acidentes até o seguro contra velhice e invalidez no ano de 1889, e logo depois é copiado por quase todos os países que reconhecem nessa modalidade de ajuda, uma forma de minimizar os riscos gerados aos trabalhadores. A previdência social, originada então deste seguro social[3], tornando-se uma das grandes justificativas em contra partida à exploração e os riscos trazidos pelo modelo econômico capitalista.

A necessidade cada vez mais constante do trabalho humano[4], faz com que os riscos, advindos do labor criem as multiplicidades de acontecimentos e proteção, que podem ser desde os casos de ocorrência de doenças e acidentes de qualquer natureza, a morte, a idade avançada, o nascimento de filhos, ou até mesmo a perda da capacidade laborativa.

Com o advindo do Seguro Social, que modernamente é conhecido como previdência social, forma-se um contrato triplo e de mútuas obrigações para os sujeitos que atuam no modelo de economia capitalista, quais sejam: os trabalhadores, as empresas e o próprio Estado, exercendo cada um deles um papel diferente e fundamental para existência da produção. Desta forma, o Estado foi e sempre exercerá um papel pri-

2 TSUTIYA, Augusto Massauki. **Curso da seguridade social**. 4. Ed. São Paulo: Saraiva, 2014.

3 IBRAHIM, Fábio Zambitte. **Curso de Direito Previdenciário**. São Paulo: Impetus, 2017.

4 CASTRO, Carlos Alberto Pereira de; LAZARRI, João Batista. **Manual de Direito Previdenciário**. Rio de Janeiro: Gen, 2018.

mordial na direção e forma do desenvolvimento do modelo produtivo e da economia baseado no sistema do capitalismo[5].

As obrigações contratuais estabelecem um seguro protetivo aos trabalhadores que por alguma razão ficaram impedidos, temporário ou totalmente, de dar continuidade na prestação de seus serviços, com direito ao recebimento de auxílios ou pensões em substituição de seus salários e remunerações, desde que aquele, a empresa e o Estado realizassem contribuições prévias (previdência/preventivas) obrigatórias por um certo período de tempo[6].

Antes do final da Segunda Guerra Mundial, em 1941 na Grã-Bretanha, uma comissão ministerial, sob a presidência de William H. Beveridge, realiza um relatório com o objetivo de fazer um levantamento dos planos nacionais de seguro social e serviços afins, inclusive a indenização por acidente de trabalho, a fim de melhorar o então modelo "bismarckiano" e ampliar a cobertura e unificação dos seguros oferecidos aos trabalhadores.

O estudo teve três princípios capitais: 1) quaisquer propostas para o futuro não devem ser limitadas pela consideração dos interesses parciais, estabelecidos pela experiência anterior; 2) A organização do seguro social deve ser tratada com uma única parte de mais compreensivo exame do progresso social. O seguro social, completamente desenvolvido, pode proporcionar a segurança dos rendimentos, é um combate à Miséria. Mas a miséria é apenas um dos cinco grandes gigantes, que se deparam na rota da reconstrução, e, sob vários aspectos, o mais fácil de combater. Os outros são a Doença, a Ignorância, a Imundície e a Preguiça; 3) O seguro social deve ser ultimado pela cooperação entre o Estado e o indivíduo. O plano de seguro que estava sendo proposto deveria ser capaz de retribuir as contribuições realizadas com oferecimento de benefícios tendentes a manter o nível se subsistência de cada um. Para combater a miséria o plano faz referência há necessidade de ampliar a cobertura do seguro social, para que crianças, adultos em idade ativa e produtiva, adultos desempregados e idosos possam ser beneficiados[7].

5 BIZBERG, Ilán. **Tipos de Capitalismo em América Latina.** *In:* BIZBERG, Ilán (coord.). Variedades de capitalismo em América Latina: los casos de México, Brasil, Argentina y Chile. México – DF: Colegio de México, 2014.

6 MARTINEZ, Wladimir. **Curso de Direito Previdenciário.** São Paulo: Ltr, 2016.

7 BEVERIDGE, William. Social Insurance and Allied Services. London: His Majesty's Stationery Office, 1942 (Relatório Beveridge). p. 6-7. Disponível em: https://ia601604.us.archive.org/2/items/in.ernet.dli.2015.275849/2015.275849.The-Beveridge_text.pdf . Acesso em: 17 ago. 2019.

A proposta teria como objetivo a abolição da miséria, por meio da entrega do seguro social compulsório, da assistência nacional e o seguro voluntário, bem como o estabelecimento de serviços nacionais de saúde, de reabilitação e da manutenção dos empregos, que passariam a integrar um Plano de Seguridade Social. Destacando-se desde já a preocupação naquela época, com as questões relativas ao desemprego em massa, uma vez que o trabalho é condição necessária ao êxito do seguro social. Esse relatório também já apontava a preocupação com o aumento da idade da população, que passava da idade até então considerada como término da vida produtiva, e o baixo grau de reprodução da comunidade britânica.

Desta forma, o relatório aponta há necessidade de se procurar meios de adiar a idade de aposentadoria ao invés de precipitá-la, e colocar na despesa social o amparo a infância e proteção a maternidade. O Plano propõem então a modificação das políticas adotadas no passado e trazendo como principais alterações as propostas de unificação dos Seguros Sociais, onde cada segurado obterá todos os benefícios por meio de uma única contribuição; a manutenção da Assistência Social aos necessitados de baixa renda; e ampliação na distribuição de benefícios do Seguro Nacional de Saúde[8].

Essa nova forma de proteção social efetivava a importância do seguro/previdência, passando a compor a forma estrutural dos Estados, tornando-se uma política governamental nos mais variados países[9], e foi incluído no texto da Declaração Universal dos Direitos Humanos de 1948, não sendo diferente na América Latina que mesmo que tardiamente incorporou o modo de produção capitalista, na tentativa de modificar seu subdesenvolvimento econômico, impulsionado pelas ideias da Comissão Econômica para América Latina e Caribe – CEPAL, através do desenvolvimentismo e aplicação de ações como a industrialização de substituição de importações (ISI) e o fomento da atividade laboral[10].

> Artigo XXIII.
>
> 1. Todo ser humano tem direito ao trabalho, à livre escolha de emprego, a condições justas e favoráveis de trabalho e à proteção contra o desemprego.
>
> 2. Todo ser humano, sem qualquer distinção, tem direito a igual remuneração por igual trabalho.

---

8 BEVERIDGE, William. Op. cit..

9 PREVITALI, Fabiane Santana; FAGIANI, Gilson César. Estado do Bem-Estar Social, neoliberalismo e Estado Gestor: aproximações globais. In: LUCENA, Carlos; PREVITALI, Fabiane Santana; LUCENA, Lurdes (Org.). **A crise da democracia brasileira.** Uberlândia: Navegando, 2017.

10 GAMBA, J. Bonança econômica, desenvolvimento latino-americano, e o caso do Chile. In: *Cadernos PROLAM/USP*, v. *12, n.* 22, 2013. Disponível em: https://doi.org/10.11606/issn.1676-6288.prolam.2013.82517. Acesso em: 27 de abril de 2019

3. Todo ser humano que trabalha tem direito a uma remuneração justa e satisfatória, que lhe assegure, assim como à sua família, uma existência compatível com a dignidade humana e a que se acrescentarão, se necessário, outros meios de proteção social

[...]

Artigo XXV.

1. Todo ser humano tem direito a um padrão de vida capaz de assegurar-lhe, e a sua família, saúde e bem-estar, inclusive alimentação, vestuário, habitação, cuidados médicos e os serviços sociais indispensáveis, e direito à segurança em caso de desemprego, doença, invalidez, viuvez, velhice ou outros casos de perda dos meios de subsistência em circunstâncias fora de seu controle[11].

A partir dessa ideia de ampliação da proteção, a previdência social continuaria a existir, mais faria parte agora, de outro grande direito que seria a Seguridade Social, que por sua vez teria além daqueles benefícios, outros que possibilitassem o combate à pobreza, a miséria e às doenças da população.

Entretanto, nas décadas de 1970, 1980 e 1990, o endividamento interno e externo dos países latino-americanos, associado ao caráter cada vez mais elevado do capital especulativo, da concentração de renda e das desigualdades sociais, acabaram ocasionando políticas governamentais que conduziram a um modo de ajustamento macroeconômico, cuja consequência, gerou restrições no desenvolvimento e desorganização dos mercados de trabalho, apresentando elevados percentuais de desemprego ou subemprego, e mudanças nos processos e direitos de previdência[12].

A partir de então inicia-se uma discussão internacional sobre a validade e sustentabilidade do então modelo de previdência pública, em contra partida a um modelo novo de seguro privado[13], tendo como principais apoiadores o relatório técnico do Banco Mundial de 1994, que estabelecia que haveria necessidade da realização de mudanças estruturais nos sistemas de previdência dos países subdesenvolvidos, e a pioneira reforma do Chile acontecida em 1981, que passa a referendar a ideia da necessidade de mudanças de um para o outro sistema previdenciário.

11 ONU. **Declaração Universal dos Direitos Humanos**. 1948, p.6. Disponível em: https://brasa.org.br/declaracao-universal-dos-direitos-humanos/?gclid=EAIaIQobChMI2-DNv4H_5QIVQj0MCh2bZwBCEAAYASAAEgITpfD_BwE Acesso em: 26/10/2019.

12 CACCIAMALI, Maria C.; JÓSE-SILVA, Maria F.. Mais informalidade, menos cidadania. Os efeitos criados por esse círculo vicioso sobre a formulação da Política Social na América Latina. In: **Cadernos** PROLAM/SP. Ano 2, v. 02, 2003. Disponível em: http://revistas.usp.br/prolam. Acesso em: 24/05/2019

13 MESA-LAGO, Carmrlo. Las reformas de pensiones em América Latina y su impacto em los principios de la seguridad social. *In*: **Serie Financiamento del desarrollo.** Santiago: CEPAL, 2004, p. 56-58

2.1. O modelo de previdência por repartição coletiva pública (CPC)

No modelo de previdência pública, Mesa-Lago[14] aponta como principais características: 1) de contribuição indefinida (tendente a aumentar a longo prazo devido ao envelhecimento da população e ao amadurecimento do sistema); 2) de benefício definido (regulado por lei, que pode definir uma pensão mínima e máxima, especificar a fórmula para calcular a pensão, etc.); 3) de distribuição financeira ou capitalização parcial coletiva (CPC), e 4) de administração pública dos fundos, por uma entidade autônoma ou diretamente pelo Estado.

Trata-se de um típico contrato em que para a capitação de recursos, as gerações futuras de trabalhadores pagam com suas contribuições os benefícios que a geração inativa está recebendo, e toda acumulação é feita em um fundo de reserva comum (coletivo) sem previsão temporal. Este fundo coletivo será distribuído de acordo com uma fórmula média geral definida e determinada, nos modelos legais vigentes em cada sistema. Já para pagamento de benefícios as prestações serão feitas conforme as normatizações laborais, que levam em consideração o salário do trabalhador, os anos de contribuição, a idade e outros fatores, comumente chamado de benefício definido[15].

2.2. O modelo de previdência por capitalização individual (CPI)

Já o modelo privado, Mesa-Lago[16] o caracteriza como: 1) de contribuição definida (fixada a longo prazo, embora o envelhecimento da população acabe por forçar o seu aumento ou redução no valor da pensão); 2) de benefício indefinido (incerto, determinado pelo acumulado na conta individual do segurado, que por sua vez dependerá do seu salário, do valor e da densidade da sua contribuição, e do retorno do investimento do fundo na sua conta, mais do que fatores macroeconômicos, como crescimento, inflação, etc.); 3) de regime financeiro de capitalização individual e plena (CPI), e 4) de administração privada, embora também possa ser múltipla (pública, privada e mista).

Nesse modelo a capitalização de recursos se faz individualmente por meio de cotas e poupanças para cada trabalhador, que depositam e capitalizam suas contribuições acumuladas ao logo dos anos de trabalho. Nas contas individuais para o pa-

14 MESA-LAGO. Op. cit., p. 57.

15 UTHOFF, Andras. Aspectos instucionales de los sistemas de pensiones em América Latina. In: **Políticas Sociales.** Santiago: CEPAL, 2016.

16 MESA-LAGO, Carmrlo. Las reformas de pensiones em América Latina y su impacto em los principios de la seguridad social. In: **Serie Financiamento del desarrollo.** Santiago: CEPAL, 2004, p. 58.

gamento de benefícios não existe uma regra pré-definida, assim, neste caso o plano é chamado de contribuição definida e o valor do benefício é calculado no momento da aposentadoria segundo as regras constantes na forma de contratação, que podem variar em benefício definido ou aporte total.

Neste sentido Andras Uthoff, assim comenta:

> Um acordo típico de contribuição definida é aquele em que as contribuições (realizadas pelo empregado, pelo empregador ou ambos) se fazem em uma conta que cresce mediante seu investimento em instrumentos financeiros autorizados. No momento da aposentadoria, o trabalhador dispõe de um fundo acumulado em uma conta de sua propriedade que pode utilizar para comprar uma pensão. Os fundos acumulados podem ser transferidos voluntariamente entre diferentes administradoras. O investimento das contribuições segue os ciclos econômicos (recessão ou depressão, expansão, auge ou boom, queda ou desaceleração), porque o benefício é desconhecido. Num regime de cotas de poupanças individuais (como no Chile) é o próprio afiliado quem assume os riscos e, um regime de capitalização vistural (nacional), é o patrocinador (Estado) quem assume este risco (por exemplo o modelo Sueco)[17].

Como se observa os modelos apresentam características distintas, tanto quanto a forma de recolhimento de contribuições para capitalizações futuras, quanto para o pagamento de benefícios e recebimentos de valores ã época da aposentadoria. De um lado, o Estado se torna o administrador e gestor das contas coletivas e públicas dos trabalhadores, além de regulamentar a fórmula que será observada para definição do valor do benefício e distribuição das rendas. Por outro lado, nas contas individualizadas, o próprio trabalhador poderá escolher, investir, modificar e utilizar as cotizações conforme sua vontade ao longo dos anos, mas por sua conta e risco no mercado financeiro, o benefício como não tem regra pré-definida para estabelecer valores, o Estado participa apenas na regulamentação dos modelos e autorizando oficialmente instituições a participar da venda de seguros sociais.

3. O SISTEMA PREVIDENCIÁRIO DO CHILE

O Brasil, assim como o Chile, foi um dos países pioneiros da América Latina a introduzir um sistema de seguro social nos primórdios da segunda década do século passado, sendo respectivamente em 1923 e 1924. No caso chileno, como já apontado anteriormente, o modelo adotado foi o sistema criado por Bismarck na Alemanha, e

---

17 UTHOFF, Andras. Aspectos instucionales de los sistemas de pensiones em América Latina. In: **Políticas Sociales.** Santiago: CEPAL, 2016, p. 11-12.

posteriormente se desenvolveu durante os anos 60 até os anos 80, para as orientações da universalização da seguridade social formulados pelo Plano Beveridge[18].

O sistema previdenciário chileno apresenta um primeiro período que compreende os anos de 1924 a 1981, como um modelo de seguro social público por repartição, que correspondia as características da maioria dos países vizinhos e mundiais. Cuja cobertura (número de trabalhadores que participavam do seguro) atinge seu ápice na década de 1970 com quase 79% da força ativa de trabalho, mas que passa a cair paulatinamente nos anos seguintes, até o patamar dos 62,8% em 1980.

COBERTURA SISTEMA DE PREVIDÊNCIA PÚBLICA CHILENA (1935-1980)

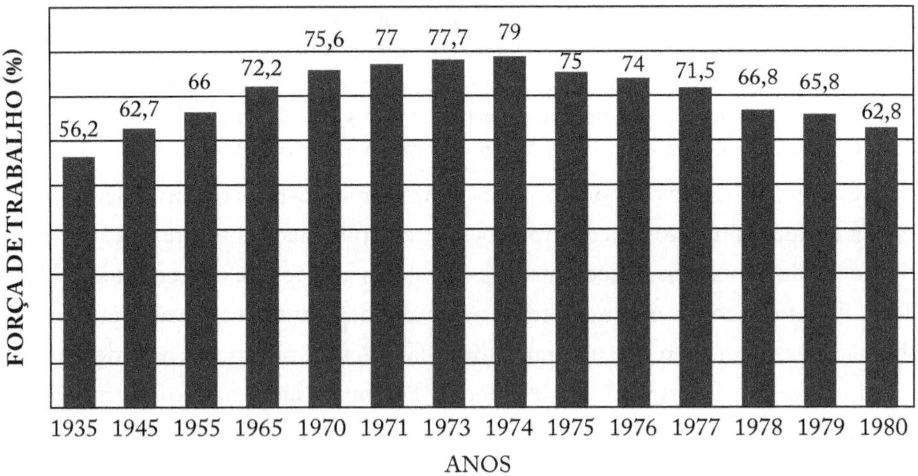

O gráfico acima mostra que neste período as taxas de cobertura não conseguiram atingir o percentual dos 75 e 79 por cento da força de trabalho, e que a partir de 1975 houve um acentuado declínio, que pode ser explicado pela exclusão de alguns setores do mercado de trabalho que não eram protegidos pelo sistema, como os trabalhadores do campo, os pequenos comerciantes e os trabalhadores autônomos[19]. Desta forma, foi observado que o sistema não conseguiria se expandir e consequentemente se sustentar ao longo dos anos, necessitando de reformas estruturais, tendo em vista a baixa cobertura.

18 MESA, Alberto Arenas. Cobertura previosional em Chile: Lecciones y desadios del sistema de pensiones administrato per el sector privado. In: **Serie financiamento del desarrollo**. Santiago: CEPAL. 2000.

19 MESA, Alberto Arenas. Cobertura previosional em Chile: Lecciones y desadios del sistema de pensiones administrato per el sector privado. In: **Serie financiamento del desarrollo**. Santiago: CEPAL. 2000.

Vale ressaltar, que esse modelo previdenciário público de repartição coletiva, exige uma integração geracional para sustentabilidade e equilíbrio dele, onde as gerações de trabalhadores ativos devem fomentar as gerações de aposentados e beneficiários. E independentemente do tipo e modelo adotado, o seguro social apresenta princípios comuns que devem ser seguidos para garantia de sua continuidade, e principalmente o do equilíbrio financeiro e atuarial, onde receitas e despesas devem convergir para que não exista desequilíbrio nas contas públicas. Com a constante diminuição dos afiliados, houve também uma redução nas contribuições dos segurados.

Em 1973, uma Junta de Governo Militar assume o comando do Poder Executivo, e se inicia uma série de mudanças estruturais em todos os setores econômicos do Chile. Naquela época, argumentavam que os fundos de pensões estavam quebrados, e que a queda demográfica dos trabalhadores em idade ativa em relação ao número de contribuintes e a modificação na expectativa de vida da população levaram ao colapso financeiro dos regimes previdenciários.[20]

Em 1979, inicia-se as primeiras modificações no modelo previdenciário chileno, com a uniformização e unificação de algumas condições para recebimento de benefícios, além do aumento da idade mínima para o gozo de aposentadorias, que passou a ser de 60 anos para mulheres e 65 anos para homens, e o fim de alguns privilégios que algumas categorias profissionais tinham, em detrimento a outras[21].

3.1. A Reforma de 1981 e o pioneiro modelo de capitalização individual

Diante do colapso financeiro do sistema de repartição, que já representava um gasto de mais de 17% do PIB chileno, no ano de 1981 com a edição do Decreto Lei N° 3.500, nasceu o sistema de capitalização individual e contribuições definidas, administradas pelo setor privado, regulamentada pelo Estado e como benefícios principais, uma pensão mínima garantida para quem tivesse contribuído por mais de 20 anos ao sistema, e uma pensão assistencial para o alívio da pobreza na velhice, mantendo se a idade mínima de 60 e 65 anos para mulheres e homens, respectivamente[22].

O Decreto ainda proibia aqueles que iniciassem sua vida no trabalhado a partir de 1 de janeiro do ano 1983, ingressar ao antigo sistema de repartição. Enquanto para

20 UTHOFF, Andras. Reforma al sistema de pensiones chileno. In: **Serie financiamento del desarrolo**. Santiago: CEPAL, 2011, p. 12.

21 HUJO, Katja. **Novos paradigmas na previdência social: lições do Chile e da Argentina.** 1999, p. 160. Disponivel em: file:///C:/Users/Mestrado.Mestrado-PC/Downloads/92-302-1-PB.pdf. Acesso em 09/11/2019.

22 UTHOFF, Andras. Op. cit., p.12.

os trabalhadores no antigo sistema seria facultado permanecer no antigo modelo ou afiliar-se ao sistema de capitalização individual[23]. A obrigatoriedade para filiação ao novo sistema fica então a cargo dos novos trabalhadores empregados ou autônomos, por conta própria, trabalhadores rurais e domésticos.

Pelo novo sistema os trabalhadores deveriam contribuir mensalmente com 10% de seus rendimentos e destiná-los em suas contas individuais de poupança e investimento, administradas por uma das 28 Administradoras de Fundos de Pensão (AFP) autorizadas pelo Estado. Esta, por sua vez poderiam cobrar comissões de custos para cobrir a administração e contratação dos seguros por invalidez e velhice. Era livre a escolha da AFP que melhor interessava ao segurado, bem como não havia participação ou contribuição do empregador, empresa ou do Poder Público[24].

Para o recebimento dos benefícios Mesa aponta que existe três modalidades:

> [...] programada, renda vitalícia e uma combinação dessas duas. Desta maneira os benefícios dependeriam de: (i) das contribuições acumuladas nas contas individuais pelos(as) trabalhadores(as) durante o período laboral; (ii) do retorno dos investimentos dos fundos de pensões; (iii) dos fatores atuariais (expectativa de vida) por gênero; e (iv) no número, idade e expectativa de vida dos dependentes. As contribuições realizadas pelos contribuintes no antigo sistema que se mudaram para o novo sistema são reconhecidas através de um instrumento financeiro chamado Bônus de Reconhecimento, e que seguem estimativas representadas entre 50% e 70% do total dos fundos acumulados pelos segurados[25].

Como se observa, o novo sistema em detrimento ao antigo modelo de repartição tem um baixo controle e participação do Estado, que transfere a responsabilidade dos fundos para iniciativa privada e para escolha, controle, utilização e fiscalização dos mesmos pelos próprios trabalhadores.

3.2. As Reformas nos Sistemas Previdenciário na América Latina

No caso do Chile, entre os anos de 1924 e os anos de 1970, o sistema vigente era o então chamado sistema comum ou de repartição, que adotava as características do modelo público, e conseguia cobrir 75% da população economicamente ativa e as contribuições estavam aplicados em um número exagerado de fundos, que de certa forma levava naquela época à necessidade de uma revisão ou reorganização de seu sistema.

---

23 UTHOFF, Andras. **A reforma do sistema previdenciário no Chile: desafios pendentes.** Santiago do Chile: Impresso em Nações Unidas. 2001, p. 10.

24 MESA, Alberto Arenas. Cobertura previosional em Chile: Lecciones y desadios del sistema de pensiones administrato per el sector privado. In: **Serie financiamento del desarrollo**. Santiago: CEPAL. 2000, p. 13.

25 *Bis in idem.*

Mas, em 1973, quando da tomada do poder através do golpe militar do General Augusto Pinochet, aplicou as transformações incentivadas pelos "Chicago Boys", grupo de economistas políticos neoliberais, que passaram a defender a ideologia do mercado livre e do individualismo, e a diminuição da participação do Estado nas questões sociais[26].

Assim, em 1981 ocorre a mudança para o sistema de capitalização individual com os fundos administrados por entidades privadas, chamadas de Administradoras de Fundos de Pensões (AFP), passando a ser o primeiro país da América Latina a adotar esse modelo cujas características seguem as do modelo privado, citado acima[27].

Seguindo os passos do Chile (maio de 1981), Bolívia (maio de 1997), Venezuela (1997), México (setembro de 1997), El Salvador (maio de 1998), R. Dominicana (junho de 2003), Nicarágua (março de 2004) e Panamá (2008), substituem totalmente o modelo público pelo privado. Já Peru (junho de 1993) e Bolívia (abril de 1994), adotaram o modelo paralelo público ou privado, e Argentina (julho de 1994), Colômbia (1994), Uruguai (abril de 1996), Costa Rica (maio de 2001) e Equador (2001), adotam o sistema misto público e privado. Permanecendo apenas com o modelo público Brasil, Cuba, Guatemala, Haiti, Honduras, Paraguai.[28] [29]

As várias mudanças realizadas na América Latina, com a reforma de seus sistemas de previdência, consequentemente altera os direitos básicos dos trabalhadores, na perspectiva de garantir um equilíbrio financeiro dos gastos públicas e do fim das crises econômicas dos Estados[30]. O então modelo privado de capitalização individual adotado naquele país[31] efetivaram um novo ideal de proteção aos trabalhadores, cujas principais características são a da redução da participação do Estado e de seus gastos com o pagamento de benefícios previdenciários, e o aumento da poupança, bem como a ampliação do setor privado da economia, que também não mais teriam que contribuir com o seguro social.

---

26 BOUZUTZKY, Silvia; HYDE, Mark. Chile's private pension system at 35: impact and lessons, In: **Journal of International and Comparative Social Policy.** Publicada em: 08 de março de 2016. Disponível em : http://dx.doi.org/10.1080/21699763.2016.1148623 Acesso em 28/04/2019.

27 CHILE. Superintendencia de Pensiones. **El sistema chileno de pensiones.** Setima Edição. Santiago: Chile. 2010. Disponível em: http://www.spensiones.cl . Acesso em 21/05/2019.

28 MESA-LAGO, Carmrlo. Las reformas de pensiones em América Latina y su impacto em los principios de la seguridad social. In: **Serie Financiamento del desarrollo. Santiago**: CEPAL, 2004.

29 OIT. Escritorio Internacional do Trabalho. Reversão da Privatização de Previdênciq:Questões Chaves.2018. Disponível em: https://www.abrasco.org.br/site/wp-content/uploads/2019/03/estudo_OIT.pdf . Acesso em: 12/03/2019.

30 ROFMAN, Rafael; OLIVERI, Maria Laura. **Social Protection & Labor**: Pension Coverage in Latin America. The World Bank: 2012.

31 HOLZMANN, R.; HINZ, R. Soporte del ingreso economico en la vejez em el siglo veintiuno: una perspectiva internacional de los sistemas de pensiones y de suas reformas. Washington: Banco Mundial, 2005.

Entretanto, o que se verificou com o passar de mais de 3 décadas, não foram os resultados positivos que se pretendia com esses sistemas privados de capitalização, mais sim seus reflexos prejudiciais na vida dos trabalhadores[32], o que tem levantado a necessidade de modificações na previdência desses países.

O modelo então adotado pelo Chile naquele ano de 1981, passa então a fazer parte das discussões econômicas globais e representar um paradigma a ser seguido em prol do desenvolvimento dos países e na busca do equilíbrio financeiro, principalmente dos países em desenvolvimento, cujos déficits nas contas públicas encontravam-se em crise.

Inicia-se uma onda de reformas lideradas pelos estudos do Banco Mundial e sua publicação *Envegesimento sin Crisis*[33] (Evitando a Crise da Velhice) de 1994 e *Attacking Poverty* (Combatendo a Pobreza) de 2001, onde esta instituição recomenda que os desequilíbrios fiscais seriam superados se os países realizassem reformas em seus sistemas de seguro social. Como citado anteriormente 15 países da América Latina alteram seu sistema total ou parcialmente para o modelo privado e apenas 6 países, entre eles o Brasil, mantiveram o modelo público de repartição.

As reformas estruturais foram pautadas sempre com o objetivo social de melhorar as prestações dos segurados e paralelamente atingir fins econômicos, tais como:

> [...] (i) a manutenção do equilíbrio financeiro-atuarial do sistema e a estabilidade fiscal frente ao envelhecimento da população; (ii) o estabelecimento da equivalência entre as contribuições e os benefícios como inventivo para filiação e os pagamentos realizados; (iii) a substituição total ou parcial dos sistemas públicos pelo setor privado no recolhimento e financiamento, assim como a separação destas funções com as de regulamentação e supervisão que ficam a cargo do Estado; (iv) o desenvolvimento dos mercados de administração de pensões e seguros, assim como o do mercado de valores e investimento de poupanças nacionais; e (v) a introdução de uma liberdade de escolha de administradoras pelo segurado, pela capacitação da competência e uma maior eficiência para reduzir os custos de gestão.[34]

Como se observa, a melhoria e o aumento da cobertura do novo modelo para os parâmetros do antigo sistema, era uma das primeiras e principais razões para que as mudanças fossem realizadas. Além de possibilitar o desenvolvimento econômico

32 GUARDIA B., Alexis; CLARK M., Regina; MARTHER, Gonzalo D.. **Rompiendo Mitos: la reforma del sistema de pensiones em Chile**. Friedrich E. Stifung: Santiago – Chile, 2007.

33 BANCO MUNDIAL. **Envejecimentos sin crisis: políticas para la proteccíon de los ancianos y la promoción del crescimiento**. Washington: Banco Mundial, 1994. Disponível em: https://www.bancomundial.org.br . Acesso em: 23/11/2019.

34 MESA-LAGO, Carmrlo. Las reformas de pensiones em América Latina y su impacto em los principios de la seguridad social. In: **Serie Financiamento del desarrollo**. Santiago: CEPAL, 2004.

das divisas e poupança interna dos países, que também queriam alavancar os investimentos e circulação de renda.

Entretanto não foi isso que se observou. De acordo com os dados da Superintendência de Pensões do Chile, em seu sétimo relatório editado no ano de 2010, nos primeiros seis anos (1982-1988) o número de segurados cotizantes por força de trabalho variou de 29% para apenas 46,6%. E nos períodos compreendidos entre 1989 e 1999, o percentual de filiados cobertos em razão do número de trabalhadores ativos, variou de 56,8% para 65,4%. Sendo que para o ano de 2008 o mesmo percentual atingiu apenas 71,4% da força de trabalho. Um aumento pouco mais de 9 pontos percentuais.

COBERTURA PREVIDÊNCIA PRIVADA CHILE (1982-1989)

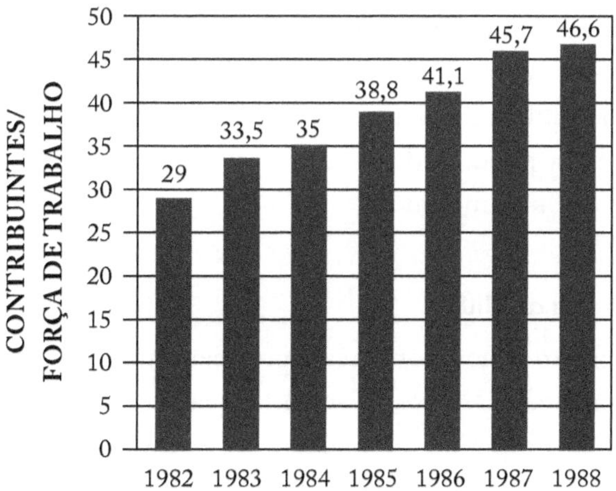

Fonte: Superintendencia de Pensiones, 2010.

COBERTURA PREVIDÊNCIA PRIVADA CHILE (1989-2008)

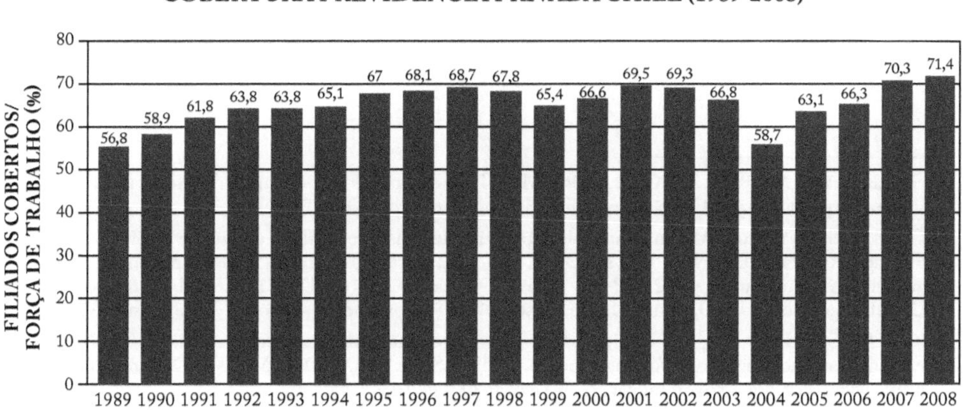

Fonte: Superintendencia de Pensiones, 2010.

No ano de 2006 se verifica no Chile que uma grande parcela da população não teria poupança suficiente para o financiamento de sua aposentadoria na velhice. Tendo como principal causa a baixa rentabilidade das cotizações, que no caso dos homens se dava pelo grande número de trabalhadores autônomos e a informalidade do trabalho. Já no caso das mulheres, sua baixa participação no mercado de trabalho e nos grandes períodos sem registros de cotizações[35].

Desta forma, tem início a um novo ciclo de reformas no ano de 2008, com a introdução de medidas que procuram melhorar as coberturas do pilar previdenciário[36], garantir maior igualdade de gênero aos trabalhadores, diminuir as desigualdades e diminuir a pobreza, bem como intensificar a competitividade das administradoras de fundos e flexibilizar as regras dos regimes[37].

Além disso, um estudo realizado nos anos de 2005 e 2006 fizeram uma simulação sobre os valores das cotizações e os possíveis benefícios futuros a serem recebidos pelos segurados chegando a conclusão de que 50% da população estava sem proteção e que fazendo-se uma projeção dos rendimentos reais dos fundos, os pensionistas receberiam menos que piso mínimo[38].

3.3. A Reforma de 2008

O então pioneiro e inovador sistema previdenciário por capitalização em contas individuais completaria 27 anos de vigência, quando a então Presidente Michelle Bachelet, apresentou um projeto de melhoria e desenvolvimento, para tentar solucionar os problemas negativos que vinham sendo reportados ao longo do período. Essencialmente traria um novo papel paro o Estado, as finanças públicas e o sistema.

Foi criado o Sistema de Pensões Solidarias (Sistema de Pensiones Solidarias – SPS), com edição da Lei n° 20.255 de março de 2008, que agora teria a participação do Estado como gerador de incentivos para uma maior quantidade de pessoas

---

35 GUARDIA B., Alexis; CLARK M., Regina; MARTHER, Gonzalo D.. **Rompiendo Mitos: la reforma del sistema de pensiones em Chile**.. Friedrich E. Stifung: Santiago – Chile, 2007.

36 ORTIZ, Pablo Arellano. **Marco de análisis del sistema de pensiones chileno depués de la reforma de 2008.** Santiago: Revista de Derecho – Universidade Católica del Norte. 2012, p 21-43. Disponível em: https://onedrive.live.com/?authkey=%21AP-uK-1bv66rsKA&cid=D26E1613D7451DE6&id=D26E1613D7451DE6%2136023&parId=D26E1613D7451DE6%2135985&o=OneUp acesso em 25 de agosto de 2019.

37 IGLESIAS-PALAU, Augusto. Pension reform in Chile revisited: what has been learned? In: OECD Social, Employment and Migration Working papers n. 86. DELSA/ELSA/WD/SEM, 2009. Disponivel em: http://www.oecd.org/els/workingpapers. Acesso em 08/06/2019.

38 UTHOFF, Andras. Aspectos instucionales de los sistemas de pensiones em América Latina. In: **Políticas Sociales.** Santiago: CEPAL, 2016.

ingressassem no sistema, aumentando as taxas de cobertura e contribuições, bem como promoveria o pagamento de pensões solidárias para aqueles que não tem condição de participar dos planos de previdência, seja pela situação de pobreza e velhice. Desta forma, foram aprimorados os pilares solidários e voluntários para proteção maior das famílias pobres[39].

A pensão mínima dos segurados foi substituída pela Contribuição Previdenciária Solidária (Aporte Previsional Solidário), que passa dar atenção diferenciada as aposentadorias e pensões por invalidez que não tenham garantia de sobrevivência, e cria-se a Pensão Básica Solidária (*Pension* Básica Solidária) que institui um benefício assistencial aos não contribuintes do sistema. É criado um Comitê Técnico de Investimentos para assessorar os entes reguladores.

> Na prática e para fins de finanças públicas, o novo sistema amplia e integra as garantias explícitas do sistema previdenciário, chamado Sistema de Pensões Solidárias (SPS). Em particular:
>
> 1. Mantém o compromisso com as pensões do sistema de repartição, respeitando o financiamento do Déficit operacional e dos Bonos de reconhecimento.
>
> 2. Elimina a pensão assistencial e a pensão mínima fixa e as mudanças para uma série de benefícios garantidos para os 60% mais pobres da população mediante:
>
> a) Uma Pensão básica solidária (invalidez e velhice).
>
> b) Uma Aporte previsional solidário (invalidez e velhice).
>
> 3. Garantia de um aporte previsional para os filhos nascidos vivos e as mulheres mediante um bônus por filho nascido vivo[40].

A reforma estava preocupada também, com os gastos e déficit no sistema gerado pela mudança de 1981, que possibilitou a manutenção de alguns trabalhadores no antigo modelo de repartição, mas que uma vez aposentados deixavam de contribuir e consequentemente não havia a entrada de novos segurados e pagamentos, bem como, os valores gastos com os bônus de transferência que consequentemente necessitava de aportes e receitas até então inexistentes para o Estado.

Após esta última reforma, nenhum relatório ou boletim oficial de informações foi emitido pela Superintendência de Pensões do Chile, sendo que o último foi feito

39 MESA-LAGO, Carmelo; BERTRANOU, Fabio. Pension reforms in Chile and social security principles, 1981-2015: Pension reforms in Chile and social security principles. 2016. Disponivel em: https://www.researchgate.net/publication/303595220_Pension_reforms_in_Chile_and_social_security_principles_1981-2015_Pension_reforms_in_Chile_and_social_security_principles . Acesso em: 10/11/2019.

40 UTHOFF, Andras. Reforma al sistema de pensiones chileno. In: **Serie financiamento del desarrolo.** Santiago: CEPAL, 2011

em julho de 2009 e publicado no ano de 2010, dos quais foram tirados os dados que compõem as tabelas citadas no item anterior. Assim, não foi possível realizar um comparativo acerca da evolução das coberturas e afiliações após a introdução dessas novas regras, baseados nessa fonte de dados.

Contudo, em 2016 a Federação Internacional de Administradoras de Pensões (FIAP), realizou um comparativo de cotizações de 8 países da América Latina, onde apresentava os dados do Chile referente aos anos de 2011, 2012, 2014 e 2015, fazendo parte da publicação de Andras Uthoff (2016)[41], em sua análise dos Aspectos Institucionais dos Sistemas de Pensões na América Latina, publicado na série de Políticas Sociais da CEPAL, e que compõem a fonte da tabela abaixo.

COBERTURA SISTEMA PRIVADO DE PREVIDÊNCIA CHILE (2011, 2012, 2014, 2015)

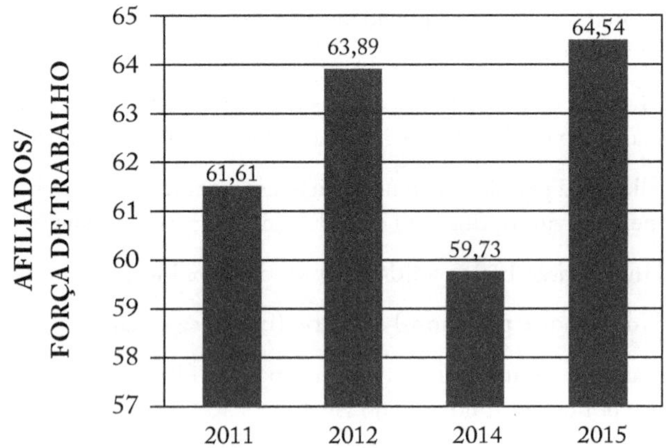

Fonte: UTHOFF, 2016.

Mesmo se tratando de fontes distintas, o que se observa é que os resultados pretendidos pelas reformas, não foram atingidos e estão longe de serem conseguidos. A modificação do sistema de repartição para o sistema de capitalização pode ter gerado resultados positivos para o Estado, mas o fim a que se objetiva com o seguro social dos trabalhadores, só tem demonstrado ao longo dos últimos anos, que é um típico fomentador de exclusão e consequentemente redutor de direitos fundamentais do cidadão.

41 ________. Aspectos instucionales de los sistemas de pensiones em América Latina. In: **Políticas Sociales**. Santiago: CEPAL, 2016.

4. A CONTINUIDADE DAS DESIGUALDADES SOCIAIS

Bielschowsky[42], relata os cinquenta anos de criação da Comissão Econômica para América Latina e Caribe (CEPAL), organização regional das Nações Unidas, criada em 1948, com sede na cidade de Santiago no Chile, tendo como principais objetivos a contribuição para o desenvolvimento econômico dos países latino-americanos e caribenhos, promovendo o desenvolvimento social.

A CEPAL exerce papel importante na história do pensamento econômico, já que se consolidou como um centro intelectual da América Latina criador de um corpo analítico próprio. É dela a teoria estruturalista do subdesenvolvimento periférico latino-americano, denominado estruturalismo-histórico, que se baseia na constituição histórica e estrutural de suas economias[43].

Ao longo dos anos, a CEPAL tem publicado diversos artigos, relatórios e documentos que buscam identificar e melhorar as questões do subdesenvolvimento dos países latino-americanos e caribenhos, aprofundando suas advertências e críticas sobre os impactos potenciais e efetivos das reformas econômicas da região, em consonância com o crescente reconhecimento internacional sobre suas fragilidades, e postulou a necessidade de buscar uma globalização mais equilibrada e "reformar as reformas".

No Panorama da América Latina e Caribe de 2017, documento que faz parte de uma publicação anual e periódica da Divisão de Desenvolvimento Social e da Divisão de Estatísticas da CEPAL, que faz análises do ano anterior, ou seja, 2016, apresenta um novo estudo do contexto demográfico e das desigualdades no mercado de trabalho e sua relação com a cobertura e a qualidade das prestações dos sistemas de aposentadorias e pensões[44].

Este documento está dividido em quatro tópicos que reforçam a preocupação com desigualdade na América Latina e como esse tem sido um desafio crucial para o desenvolvimento, apontando como causas a desigualdade na distribuição de renda e seus reflexos a partir dos modelos e sistemas de seguro social adotados.

---

42 BIELSCHOWSKY, Ricardo. **Cinquenta anos de pensamento na CEPAL**. Vol.2. Rio de Janeiro: Editora Record. 2000. Disponível em: https://repositorio.cepal.org/bitstream/handle/11362/1607/2/S33098N962Av2_pt.pdf. Acesso em: 15/10/2019.

43 BIELSCHOWSKY, Ricardo. **Cinquenta anos de pensamento na CEPAL**. Vol.2. Rio de Janeiro: Editora Record. 2000. Disponível em: https://repositorio.cepal.org/bitstream/handle/11362/1607/2/S33098N962Av2_pt.pdf. Acesso em: 15/10/2019.

44 CEPAL. **Panorama Social de América Latina**. 2017. Disponível em: https://repositorio.cepal.org/bitstream/handle/11362/42716/7/S1800002_es.pdf. Acesso em: 17/07/2019.

Nesse contexto, a CEPAL[45] afirma que esses sistemas de seguros são fundamentais para o pleno exercício dos direitos de cidadania e, em especial, para a garantia do direito à seguridade social e à proteção social. São os sistemas de previdência que contribuem para reduzir as desigualdades e a pobreza dos países dependendo do modelo que é adotado, garantindo a ocorrência de um envelhecimento com dignidade. E cada país deve adotar o modelo que melhor se adéque as características econômicas e sociais da sua população, seja ele o público ou o privado.

O relatório opina pela adoção de reformulações em ambos sistemas de previdência social, levando em consideração o novo escopo demográfico do aumento da expectativa de vida e das dependências, sugerindo a consolidação de aposentadorias e pensões universais e solidárias rumo a igualdade. Devendo superar uma característica marcante na América Latina, que é a limitada e segmentada cobertura dos sistemas de seguro social, pela escassez e desigualdade das prestações, que acabam por dar continuidade na situação de pobreza na velhice e as diferenças no acesso à proteção[46].

Assim, mesmo o Chile já tendo passado por processos de reformulação de seus modelos de seguro social, a consolidação dos sistemas de previdência social deve estar pautado nos princípios da solidariedade para a igualdade, e redução das diversas dimensões da desigualdade existente, alterando dessa forma, a não continuidade da heterogeneidade estrutural da economia, e as da desigualdade social.

5. SERIA A PREVIDÊNCIA PRIVADA POR CAPITALIZAÇÃO INDIVIDUAL DO CHILE UM PARADIGMA A SER SEGUIDO?

Conforme descrito anteriormente, vários países latino-americanos seguiram o caso pioneiro do Chile, que alterou seu sistema de previdência em 1981, para o modelo privado de capitalização individual, fundamentado na perspectiva de aumento do desenvolvimento econômico e social dos Estados, baseados nas teorias neoliberais econômicas.

Assim, as anteriores reformulações no sistema de previdência não têm eficácia plena e não são capazes de garantir a dignidade mínima da população, que deveria ter sido custeada pelo próprio trabalhador e pelo mercado financeiro privado.

O Estado chileno teve que passar a garantir um piso social básico de pelo menos 1 salário mínimo para os aposentados que não conseguissem atingir esse va-

45 *Bis in idem.*

46 CEPAL. **Panorama Social de América Latina.** 2017. Disponível em: https://repositorio.cepal.org/bitstream/handle/11362/42716/7/S1800002_es.pdf. Acesso em: 17/07/2019.

lor como pensão, bem como estabeleceu uma pensão não contributiva para aquelas pessoas que tivessem idade avançada, mas não tivessem contribuído para o sistema privado e ainda encontrassem em estado de necessidade.

Ou seja, o modelo chileno não pode e nem poderia ser considerado como um paradigma a ser seguido, tendo em vista que a seguridade social deve refletir as individualidades de cada grupo populacional e regional, não existindo um único ou perfeito tipo. Cada tipo deve se adequar as situações e disparidades existentes dos reflexos do modelo capitalista adotado, já que a previdência é um benefício contra os riscos advindos do trabalho.

Quanto mais desgastante e penoso for o trabalho, quanto maior as desigualdades econômicas e sociais da população, mais adequados devem ser os modelos a serem adotados para possibilitar que tais fatores sejam reduzidos. Neste sentido, Bernal-Meza[47], transcreve as ideias do "Realismo Periférico" de Prebisch que apresenta como principais características: 1) a política exterior de um país vulnerável, empobrecido e pouco estratégico deve ser de mais baixo perfil possível, para evitar as contradições, salvo naqueles casos de assuntos materiais vinculados de forma direta com seu bem-estar e sua base de poder, adaptando seus objetivos políticos e dominantes; 2) esta política exterior deve formular-se tendo em conta a relação custos-benefícios e considerando os riscos eventuais; e 3) ela requer uma reformulação da autonomia em termos da capacidade e dos custos relativos as confrontações.

Apesar de o realismo periférico ter explicações relativas às políticas externas e internacionais a serem adotadas por um determinado país, o tema tem total aplicabilidade nas questões referentes a seguridade social. Copiar um modelo, adotar um modelo já predefino por um país não é, nem pode ser considerado sem as devidas adequações às realidades de cada país.

A Organização Internacional do Trabalho – OIT[48], publicou recentemente, um resumo sobre a proteção social para todos, com o título: A reversão da Privatização de Previdência, onde analisa as privatizações dos sistemas de seguridade social entre 1981 e 2014, de 14 países da América Latina, 14 países da Europa Leste e antiga União Soviética e mais 2 países da África.

---

47 MEZA, Raúl Bernal. **Políticas exteriores comparadas de Argentina e Brasil rumo ao Mercosul.** Revista Brasileira de Política Internacional, n.42, São Paulo. 1999.

48 OIT. Escritório Internacional do Trabalho. **Reversão da Privatização de Previdência**: Questões Chaves. 2018. Disponível em: https://www.abrasco.org.br/site/wp-content/uploads/2019/03/estudo_OIT.pdf. Acesso em: 12/03/2019.

Os resultados apontam que as privatizações não produziram os resultados esperados da prática, mas sim que tiveram como características: a) taxas de coberturas estagnadas ou que diminuíram com o tempo; b) prestações previdenciárias se deterioraram; c) desigualdade de gênero e de renda aumentaram; d) altos custos de transição de um modelo para outro geraram impactos financeiros negativos nas economias; e) custos administrativos elevados; f) concentração no setor de seguros privados; g) quem se beneficiou com as poupanças foi o setor financeiro privado[49].

Em conclusão a OIT relata que todos os países, após o ano de 2008, tiveram de revisar seus modelos, entre eles o próprio Chile, fazendo com que a seguridade social se adequasse novamente a então realidade de suas expectativas e causas de desigualdade social.

6. CONCLUSÕES

A seguridade social deve ser considerada por todos os Estados como um marco e uma política de garantia de desenvolvimento, e não apenas como um benefício aos idosos. A dignidade humana só atinge o seu ápice quando possibilita que na velhice, aqueles que não podem mais fazer parte do mercado de trabalho, seja pela sua condição física, seja pela sua condição etária, deve ter um benefício que lhe proporcione as devidas condições de sobrevivência.

Quanto maiores forem as desigualdades sociais, de inclusão no mercado de trabalho, nas questões de gênero, raça, cor e idade, menores devem ser as medidas que substituem o papel do Estado na garantia de direitos dessas pessoas, para as relativas aos mercados privados de investimento e financiamento.

O Chile foi o pioneiro a mudar o sistema até então conhecido de previdência social, o de repartição, para o de capitalização individual, já no começo dos anos 80, sob a alegação de que seria esse o modelo que possibilitaria a melhoria e o desenvolvimento da economia e das desigualdades sociais dos trabalhadores.

Entretanto, inegável foram os resultados e índices econômicos que o Estado chileno atingiu, tanto na América Latina, quanto no mundo. Entretanto, o mesmo resultado não foi observado nas questões sociais, o que tem levado ano após ano, em mudanças e adaptações ao sistema de seguro privado, que apresenta uma série de falhas e exclusões, bem como, na impossibilidade da manutenção mínima do segurado, sem que o Estado intervenha.

49 OIT. Escritório Internacional do Trabalho. **Reversão da Privatização de Previdência: Questões Chaves.** 2018. Disponível em: https://www.abrasco.org.br/site/wp-content/uploads/2019/03/estudo_OIT.pdf . Acesso em: 12/03/2019.

Os modelos ou ideias econômicas adotadas por qualquer país devem ser analisados e pautados a questões reais de cada nação e não simplesmente copiados ou indicados como paradigmas.

O caso do Chile e de suas políticas não devem ser julgadas como erradas e acertadas, mas apenas como reflexo de que nem sempre o que se é adotado ou implementado num país, possa justificar sua aplicação aos demais, sem a devida reflexão e contradições que apresentam.

Recentemente, em outubro de 2019, após quase 30 anos do último levante de protestos, a população chilena foi às ruas contra as políticas de governo, que inicialmente estava focada no aumento das passagens de metrô, de 800 para 830 pesos e desencadeou uma série de violentas manifestações em todo o país. O então presidente Sebastián Piñera, que coincidentemente é irmão do economista e Ministro de Estado do Governo Pinochett, José Piñera, que criou o sistema de previdência privada, teve que recuar e suspender o aumento das passagens. Entretanto, o que parecia ser apenas uma revolta estudantil, tornou-se rapidamente uma revoltada civil massiva, cujos dados não oficiais apontam mais de 1,2 milhão de pessoas nas ruas de Santiago no dia 25/10.

As questões relativas aos baixos valores das aposentadorias e pensões, os direitos trabalhistas e as questões do desemprego, dentre outros em comparação ao alto grau de desigualdade social passam a fazer parte das reivindicações populares. O governo passa a ter que rever sua política liberal e possivelmente novas reformas podem ser observadas no Chile nos próximos anos.

7. REFERÊNCIAS BIBLIOGRÁFICAS

BEVERIDGE, William. **Social Insurance and Allied Services**. London: His Majesty's Stationery Office, 1942 (Relatório Beveridge). Disponível em: https://ia601604.us.archive.org/2/items/in.ernet.dli.2015.275849/2015.275849.The-Beveridge_text.pdf . Acesso em: 17 ago. 2019.

BIELSCHOWSKY, Ricardo. **Cinquenta anos de pensamento na CEPAL**. Vol.2. Rio de Janeiro: Editora Record.2000.Disponivel em: https://repositorio.cepal.org/bitstream/handle/11362/1607/2/S33098N962Av2_pt.pdf . Acesso em: 15/10/2019.

BIZBERG, Ilán. Tipos de Capitalismo em América Latina. In: BIZBERG, Ilán (coord.). **Variedades de capitalismo em América Latina: los casos de México, Brasil, Argentina y Chile**. México – DF: Colegio de México, 2014.

BOUZUTZKY, Silvia; HYDE, Mark. Chile's private pension system at 35: impact and lessons, *In*: **Journal of International and Comparative Social Policy.** Publicada em: 08 de março de 2016. Disponível em : http://dx.doi.org/10.1080/21699763.2016.1148623 Acesso em 28/04/2019.

CACCIAMALI, Maria C.; JÓSE-SILVA, Maria F. Mais informalidade, menos cidadania. Os efeitos criados por esse círculo vicioso sobre a formulação da Política Social na América Latina. *In:*

Cadernos *PROLAM/SP*. Ano 2, v. 02, 2003. Disponível em: http://revistas.usp.br/prolam. Acesso em: 24/05/2019.

CASTRO, Carlos Alberto Pereira de; LAZARRI, João Batista. **Manual de Direito Previdenciário.** Rio de Janeiro: Gen, 2018.

CEPAL. **Panorama Social de América Latina.** 2017. Disponível em: https://repositorio.cepal.org/bitstream/handle/11362/42716/7/S1800002_es.pdf . Acesso em: 17/07/2019.

CHILE. **Superintendencia de Pensiones.** El sistema chileno de pensiones. Sétima Edição. Santiago: Chile. 2010. Disponível em: http://www.spensiones.cl . Acesso em 21/05/2019.

GAMBA, J. Bonança econômica, desenvolvimento latino-americano, e o caso do Chile. *In:* **Cadernos *PROLAM/USP*,** v. *12, n.* 22, 2013. Disponível em: https://doi.org/10.11606/issn.1676-6288.prolam.2013.82517. Acesso em: 27 de abril de 2019

GUARDIA B., Alexis; CLARK M., Regina; MARTHER, Gonzalo D.. **Rompiendo Mitos: la reforma del sistema de pensiones em Chile.**. Friedrich E. Stifung: Santiago – Chile, 2007.

HOLZMANN, R.; HINZ, R. **Soporte del ingreso economico en la vejez em el siglo veintiuno: una perspectiva internacional de los sistemas de pensiones y de suas reformas**. Washington: Banco Mundial, 2005.

IBRAHIM, Fábio Zambitte. **Curso de Direito Previdenciário**. São Paulo: Impetus, 2017.

IGLESIAS-PALAU, Augusto. Pension reform in Chile revisited: what has been learned? *In:* **OECD Social, Employment and Migration Working papers** n. 86. DELSA/ELSA/WD/SEM, 2009. Disponível em: http://www.oecd.org/els/workingpapers. Acesso em 08/06/2019.

MARTINEZ, Wladimir. **Curso de Direito Previdenciário.** São Paulo: Ltr, 2016.

MESA, Alberto Arenas. Cobertura previosional em Chile: Lecciones y desadios del sistema de pensiones administrato per el sector privado. *In*: **Serie financiamento del desarrollo.** Santiago: CEPAL. 2000.

MESA-LAGO, Carmrlo. Las reformas de pensiones em América Latina y su impacto em los principios de la seguridad social. *In:* **Serie Financiamento del desarrollo.** Santiago: CEPAL, 2004.

MESA-LAGO, Carmelo; BERTRANOU, Fabio. Pension reforms in Chile and social security principles, 1981-2015: **Pension reforms in Chile and social security principles.** 2016. Disponível em: https://www.researchgate.net/publication/303595220_Pension_reforms_in_Chile_and_social_security_principles_1981-2015_Pension_reforms_in_Chile_and_social_security_principles. Acesso em: 10/11/2019.

MEZA, Raúl Bernal. **Políticas exteriores comparadas de Argentina e Brasil rumo ao Mercosul.** Revista Brasileira de Política Internacional, n.42, São Paulo. 1999.

OIT. Escritório Internacional do Trabalho. **Reversão da Privatização de Previdência:** Questões Chaves. 2018. Disponível em: https://www.abrasco.org.br/site/wp-content/uploads/2019/03/estudo_OIT.pdf . Acesso em: 12/03/2019.

ONU. **Declaração Universal dos Direitos Humanos.** 1948. Disponível em: https://brasa.org.br/declaracao-universal-dos-direitos-humanos/?gclid=EAIaIQobChMI2-DNv4H_5QIVQj0MCh2bZwBCEAAYASAAEgITpfD_BwE Acesso em: 26/10/2019.

ORTIZ, Pablo Arellano. **Marco de análisis del sistema de pensiones chileno depués de la reforma de 2008.** Santiago: Revista de Derecho – Universidade Católica del Norte. 2012, p 21-43. Disponível em: https://onedrive.live.com/?authkey=%21AP-uK-1bv66rsKA&cid=D26E1613D7451DE6&id=D26E1613D7451DE6%2136023&parId=D26E1613D7451DE6%2135985&o=OneUp acesso em 25 de agosto de 2018.

PREVITALI, Fabiane Santana; FAGIANI, Gilson César. Estado do Bem-Estar Social, neoliberalismo e Estado Gestor: aproximações globais. In: LUCENA, Carlos; PREVITALI, Fabiane Santana; LUCENA, Lurdes (Org.). **A crise da democracia brasileira.** Uberlândia: Navegando, 2017.

ROFMAN, Rafael; OLIVERI, Maria Laura. Social Protection & Labor: **Pension Coverage in Latin America**. The World Bank: 2012.

TOJO. Brasília, 20 de maio de 2016 Tahia Tamara Chacón Rojo Universidade Central do Chile Santiago – Chile "PRINCIPAIS REFORMAS DOS SISTEMAS DE PREVIDÊNCIA SOCIAL: ANÁLISE DE DIREITO COMPRADO CHILE-BRASIL". Disponivel em: http://www.stf.jus.br/repositorio/cms/portalStfInternacional/portalStfCooperacao_pt_br/anexo/Taha.pdf

TSUTIYA, Augusto Massauki. **Curso da seguridade social**. 4. Ed. São Paulo: Saraiva, 2014.

UTHOFF, Andras. **A reforma do sistema previdenciário no Chile**: desafios pendentes. Santiago do Chile: Impresso em Nações Unidas. 2001. p.10.

__________. Reforma al sistema de pensiones chileno. In: *Serie financiamento del desarrolo.* Santiago: CEPAL, 2011

__________. Aspectos instucionales de los sistemas de pensiones em América Latina. *In:* **Polítcas Sociales**. Santiago: CEPAL, 2016.

DIREITO DO TRABALHO NA COLÔMBIA: UMA RETOMADA HISTÓRICA COMPARADA AO DIREITO DO TRABALHO NO BRASIL

Larissa Matos[1]

1. A GÊNESE E RELEVÂNCIA DO TEMA

O tema foi pensado na Pós-Graduação em Direito *stricto sensu*, na área de concentração "Direito do Trabalho e Seguridade Social", no curso ministrado pelo Professor Jorge Luiz Souto Maior sobre "Direito do Trabalho Comparado em Perspectiva Histórica".

O Brasil e a Colômbia são países com taxas altas de desemprego e que sofrem forte influência de políticas neoliberais. E, no contexto de desconstrução do valor do trabalho e desmonte dos direitos sociais, a análise histórica, com foco nos direitos trabalhistas ao longo do tempo, ajuda na compreensão da trajetória do trabalhador enquanto ser hipossuficiente da relação capital-trabalho.

Através da interpretação de episódios passados, podemos compreender o desenvolvimento da história, construir um discurso crítico e projetar novas perspectivas, diante dos acontecimentos políticos e econômicos que interferem no sistema social.

Nessa ótica, abordar-se-á aspectos memoráveis da Colômbia e do Brasil em relação ao mundo do trabalho, considerando o cenário de economia capitalista periférica desses países, que bem caracteriza a polarização existente entre o capital e o trabalho.

---

1 Advogada e Professora. Doutoranda em Direito pelo Departamento de Direto do Trabalho e da Seguridade Social da Faculdade de Direito da Universidade de São Paulo – USP. Mestre em Direito do Trabalho pela Universidad de Palermo. Integrante do corpo docente da ABRAT. Bolsista do Conselho Nacional de Desenvolvimento Científico e Tecnológico – Brasil (CNPq).

2. PASSADO E PRESENTE DO DIREITO DO TRABALHO: UMA RELAÇÃO CONFLITIVA ENTRE TRABALHO E DIREITO

De início, registre-se que será feito um recorte histórico para tratar do tema a partir da independência dos Países.

No caso da Colômbia, o ato de independência data de 20 de julho, 1810, sem fazer qualquer alusão ao Direito Laboral.

Nesse sentido, ressalta-se que somente na Constituição de 1853 é que foi introduzido algum conteúdo, como o conceito de trabalho e profissão livre. E, um pouco antes dessa Constituição, ocorreu a abolição da escravatura (em 1852).

Tratando do tema, Eduardo Restrepo[2] explica que em 1º de janeiro de 1852, perto de Santa Fé de Bogotá, Frai Jervasio García fez um discurso em "ação de graças" pela completa liberdade dos escravos.

Ainda, aduz[3] que a libertação ocorreu por meio da Lei de Abolição legal da Escravidão, de 21 de maio de 185. Esta Lei é conhecida como a Lei 21, do Presidente de la República José Hilario López, cujo art.1º estabeleceu que a partir do dia primeiro de janeiro de 1852 estariam libertos todos os escravos existentes no território colombiano.

Seguindo na cronologia, em 1861 foi emitido o Pacto da União, documento que reconheceu a liberdade da indústria e do trabalho. Já na Constituição de 1886[4], ficou previsto no art.44 que a pessoa podia abraçar qualquer ofício ou ocupação honesta, sem necessidade de pertencer a grêmios de professores ou doutores.

Ensina Carlos Ernesto Molina[5] que, assim como em muitos países latino-americanos, a industrialização na Colômbia levou ao surgimento do Direito do Trabalho. Nesse sentido, explica que a atividade industrial moderna no país começou no início do século XX, com as primeiras fábricas de têxteis, calçados, cerveja e outras fábricas, graças ao impulso do governo Rafael Reyes (1904-1909).

Ainda, para Carlos Ernesto Molina[6], a indústria praticamente não existia durante o século XIX, exceto para algumas atividades esporádicas e limitadas. Por esse

2 RASTREPO, Eduardo. **Argumentos abolicionistas en Colombia.** Disponível em: http://revistas.unisinos.br/index.php/historia/article/view/6183 . Acesso em 03/08/2020

3 Op.cit.

4 COLÔMBIA. **Constitución de la Republica de Colombia.** Disponível em: http://bdigital.unal.edu.co/224/36/constitucion_de_la_republica_1886.pdf . Acesso em 03/08/2020.

5 MOLINA, Carlos Ernesto. **La inspección del trabajo en Colombia.** Revista Latinoamericana de Derecho Social, [S.l.], jan. 2008. ISSN 2448-7899. Disponível em: <https://revistas.juridicas.unam.mx/index.php/derecho- social/article/view/9540/11571>. Acesso em: 28/10/2019.

6 COLÔMBIA. **Constitución de la Republica de Colombia.** Disponível em: http://bdigital.unal.edu.co/224/36/constitucion_de_la_republica_1886.pdf . Acesso em 03/08/2020.

motivo, só se pode falar da existência de uma população ativa no país no final do primeiro quarto do século XX. E, portanto, somente nessa época se pode falar das primeiras expressões da legislação social, como a semente de uma verdadeira lei trabalhista, o que inclui a Lei 57 de 1915, que responsabilizou os empregadores pelas consequências de acidentes de trabalho que ocorreram sob certas condições; o Decreto 2 de 1918, sobre regulamentação da greve; a Lei 46 de 1918, sobre alojamento higiênico para trabalhadores; e as Leis 78 de 1919 e 21 de 1929, sobre conflitos trabalhistas; bem como a Lei 4a. de 1921, sobre obrigações trabalhistas das companhias de petróleo.

Didaticamente, Néstor de Buen Lozano[7], citando Guillermo Guerrero Figueroa, distingue a evolução da legislação trabalhista colombiana em três períodos: 1) o primeiro inicia em 1900 e vai até 1915 – quando surgem leis que consagram o direito de descanso em feriados religiosos sem remuneração (1905); e surge a aposentadoria dos professores de escolas primárias com vinte anos de serviços (1913); 2) o segundo período compreende de 1915 a 1930 – quando aparece a lei que trata da indenização por acidentes de trabalho (1915); a lei sobre Direito Coletivo (1919); e a lei sobre conciliação e arbitragem (1920); 3) o terceiro período envolve os anos de 1931 a 1945 – quando são aprovadas as leis sobre sindicatos, federações e confederações (1932); quando surgem leis em relação à aposentadoria dos trabalhadores (1932); quando aparecem as leis sobre o conceito de contrato de trabalho, concessão de benefícios de férias, assistência devido a doença e desemprego em razão do despedimento sem justa causa (1934); bem como aparece a lei sobre a autonomia do Direito do Trabalho e alcance do contrato de trabalho (1945).

Inclusive, Carlos Ernesto Molina[8] deixa expresso que a partir da reforma constitucional de 1936, produto da "revolução" do presidente Alfonso López Pumarejo, pode-se falar adequadamente de uma lei trabalhista verdadeira e consolidada na Colômbia.

Segundo esse mesmo autor[9], nos quatorze anos entre 1936 e 1950, e com base na nova orientação constitucional, ocorreu uma verdadeira avalanche de normas tra-

---

MOLINA, Carlos Ernesto. **La inspección del trabajo en Colombia. Revista Latinoamericana de Derecho Social**, [S.l.], jan. 2008. ISSN 2448-7899. Disponível em: <https://revistas.juridicas.unam.mx/index.php/derecho- social/article/view/9540/11571>. Acesso em: 28/10/2019.

7 LOZANO, Néstor de Buen. **El nacimiento del derecho del trabajo.** Disponível em: https://archivos.juridicas.unam.mx/www/bjv/libros/1/139/5.pdf . Acesso em 03/08/2020.

8 MOLINA, Carlos Ernesto. La inspección del trabajo en Colombia. **Revista Latinoamericana de Derecho Social**, [S.l.], jan. 2008. ISSN 2448-7899. Disponible en: <https://revistas.juridicas.unam.mx/index.php/derecho- social/article/view/9540/11571>. Acesso: 28/10/2019.

9 COLÔMBIA. **Constitución de la Republica de Colombia.** Disponível em: http://bdigital.unal.edu.co/224/36/constitucion_de_la_republica_1886.pdf . Acesso em 03/08/2020.

balhistas. Assim, apareceram normas sobre a natureza inalienável dos direitos trabalhistas, formalidade do contrato de trabalho, término da relação de trabalho, regulamentos trabalhistas, conceito de salário, jornada de trabalho e benefícios legais, férias remuneradas, indenizações, auxílio-doença, proteção à maternidade, proteção ao trabalho infantil, não apreensão de salários e benefícios, direito à associação sindical etc.

Assim, consoante Carlos Ernesto Molina, a fim de buscar a unificação da legislação trabalhista colombiana, a Lei 6a foi promulgada em 1945 – posteriormente acrescentada pelas leis 71 de 1945 e 65 e 95 de 1946[10].

Antes de abordar o ano de 1950, importa registrar que em 1928 ocorreu o famoso Massacre das Bananeiras: um massacre de trabalhadores da *United Fruit Company*, na cidade de Aracataca, Colômbia, sucedido por oficiais americanos e representantes da *United Fruits*, contra a greve realizada na empresa por melhores condições de trabalho.

Neste massacre, morreram diversos trabalhadores e, como explicou a professora Luisa Fernanda Gomes Duque[11], em aula ministrada no dia 23 de maio de 2018 na faculdade de Direito da USP, Gabriel García Márquez escreveu uma versão fictícia do acontecido em sua obra Cem Anos de Solidão.

Em 1950, surge oficialmente o Código substantivo do Trabalho na Colômbia, durante o governo de Mariano Ospina Pérez[12], adotado pelo Decreto Lei 2663, de 5 de agosto de 1950 e publicado no Diário Oficial da União nº 27407, de 9 de setembro de 1950, modificado diversas vezes até a data de hoje.

Leidy Ángela Niño Chavarro e Francisco Rafael Ostau de Lafont de León[13] explicam que as alterações ocorreram em razão do impacto da globalização no mundo do trabalho, que foram mudando os modelos de vínculo empregatício estabelecidos no Código Substantivo do Trabalho de 1950, principalmente com a introdução de novos modelos na década de 90.

MOLINA, Carlos Ernesto. **La inspección del trabajo en Colombia.** Revista Latinoamericana de Derecho Social, [S.l.], jan. 2008. ISSN 2448-7899. Disponível em: <https://revistas.juridicas.unam.mx/index.php/derecho- social/article/view/9540/11571>. Acesso em: 28/10/2019.

10 Op.cit.

11 Professora, Advogada e atualmente presidente da Associação Latino Americana de Advogados Trabalhistas (ALAL)

12 COLÔMBIA. **Codigo sustantivo del trabajo.** Disponível em: www.ilo.org/dyn/travail/docs/1501/CODIGO%20SUSTANTIVO%20DEL%20TRABAJO%20concordado.pdf . Acesso em 03/08/2020.

13 CHAVARRO, Leidy Ángela Niño; DE LEÓN, Francisco Rafael Ostau de Lafont. **El mundo del trabajo en colombia: incidencia de la globalización y el neoliberalismo en las relaciones de trabajo y en la jurisprudencia.** Revista Republicana. ISSN: 1909 - 4450 Núm. 14, Enero-junio de 2013, pág.: 61-82

Nessa diretriz, os referidos autores deixam expresso que no final do século XX, as políticas internacionais de globalização e o neoliberalismo fizeram uma irrupção na Colômbia. Com o governo de Virgílio Barco (1986-1990) ocorreram os primeiros passos para a redução do Estado, com políticas tendentes à descentralização, abandono do intervencionismo e busca pela recuperação dos mercados sob o modelo de livre comércio, nos moldes prescritos pelo Fundo Monetário Internacional, sempre direcionando os atos para uma desregulamentação do trabalho com tendência a flexibilização das regras, que se manifesta no nível das relações de trabalho em emprego mais precário, diminuição do tempo de trabalho, organização, etc. Um exemplo foi a Lei 50, de 1990, que regula as empresas de serviços temporários.

Nessa senda, importa lembrar que o Consenso de Washington (1989) estabeleceu um conjunto de propostas econômicas para a América Latina, dentre outros, determinando a redução dos gastos do setor público, a liberalização da economia e desregulamentação e flexibilizações nas leis trabalhistas.

Sobre o tema, ensina Iván Daniel Jaramillo Jassir[14] que com a queda do Muro de Berlim, em 1989, o Consenso de Washington determinou o conjunto de políticas que os países do terceiro mundo deveriam adotar para alcançar o desenvolvimento dentro da estrutura do panorama mundial.

Para ele, essa nova realidade impôs à Colômbia a necessidade de adaptar os padrões trabalhistas à situação socioeconômica, a fim de viabilizar a economia mundial. Dessa forma, o governo do presidente César Gaviria lançou uma série de medidas conhecidas como "abertura económica", que precisavam ser harmonizadas com reformas trabalhistas[15].

Nesse ponto, Juan Pablo Tapiro[16] explica que, particularmente, a Colômbia consolida o desenvolvimento capitalista sob a hegemonia do capital transnacional-monopolista, comandada por um Estado oligárquico-burguês, cuja dominação baseou-se na violência e nas práticas do terrorismo de Estado.

Nesse sentido, segundo esse mesmo autor, as mudanças na Colômbia não se deram por modificações nas oligarquias crioulas dominantes para uma burguesia nacional.

14 JASSIR, Iván Daniel Jaramillo. **Presente y futuro del derecho del trabajo**: breve historia jurídica del derecho del trabajo en Colombia. Opinión Jurídica, Vol. 9, N° 18, pp. 57-74 - ISSN 1692-2530 • Julio-Diciembre de 2010 / 204 p. Medellín, Colombia, p.63.

15 Op.cit.

16 TAPIRO, Juan Pablo Sierra. **A construção do trabalho social crítico na Colômbia**. Revista de Políticas Públicas, 2016, pp. 395-404 Universidade Federal do Maranhão São Luís, Brasil. Disponível em: http://www.periodicoseletronicos.ufma.br/index.php/rppublica/article/view/5991/3634. Acesso em 28/10/2019

O que ocorreu foi uma "[...] simbiose que reproduziu contraditoriamente interesses latifundiário-oligárquicos com tímidos interesses de desenvolvimento capitalista próprios de burguesias historicamente servis à principal potência capitalista- imperialista (EUA)"[17].

Outrossim, conforme lições de Carlos Alberto Cárdenas Sierra[18], a relação entre custo do trabalho e progresso dos negócios levou a administração do Betancur a contratar uma investigação para diagnosticar e estabelecer perspectivas e políticas sobre a realidade do trabalho subordinado no país. Em 1987, em conjunto, o SENA, o Departamento Nacional de Planejamento e o Escritório da Controladoria Geral da República publicaram em dois volumes os relatórios da "Missão Chénery", que incluía os resultados dessa investigação.

Para essa "Missão Chénery", os obstáculos à criação de empregos foram: 1) legislação trabalhista inflexível; 2) falta de mecanização do processo produtivo; 3) regime de demissões; 4) a inflexibilidade de despedir trabalhadores idosos; 5) impostos sobre os salários; 6) indenização por demissão sem justa causa; 7) regime de acordos coletivos; 8) jurisdição sindical[19].

Segundo Carlos Alberto Cárdenas Sierra[20], não obstante a conclusão anterior, a equipe de investigação da "Missão" recomendou a redução drástica de custos trabalhistas e benefícios sociais, a modificação do sistema de desemprego, a eliminação de sua retroatividade, a abolição da ação de reintegração de trabalhadores com mais de 10 anos de serviço, a limitação da sanção e aposentadoria de aposentadorias e a adoção de novos níveis para as sobretaxas pelo trabalho complementar.

Nessa rota, vale destacar que argumentos semelhantes foram utilizados na Reforma Trabalhista de 2017 no Brasil.

Ainda, é importante ressaltar que no ano de 1991 foi promulgada a vigente Constituição Política da Colômbia[21], prevendo já nos dois primeiros títulos diversos direitos fundamentais, incluído os direitos sociais e coletivos.

Sobre a referida Constituição, é importante anotar que foram criados mecanismos que serviram para impor o cumprimento de direitos, por meio de ações popula-

17 Op.cit. p.396.

18 SIERRA, Carlos Alberto Cárdenas. **Tomás de Aquino, la justicia social y el derecho al trabajo en Colombia.** Disponível em: https://revistas.usantotomas.edu.co/index.php/iusta/article/view/3014/2881. Acesso em 03/08/2020.

19 Op.cit.

20 Op.cit.

21 COLÔMBIA. **Constitución Política de Colombia.** Disponível em: http://www.corteconstitucional.gov.co/inicio/Constitucion%20politica%20de%20Colombia.pdf . Acesso em 03/08/2020.

res, ações coletivas, ações de inconstitucionalidade, estabelecendo no art.53 obrigações fundamentais relacionadas aos direitos trabalhistas, como a livre associação, o direito de greve e o princípio do in dubio pro operário, em caso de dúvida na aplicação e interpretação de fontes formais do direito.

Hoje o País está imbuído do propósito de intensificar mais ainda a precarização da legislação trabalhista, algo bem representando no Plano de Desenvolvimento Nacional do Governo Duque chamado "Pacto para a Colômbia", que, segundo Mauricio Rodríguez Amaya[22], promoverá a destruição da reserva natural colombiana e a privatização de empresas estatais e serviços públicos, agravando a exploração indiscriminada dos comuns, diante do aumento das desigualdades sociais – um Plano contrário aos Objetivos de Desenvolvimento Sustentável (ODS) 2030 da ONU.

Esclarecendo algumas iniquidades do Plano, Hernán Gaviria Quintero[23] explica que haverá maior dificuldade de acessar o benefício por auxílio acidente e aposentadoria por invalidez, além de o Plano contrariar diversos dispositivos da vigente Constituição.

Como sintetiza Alberto Orgulloso[24], o Plano é uma colcha de retalhos que essencialmente responde aos interesses das empresas, do capital e das elites econômicas e políticas, à medida que desmantela os direitos sociais, aprofunda o modelo de desenvolvimento extrativo, concentrando riqueza, renda e poder político.

Ainda, o citado autor resume que os trabalhadores e os pobres ficarão mais expostos e mais vulneráveis, na medida em que adota "contratos por hora", maior pagamento de contribuições para a segurança social, contratos precários que retiram o trabalho subordinado da proteção legal, numa manobra que converte o código de trabalho em código de empresários e deixa o trabalhador sem diversas garantias trabalhistas, não observando, inclusive, os pactos da OIT.

Em que pese não ser proposto o plano como uma reforma trabalhista, a exemplo do que ocorreu no Brasil, as alterações na lei trabalhista colombiana são introduzidas no Plano Nacional de Desenvolvimento de forma silenciosa, sob a alegação de promoção do desenvolvimento do País.

---

22 AMAYA, Mauricio Rodríguez. **Nuevo Plan de Desarrollo en contra de los Objetivos de Desarrollo Sostenible 2030. Disponível** em: https://mauriciorodriguezamaya.blogspot.com/2019/03/nuevo-plan-de-desarrollo-en-contra-de.html?m=1 . Acesso em 03/08/2020.

23 QUINTERO, Hernán Gaviria. **Plan Nacional de Desarrollo 2018 – 2022.** Disponível em: http://ail.ens.org.co/opinion/un-manotazo-a-la-estabilidad-laboral-reforzada-en-el-plan-nacional-de-desarrollo-2018-2022/ . Acesso em 03/08/2020.

24 ORGULLOSO, Alberto. **Colombia. Plan Nacional de Desarrollo: Bienvenidos al pasado y al atraso.** Disponível em: http://www.resumenlatinoamericano.org/2019/03/04/colombia-plan-nacional-de-desarrollo-bienvenidos-al-pasado-y-al-atraso/ . Acesso em 03/08/2020.

A mesma alegação foi utilizada no Brasil para promover e aprovar a Lei 13.467/17, que nitidamente retirou direitos e precarizou ainda mais as relações de trabalho, sob o subterfúgio de gerar mais emprego e renda, algo não concretizado, conforme índices atuais (março/2019) do IBGE[25], que apontam a taxa de desemprego em 12,4% e o número de subutilização da força de trabalho de 24,6%, o maior desde 2012.

Outro dado do IBGE[26] que chama atenção, é a taxa média de desocupação em 2018, que foi a maior dos últimos sete anos em 13 capitais do país, conforme Pesquisa Nacional por Amostra de Domicílios Contínua (PNADC), exposto no gráfico abaixo:

Taxa de desocupação média anual nas capitais (%) - 2018

Porto Velho (RO)	**13,7**	Fortaleza (CE)	10,8	Rio de Janeiro (RJ)	**12,6**
Rio Branco (AC)	13,9	Natal (RN)	13,5	São Paulo (SP)	**14,2**
Manaus (AM)	18,1	João Pessoa (PB)	**11,9**	Curitiba (PR)	9,4
Boa Vista (RR)	**12,4**	Recife (PE)	**16,3**	Florianópolis (SC)	6,5
Belém (PA)	**13,4**	Maceió (AL)	**16,7**	Porto Alegre (RS)	**9,5**
Macapá (AP)	**18,2**	Aracaju (SE)	**16,4**	Campo Grande (MS)	6,6
Palmas (TO)	13,7	Salvador (BA)	**16,1**	Cuiabá (MT)	10,0
São Luís (MA)	16,4	Belo Horizonte (MG)	12,5	Goiânia (GO)	7,0
Teresina (PI)	**13,6**	Vitória (ES)	**12,5**	Brasília (DF)	12,7

Fonte: Pesquisa Nacional por Amostra de Domicílios Contínua

Como Países que integram o capitalismo periférico, o histórico do Direito do Trabalho não se assemelha ao Colombiano somente no que se refere à precarização decorrente da Reforma Trabalhista. É preciso lembrar que a escravidão formal no Brasil deixou de existir também no século XIX e após a independência do País, ex-colônia portuguesa.

Nessa linha de raciocínio, Jorge Luiz Souto Maior[27] aduz que "a escravidão é uma característica da antiguidade e o Brasil vivenciou, de 1500 a 1888, esse modo de divisão do trabalho".

---

25 AGÊNCIA IBGE. **Desemprego sobe para 12,4% e população subutilizada é a maior desde 2012.** Disponível em: https://agenciadenoticias.ibge.gov.br/agencia-noticias/2012-agencia-de-noticias/noticias/24110-desemprego-sobe-para-12-4-e-populacao-subutilizada-e-a-maior-desde-2012 . Acesso em 03/08/2020

26 AGÊNCIA IBGE. **Desemprego é o maior dos últimos sete anos em 13 capitais do país.** Disponível em: https://agenciadenoticias.ibge.gov.br/agencia-noticias/2012-agencia-de-noticias/noticias/23844-desemprego-e-o-maior-dos-ultimos-sete-anos-em-13-capitais-do-pais . Acesso em 03/08/2020.

27 MAIOR, Jorge Luiz Souto. **História do direito do trabalho no Brasil**: curso de direito do trabalho, volume I: parte II. — São Paulo: LTr, 2017, p.15

Para ele[28], "o modo de produção que predominou nesse período foi a escravidão e a forma como esta se institucionalizou não se identificava com a escravidão clássica, estando, de fato, atrelada à formação do capitalismo mundial [...]"

Essa ideia é corroborada por Matheus Requião Silva de Oliveira[29] ao dispor que a escravidão do séc. XIX no Brasil resultava do pacto colonial de produção para exportação das grandes fazendas de produtos como açúcar, café e minério, sendo os sujeitos da escravidão os negros africanos, capturados em seus países de origem.

Especificamente sobre a abolição, Jacob Gorender [30] enfatiza que não foi um negócio de brancos, mas sim conquista revolucionária da luta autônoma dos escravos conjugada à militância do abolicionismo urbano popular.

Com a Lei Áurea, ao menos formalmente, eliminou-se da ordem sociojurídica a relação escravista de produção, incompatível com o ramo justrabalhista, estimulando, assim, a relação de emprego.

Contudo, conforme lições de Maurício Godinho Delgado[31], não se trata de sustentar que inexistisse no Brasil, antes de 1888, qualquer experiência de relação de emprego, qualquer experiência de indústria ou qualquer traço de regras jurídicas que pudessem ter vínculo. Trata-se, apenas, de reconhecer que no período de economia rural permeado por relações de produção escravistas, não restava espaço significativo para o florescimento do Direito do Trabalho.

Especialmente sobre a passagem do trabalho escravo para a mão de obra livre, Adalberto Cardoso[32] explica que não houve um só modelo no Brasil. Nesse sentido, aduz que o modelo paulista de transição para o trabalho livre não foi de modo algum representativo dos desdobramentos verificados no restante do país, sendo a exceção que se utilizou da imigração como solução possível para "o problema da mão-de-obra". E que nos estados de Minas Gerais, Rio Grande do Sul, Bahia, Pernambuco, Ceará e Maranhão as funções de produção foram sendo paulatinamente assumidas por ex-escravos ou seus descendentes, além de brasileiros livres.

---

28 Op.cit. p.15.

29 OLIVEIRA, Matheus Requião Silva de. Leis abolicionistas: a história da abolição da escravatura no brasil. *In*: **Brasil. Ministério Público Federal**. Câmara de Coordenação e Revisão, 2. Escravidão contemporânea / 2ª Câmara de Coordenação e Revisão, Criminal; organização: Márcia Noll Barboza. – Brasília: MPF, 2017, p.10-27.

30 GORENDER, Jacob. **A escravidão reabilitada**. 1.ed. São Paulo: Expressão Popular, Fundação Perseu Abramo, 2016, p.201.

31 DELGADO, Mauricio Godinho. **Curso de direito do trabalho**. 17. ed. rev. atual. e ampl. - São Paulo: LTr, 2018, p.125.

32 CARDOSO, Adalberto. **Escravidão e sociabilidade capitalista**: um ensaio sobre inércia social. Novos estud. - CEBRAP, São Paulo, n. 80, p. 71-88, Mar. 2008. Disponível em: <http://www.scielo.br/scielo.php?script=sci_arttext&pid=S0101-33002008000100006&lng=en&nrm=iso>. Acesso em 28/10/2019.

Ainda, sintetiza[33]:

> A identificação de diferentes regimes de escravidão mostrou que o Brasil-colônia não era um território dominado exclusivamente por plantations monocultoras, nem a sua estrutura social tão simples como se supôs até pelo menos inícios dos anos 1970. Escravos e donos de terras eram sem dúvida as classes centrais, mas havia uma infinidade de outros grupos também importantes para a sustentabilidade da ordem escravista, que incluíam artesãos e artífices nos ofícios urbanos, comerciantes, tropeiros, criadores de animais, pequenos produtores de víveres para o mercado interno, mercadores de escravos, financistas, milicianos, construtores, feitores, pequenos proprietários rurais produzindo para si mesmos etc. Mais ainda, a grande extensão de terra ocupada por monocultura e empregando centenas de escravos foi exceção no período colonial e depois.

Especificamente sobre a história do Direito do Trabalho, Maurício Godinho Delgado[34] didaticamente divide nos seguintes períodos: 1) Manifestações Incipientes ou Esparsas – estende-se de 1888 a 1930. Nesse período houve surgimento ainda assistemático e disperso de alguns diplomas ou normas justrabalhista, associados a outros diplomas que tocam tangencialmente na chamada questão social, como, por exemplo, o Decreto n. 439/1890, que estabelecia as bases para organização da assistência à infância desvalida e o Decreto n. 1.313/91, que regulamentava do trabalho do menor; 2) Institucionalização do Direito do Trabalho – tem seu marco inicial em 1930 até pelo menos a Constituição de 1988, com a promulgação da CLT em 1943, além de intensa atividade administrativa e legislativa do Estado, nos primeiros quinze anos; 3) a Constituição de 1988 – que no âmbito do Direito Coletivo previu o criticado sistema da unicidade sindical.

Notadamente sobre os anos de 30 até 1945, conforme lições de Jorge Luiz Souto Maior[35], a legislação trabalhista teve por objetivos, dentre outros: a) conter o sindicalismo revolucionário; b) criar uma classe operária dócil; c) difundir o espírito da conciliação; d) não desagradar os agricultores; e) apagar a história de luta dos trabalhadores.

Somado a isso, após a crise de 1929, Keynes provou que o Estado deveria intervir na economia para aumentar o consumo, algo feito por meio das normas trabalhistas, como explica Márcio Tulio Viana[36]. Portanto, neste contexto despontaram diversas normas laborais no Brasil, culminando com a CLT (1943).

---

33 Op.cit.

34 DELGADO, Mauricio Godinho. **Curso de direito do trabalho.** 17. ed. rev. atual. e ampl..- São Paulo: LTr, 2018, p.125.

35 MAIOR, Jorge Luiz Souto. **História do direito do trabalho no Brasil**: curso de direito do trabalho, volume I: parte II. São Paulo: LTr, 2017, p.254.

36 VIANA, Márcio Tulio. **70 anos de CLT**: uma história de trabalhadores. Brasília: TST, 2013.

Arnaldo Mazzei Nogueira[37] deixa expresso que a relação entre trabalho e capital no Brasil foi regulamentada por uma via conservadora que estabeleceu um modelo corporativista de controle estatal e burocrático sobre o conflito trabalhista, servindo a legislação trabalhista para impulsionar um novo modo de acumulação capitalista conduzido pelo estado varguista em seu projeto de modernização industrial.

A contar da vigência da CLT, foram numerosas as alterações que ocorreram no Direito do Trabalho no Brasil, muitas de caráter negativo para o trabalhador, diante da submissão do Direito do Trabalho às novas estruturas econômicas impostas pelo capital, que terceiriza, precariza, flexibiliza e oprime a figura do trabalhador, a exemplo do advento do sistema do FGTS na década de 60 e a recente alteração expressiva na CLT em 2017.

Inclusive, Arnaldo Mazzei Nogueira[38] aduz que a partir da década de 90, houve uma transição do modelo anterior para o modelo transnacional ou de maior subordinação à competição internacional na América Latina, caracterizado pela pressão à desregulamentação e à flexibilização do mercado e das relações de trabalho.

Contudo, em que pese as alterações na legislação trabalhista, ainda sobrevivem direitos sociais e trabalhistas na Constituição Federal de 1988, a exemplo do art.7º, que tentam impor limites as investidas ofensivas contra o trabalhador, devendo, portanto, ser utilizados para interpretar a norma infraconstitucional mais fragilmente alterada pelo legislador.

3. A JUSTIÇA DO TRABALHO E O MINISTÉRIO DO TRABALHO NA COLÔMBIA E NO BRASIL

Segundo lições de César Rodriguez[39], o Direito do Trabalho e a Justiça do Trabalho surgiram na Colômbia como resposta ao crescente antagonismo existente entre trabalhadores e empregadores, que ele denomina "questão social", que teve as primeiras manifestações em 1910 e alcançou o ponto mais alta nas décadas de 30 e 40.

---

37 NOGUEIRA, Arnaldo Mazzei. **ANPOCS 2002 / GT: Trabalhadores, Sindicatos e a Nova Questão Social. Mudanças na CLT**: problemas históricos e dilemas atuais do novo sindicalismo. Disponível em: https://anpocs.com/index.php/papers-26-encontro/gt-23/gt24-11/4527-anogueira-mudancas/file. Acesso em 28/10/2019.

38 Op.cit.

39 RODRÍGUEZ, César. La justicia laboral. In: SANTOS, Boaventura de Souza; VILLEGAS, Maurício Garíca. (Ed.). **El caledoscopio de las justicias en Colombia. Analísis socio-jurídico**. Bogotá: Siglo del Hombre Editores y Universidad de los Andes, 2001, p.615-681, p.615.

Ainda, ensina que a partir de 1934 (Ley 10) se contemplou a possibilidade de criar uma jurisdição especializada na solução de conflitos laborais, possibilidade cristalizada dez anos depois, por meio do Decreto Legislativo 2350 de 1944[40].

Em 1938 foi criado na Colômbia o Ministério do Trabalho, Higiene e Bem-Estar Social, tendo seu nome é alterado para Ministério do Trabalho e Previdência Social em 1946, sendo o conjunto de normas complementado e sistematizado em 1951, com a expedição do Código de Trabalho, cujo art.17 do citado código constitui o eixo do sistema de fiscalização do trabalho, segundo lições de Carlos Ernesto Molina[41].

A Corte Suprema de Justiça é o mais alto tribunal da jurisdição ordinária da Colômbia e está dividido em 3 Câmaras de Cassação, sendo uma delas a Câmara Trabalhista, composta por sete magistrados.

Hierarquicamente inferior, aparecem os Tribunais Regionais, os Juízes de circuitos e os Juízes Municipais de pequenas causas laborais, onde tramitam causas inferiores a 20 salários mínimos.

O professor César Rodriguez[42] também enfatiza que, em sentido amplo, também integram a Justiça do Trabalho as fiscalizações do trabalho, instâncias administrativas pertencentes ao Ministério do Trabalho e Seguridade Social que compre diversas funções, entre as quais se encontra a realização de audiências de conciliação pré-judicial.

Isto é, na Colômbia também existe a figura do Ministério do trabalho, um organismo de caráter nacional, com seccionais nas regiões, não integrante do Poder Judiciário, que tem a obrigação de vigiar o cumprimento das normas laborais.

Sobre a estrutura, é importante esclarecer que no Brasil a Justiça do Trabalho é federal, mas na Colômbia não é. Assim, há uma mudança na organização, ou seja, apesar de existir uma justiça apenas para as causas trabalhistas, a mais alta autoridade em questões trabalhistas é a Câmara do Trabalho do Supremo, seguindo abaixo as salas de trabalho (espécies de câmaras) dos tribunais e abaixo destes os juízes de circuito, estando na base da pirâmide os juízes municipais de causas trabalhistas pequenas.

No Brasil, a Justiça do Trabalho, hoje parte do poder Judiciário, já integrou o poder executivo. Prevista na Constituição de 1934, somente foi instalada oficialmente

---

40 Op.cit. p.616.

41 MOLINA, Carlos Ernesto. **La inspección del trabajo en Colombia.** Revista Latinoamericana de Derecho Social, [S.l.], jan. 2008. ISSN 2448-7899. Disponível em: <https://revistas.juridicas.unam.mx/index.php/derecho- social/article/view/9540/11571>. Acesso: 28/10/2019.

42 Op.cit. p.619.

em todo o território nacional em 1941, por meio do decreto-lei nº 1.237/41, passando a integrar o Poder Judiciário somente em 1946.

Nesse sentido, Morel e Pessanha[43] explicam que:

> Nunca é demais lembrar que a implantação da Justiça do Trabalho em 1941, assim como a consolidação da legislação trabalhista em 1943, sucede um longo processo, iniciado antes mesmo da República, de lutas e conquistas de direitos por parte dos trabalhadores. Muitas vezes propostas pelos chamados reformadores sociais – partidários ou não –, as primeiras leis trabalhistas surgem de modo esparso, como as de proteção ao trabalho do menor, em 1891. [...]
>
> A Revolução de 1930 acelera o processo de regulação e de montagem de uma nova estrutura para gerir as relações trabalhistas. Já em 1930, cria-se o Ministério do Trabalho, cujo primeiro consultor jurídico, Evaristo de Moraes, redige, com Joaquim Pimenta, em 1931, o Decreto n. 19.770, que tinha por objetivo regular "a sindicalização das classes patronais e operárias". No mesmo ano instala-se o novo Departamento Nacional do Trabalho, junto ao qual, em 1932, passam a funcionar as Comissões Mistas de Conciliação e as Juntas de Conciliação e Julgamento. A Constituição de 1934 finalmente institui a Justiça do Trabalho (título IV, art. 122) [...].
>
> A Constituição de 1937 mantém a Justiça do Trabalho, mas introduz mecanismos de enrijecimento da estrutura sindical e de seu controle, como a unicidade, o imposto compulsório, o enquadramento sindical. Regulada em 1939 e regulamentada em 1940, a Justiça do Trabalho inaugura-se finalmente em 1941. [...].
>
> Apenas na Constituição de 1946 a Justiça do Trabalho torna-se efetivamente parte do Poder Judiciário, autônoma em relação ao Poder Executivo em todos os níveis, com competência específica, poder normativo e Ministério Público correspondente junto ao Ministério Público da União. A carreira de juiz do trabalho passava a seguir o modelo da carreira da magistratura em geral, sendo composta de três níveis: juiz presidente de vara, juiz do Tribunal Regional do Trabalho (desembargador) e ministro do Tribunal Superior do Trabalho.

Referente às transformações da Justiça do Trabalho durante o transcurso dos seus mais de setenta anos de existência, Luiz de Pinho Pedreira da Silva[44] delineia que houve três importantes mutações: 1) a expansão da Justiça do Trabalho, com extraordinária elevação do número de seus órgãos; 2) extinção da representação classista em todos os órgãos da Justiça do Trabalho, operada pela Emenda Constitucional nº 24/99; 3) ampliação da competência da Justiça do Trabalho efetuada pela Emenda nº

43 MOREL, Regina Lucia M.; PESSANHA, Elina G. da Fonte. A Justiça do Trabalho. Tempo Social, **revista de sociologia da USP**, v. 19, n. 2, p.87-109.

44 SILVA, Luiz de Pinho Pedreira da. A trajetória da justiça do trabalho. **Revista do Tribunal Superior do Trabalho, São Paulo,** v. 77, n. 2, p. 77-82, abr./jun. 2011.

45/04, que alterou o art.114 da CF/88, passando a referida Justiça a julgar os processos associados ao trabalho da pessoa natural em geral.

Como sintetiza Augusto Cesar Leite de Carvalho[45], a história da Justiça do Trabalho "é história de conquista, mas também de resistência, porque tal é a sina das coisas e pessoas que se envolvem com o trabalho humano e a existência digna de todos que trabalham [...]".

As palavras do Ministro refletem bem a atual situação desta Justiça Especializada que enfrentou e segue encarando barreiras para existir, num processo de resistência constante, para seguir tentando concretizar o objetivo de promover relações sociais mais harmônicas e equilibradas, num contexto pujante do neoliberalismo, que afeta os Países subjugados aos modos ofensivos do capitalismo.

4. CONSIDERAÇÕES FINAIS

Comparando a origem e desenvolvimento do Direito do Trabalho em ambos os Países, é possível encontrar pontos similares, pois foram Países colonizados por Europeus, numa mesma dinâmica de exploração.

Além disto, após o Consenso de Washington (1989), quando foram estipuladas regras liberais para atender o mercado financeiro, Brasil e Colômbia intensificaram processos de flexibilização e precarização das relações de trabalho, que culminaram com a Reforma Trabalhista de 2017 no Brasil e abre hoje discussão na Colômbia sobre o mesmo tema.

Portanto, são Países que devem lutar e resistir contra a opressão de políticas neoliberais que só fragilizam e depauperam as relações sociais e econômicas dos países que fazem parte da periferia do capitalismo.

Para tanto, o estudo comparado ajuda a estabelecer os pontos positivos e negativos de cada País, a fim de que, observado o princípio da progressividade, que deve reger os direitos fundamentais, seja possível aperfeiçoar o Direito do Trabalho e pensar em políticas púbicas mais eficientes para melhor atender a sociedade e ao bem comum, avantajando, portanto, a justiça social.

45 CARVALHO, Augusto César Leite de. História da Justiça do trabalho sob a minha perspectiva. **Revista do Tribunal Superior do Trabalho**, São Paulo, SP, v. 83, n. 1, p. 82-88, jan./mar. 2017.

5. REFERÊNCIAS BIBLIOGRÁFICAS

AGÊNCIA IBGE. **Desemprego sobe para 12,4% e população subutilizada é a maior desde 2012.** Disponível em: https://agenciadenoticias.ibge.gov.br/agencia-noticias/2012-agencia-de-noticias/noticias/24110-desemprego-sobe-para-12-4-e-populacao-subutilizada-e-a-maior-desde-2012. Acesso em 03/08/2020.

AMAYA, Mauricio Rodríguez. **Nuevo Plan de Desarrollo en contra de los Objetivos de Desarrollo Sostenible 2030. Disponível** em: https://mauriciorodriguezamaya.blogspot.com/2019/03/nuevo-plan-de-desarrollo-en-contra-de.html?m=1 . Acesso em 03/08/2020.

CARDOSO, Adalberto. **Escravidão e sociabilidade capitalista**: um ensaio sobre inércia social. Novos estud. - CEBRAP, São Paulo, n. 80, p. 71-88, Mar. 2008. Disponível em: http://www.scielo.br/scielo.php?script=sci_arttext&pid=S0101-33002008000100006&lng=en&nrm=iso. Acesso em 28/10/2019.

CARVALHO, Augusto César Leite de. História da Justiça do trabalho sob a minha perspectiva. **Revista do Tribunal Superior do Trabalho**. São Paulo, SP, v. 83, n. 1, p. 82-88, jan./mar. 2017.

CHAVARRO, Leidy Ángela Niño; DE LEÓN, Francisco Rafael Ostau de Lafont. El mundo del trabajo en colombia: incidencia de la globalización y el neoliberalismo en las relaciones de trabajo y en la jurisprudencia. **Revista Republicana**. ISSN: 1909 - 4450 Núm. 14, Enero-junio de 2013, pág.: 61-82.

COLÔMBIA. **Codigo sustantivo del trabajo.** Disponível em: www.ilo.org/dyn/travail/docs/1501/CODIGO%20SUSTANTIVO%20DEL%20TRABAJO%20concordado.pdf. Acesso em 03/08/2020.

COLÔMBIA. **Constitución Política de Colombia.** Disponível em: http://www.corteconstitucional.gov.co/inicio/Constitucion%20politica%20de%20Colombia.pdf . Acesso em 03/08/2020.

DELGADO, Mauricio Godinho. **Curso de direito do trabalho.** 17. ed. rev. atual. e ampl..- São Paulo: LTr, 2018, p.125.

GORENDER, Jacob. **A escravidão reabilitada**. 1.ed. São Paulo: Expressão Popular, Fundação Perseu Abramo, 2016, p.201.

LOZANO, Néstor de Buen. **El nacimiento del derecho del trabajo.** Disponível em: https://archivos.juridicas.unam.mx/www/bjv/libros/1/139/5.pdf . Acesso em 03/08/2020.

MAIOR, Jorge Luiz Souto. **História do direito do trabalho no Brasil**: curso de direito do trabalho, volume I: parte II. São Paulo: LTr, 2017, p.254.

MOLINA, Carlos Ernesto. **La inspección del trabajo en Colombia.** Revista Latinoamericana de Derecho Social, [S.l.], jan. 2008. ISSN 2448-7899. Disponible en: https://revistas.juridicas.unam.mx/index.php/derecho- social/article/view/9540/11571. Acesso: 28/10/2019.

MOLINA, Carlos Ernesto. La inspección del trabajo en Colombia. **Revista Latinoamericana de Derecho Social**. [S.l.], jan. 2008. ISSN 2448-7899. Disponível em: <https://revistas.juridicas.unam.mx/index.php/derecho- social/article/view/9540/11571>. Acesso: 28/10/2019.

MOREL, Regina Lucia M.; PESSANHA, Elina G. da Fonte. **A Justiça do Trabalho**. Tempo Social, revista de sociologia da USP, v. 19, n. 2, p.87-109

NOGUEIRA, Arnaldo Mazzei. **ANPOCS 2002 / GT: Trabalhadores, Sindicatos e a Nova Questão Social. Mudanças na CLT**: problemas históricos e dilemas atuais do novo sindicalismo. Disponível em: https://anpocs.com/index.php/papers-26-encontro/gt-23/gt24-11/4527-anogueira-mudancas/file. Acesso em 28/10/2019.

ORGULLOSO, Alberto. **Colombia. Plan Nacional de Desarrollo: Bienvenidos al pasado y al atraso.** Disponível em: http://www.resumenlatinoamericano.org/2019/03/04/colombia-plan-nacional-de-desarrollo-bienvenidos-al-pasado-y-al-atraso/ . Acesso em 03/08/2020.

QUINTERO, Hernán Gaviria. **Plan Nacional de Desarrollo 2018 – 2022.** Disponível em: http://ail.ens.org.co/opinion/un-manotazo-a-la-estabilidad-laboral-reforzada-en-el-plan-nacional-de-desarrollo-2018-2022/. Acesso em 03/08/2020.

RASTREPO, Eduardo. **Argumentos abolicionistas en Colombia.** Disponível em: http://revistas.unisinos.br/index.php/historia/article/view/6183 . Acesso em 03/03/2020

RODRÍGUEZ, César. La justicia laboral. In: SANTOS, Boaventura de Souza; VILLEGAS, Maurício Garíca. (Ed.). **El caledoscopio de las justicias en Colombia. Analísis socio-jurídico.** Bogotá: Siglo del Hombre Editores y Universidad de los Andes, 2001, p.615-681, p.615.

SIERRA, Carlos Alberto Cárdenas. **Tomás de Aquino, la justicia social y el derecho al trabajo en Colombia.** Disponível em: https://revistas.usantotomas.edu.co/index.php/iusta/article/view/3014/2881. Acesso em 03/08/2020.

SILVA, Luiz de Pinho Pedreira da. A trajetória da justiça do trabalho. **Revista do Tribunal Superior do Trabalho.** São Paulo, v. 77, n. 2, p. 77-82, abr./jun. 2011.

VIANA, Márcio Tulio. **70 anos de CLT**: uma história de trabalhadores. Brasília: TST, 2013.

MÉXICO 2020: CENTRO E PERIFERIA NA CONDIÇÃO JURÍDICA DA CLASSE TRABALHADORA[1]

Édur Velasco Arregui[2]

Poderíamos nos referir à inserção do México em relação à economia mundial com algum eufemismo. Por exemplo, "O Triângulo Norte-Americano" referindo-se ao grupo de países envolvidos no antigo Acordo de Livre Comércio da América do Norte (NAFTA), e a partir de 2020 dentro do Acordo México-Estados Unidos-Canadá (T-MEC). Com um pouco mais de tino, talvez pudéssemos ir mais longe e falar sobre a assimetria de poder e desenvolvimento no bloco de nações integradas na América do Norte. Passados 25 anos da entrada em vigor do Tratado de Livre Comércio da América do Norte, é claro que qualquer expectativa de convergência do produto per capita do México com os Estados Unidos e o Canadá, seguindo o padrão europeu das últimas décadas, é o caso em particular de Espanha com os países comunitários do Norte, está hoje tão ou mais distante do que no início do ciclo. A partir das estatísticas do próprio FMI, podemos estabelecer que, até 2020, o produto per capita dos Estados Unidos, medido em dólares constantes de 1994, é de 41.180 dólares. O do México, de apenas 13.100 dólares. Mesmo considerando unidades o poder aquisitivo, a diferença no produto disponível por habitante aumentou ao longo dessas décadas. Em 1994 era de 17 mil dólares. No ano 2020 é de 28 mil dólares. O Acordo de Comércio Livre criou uma economia mexicana aberta e altamente exportadora. Também pequena e lenta considerando as dimensões demográficas do mais setentrional dos países latino-americanos.

1 Tradutores: **Alessandro da Silva**, Mestre e Doutor em Direito do Trabalho pela Faculdade de Direito do Largo São Francisco -USP, Juiz do Trabalho Substituto no TRT/12, pesquisador do Grupo de Pesquisa Trabalho e Capital (GPTC), vinculado à FD-USP, e **José Carlos Baboim**, Mestre em Direito Social pela Universidade Paris I - Panthéon-Sorbonne, Mestre e Doutorando em Direito do Trabalho pela Faculdade de Direito do Largo São Francisco -USP, funcionário público federal, pesquisador do Grupo de Pesquisa Trabalho e Capital (GPTC), vinculado à FD-USP.

2 Investigador Nacional, vinculado ao Departamento de Direito da *Universidad Autónoma Metropolitana Unidad Azcapotzalco, Ciudad de México.*

A tese central deste trabalho afirma que a circunstância particular do México dentro da economia continental, consequência de sua abdução pela economia dos Estados Unidos, tem um impacto decisivo sobre a condição jurídica da classe trabalhadora mexicana na terceira década do século XXI. O longo termidor que a sociedade mexicana vive desde os últimos anos do século XX conduziu, finalmente, a uma profunda regressão da Legislação Trabalhista no período que vai de 2012 a 2020. Tudo isso como uma revanche postergada do grande capital, a um século da promulgação da Constituição Mexicana de 1917, e seu potente artigo 123, reconhecido desde então como uma referência histórica dos direitos trabalhistas (Velasco:2019, 61-63). Para entender como se precipitou o novo marco jurídico das relações trabalhistas relativo à população trabalhadora do México, dentro e fora de seu território, expurgado do transcendente viés pró-operário da Constituição de 1917, é imprescindível reconstruir a integração assimétrica do mercado de trabalho do México com o dos Estados Unidos.

1. TRATADOS INTERNACIONAIS E O O NOVO REGIME DE RELAÇÕES TRABALHISTAS NO MÉXICO

O novo Tratado México Estados Unidos Canadá de associação comercial, ratificado pelo Senado dos Estados Unidos em janeiro de 2020, estabelece notáveis obrigações em matéria trabalhista para o México, por cima de sua própria Lei Federal do Trabalho, em uma grande quantidade de áreas. No Capítulo XXIII relativo à matéria trabalhista, o México fica sujeito a uma rigorosa supervisão para restringir a nefasta presença dos chamados "contratos de proteção" - contratos simulados nas costas dos trabalhadores, em benefício das empresas - generalizados durante os 25 anos de vigência do defunto TLCAN, que foi considerado como "dumping trabalhista" por parte dos sindicatos do Canadá e dos Estados Unidos. Este, denominado por vários analistas de "protetorado laboral"[3], tem como núcleo os seguintes parágrafos do TMEC.

"ANEXO 23 A do Tratado México Estados Unidos Canadá

Representação dos Trabalhadores na Negociação Coletiva no México

1. O México adotará e manterá as medidas estabelecidas no parágrafo 2, que são necessárias para o reconhecimento efetivo do direito à negociação coletiva, considerando que o governo mexicano que assumiu em dezembro de 2018 confirmou que cada

3 **"Es un protectorado laboral: México acepta lo que lo demócratas imponen".** Castañeda Jorge https://www.project-syndicate.org/commentary/usmca-change-mexico-labor-environment-practices-by-jorge-g-castaneda-2019-12/spanish

uma dessas disposições se enquadra no âmbito de aplicação do mandato conferido ao governo pelo povo do México em suas eleições.

2. México:

(a) Estabelecerá em suas leis trabalhistas o direito dos trabalhadores de participarem de atividades concertadas de negociação ou proteção coletiva e de organizar, formar e filiar-se ao sindicato de sua escolha, e proibirá, em suas leis trabalhistas, o domínio ou interferência do empregador nas atividades sindicais, discriminação ou coação contra os trabalhadores em razão da atividade ou apoio sindical, e a recusa de negociação coletiva com sindicato devidamente reconhecido.

(b) Estabelecerá e manterá órgãos independentes e imparciais para registrar as eleições sindicais e resolver disputas relacionadas a contratos coletivos e o reconhecimento dos sindicatos, mediante legislação que estabeleça:

(i) uma entidade independente para conciliação e registro de sindicatos e contratos coletivos, e

(ii) Tribunais Trabalhistas independentes para resolução de disputas trabalhistas.

A legislação estabelecerá que a entidade independente de conciliação e registro tem autoridade para impor sanções apropriadas contra aqueles que violarem suas ordens. A lei também estabelecerá que todas as decisões da entidade independente estão sujeitas a apelação para tribunais independentes e que os funcionários dessa entidade que atrasem, obstruam ou influenciem o resultado de qualquer processo de registro a favor ou contra uma parte envolvida estão sujeitos a sanções de acordo com o artigo 48 da Lei Federal do Trabalho e os artigos 49, 52, 57, 58, 61, 62 e outras disposições aplicáveis da Lei Geral de Responsabilidades Administrativas.

(c) Estabelecerá em suas leis trabalhistas, por meio de legislação conforme a Constituição Política dos Estados Unidos Mexicanos, um sistema efetivo para verificar se as eleições dos dirigentes sindicais se realizam por meio do voto pessoal, livre e secreto dos membros do sindicato. (México, Governo Federal)".

O próprio TMEC incluía toda uma série de instâncias acrescidas de mecanismos de cooperação e consulta entre as partes em matéria trabalhista na sua versão original assinada a 30 de novembro de 2018, no âmbito dos trabalhos da Cúpula do Grupo dos 20 (G20) em Buenos Aires, Argentina. Mas, para os sindicatos no Canadá e nos Estados Unidos, a capacidade do governo mexicano de "obedecer, ainda que não se cumpra" não ofereceu nenhuma garantia para "nivelar o terreno" em matéria de garantias trabalhistas entre os três países. Por isso, durante todo o ano de 2019, bloquearam a aprovação do Tratado, até se contemplarem mecanismos de ***"enforcement"***, ou seja, "cumprimento forçado", das obrigações trabalhistas contraídas no Tratado Comercial.

Em dezembro de 2019, os grupos de poder nos Estados Unidos obtiveram as garantias desejadas, de maneira draconiana, ante o estupor da opinião pública mexicana. Em primeiro lugar, numa emenda paralela assinada em 10 de Dezembro, instituíram-se como parte do TMEC, painéis de resposta rápida, em inglês "Rapid Response Labor Panel", caso o México decidisse voltar atrás e contornar os seus compromissos em matéria de negociação coletiva, mostrando seu ceticismo em relação à Lei Federal do Trabalho recém reformada em 2019. Mas, como se não bastasse, em outro documento legal, a Ata de Implementação, documento encaminhado pelo responsável pela negociação dos Estados Unidos ao Congresso estadunidense, estabelecia-se a presença direta em território mexicano de cinco adidos diretamente encarregados de verificar o cumprimento da legislação trabalhista do México, com o objetivo de reunir todos os elementos necessários no território mexicano para reportar a um poderoso Comitê Intergovernamental com membros das Câmaras de Senadores e Deputados, ***"Independent Mexico Labour Expert Board"*** sobre as condições de trabalho no México.[4]

No Capítulo IV, no que diz respeito às "Regras de Origem", também são definidos aspectos tão específicos como o nível mínimo de remuneração no eixo da integração do México aos Estados Unidos, a indústria automotiva, nos seguintes termos: (1) No valor dos salários dos trabalhadores mexicanos envolvidos na produção automotiva regional, no apêndice intitulado "Disposições relacionadas com as Regras de Origem específicas por produto para Mercadorias Automotivas" está previsto que para considerar que um veículo seja beneficiado pela isenção de tarifas no comércio

---

4 *"Mexico Labor Attaché's SEC. 721. ESTABLISHMENT.*
The United Sates Secretary of Labor shall—
(1) hire and fix the compensation of up to 5 additional full-time officers or employees of the Department of Labor; and
(2) detail or assign such officers or employees to the United States Embassy or a United States Consulate in Mexico to carry out the duties described in section 722.
SEC. 722. DUTIES.
The duties described in this section are the following:
(1) Assisting the Interagency Labor Committee to monitor and enforce the labor obligations of Mexico.
(2) Submitting to the Interagency Labor Committee on a quarterly basis reports on the efforts undertaken by Mexico to comply with its labor obligations.
SEC. 723. STATUS.
Any officer or employee, while detailed or assigned under this subtitle, shall be considered, for the purpose of preserving their allowances, privileges, rights, seniority, and other benefits as such, an officer or employee of the United States Government and of the agency of the United States Government from which detailed or assigned, and shall continue to receive compensation, allowances, and benefits from program funds appropriated to that agency or made available to that agency for purposes related to the activities of the detail or assignment, in accordance with authorities related to their employment status and agency policies.
H. R. 5430—77
Subtitle C—Independent Mexico Labor Expert Board
SEC. 731. ESTABLISHMENT.
There is hereby established a board, to be known as the "Independent Mexico Labor Expert Board", - the Board shall be composed of 12 members- to be responsible for monitoring and evaluating the implementation of Mexico's labor reform and compliance with its labor obligations. The Board shall also advise the Interagency Labor Committee with respect to capacity building activities needed to support such implementation and compliance."
Fuente: United States-Mexico-Canada Agreement Implementation Act USMCA (TMEC) https://www.congress.gov/116/bills/hr5430/BILLS-116hr5430enr.pdf

trinacional, 40% dele deve ter sido elaborado em processos trabalhistas onde o salário médio por hora deve ter sido de pelo menos 16 dólares".

O Tratado Comercial México-Estados Unidos vai muito além de um acordo tarifário em matéria de Comércio Exterior. Estabelece mecanismos supranacionais de regulamentação das relações de trabalho no México. Uma cessão da jurisdição trabalhista para instâncias e organismos definidos nos termos do TMEC que fogem às Leis Federais mexicanas. Mas o que em termos de direitos coletivos parece um avanço: o respeito à livre representação dos trabalhadores e à negociação coletiva, tem como contrapartida a sanção dos direitos de propriedade, *latu sensu*, presentes no conjunto do Corpus Juris das Leis dos Estados Unidos. A assinatura do TMEC é, na realidade, a consequência jurídica da inexorável e assimétrica integração dos mercados de trabalho dos três países do Cone Norte da América.

2. DE MULHERES, HOMENS E CORRENTES

Manter fronteira com o centro de gravidade da economia mundial tem consequências para quem o padece. A riqueza acumulada impõe um fardo pesado aos trabalhadores que submete na proporção de seu volume. O princípio básico que rege toda relação de trabalho na América do Norte é seu caráter líquido. A força de trabalho deve fluir entre as engrenagens do capital como uma substância impessoal, como mais um insumo, como um fluxo de energia a que se pode dirigir, dominar e subsumir a vontade. Inclusive destruir e desorganizar, sem resistência nem direitos. Isso é o que chamo de teorema da liquidez da força de trabalho para o século XXI: sua despersonalização absoluta. Energia inteligente sem direitos. Não é inteligência artificial. É o artifício jurídico de fazer da inteligência associada, a produtividade do serviço social, um objeto. A objetificação jurídica dos trabalhadores e suas capacidades pró-criativas.

No período de 1990 a 2015, o México viveu uma notável transição demográfica. Em primeiro lugar, como consequência da incorporação das maiores gerações do século passado ao segmento da população em idade ativa. Em segundo lugar, pela feminização de sua força de trabalho. A soma dos dois processos criou a maior força de trabalho da história do país em relação à sua população total: 52 milhões de pessoas, que representam 42% da população total. Em um quarto de século, a força de trabalho do México passou de 24 para 52 milhões de pessoas (INEGI, 2016). Se o México incorporar à sua força de trabalho uma proporção de sua população semelhante à dos Estados Unidos e Canadá - acima de 50% - dado que sua pirâmide etária é próxima à de seus dois vizinhos do norte - a população economicamente ativa deveria ser ainda mais numerosa, 65 milhões de pessoas, portanto, teria triplicado em um quarto de século. Na verdade, chega perto disso se considerarmos os trabalhadores mexicanos nos Estados Unidos. O exposto acima nos dá uma ideia do chamado bônus demográfico mexicano em toda a sua magnitude, como oportunidade e como desafio (CONAPO: 2004).

Os Estados Unidos experimentaram processo semelhante de massificação de sua força de trabalho em idade produtiva, um século antes, entre 1900 e 1929. Nesse período, a população dos Estados Unidos passou de 75,9 milhões de habitantes para 122,8 milhões de habitantes. Um crescimento semelhante ao do México entre 1990 e 2015. A população americana em idade ativa, entre 15 e 64 anos, nesse mesmo ciclo de quase três décadas, passou de 48 para 80 milhões, e sua força de trabalho, considerando a limitada feminização do mercado de trabalho, de 28 para 48 milhões de pessoas. (*US Bureau of Census*, 1975: 15, 126-127). Entre essas duas fases semelhantes da história demográfica do México e dos Estados Unidos, a diferença mais importante, e que é preciso destacar, reside em como, nos Estados Unidos da América, durante o período de maior dinamismo populacional a que temos referido, o Produto Interno Bruto também cresceu a uma taxa notável. Entre 1900 e 1929, quase triplicou, passando de 620 para 1.700 bilhões de dólares constantes. Em proporção, o PIB do México, entre 1990 e 2015, não chegou a duplicar (Velasco 2016b).

A economia mexicana, entre 1990 e 2015, cresceu de maneira tão débil que resultou em um significativo déficit de crescimento acumulado. Vinte e cinco anos de integração econômica da América do Norte deixaram ao país, como consequência de um lento crescimento crônico, com uma perda acumulada de uma dimensão econômica equivalente à de uma grande depressão: um montante de até um quarto de seu Produto Interno Bruto potencial. Digamos que o México viveu, em contraste com suas grandes mudanças demográficas, uma depressão em câmera lenta.

Isso se reflete na minguada criação de empregos durante os últimos 25 anos. **Entre 1990 e 2015, no México, os trabalhadores filiados ao Instituto Mexicano de Segurança Social (IMSS) passaram de 10,7 para 17,9 milhões de pessoas** (IMSS: 2016, tabela I.1.2), o que inclui um grande número de trabalhadores formalizados nos últimos anos. Mesmo assim, o total de empregos formais criados no México durante o ciclo do Nafta é de apenas 7,2 milhões de empregos. **Nos Estados Unidos, durante o período de transição demográfica entre 1900 e 1929, foram criados 20 milhões de empregos** (US Bureau of Census: 1975, 126). Boa parte da crise social no México se condensa nessas cifras. Em 25 anos, só foi criado um posto de trabalho para cada 4 novos candidatos a emprego. O México integrado à região da América do Norte não teve capacidade de absorver a incorporação massiva de 30 milhões de pessoas ao seu mercado de trabalho desde a sua gestação, em 2015, devido ao lento crescimento de sua economia no último quarto de século. O México tem em 2020 uma economia aberta, lenta e pequena, incapaz de atender às necessidades fundamentais de sua população.

3. A FONTE INESGOTÁVEL DE TRABALHADORES MIGRANTES MEXICANOS PARA O MERCADO DE TRABALHO DOS EUA

A letargia econômica mexicana que abarca a travessia dos séculos XX ao XXI[5], coincidiu com outra transição demográfica nos Estados Unidos. As gerações do pós-guerra, numerosas e robustas, chegaram à velhice. Entre os brancos, a partir de 2020, haverá 69 milhões de pessoas com mais de 60 anos de idade, 35% da população branca dos Estados Unidos, e entre os afro-americanos, teremos cerca de 8 milhões de indivíduos integrados ao corpus da terceira idade. No total, junto com outras minorias como os descendentes de população asiática e indígena nativa, mais de 80 milhões de pessoas fora do mercado de trabalho para a terceira década do século XXI. Em contraste, a população branca não hispânica entre 15 e 29 anos era, em 2018, apenas 18% do total. Os idosos duplicam em proporção aos jovens entre os caucasianos da América do Norte. Entre os afro-americanos, o fenômeno do envelhecimento de sua população é menos agudo, mas a tendência é também definitiva. A senectude da América do Norte é inevitável.

Se a economia dos países da América do Norte não estagnou como consequência da sua dinâmica demográfica endógena, isso é consequência da migração de trabalhadores de todas as latitudes para o coração do capitalismo mundial. No século XXI, os modernos escravos assalariados dirigem-se para a Metrópole Imperial, pelos seus próprios pés, arrastados pelas marés do mercado internacional de força de trabalho. Passo a passo, o seu peso específico aproxima-se do que tinha no final do século XIX. "Em 2017, cerca de 29 milhões de imigrantes trabalhavam ou procuravam trabalho nos EUA, o que representa cerca de 17% da força de trabalho civil total. Os ***imigrantes legais*** constituíam a maioria da força laboral de imigrantes, com 21,2 milhões. Outros 7,6 milhões de tais trabalhadores são ***imigrantes não autorizados***, menos do que em 2007, quando eram 8,2 milhões. Só eles representam 4,6% da força laboral civil" (Key findings about U.S. immigrants, Pew Reseach Center, june 17, 2019).

5 Diferente da economia do Brasil que no período de 1994 a 2014 cresceu a uma taxa média de 3% - segundo os dados do Banco Mundial - sem precisar de um Tratado de Livre Comércio com os Estados Unidos, no caso do México, a taxa de crescimento do PIB foi de apenas 2,2%. No final do período, em 2014, a economia brasileira tinha um volume 82% maior que no ano de início. Enquanto isso, a economia mexicana havia ficado 26 pontos atrás da maior economia da América do Sul em seu crescimento acumulado para o período. (World Bank Statistics; 2020)

Mas esta versão sobre a diminuição da imigração não autorizada é parcial, assim como a que relata uma diminuição da migração mexicana em particular. A internacionalização da força de trabalho mexicana não se deteve. Isso sim, se transformou. No conjunto da força de trabalho dos Estados Unidos no ano de 2018, 162 milhões de pessoas, os migrantes de origem latina somam 13,5 milhões de pessoas. A esse montante, há que somar aqueles descendentes de migrantes hispânicos, primeira ou segunda geração, que atingem os 23 milhões de pessoas que fazem parte da força de trabalho nos Estados Unidos. No total, 36.5 milhões de trabalhadores e trabalhadoras hispânicos, como são chamados nas estatísticas do *Bureau of Census*, formam 22% da força laboral dentro da economia com o maior volume de estoque de capital do mundo.

Ainda assim, um segmento adicional poderia ser agregado, uma população flutuante de trabalhadores mexicanos, que entra e sai dos Estados Unidos, para participar de seu mercado de trabalho, cuja presença não é totalmente registrada pelos serviços de estatística desse país, pelo carácter instável da sua presença no território norte-americano. Isso tem sido necessário pela passagem à aposentadoria dos trabalhadores nativos, brancos ou afro-americanos: 10 milhões a cada cinco anos. A economia dos Estados Unidos requer abastecer-se de trabalho vivo na quantidade suficiente para manter em movimento 114 trilhões de dólares de riqueza acumulados pela maquinaria capitalista da América do Norte. (Federal Reserve Bank of Saint Louis: 2019)

Os dados sobre a população mexicana que participa desta maré cíclica de trabalhadores temporários ainda requerem um trabalho estatístico específico para precisar sua magnitude em detalhes. Mas temos alguns indicadores, que nos permitem definir uma faixa de população mexicana migrante, que entra e sai dos Estados Unidos, e esse é o dado mais interessante, de maneira documentada. Nos 3,185 quilômetros de fronteira do México e Estados Unidos, dá-se o primeiro passo de um intenso fluxo de força de trabalho que acopla o mercado laboral das duas nações. Todos os dias, em média, 520 mil pessoas atravessam do México para os Estados Unidos, para participar de atividades sociais e econômicas nas cidades estadunidenses, e retornar ao seu local de residência do outro lado da fronteira. Por ano, as autoridades norte-americanas registraram um total de 130 milhões de pessoas que atravessam para os Estados Unidos a partir do México, de forma documentada, através dos 48 portos terrestres de entrada distribuídos ao longo da fronteira. E chegam a cidades fronteiriças, já no lado dos Estados Unidos, como no corredor do Texas, cujas principais zonas metropolitanas, Mcallen, El Paso, Brownsville e Laredo, que por si só são território de centenas de milhares de habitantes de origem mexicana, que representam mais de 85% da população.

Com menor intensidade, esta situação se reproduz ao longo das cidades fronteiriças dos Estados do Novo México, Arizona e Califórnia.

A poderosa presença mexicana é reforçada pelo programa de vistos para a população trabalhadora mexicana, de muito diversos tipos, apesar de muitas delas não concederem a permissão formal para trabalhar, implantado pelos governos federais dos Estados Unidos a partir da administração do presidente Barack Obama, que passaram de 862 mil em 2009 para 1 milhão 693 mil em 2012, para manter-se oscilando em torno desse nível, nos anos seguintes até 2020. Dado que os vistos são concedidos por períodos de dez anos, como as B1/B2 para visitantes, isso implica que 14 milhões de mexicanos têm a possibilidade de entrar de maneira documentada nos Estados Unidos a cada ano, o que corresponde a 12% da população do México. Desses, uma boa parte passa por travessias de fronteira, mas mais de três milhões o fazem de por avião para cidades no interior dos Estados Unidos. A natureza laboral dessas transferências pode ser vista no peso das remessas. Uma porcentagem significativa das viagens tem como objetivo ir trabalhar em território estadunidense para enviar dólares a suas famílias Desde a América do Sul existe um movimento significativo de visitantes para os Estados Unidos a cada ano, mas os vistos concentram-se nos grupos de mais altos rendimentos da população sul-americana, e muito poucas contemplam autorizações para trabalhar em território norte-americano. O caráter de classe desses trajetos é diferente. A migração mexicana para os Estados Unidos é uma migração de massas.

O único precedente encontra-se no *Perilous Passage*: o tráfico de escravos dos séculos XVIII e XIX entre a África e a América. Enquanto nos grandes países da América do Sul, como o Brasil, as remessas não são significativas, no caso do México, equivalem a 3.1% do PIB. No período de 2004 a 2019, as remessas dos trabalhadores mexicanos no exterior, fundamentalmente nos Estados Unidos, acumularam a quantidade de 422 bilhões de dólares. Em contraste, as remessas dos brasileiros do exterior, foram apenas um décimo desse montante, e só uma porção menor vinho da América do Norte, dada a dispersão da diáspora brasileira em outras regiões, como Japão e Europa.

4. DISTRIBUIÇÃO DA POPULAÇÃO LATINA EM ESTADOS E CONDADOS DOS ESTADOS UNIDOS DA AMÉRICA

O peso demográfico dos latinos, majoritariamente mexicanos no sudoeste dos Estados Unidos, pode ser visto no seguinte mapa criado a partir da informação do *Bureau of Census* dos Estados Unidos. Os tons mais escuros estabelecem que a população de origem latina nesses condados representa mais de 80% da população total, como na faixa sul do Texas.

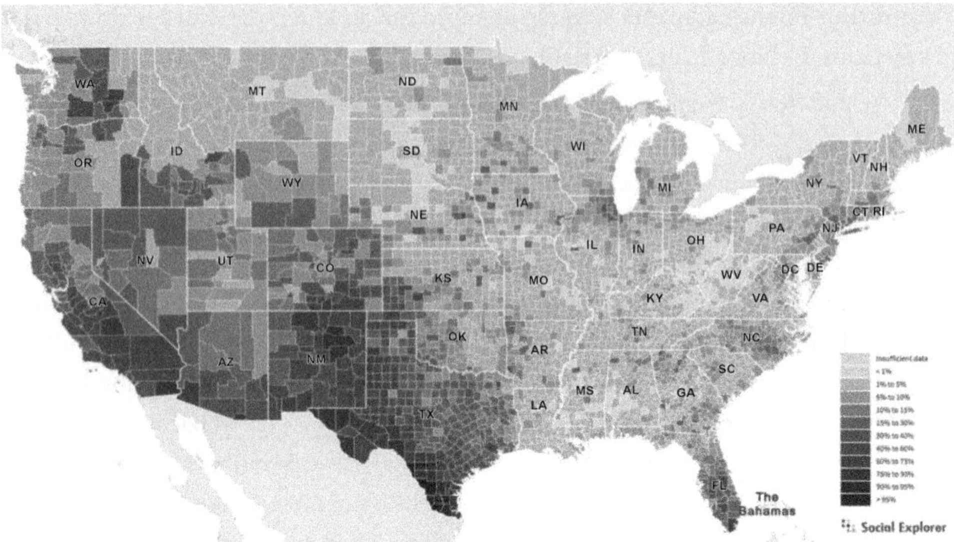

Fonte: Hernández-Nieto, Rosana et al, Hispanic Map of the United States 2017, Observatorio Reports, Instituto Cervantes at Harvard University, 2017

5. O SURGIMENTO DO ARTIGO 123 NA CONSTITUIÇÃO MEXICANA DE 1917 E AS LEIS TRABALHISTAS DA REVOLUÇÃO: FRONTEIRA E LUTA DE CLASSES

A fronteira entre o México e os Estados Unidos é uma construção derivada da história social, não da diplomacia. Não se deriva de uma legislação comercial ou aduaneira. A fronteira entre Estados Unidos e México é, também, uma construção recente. Ainda durante os anos vinte do século passado, centenas de milhares de mexicanos entraram de maneira legal e pacífica nos Estados Unidos sem passar por uma alfândega, ainda que depois tenham sido deportados por capricho do governo de turno. Durante quase um século, enquanto se construía a hegemonia capitalista sobre o território da América do Norte, não havia barreiras a seu avanço sem limites. Foi um acontecimento social, a Revolução Mexicana, que construiu a fronteira. Ironia da história, foram os mexicanos, com seus limites à hegemonia capitalista contidos nas leis revolucionárias e um povo rearmado em torno de um programa político comunalista (social e comunitário) quem construiu a primeira barreira. Segunda ironia, a primeira barreira não foi para restringir o movimento de pessoas, mas o livre movimento do capital para os territórios sociais do Sul, para o espaço de acumulação de capital conhecido como México. A legislação obreira da Revolução Mexicana, construída em torno do artigo 123 da

Constituição, teve como objetivo ancorar o Estado Mexicano nos direitos sociais dos trabalhadores para poder preservar a autonomia da Nação durante o século XX frente ao poder imperial de seu vizinho do norte. A fronteira foi durante o curto século XX mexicano, fruto da Revolução, a expressão de duas formas de hegemonia capitalista. E a classe trabalhadora mexicana, desde o século XX, dependendo das circunstâncias, optou por uma ou outra, permanecendo dentro do México ou migrando para os Estados Unidos. O Tratado de Guadalupe Hidalgo com o qual se concluiu a Guerra dos Estados Unidos com o México em 1848 foi desenhado pelo Governo Federal dos Estados Unidos com a ideia de que entre ambos os países só ficaria um deserto em que os caminhos se bifurcavam. A sucessão de pântanos e montanhas fazia com que entre os grandes centros de população de um ou outro país só emergissem pequenas cidades fronteiriças, nas quais cidadãos de um e outro país conviviam em pequenas comunidades regidas por duas leis, que eram aplicadas de forma muito aleatória. Nos anos que vão da assinatura do Tratado de Guadalupe Hidalgo de 1848 à criação da Patrulha de Fronteira no ano de 1924, os mexicanos se moveram livremente em ambos os lados da fronteira, e trabalharam como mineiros, ferroviários, peões e vaqueiros e nas mais diversas atividades econômicas. Mas com a criação da patrulha fronteiriça estabeleceu-se pela primeira vez um controle à presença mexicana em território norte-americano. Só então, século e meio depois da guerra de independência de 1776, sua presença não documentada seria considerada como "ilegal".

As águas que corriam desde as Rochosas e desde as cordilheiras centrais, pelos Rios Colorado e Bravo, segundo a doutrina Harmon[6], permitia aos norte-americanos dispor delas sem nenhuma consideração dos habitantes mexicanos de "rio abaixo" reforçando a distância entre um e outro território. Os cidadãos norte-americanos podiam ter acesso à água, os de rio abaixo disporiam dos remanescentes não utilizados, e isso foi assim até o século XX. A fronteira comum do México e dos Estados Unidos foi um espaço aberto e pouco povoado durante as décadas posteriores à guerra de 1846-47. Em 1880, em 500.000 quilômetros quadrados de condados e municípios fronteiriços,

6 Segundo esta teoria, os estados a montante seriam livres de desviar toda a água de um curso de água compartilhado sem considerar a necessidade de estados a jusante. Esta teoria também conhecida como a Doutrina Harmon, na sequência da declaração do Procurador-Geral dos Estados Unidos, Judson Harmon, que estabeleceu o direito absoluto dos Estados Unidos a desviar o Rio Grande em 1895, nos seguintes termos: "O fato de que o Rio Grande careça de água suficiente para permitir seu uso por parte dos habitantes de ambos os países não dá direito ao México a impor restrições aos Estados Unidos que impediriam o desenvolvimento do território deste último ou privar seus habitantes de uma vantagem de que a natureza o dotou e que se encontra inteiramente no seu território". Rahaman,Muhammad Mizanur **Principles of international water law: creating effective transboundary water resources management**, Int. J. Sustainable Society, Vol. 1, No. 3, 2009

considerando ambos os lados da fronteira, os povoados mexicanos e norte-americanos somavam apenas 70 mil habitantes. Pela fronteira Norte só transitava 3% do comércio exterior do México. (Rugizi, Paolo; El Surgimiento de la Integración Económica entre México y Estados Unidos: los años cruciales, El Colegio mexiquense, 2000)

O surgimento impetuoso do artigo 123 em algumas sessões da Assembleia Constituinte de 1917, impulsionado pela energia condensada nas quatro paredes do Teatro da República na cidade de Querétaro, é uma história inacabada. A aceitação do Artigo 123 da Constituição por um personagem tão conservador como Venustiano Carranza, teve que obedecer a poderosas razões de Estado, e não apenas à notável capacidade de persuasão dos Constituintes de 17, e seu genuíno compromisso com os trabalhadores, que não deixou de ser um factor essencial, mas não suficiente.

Tenho a convicção de que o texto constitucional não era apenas um Programa para a História do século XX no México. Tinha também o objetivo de ser uma ferramenta política, eficaz e precisa, para incidir em suas circunstâncias. Desde logo, em primeiro plano, a legislação obreira era parte dos complexos pactos do constitucionalismo para construir hegemonia em seu confronto com os exércitos camponeses de Villa no Norte e Zapata no Sul. No entanto, o próprio Carrancismo vinha de esmagar, há poucos meses, a Greve Geral na Cidade do México no verão de 1916. A classe trabalhadora mexicana tinha sido desarticulada pela repressão, assim como pelas consequências próprias da guerra - fechamento de fábricas e minas, desarticulação econômica, desemprego em massa – nas dispersas regiões industriais herdadas do Porfiriato.

Ainda assim, a inclusão do Artigo 123 no texto constitucional era fundamental para construir alianças com forças ascendentes, imprescindíveis para a reconstrução da Nação, devastada por uma longa Guerra de quase cinco anos resultado do quartelazo de Victoriano Huerta. Essas forças não estavam apenas no território nacional. Nem por isso deixaram de ser interlocutores necessários. Inevitáveis. O seu principal contingente encontrava-se fora das suas fronteiras. O Artigo 123, em si, era uma demonstração da vontade do Estado mexicano de incorporar em suas bases constitutivas os Direitos dos Trabalhadores. Era, ademais, um texto fundamental para selar uma aliança tácita, ao inflamar o programa de luta de um aliado muito específico: o ascendente movimento operário dos Estados Unidos. O crescente peso específico dos ***"blue collar"***[7] na política estadunidense podia contribuir ao reconhecimento dos

7 *Blue Collar*, é a referência no mundo anglo-saxão aos trabalhadores industriais, aos trabalhadores com camisas e calças elaboradas em jeans azul índigo, com forte rebites de cobre, para resistir melhor ao fogo ou aos cortes dentro do processo de produção. O jeans é vendido por jardas e a resistência é determinada pelo seu peso.

novos Poderes da União dos Estados Unidos Mexicanos por parte do onipresente vetor de Poder em toda conjuntura mexicana: Washington DC, e tudo o que o rodeia, incluindo a base naval de Norfolk[8]. A Revolução Mexicana afirmava, com o 123 da Constituição, que a trincheira de ideias é mais poderosa que a trincheira de pedras. Parafraseando José Martí, com o Artigo 123, a Revolução Mexicana brandia uma ideia enérgica, a tempo, caso precisasse deter um esquadrão de encouraçados.

O início da Primeira Grande Guerra impôs regras draconianas de organização na indústria, e um aumento dos preços da cesta obreira nos Estados Unidos, enquanto se desdobrava as jornadas decisivas na conflagração política e militar em território mexicano. A legislação das relações trabalhistas nos Estados Unidos era pálida e frágil. Não havia uma legislação do trabalho robusta que protegesse a classe trabalhadora estadunidense, que se manteve rangendo os dentes todos os dias de trabalho até muitos anos depois, com o estabelecimento da Wagner Act, a legislação trabalhista estadunidense, durante o New Deal.

Durante as primeiras duas décadas do século XX, o descontentamento da classe trabalhadora estadunidense irrompeu de maneira recorrente e extensa. O protesto social emergia apesar de um verdadeiro exército de gazetistas, bandidos, fura-greves, espiões, provocadores e especialistas em contrainsurgência liderados pelo alto comando da Associação Nacional de Fabricantes. O número de greves reconhecidas passou de 1,204 a 4,450, no período de 1914 a 1917. (US Historical Statistics, p. 179). O Canadá, por sua vez, viveu a histórica Greve Geral de Winnipeg, comò o ponto de inflexão em sua história social contemporânea, que se transformou, anos depois, nas poderosas políticas públicas no país da Folha de Maple. Não obstante, a filiação sindical consolidou-se, passo a passo, através da determinação dos trabalhadores de se coligarem para a sua própria defesa. No ano de 1920, o número de trabalhadores filiados a organizações sindicais atingiu 5 milhões de pessoas. Dez anos atrás seu número era de apenas 2 milhões. A vitória dos Blue Collar frente às ciladas e aos grupos de choque do Grande Capital, na segunda década do século XX, foi conquistada com o arrojo e

Um bom jeans deve ser flexível, e pesar pelo menos 16 onças a jarda. A qualidade do uniforme e do calçado industrial é o primeiro indicador do poder de negociação dos operários no processo de trabalho. Um símbolo.

8 A Base Naval de Norfolk é o centro estratégico do complexo aeronaval estadunidense no Atlântico. Inclui tanto as instalações militares, implantadas ao longo da costa, em uma área de 120 quilômetros quadrados, como um conjunto de Cidades como Newport News, Hampton, Portsmouth, Virginia Beach, Chesapeake, Suffolk, além da própria base naval, onde residem os funcionários e militares destacados na base, com suas famílias. No total, mais de um milhão e meio de pessoas. Esse complexo militar urbano é conhecido coloquialmente como "Hampton Roads". É o escudo direto de Washington DC do mar. Concentra um poder de fogo gigantesco. Norfolk é o maior complexo aeronaval do mundo. Commander Navy Installation Command. CNIC https://www.cnic.navy.mil/

sacrifício de milhares de trabalhadores e trabalhadores, perseguidos e assassinados na porta da fábrica. Era uma realidade de fato, não de jure. Não estava contemplada nas Leis dos Estados Unidos.

Este proletariado esmagado e perseguido, indomável e resiliente, só podia ver com enorme entusiasmo o Artigo 123 da Constituição Mexicana e suas Leis Trabalhistas. Daí a enorme popularidade da Revolução Mexicana entre a população trabalhadora, tão bem descrita por Friederich Katz quando refletia sobre sua paixão pelo México. Por esse caminho, o rank and file das fábricas estadunidenses, a base operária militante, converteu-se num bastião de primeira ordem contrário a qualquer intervenção imperialista para derrubar o Regime da Revolução Mexicana e sua legislação trabalhista. Essa foi a primeira grande vitória política da Constituição Revolucionária, quando seus primeiros exemplares começaram a circular em uma manhã fria de segunda-feira, 5 de fevereiro ano dezessete do, então, novo século XX.

A Revolução Mexicana implicou a imposição de taxas não fiscais substantivas à propriedade privada dos ativos do país. Uma parte significativa deles foi retirada do mercado de ativos produtivos, e sua operação como ativos de capital foi restringida, desde o momento em que a propriedade originária não era um direito natural das pessoas, mas uma concessão que a Nação cedia de maneira condicionada e temporária aos particulares. Como assinalou Arnaldo Córdova na Ideologia da Revolução Mexicana, para os líderes revolucionários que criaram as principais instituições do México do século XX,

> "... se na Europa ou na América do Norte a propriedade tinha sido legitimada como um direito natural do homem, ou nessa base foi aceita, no México revolucionário a propriedade se legitimava sobre a base da utilidade para o desenvolvimento do país e sua aceitação se tornava uma questão de ordem pragmática, aparentemente de simples oportunidade, cuja validade dependeria de quanto tempo o país levaria para atingir seu pleno desenvolvimento" Arnaldo Córdova, citando Plutarco Elías Calles, presidente do México no período de 1924-1928, agrega "... Como dizia Calles perante as Câmaras: 'Ao tratar a propriedade, o novo Código Civil se separou da tendência individualista que prevalecia no Direito Romano, na Legislação Napoleônica e em grande parte do Código Civil vigente (antes da Revolução) e aceitou a teoria progressista que considera o direito de propriedade como o meio de cumprir uma verdadeira função social.'"[9]

A propriedade privada no México perdeu seu caráter *jus naturalista*, como um direito humano que precede o Estado. O Estado, por direito constitucional, tinha a capacidade de determinar, dependendo das suas necessidades de hegemonia, as "modalidades" da propriedade privada, tais como a sua extensão, os setores econômicos

9 Córdova Arnaldo. **La Ideología de la Revolución Mexicana.** Editorial ERA, p. 366

em que podia operar, as obrigações que tinha para com o Estado, mas, sobretudo, as obrigações e restrições derivadas das relações trabalhistas.[10]

Como já assinalava Trotsky pouco antes de ser assassinado:

> "...Enquanto que o papel principal nos países atrasados é desempenhado não pelo capitalismo nacional mas pelo capitalismo estrangeiro, a burguesia do país ocupa, no sentido de sua posição social, uma posição insignificante e desproporcional ao desenvolvimento da indústria. Tendo em conta que o capital estrangeiro não importa trabalhadores, mas que proletariza a população nativa, o proletariado local começa bem cedo a desempenhar o papel mais importante na vida do país. Nessas condições o governo nacional, na medida em que procura resistir ao capital estrangeiro, é obrigado em maior ou menor grau a apoiar-se no proletariado... Os governos dos países atrasados, isto é, coloniais e semicoloniais, assumem em todas as partes um caráter bonapartista ou semibonapartista e diferem um do outro no seguinte: que alguns tentam orientar-se numa direção democrática, procurando o apoio dos trabalhadores e dos camponeses, enquanto outros instauram uma forma de governo próxima à ditadura policial-militar. Isso também determina o destino dos sindicatos. Eles permanecem sob a custódia especial do Estado ou são submetidos a uma cruel perseguição. A tutela por parte do Estado está ditada por duas tarefas que ele tem de enfrentar: atrair a classe trabalhadora para o seu lado, ganhando assim um apoio para a resistência contra as pretensões excessivas do imperialismo, e, ao mesmo tempo, disciplinar os trabalhadores, colocando-os sob o controle de uma burocracia."[11]

Graças à potência das mobilizações operárias e camponesas no México ao longo do século XX, a burguesia de estado conseguiu configurar um poderoso conglomerado "público" dentro da economia mexicana que abarcava centenas de empresas, destacando entre elas as principais companhias vinculadas à energia, no setor Pe-

---

10 Recuperando o profundo significado da Legislação Trabalhista do México como resultado da insurgência operária e camponesa das primeiras décadas do século XX, Jeffrey Bortz afirma que: "Em 1910, não havia lei de trabalho. Os donos das fábricas contrataram e despediram operários a seu gosto. Jornadas laborais de 12 e 14 horas eram comuns. Não havia salário mínimo nem pagamento por tempo extra. Os sindicatos existiram, mas fora da lei, facilmente destruídos, sem direitos nem de greve nem de contratação coletiva. Não havia benefícios médicos, nem de casas, nem de férias. A revolução obreira, feita pelos trabalhadores revolucionários em um país onde os camponeses também haviam se levantado, mudou tudo isso. A primeira reforma trabalhista, a construção lenta de uma lei obreira que iria de 1911 a 1931, foi feita com base nos esforços heróicos de operários e sindicatos militantes que resultaram em conquistas ratificadas primeiro nos decretos militares, depois no Artigo 123, mais tarde nos códigos estaduais e, finalmente, na Lei Federal do Trabalho de 1931. Com isso, os operários mexicanos conseguiram a melhor lei de trabalho em toda a América, a qual permitiu a muitos gozar de uma vida decente: contratação coletiva, jornada de oito horas, pagamento por tempo extra, permanência no trabalho, direito de sindicalização e de greve, prestações e gratificação de fim de ano. Eram conquistas da Revolução mexicana e de suas centenas de milhares de mortos, pessoas que sacrificaram suas vidas para que os mexicanos pudessem ter uma vida melhor no futuro, não só a de um punhado de ricos, mas da gente comum, no campo, na cidade e na fábrica. Nisso consistiu a Primeira Reforma Trabalhista, que ocorreu no meio de uma revolução dos de baixo contra os de cima. Esta reforma trabalhista foi também contra o liberalismo de Don Porfirio, um liberalismo que desprezou os pobres, os camponeses e os trabalhadores." Bortz, Jeffrey. "La primera reforma laboral". **Revista Alegatos,** núm. 82, México, septiembre/diciembre de 2012 p. 884

11 Trotsky, León, (2008). **Acerca de los Sindicatos.** Fundación Federico Engels, Madrid, p. 99

troleiro (PEMEX) e de eletricidade (CFE e CLFC), bem como em transportes e comunicações. O setor financeiro foi regulado de forma poderosa pelo papel ativo do Banco Central, que regulava as operações financeiras com o lema de outorgar os fundos necessários aos planos sexenais dos sucessivos presidentes da República através de um "imposto inflacionário". No início da década de 1980, os ativos públicos nas mãos do Governo mexicano atingiam, a preços de hoje, um montante próximo dos 1,100 bilhões de dólares, o equivalente a 60% do PIB.

6. O DESMANTELAMENTO DO ARTIGO 123 DA CONSTITUIÇÃO E AS NOVAS FRONTEIRAS PARA A LUTA SINDICAL

A agenda da Oligarquia Transnacional durante as duas décadas seguintes à assinatura do Tratado de Livre Comércio da América do Norte foi precisa: a flexibilização dos mercados de trabalho, a presença do capital internacional no setor da energia, a descentralização profunda de todas as despesas públicas, a privatização da educação e da saúde. A privatização do que resta do sistema de pensões públicas, bem como dos serviços urbanos, como o de água potável, a erradicação de todos os entraves aos direitos de propriedade, a reconstituição da economia de *plantation* e da grande propriedade rural. Mas o problema central era intimidar o suficiente para que o Estado deixasse de ser o centro de imputação de obrigações das comunidades rurais ou urbanas. Essa era a grande diferença entre o Chile e o México. No Chile, a legitimidade da nova ordem social foi internalizada na moralidade e no comportamento de amplos segmentos da população. Mas a rota chilena para o neoliberalismo começou com o genocídio e foi marcada por uma ordem marcial para preservar sua própria disciplina dentro da contra-revolução. No México, o desdobramento das Reformas Estruturais seguiu o caminho da Guerra Disforme que começa com a grande fraude das eleições de 2006, a guerra contra o inimigo interno: a resistência popular desde a memória comunitária, do antigo tecido social da Nação mexicana.[12]

A incorporação do México ao Tratado de Livre Comércio da América do Norte em 1994, junto com um fluxo maciço de investimentos em seu território, induziu, desde os meses que antecederam a sua assinatura, a convicção dos grupos no poder da necessidade. modificar o quadro jurídico das relações de trabalho no México. **Carlos Salinas de Gortari,** o então presidente do México no período de 1988 a 1994, que lançou as bases do projeto neoliberal das décadas seguintes, reconstrói em sua auto-

12 Velasco Arregui, Edur. "México en el Laberinto de la Guerra Deforme: Una perspectiva histórica de la raíz del conflicto" **Revista Alegatos 80**, enero-abril 2012.

biografia como, nos dias em que o original Tratado de Livre Comércio da América do Norte estava sendo aprovado nos Congressos dos Estados Unidos, Canadá e México, ele mesmo impulsionou uma iniciativa que era um correlato inseparável da integração econômica de América do Norte: retrair as obrigações do Estado para com os trabalhadores e sindicatos, que vinham dos anos trinta, e eliminar o papel dos Conselhos de Conciliação e Arbitragem. Sua alternativa era fortalecer a "conciliação direta" entre empresas e trabalhadores, sem a intervenção de tribunais na resolução das reclamações trabalhistas. "Do ponto de vista de minha Administração, no final do século XX o Estado Mexicano não devia intervir mais em assuntos internos entre trabalhadores e empresas, como na realidade o fazia sob a pretensão de estabelecer o equilíbrio entre os fatores da produção... Não se tratava de afetar a ordem civil e o público, mas de desregular e desregulamentar o exercício dos direitos laborais". (Salinas de Gortari; 2000: 485-501) Seu objetivo, eliminar o papel central das Juntas de Conciliação e Arbitragem, as instâncias jurisdicionais tripartites, que desde 1917, estavam no centro da vida trabalhista do país, estabelecidas no § 20 do art. 123 da Constituição.

A vontade do Governo de Salinas de Gortari foi consistente com o papel central do Capitalismo Transnacional, Cosmopolita, Marx *dixit*, na inserção plena e irrestrita do México nos mercados mundiais do próximo século: tratava-se de eliminar o maior cânone, da perspectiva neoliberal, à propriedade existente na Constituição do país: o Direito do Trabalho mexicano herdado da Revolução. A resistência política e social dos trabalhadores mexicanos, junto com a insurreição zapatista de 1º de janeiro de 1994, que teve seu epicentro no Estado de Chiapas, impediu que toda a bateria de Reformas Estruturais que acompanharam o novo marco jurídico criado pelo NAFTA pudessem se condensar e ser aprovadas pelo legislativo. Entre elas, a Reforma Trabalhista. No entanto, depois de mais de duas décadas de confronto, os poderes fáticos criaram as condições para levar adiante o desmantelamento do artigo 123 que emergiu da Revolução.

Em 2019, se colocou novamente em evidência esta sincronia entre a discussão do novo Acordo Comercial entre os Estados Unidos, Canadá e México, USMECATE, mais conhecido por suas iniciais oficiais como T-MEC, e a segunda grande modificação do Lei Federal do Trabalho, a partir de 2012, promovida pelos Poderes da União nos primeiros meses de 2019 e publicada no Diário Oficial da Federação no dia 1º de maio do referido ano.

Na Lei Federal do Trabalho de 2019, destaca-se a mimetização dos aspectos processuais do Direito do Trabalho do México e dos Estados Unidos buscando diluir, e na medida do possível evitar, a judicialização dos conflitos obreiro-patronais para proceder à sua administração por órgãos não judiciais neutros e/ou de conciliação. Impedir que o maior número de casos seja resolvido nos Tribunais Laborais, de recente criação. O objetivo: reduzir custos para as empresas na gestão de litígios decorrentes das relações de trabalho, e assim dar-lhes plena certeza no *ius abutendi*, em matéria trabalhista, sobre seus ativos e o que chamam, em linguagem empresarial, de "recursos humanos".

7. O TEOREMA DA LIQUIDEZ DO MERCADO DE TRABALHO: O PARADIGMA DOS ESTADOS UNIDOS

Os Estados Unidos são a nação desenvolvida que assinou o menor número de Convenções da OIT. Das oito fundamentais, apenas a de número 105 foi ratificada, referente à abolição do trabalho forçado; e a número 182, referente à proibição das piores formas de trabalho infantil. Nada mais. Em contraste, a França ratificou as oito convenções fundamentais, que incluem, além das duas mencionadas abaixo, a **CO87**, sobre a liberdade de associação e a proteção do direito de organização; a **C098**, sobre o direito de sindicalização e negociação coletiva; a **C100**, sobre igualdade de remuneração, a **C111**, sobre discriminação em matéria de emprego e ocupação; e a **C138**, sobre a idade mínima para firmar contrato de trabalho. Além das oito convenções fundamentais, a França assinou as quatro convenções prioritárias em relação à governança em matéria de relações de trabalho, além de 115 das chamadas convenções técnicas.

Na história trabalhista dos Estados Unidos, diante dos avanços que em sua época significaram a *Wagner Act*, promulgada em julho de 1935, que sucintamente limitava as reações dos empregadores contra os trabalhadores que promoviam a sindicalização nas empresas, que se organizavam coletivamente para estabelecer os termos de sua contratação, que organizavam greves ou realizar atos semelhantes de defesa, surgiu, como peça fundamental de sua nova ordem laboral, plasmada em múltiplos acordos a cláusula de direitos corporativos, ***Managment Right Clause***, que estabelece:

> "O Sindicato reconhece expressamente que a Empresa tem a responsabilidade exclusiva e autoridade sobre (tenha ou não sido exercida até o momento) a gestão, operação e manutenção de suas instalações e, em seu cumprimento, tem, sujeito aos termos deste Contrato, o direito de determinar a política que afeta a seleção, contratação e treinamento de funcionários; direcionar a força de trabalho e programar o trabalho; para instituir e fazer cumprir regras razoáveis de conduta; para assegurar disciplina e operações eficientes; para determinar que trabalho deve ser feito, o que deve ser produzido e por que meios; para determinar a qualidade e a quantidade de mão de obra; determinar o tamanho e composição da força de trabalho; determinar a alocação e atribuição de trabalho aos funcionários; para determinar a localização da empresa, incluindo o estabelecimento de novos locais ou departamentos, divisões ou subdivisões dos mesmos; para providenciar o trabalho a ser realizado por outras empresas ou outras divisões da Empresa; para alterar,

combinar ou eliminar qualquer trabalho, operação, serviço ou departamento; para vender, fundir ou encerrar o negócio ou qualquer fase do mesmo; desde que, no entanto, no exercício dessas prerrogativas, nenhuma das disposições específicas do Acordo seja abreviada. A Empresa não utilizará o veículo da subcontratação com o único objetivo de despedir colaboradores ou reduzir o número de horas de que dispõem."[13]

Esse poder absoluto que as empresas estadunidenses exigem como paradigma da ordem do trabalho limita substancialmente a noção de negociação coletiva e direitos trabalhistas judicializáveis. E a emergência da conciliação fora das instâncias jurisdicionais, bem como das instâncias administrativas para gerir as disposições trabalhistas constantes dos diversos atos aprovados pelo Congresso Federal, ou nos Congressos de cada um dos Estados da União.

A Reforma Constitucional de 2017 e a Lei Federal do Trabalho de 2019, no caso do México, também estabelecem um papel central para a conciliação obrigatória. O novo inciso XX do artigo 123 da Constituição indica, juntamente com a criação de Tribunais Laborais inscritos dentro no Poder Judiciário, uma fase anterior obrigatória:

> "**Antes de ingressar nos tribunais laborais, trabalhadores e empregadores devem comparecer à instância conciliatória correspondente.** A nível local, a função conciliadora ficará a cargo dos **Centros de Conciliação** especializados e imparciais que se instalem nos entes federativos. Esses centros terão personalidade jurídica e ativos próprios. Terão plena autonomia técnica, operacional, orçamentária, decisória e gerencial. Eles serão regidos pelos princípios da certeza, independência, legalidade, imparcialidade, confiabilidade, eficiência, objetividade, profissionalismo, transparência e publicidade. Sua integração e operação serão determinadas pelas leis locais".
>
> "A lei determinará o procedimento a ser observado na instância conciliatória. Em qualquer caso, a fase de conciliação consistirá em audiência única obrigatória, em data e hora devidamente fixadas. As subsequentes audiências de conciliação só serão realizadas com o acordo das partes em conflito. A lei estabelecerá as regras para que os contratos de trabalho adquiram a condição de coisa julgada, bem como para a sua execução. Na ordem federal, a função conciliadora ficará a cargo de um órgão descentralizado."

E na nova Lei Federal do Trabalho de 2019 reitera em seu novo artigo 684-B os seguintes termos:

> "Artigo 684-B.- Antes de ingressarem nos Tribunais, os trabalhadores e empregadores deverão comparecer ao Centro de Conciliação correspondente para requerer o início do procedimento de conciliação, salvo nas hipóteses que estão dispensadas de esgotá-lo, nos termos do presente Lei."

No caso da nova Lei Federal do Trabalho no México, com a criação dos Centros de Conciliação do Trabalho, na esfera federal e em cada um dos Estados, busca-se

13 Law Insiders, Management Rights Clause, https://www.lawinsider.com/clause/management-rights-clause

desestimulara judicialização de reclamações trabalhistas ***na mesma via da legislação dos Estados Unidos***[14]. Deve-se lembrar que as ações judiciais perante os Tribunais Distritais dos Estados Unidos em matéria de relações trabalhistas, ou seja, aqueles processos decorrentes de violação do ***Fair Labor Standard Act***, somaram no ano judicial concluído em junho de 2019, apenas **7.264** processos, em um país de 165 milhões de trabalhadores assalariados. Em contrapartida, as ações judiciais relacionadas aos Direitos Civis, muitas delas decorrentes de atos de discriminação na hora de se candidatar a um emprego, totalizaram 12.387 processos. Como pode ser visto, é mais viável se defender perante os Tribunais por queixas relacionadas ao antigo passado escravista dos Estados Unidos do que por crimes derivados da escravidão assalariada moderna no país da ***Managment Rights Clause***, que discutiremos mais tarde. Esse é o novo caminho que tomou o Direito do Trabalho mexicano. É verdade que a situação é muito pior para mexicanos sem documentos, que não são cidadãos ou residentes legais nos Estados Unidos, porque para fins trabalhistas e civis eles não têm personalidade jurídica. Eles são apenas uma mercadoria, energia humana despersonalizada, circulando fora da lei.

A "americanização" do Direito do Trabalho mexicano se expressa, em primeiro lugar, na precarização das relações de trabalho, de facto e de jure, acentuada pelas Reformas Trabalhistas de 2012 e 2019, que criaram uma condição de extrema vulnerabilidade, com instabilidade no emprego e crescentes agravos contra os trabalhadores. Circunstância que, em algum momento, deveria precipitar em um grande número de ações judiciais contra empresas perante as instâncias jurisdicionais. Por exemplo, antes das reformas mencionadas, era estabelecido como regra fundamental que **enquanto subsistisse a matéria de trabalho, o contrato era por tempo indeterminado**, ou seja, uma relação laboral estável, nos seguintes termos:

> Artigo 35 (antes da reforma trabalhista) As relações de trabalho podem ser por tempo determinado, por tempo determinado ou por tempo indeterminado. Na falta de estipulação expressa, o vínculo será por tempo indeterminado.
>
> Ao qual foi acrescia o artigo 39 (antes da reforma trabalhista): Se após o vencimento do prazo estabelecido a questão do trabalho subsistir, a relação será prorrogada enquanto durar a referida circunstância.

---

14 Como bem descreve o Dr. Carlos Reynoso Castillo, "o novo modelo propõe um esquema de "três andares": um primeiro e obrigatório encarregado das instâncias de conciliação administrativa (federais e locais em cada ente federativo), um segundo a cargo dos novos tribunais do trabalho, que serão criados no Judiciário e serão competentes quando a conciliação tiver falhado, e um terceiro andar para o qual as partes poderão acessar por via recursal quando considerarem que as decisões dos tribunais não respeitaram a legalidade e / ou constitucionalidade. "Reynoso Castillo, Carlos; ***Hacia una nueva justicia laboral en México***, Revista Internacional y Comparada de Relaciones Laborales y Derecho del Empleo, Año 2019, Vol. 7, Número 3, Universidad de la Rioja, España.

Agora, com a reforma trabalhista, a estabilidade no emprego é quebrada estruturalmente, dadas as novas modalidades de contratação, devido à introdução das opções de "estágio ou formação inicial", acrescida de flexibilidade em termos de descontinuidade do contrato quando assim exigido pelas empresas, conforme estabelecido no artigo 39/F:

> Artigo 39F (LFT, 2020).- As relações de trabalho por tempo indeterminado serão, regra geral, contínuas, mas poderão ser convencionadas para trabalho descontínuo quando os serviços exigidos forem para trabalhos fixos e periódicos de natureza descontínua, nos casos de atividades sazonais ou que não exijam a prestação de serviços durante toda a semana, mês ou ano.

Mas a mais grave precarização das relações de trabalho ocorre com a introdução nos artigos 15A e 15B, de subcontratação legalizada sem responsabilidade para a empresa que se beneficiaria com o "arrendamento" de mão de obra por fornecedores da mesma.

> Artigo 15-A. (LFT, 2020) Trabalho em regime de subcontratação é aquele por meio do qual um empregador denominado empreiteiro executa obras ou presta serviços com seus trabalhadores sob sua dependência, a favor de um contratante, pessoa física ou jurídica, que define as tarefas do empreiteiro e supervisiona-o no desenvolvimento dos serviços ou na execução das obras contratadas. Este tipo de trabalho deverá cumprir as seguintes condições: a) Não pode abranger a totalidade das atividades, iguais ou semelhantes na sua totalidade, que se desenvolvem no local de trabalho. b) Deve ser justificado pela sua natureza especializada. c) Não poderá abranger as mesmas tarefas ou tarefas semelhantes às executadas pelos restantes trabalhadores ao serviço do contratante. Caso todas essas condições não sejam atendidas, o contratante será considerado empregador para todos os fins desta Lei, inclusive as obrigações em matéria de seguridade social.

A magnitude da terceirização da força de trabalho no México é impressionante. Milhões de trabalhadores encontram-se nesta situação, ultrapassando os frágeis mecanismos e provisões aprovados na Reforma Trabalhista de forma quase impune, em quase todos os setores e regiões da economia do país[15]. Graças a esses tipos de mecanismos, desdobrados em diversos dispositivos da LFT, há no México, na grande

15 A terceirização degradou as relações de trabalho no país a tal ponto que vulnera o conjunto do Direito do Trabalho. O Sindicato Mineiro Metalúrgico apresentou durante o último trimestre de 2019 uma iniciativa específica para reverter sua volúvel e mutável inserção na Lei Federal do Trabalho de 2012, endossada na de 2019. As corporações patronais barraram essa iniciativa sindical contra a terceirização. Em 15 de janeiro de 2020, ao verificar a dimensão da fraude trabalhista contra centenas de milhares de trabalhadores que foram demitidos em dezembro de 2019 sem receber os benefícios correspondentes, o governo López Obrador teve que reconhecer que se tratava de um situação insustentável. No último mês de 2019, detectaram que 14.553 empresas - com 101 a 500 funcionários - desligaram todo o seu quadro. O fenômeno da terceirização está articulado - reconheceu a Procuradoria Fiscal da Federação do Governo Federal do México - com atividades ilícitas, como a fraude fiscal. Inúmeras empresas têm como objetivo único o não recolhimento das cotas da Previdência Social, ou do Fundo Nacional de Habitação do Trabalhador, minimizar a carga tributária ou eliminar qualquer vínculo empregatício com os empregados. (Monroy, El Economista, ***Outsourcing ilegal será considerado delincuencia organizada***, 15 de enero 2020)

maioria dos centros de trabalho, o equivalente à ***Managment Right Clause***, a ausência de contrapeso real ao despotismo patronal nas relações de trabalho. Irresponsável.

A Nova Lei Federal do Trabalho de 2019 não corrigiu em nada aquelas disposições que precarizaram o trabalho desde a Reforma de 2012: As novas causas para demissão (artigo 47); a legalização da subcontratação – de acordo com isso condicionada - (nos artigos 15A, 15B, 15 C); a redução do valor dos salários perdidos em caso de litígio trabalhista (artigo 48); contratos de estágio e formação inicial (artigo 35); o aumento unilateral das cargas de trabalho (artigo 56bis); e o que chamo de esforço de desengajamento sindical – a possibilidade de usufruir dos benefícios da negociação coletiva condensada pelo sindicato sem pagamento de contribuições- (art. 110).

As consequências desse conjunto de modificações à Lei Federal do Trabalho são devastadoras. De 2010 a 2019, a taxa de rotatividade da força de trabalho - que era maior do que a existente no selvagem mercado de trabalho dos EUA mesmo antes da Reforma - no México foi de 5,8 para 7,3 por cento para mês. Mais do que o dobro da já flexível e precária relação de trabalho típica dos Estados Unidos. Nos Estados Unidos, a taxa de rotatividade do emprego é conhecida como *turnover* e gira, dependendo da fase do ciclo econômico, em torno de 3,5% dos trabalhadores a cada 30 dias.

A cada semana de trabalho no México, em média 360 mil trabalhadores rescindem - passiva ou ativamente - o vínculo empregatício que mantinham com um empregador ou empresa. E isso acontece entre os trabalhadores contratados no setor formal. Se incluíssemos os trabalhadores na economia informal, os números seriam ainda mais preocupantes. Este fato era inevitável uma vez que a falta de proteção à estabilidade no emprego pela própria Lei Federal do Trabalho ocorre em um contexto em que uma força de trabalho de 65 milhões de trabalhadores tem que lutar todos os dias por alguns dos poucos de 21 milhões de empregos - com benefícios sociais e reconhecidos pela Previdência Social - existentes em média para o ano de 2020.

Os cruzamentos dos artigos da LFT reformados em 2012 e 2019, levaram a um severo aumento da intensidade do trabalho e graves acidentes de trabalho que resultaram em fatalidades e invalidez permanente. No caso das vítimas fatais, há uma subnotificação, evidenciada pela aplicação do que seria o inverso da taxa de letalidade em relação aos feridos graves em acidentes de trabalho. O registro de óbitos dentro dos riscos ocupacionais contabiliza apenas os trabalhadores que perdem suas vidas instantaneamente. Não é assim para aqueles que morrem após longos dias de prostração e agonia como resultado de ferimentos ou doenças sofridas durante a jornada de trabalho. Mas no caso das incapacidades permanentes, como os trabalhadores sobrevivem para tentar se restabelecer - além de receber uma pensão pela nova deficiência - não é tão fácil esconder. De tal forma que entre 2010 e 2018, em apenas oito anos, o número de incapacidades permanentes registradas pelo Instituto Mexicano de Previdência Social passou de 17.608 para 38.209 por ano. A cada dia de trabalho no México ocorrem 152 acidentes graves com consequências irrecuperáveis para a saúde dos trabalhadores e sua capacidade produtiva. Esses dados confirmam que o México é um dos países que usa sua força de trabalho de forma mais intensa e predatória. A nova legislação trabalhista permite, nesta área, reforçar o que se tornou mais agudo nas relações trabalhistas no México como resultado da globalização econômica. A intersecção dos novos artigos criando uma "nova zona jurídica", isto é, um novo tipo de relação de trabalho sob uma cobertura legal fraudulenta, estabelece as bases normativas para aumentar o despotismo empregador no uso da força de trabalho. Isso também se combina no caso do México com a notável extensão da jornada de trabalho, muitas vezes derivada da subcontratação, ou seja, com o uso mais extenso, ao longo do tempo, da força de trabalho. O México é o país da OCDE onde se trabalha o maior número de horas por ano, 2.148 horas. Duzentas horas a mais por ano que o Chile, herdeiro, por enquanto, embora não por muito tempo, de uma legislação trabalhista impregnada dos defeitos impostos pelos herdeiros da Ditadura.

7. AMERICANIZACÃO[16] E SUAS CONSEQUÊNCIAS

A própria organização sindical dos trabalhadores mexicanos diminuiu substancialmente nas últimas décadas[17], ao contrário das tendências de longo prazo na América do Sul, onde a taxa de sindicalização, segundo dados da OIT, aumentou nos países como Chile, Uruguai e Bolívia, ou retraído, porém de forma mais lenta, como na Argentina, onde os últimos dados da OIT registram uma densidade sindical de 28%. Na experiência recente do Brasil, o próprio escritório de estatística da OIT, com base em dados do IBEGI, registrou, em 2017, 13,1 milhões de trabalhadores sindi-

16 O conceito de Americanismo e Americanização é derivado neste ensaio dos cadernos do cárcere de Antonio Gramsci, tema que ele denominou como Americanismo Fordismo, ou seja, as formas de hegemonia desenvolvidas pelo grande capital nos Estados Unidos para subordinar e assimilar a vontade dos trabalhadores para os requisitos de inovação recorrente dos processos de produção. Refletindo sobre sua própria experiência italiana, Gramsci destacou: "... Na realidade, os trabalhadores italianos, nem como indivíduo, nem como sindicato, nem ativa nem passivamente, jamais se opuseram às inovações destinadas à redução de custos, à racionalização do trabalho, à introdução de uma automação mais perfeita e de técnicas mais perfeitas do aparato produtivo. "(Gramsci: 1975, p. 292) Neste trabalho condensamos as formas que a industrialização assumiu nos Estados Unidos durante um período de intensa mudança tecnológica, na matriz jurídica das relações de trabalho características de seu regime social.

17 Velasco Arregui, Édur (2016) "Trazando el Silencio: Como sobrevivir sin Representación". **Revista Argumentos**, UAM Xochimilco, México, vol. 29, núm. 80, enero-abril, 2016.

calizados, de um total de 91,5 milhões de pessoas ocupadas (IBEGI: 2018)[18]. Em contraste, no México, no terceiro trimestre de 2019, com 55,2 milhões de pessoas com ocupação, apenas 4,5 milhões eram sindicalizados: uma densidade sindical de 8,2%[19]. Ainda menor que a da Colômbia - segundo a OIT - que, após um longo período de repressão, com centenas de dirigentes sindicais e advogados trabalhistas assassinados, teve uma taxa de sindicalização de 9,5 de sua população com ocupação. Considerando o grande peso dos assalariados mexicanos na segunda maior economia da região, o desmantelamento da representação dos trabalhadores reflete a hostilidade aos sindicatos pelos sucessivos governos neoliberais. Em um dos aspectos plausíveis da Reforma Trabalhista de 2019, propõe-se promover a organização sindical representativa e legítima nas diferentes regiões e setores, com base em procedimentos mais acessíveis e democráticos. Os obstáculos a serem superados são enormes, principalmente devido à tremenda instabilidade laboral gerada pelo próprio mercado de trabalho no México, conforme descrevemos anteriormente. A verificação pública da autenticidade da representação sindical e da negociação coletiva na Reforma Trabalhista de 2019 ocorre no contexto de uma diminuição da capacidade dos sindicatos de transcender o marco da *Managment Right Clause* que as empresas transnacionais assumem como uma nova referência obrigatória em qualquer relação bilateral. O sindicato autolimita sua participação nas revisões cíclicas de salários e benefícios, ao mesmo tempo em que renuncia a influenciar a organização do dia a dia do processo de trabalho. O Americanismo pode tolerar a democracia sindical, desde que fique atrás da linha de uso flexível do território da força de trabalho.

Na terceira década do século XXI, o mercado de trabalho mexicano e suas instituições estão subordinados e mimetizados aos dos Estados Unidos, o que se reflete no balanço das negociações do Acordo Comercial com os Estados Unidos e Canadá durante 2019, e os debates para aprovação nos Congressos da União Americana e no Parlamento Canadense, com grande ênfase no cumprimento - *enforcement* em inglês - dos aspectos trabalhistas do mesmo. O *enforcement* das relações de trabalho no México é acompanhado por um endurecimento da política de migração do governo mexicano para excluir migrantes de outros países do território TMEC, medida imposta pelos Estados Unidos sob a ameaça de impor tarifas sobre as exportações mexicanas.

18 Em 2017, das 91.449 mil pessoas ocupadas na semana de referência da pesquisa, 14,4% (13.137 mil pessoas) eram sindicalizadas. Essa é a menor taxa de sindicalização desde o início da série histórica em 2012 (16,2%). https://agenciadenoticias.ibge.gov.br/en/agencia-press-room/2185-news-agency/releases-en/22957-ores-brasileiros-cai-para-14-4-a-menor-desde- 2013

19 INEGI, Encuesta Nacional de Ocupación y Empleo, 2020, México.

O Tratado Comercial México-Estados Unidos-Canadá, T-MEC, que substituirá o acordado em 1994, o NAFTA, não impedirá, no entanto, a deriva do Direito do Trabalho mexicano em direção ao contratualismo de inspiração anglo-saxônica[20], que mais do que libertar, liberaliza as relações de trabalho ao dar aos acordos entre as partes - por meio da conciliação - uma força crescente frente a regulamentação pública e jurisdicional dos contratos individuais e coletivos de trabalho.

Na americanização das relações de trabalho no próprio México foi decisiva a formidável participação dos trabalhadores mexicanos no mercado de trabalho dos Estados Unidos e Canadá, fato que descrevemos no início deste ensaio. Mas ainda mais profundo foi o impacto de sua contraparte: a repatriação de milhões de trabalhadores mexicanos, que são deportados, depois de trabalharem meses, anos ou décadas, nos países do Norte, como se fossem materiais dispensáveis, depois de terem sofrido anos de extrema exploração. Nos últimos 25 anos, **15 milhões de mexicanos** foram deportados ou rejeitados do território dos Estados Unidos, em uma torrente circular, na qual sua permanência no espaço de trabalho norte-americano pode ser interrompida unilateralmente. É uma força de trabalho líquida para o centro do capitalismo internacional: uma força de trabalho circulante, flutuante e rotativa. Força de trabalho necessária e excedente, necessária e dispensável, presente e instável. Tudo para terminar no ponto de partida vencido e destruído. Em muitos casos, a força de trabalho mexicana retorna ao seu país de origem, assim como outros grupos latinos, incluindo centro-americanos, depois de passar por prisões e centros de detenção nos Estados Unidos. Pode ser que o total de dados implique uma certa superestimação, pois a mesma pessoa pode ter sido deportada mais de uma vez. Mas é compensado pelas pessoas que voltaram voluntariamente ao México, sem que um procedimento compulsivo por parte das autoridades norte-americanas tenha sido necessário.

Esse fluxo internacional de trabalhadores entre o México e os Estados Unidos internalizou profundamente um tipo de cultura de trabalho entre os trabalhadores mexicanos. O desenraizamento e o rompimento dos laços comunitários nos territórios de origem é uma das causas da passividade da grande massa de trabalhadores em face da mudança de paradigma na Lei Federal do Trabalho implantada entre 2012 e 2019. Acompanhando a dinâmica do mercado de trabalho dos Estados Unidos, disseminou-se o nomadismo trabalhista dos trabalhadores mexicanos, com fluxos de trabalhadores

20 "O contratualismo é uma expressão de caráter individual, originada por uma visão privatista do direito, pois determina uma relação de cooperação e confiança entre sujeitos de uma mesma categoria jurídica, sem qualquer subordinação" (Casados Borde,2015:240)

que vão de um emprego a outro, de uma região a outra, fluxos esses que rompem laços e fraternidades. Nos Estados Unidos, principalmente entre a população trabalhadora, somente no ano de 2017 a 2018, na faixa etária de 20 a 40 anos, 16% das pessoas mudaram de residência, dentro ou fora do país. No período de 2010 a 2020, 100 milhões de americanos mudaram de cidade, uma ou mais vezes, seguindo um ciclo de desespero ou esperança, marcado pelos impulsos do mercado de trabalho. No caso dos trabalhadores norte-americanos, esse fluxo ocorre essencialmente em seu território. No caso do México, é a soma de intensos movimentos transfronteiriços. A mobilidade interna, também formidável, é estimulada por intensa violência e expropriação de terras em grandes regiões do México, uma consequência, neste caso, da "Guerra Disforme" explodida pela oligarquia contra sua própria população desde 2008. (Velasco: 2011) Dados de organizações de direitos humanos e do próprio Ministério do Interior, permitem estimativas que chegam a onze milhões de pessoas deslocadas para fugir da morte e da devastação em regiões inteiras do país entre 2008 e 2018[21].

A transformação da Lei Federal do Trabalho do México para formas liberalizadas na perspectiva de um mercado de trabalho transnacional foi imposta a partir de uma guerra contra a população, enquanto o fluxo de investimentos ocupava os territórios de Sociedade mexicana, desenraizando e expulsando a população. As medidas legislativas em matéria trabalhista de 2012 a 2019 têm sido a continuação da violência por outros meios.

8. A CRISE DO AMERICANISMO E A REBELIÃO SOCIAL EM CURSO

A barbárie neoliberal está tendo um abalo inesperado para seus promotores. Essa destruição dos sujeitos sociais da produção não poderia ser inócua para o desenvolvimento da produtividade social do trabalho e, vista de outro ângulo, da produtividade do trabalho social. Como corolário, desse vislumbre do curso das contradições latentes em toda a América do Norte podemos afirmar que o capitalismo americano vive a mais profunda crise de hegemonia desde o período entre 1876 e 1927, das grandes greves de Chicago à execução de Sacco e Vanzetti. É preciso lembrar que a primeira grande crise de hegemonia do *Big Business* ocorreu antes e logo após a Primeira Guerra Mundial, antes que o fordismo - americanismo, como vai chamá-lo Antônio Gramsci - absorvesse a imaginação e a energia dos trabalhadores industriais americanos.

---

21 https://elpais.com/internacional/2019/02/15/mexico/1550244661_123218.html e https://www.gob.mx/cms/uploads/attachment/file/456109/Desplaz_2019_web_color-comp.pdf

A crise do americanismo é um evento que afetará profundamente as relações de trabalho na América do Norte. E também em outras grandes nações do continente, como o Brasil[22]. Sua análise e compreensão exigiriam um estudo específico, mas é inevitável concluir este ensaio com um amplo esboço do mesmo. A subsunção do Direito do Trabalho mexicano no marco do contratualismo anglo-saxão ocorre justamente quando ele colide com seus limites no centro de sua gestação.

Dois são os principais indicadores da crise do americanismo. O primeiro deles se manifesta na estagnação da produtividade total dos fatores na indústria manufatureira estadunidense e, sua contrapartida, na crescente dificuldade para a incorporação da avalanche de novos conhecimentos científicos e tecnológicos à produção no país que concentra a maior massa de patentes no mundo. O poder despótico das grandes corporações e as formas que assume a concentração da riqueza, na economia e na sociedade norte-americana, leva-as à paralisia do que era seu metabolismo fundamental: o desenvolvimento de novas tecnologias e a implantação de formas cada vez mais inovadoras de organizar suas forças produtivas.

A "liquidez das relações de trabalho", essa ausência de um tecido organizacional estável no ambiente de trabalho, acabou afetando as corporações americanas. Os dados publicados pelo *Bureau of Labor Statistics* nos mostram como a Produtividade Total dos Fatores na Indústria manufatureira dos Estados Unidos diminuiu, em etapas, desde 2010. Em 2019, estava 7 pontos abaixo do seu nível inicial, gerando um grande pressão em termos de competitividade da indústria norte-americana nos mercados mundiais. A disputa comercial com a República Popular da China durante a administração Trump não é, portanto, um fato circunstancial.

O segundo dado, vinculado ao anterior e que em parte o explica, diz respeito à incapacidade do mercado desregulamentado de quebrar as barreiras à entrada de novos conhecimentos científicos e tecnológicos, fruto do poder oligopolista sobre as patentes acumulado nos últimos anos. Entre 2010 e 2019, foram registradas 5,5 milhões de patentes nos Estados Unidos, o que representa uma verdadeira avalanche de novos processos e produtos, com o objetivo de multiplicar as potenciais inovações do capitalismo central. No entanto, esse desdobramento de novos conhecimentos tecnológicos é estéril, devido ao seu severo controle pelos grandes grupos de poder dentro

22 Souto Maior, Jorge Luiz, e Severo, Valdete (2017). **Resistência – aportes teóricos contra o retrocesso trabalhista.** Expressão Popular, São Paulo.

da sociedade e da economia dos Estados Unidos, como bem descrito pelo Prêmio Nobel de Economia Joseph Stiglitz[23].

Tradicionalmente, a entrada de novos produtos e novos processos vinha de pequenas e médias empresas que se lançaram no mercado com inovações, gerando um salto na produtividade social do trabalho. Foi assim durante muito tempo. Mas, no ciclo após a Grande Recessão de 2008, esse ciclo foi obstruído: "Com base nos dados do Censo dos Estados Unidos, várias instituições privadas concluíram que o número de empresas com menos de um ano - conhecido como o paradigma da inovação, as empresas iniciantes - *startup firms*, como são conhecidas em inglês - diminuíram em participação no total de empresas em quase 44% entre 1978 e 2012. E esse declínio se espalhou por todos os setores, incluindo aqueles que incorporam novas tecnologias". Por sua vez, o *Brookings Institution*, que também utiliza dados do Censo, constatou que o número de novas empresas diminuiu em todo o país. Tudo isso em um momento em que o empreendedorismo havia alcançado seu ápice cultural e era amplamente visto como a única brasa queimando em uma economia que esfriava. Os mundos empresarial e acadêmico ficaram pasmos: como isso está acontecendo? As implicações são enormes. "As novas empresas são desproporcionalmente responsáveis pela inovação que impulsiona a produtividade e o crescimento econômico, bem como representam praticamente toda a criação líquida de novos empregos", afirmou John Dearie, vice-presidente executivo de políticas do Fórum de Serviços Financeiros. "Estamos perto de uma emergência nacional".[24]

No capitalismo do século XXI, os grandes monopólios se encarregam de destruir as *startups* antes que possam adquirir vantagens competitivas com as novas tecnologias. As grandes multinacionais de tecnologia assistem e esperam, enquanto as novas empresas mostram a viabilidade ou não de sua inovação. Se o resultado for positivo, copiam o método e saturam o mercado com suas grandes plataformas: o saldo é a destruição da nova empresa. Os inventores e aqueles que o financiaram estão completamente in-

---

23 "Todo o conhecimento se baseia no conhecimento anterior e, ao torná-lo menos disponível, a inovação é impedida. A descoberta de um Grande Laboratório Transnacional, como qualquer outro na ciência, utilizou tecnologias e ideias desenvolvidas por outros. Se esse conhecimento anterior não estivesse disponível publicamente, a Big Fharma não poderia ter feito o que fez. Na verdade, uma das ideias importantes de Robert W. Fogel, historiador econômico vencedor do Prêmio Nobel que morreu em 2013, é que uma sinergia entre melhor saúde e tecnologia desencadeou em grande parte o crescimento econômico explosivo durante o século XIX nos países ocidentais. Portanto, é lógico que os regimes de propriedade intelectual que criam rendas de monopólio que impedem o acesso à saúde criam desigualdade e impedem o crescimento geral. A desigualdade não é apenas moralmente repugnante, mas também tem custos materiais. Quando o regime jurídico que rege os direitos de propriedade intelectual é mal projetado, ele facilita a busca de aluguel, e o nosso é mal projetado. E o resultado é que na verdade há menos inovação e mais desigualdade". Stiglitz, Josep. "How Intellectual Property Reinforces Inequality". **The Great Divide**, New York Time, July 14, 2013

24 Buchanan Leigh, **American Entrepreneurship Is Actually Vanishing. Here's Why According to recent studies, the rate of startup creation has been decreasing for years**, in INC Magazine, Maio de 2015.

defesos[25]. A única força capaz de proteger os inventores dos oligopólios na indústria de alta tecnologia é um contingente com uma agenda poderosa e autônoma: os sindicatos.

Um segundo componente da crise do americanismo é a crescente resistência social dentro dos Estados Unidos. Após quatro décadas de letargia, entre abril de 2018 e novembro de 2019, 1,2 milhão de trabalhadores em fábricas e locais de trabalho entraram em greve, em 20 meses que abalaram toda a estrutura de controle construída pela legislação trabalhista e pelo Suprema Corte de Justiça dos Estados Unidos. Para colocar isso em perspectiva, há poucos anos, no auge da resistência sindical nos Estados Unidos, apenas 47.000 trabalhadores fizeram paralisações ou greves para reivindicar seus direitos em 2010.

A resistência trabalhista nos Estados Unidos assume que possui nos trabalhadores latinos um contingente estratégico. A AFLCIO, por meio do ***Labor Council for Latin American Advancement (LCLAA)***, destaca que: "Para o movimento sindical na América do Norte, a possibilidade de recuperar uma maior taxa de sindicalização passa pela incorporação de trabalhadores latinos e imigrantes como novos associados para crescer. Os trabalhadores latinos são atualmente os trabalhadores mais vulneráveis do país e precisam da proteção e dos benefícios que somente os sindicatos podem oferecer. Os trabalhadores latinos enfrentam a maior taxa de desemprego, a maior taxa de mortalidade para cada 100 trabalhadores no local de trabalho, o maior número de queixas por salários fora da lei. Eles também têm os níveis mais baixos de cobertura de pensões, os níveis mais baixos de cobertura de seguro-saúde e também são o grupo que ganha os salários mais baixos. Com a filiação sindical rondando cerca de sete por cento do setor privado, os trabalhadores latinos - em virtude de sua enorme presença nos setores de serviços e construção - desempenharão um papel crítico no aumento da participação da força de trabalho nos sindicatos. A idade média dos trabalhadores latinos, mais jovens em relação a outras populações, e seu rápido crescimento como

---

25 Morinville Paul; **Startups with Patents are the Ultimate Anti-Monopoly**, April 9, 2019, https://www.ipwatchdog.com/2019/04/09/startups-with-patents-are-the-ultimate-anti-monopoly/id=108102/ "Um artigo de trabalho recente de economistas de Princeton e University College London descobriu que as empresas americanas estão cada vez mais capazes de impor preços bem acima de seus custos, o que, de acordo com a teoria econômica padrão, levaria à entrada de novas empresas no mercado. No entanto, isso não está acontecendo. "Se estamos em uma era de lucros excessivos, em mercados competitivos veríamos uma entrada recorde de empresas, mas vemos o contrário", disse Ian Hathaway, economista que estudou o assunto. Isso, disse Hathaway, sugere que o mercado não é realmente competitivo, que as empresas existentes encontraram maneiras de bloquear os concorrentes... Em 1980, segundo dados do Census Bureau, cerca de uma em oito empresas havia sido fundada nos Estados Unidos. Último ano; Em 2015, essa participação caiu para menos de um em 12. A tendência de queda está se estreitando em todas as regiões e setores e, desde pelo menos 2000, inclui até mesmo o coração pulsante da inovação e criação de novas empresas estadunidenses: a alta tecnologia. "New York Times, Casselman, Ben; A Start-Up Slump Is a Drag on the Economy. Big Business May Be to Blame, Sept. 20, 2017.

grupo, os torna ainda mais prováveis, como membros potenciais do sindicato. Devido a essa combinação de fatores, os latinos estão em uma situação que os leva a ingressar em sindicatos em grande número. A sindicalização proporcionará à população explorada da comunidade latina uma voz mais forte, bem como proteção social e política para melhorar suas condições de trabalho e renda."[26]

Para o movimento sindical na América do Norte, a contrarreforma trabalhista no México avançou sem enfrentar resistência na escala que teria sido necessária para evitar suas terríveis consequências. O movimento trabalhista mexicano está disperso e atordoado, após anos de violência e reestruturação industrial. Mas a réplica à sua condição atual agora sobe em território insuspeito: a insurgência trabalhista nos Estados Unidos da América. Em um texto anterior, mostramos como o descontentamento é reconfigurado no Canadá, convergindo com os outros dois países da América do Norte. (Roman e Velasco, 2016).

O Direito do Trabalho mexicano foi desmantelado. Os modernizadores neoliberais acabaram por reconhecer que, na reconstrução dos direitos de propriedade, no sentido estratégico, a peça fundamental a ser retirada eram os direitos trabalhistas. Em particular, por não estabelecer condições para implantação de um novo Bloco Industrializado. Visa, de forma pragmática, criar o quadro jurídico trabalhista necessário para cobrir as obrigações financeiras de um Estado mexicano submerso em uma profunda crise financeira. A Reforma Trabalhista é a conclusão de uma longa estratégia de devastação das condições de contratação e de vida dos trabalhadores assalariados no México, iniciada há três décadas. A participação dos assalariados no PIB caiu de 38 para 26 por cento naquele período (CEPAL: 2018, 61). A destruição do Direito do Trabalho, agora introduzida na ordem jurídica mais elevada, é a continuação da acumulação por expropriação. A apropriação de todos os recursos naturais do território mexicano permaneceria inconclusiva sem eliminar a capacidade dos trabalhadores mexicanos de resistir no local de trabalho após uma disputa individual ou coletiva de trabalho, presente no artigo 123 da Constituição de 1917. A propriedade privada estava limitada, potencialmente, pela vontade coletiva dos trabalhadores organizados pela indústria ou local de trabalho. Para o suspeito capital transnacional, descrito por Marx como Capital Cosmopolita, o espaço é muito mais do que a simples posse de um território. Implica controle sobre as relações sociais que nele se desenvolvem. Para o grande capital, a total subordinação da população trabalhadora é indispensável. Não pode dominá-los enquanto recriam sua

26 Labor Council for Latin American Advancement (LCLAA), 2019, Latino Workers and Unions: A Strategic Partnership for America's Progress, Washington DC

memória histórica do território. Por isso, as formas específicas de subsunção do trabalho assalariado ao capital são essenciais para o exercício de uma apropriação completa dos recursos que o espaço guarda desde as suas entranhas aos planos superiores. A separação da população de seus ativos produtivos históricos só se completa quando aos trabalhadores é imposta uma mobilidade absoluta subordinada às necessidades do mercado de trabalho. O Direito do Trabalho é a contrapartida jurídica do direito de propriedade absoluta, à propriedade alodial, propriedade sem gravames com origem no direito social. Do ponto de vista dos empregadores, introduz elementos que aumentam os custos de transação que "naturalmente" ocorreriam entre os proprietários do insumo de trabalho e os "consumidores" habituais dele, as empresas. Mas também é porque, na perspectiva do grande capital, permite aos proprietários enfrentarem uma força de trabalho comercializada, a mais favorável para eles, não organizada em comunidade e enraizada em seu território. Este último, para eles, o mais adverso. Ao contrário do artigo 123, a reforma trabalhista mexicana, implantada durante a segunda década do século XXI, não desperta entusiasmo entre os trabalhadores do Canadá ou dos Estados Unidos. Eles não veem a nova lei trabalhista empoderando os trabalhadores no chão de fábrica.

A pauperização dos antigos distritos industriais dos Estados Unidos é um novo elemento estrutural na análise do novo enredo e drama da sociedade norte-americana. Mas dado que as pessoas vivenciam conflitos materiais no campo das ideias, é necessário destacar as grandes batalhas culturais que se desenrolam na América do Norte, a partir do movimento *Occupy Wall Street*, com intensidade sem precedentes, em todos os espaços públicos, seguindo os passos descritos por EP Thompson, para o caso inglês do século XIX. Os *millennials*, a nova geração de jovens trabalhadores americanos, está pronta para levar esse debate às últimas consequências. E fazem isso a partir de uma ilustração conquistada com muito suor e sacrifício. O secularismo é o novo espírito de uma geração que quer quebrar todos os preconceitos e tabus, de uma hegemonia burguesa construída em torno do obscurantismo bíblico do *establishment*. Como Mike Davis nos lembra bem em seu livro "Prisoners of the American Dream", essa era uma batalha que estava pendente nos Estados Unidos desde sua fundação. Dada a estrutura de pequenos produtores, os fazendeiros norte-americanos não tiveram que derrubar a grande propriedade da terra, lutando contra o pensamento religioso que protegia os privilégios feudais. Ao contrário da Europa, eles vieram para a República sem passar pelo Iluminismo. Diante do assalto à razão pelos neoconservadores, convocados pela ira de Deus, e seu vigário, o presidente Donald Trump, jovens americanos astutos aguçam a razão para limpar o terreno cultural de qualquer tipo de credo sem fundamento racional. O debate se estende por toda a linha de batalha: a grande questão ambiental e as novas fontes de energia, os direitos das minorias, o repúdio ao paramilitarismo civil, os direitos inalienáveis das mulheres de decidir sobre seu corpo e sua vida, e a necessidade de uma nova política fiscal para passar do mercado e dos interesses bancários aos direitos sociais. Tudo isso a partir da organização horizontal da população, em uma nova comunidade. A agenda é ainda mais longa. E, dentro dela, a necessidade de justiça laboral não é uma questão menor. É um tema central.

Os Estados Unidos viveram de 2018 até o outono de 2019, o maior movimento grevista das últimas três décadas. E o fizeram apesar de o Supremo Tribunal Federal ter tentado deter, com verdadeiro afinco, a crescente militância sindical dos trabalhadores, com resoluções cada vez mais hostis aos direitos de associação e de greve. A Suprema Corte dos Estados Unidos o faz dotando-se do banal "princípio" da liberdade dos trabalhadores terem obrigações, ou não, com os sindicatos que os representam, apesar da existência de todos os protocolos democráticos, em sua vida interna, garantir sua legitimidade e representatividade. É a "liberdade sindical" proclamada pelos patrões de todo o mundo, que não existe nem mesmo nas mais elementares associações de bairro, onde, segundo o Direito Civil, quem tem direitos e benefícios, também tem obrigações.

As novas gerações de trabalhadores nos Estados Unidos, com seu espírito iconoclasta, esclarecido e desafiador, entram na terceira década do século XXI com um novo programa para o povo americano. E eles dizem isso em voz alta. E eles dizem isso a plenos pulmões, como alguém quebrando uma maldição. Chegou a hora de construir uma alternativa socialista para os graves problemas sociais que afligem o povo dos Estados Unidos. As Leis Operárias da Revolução Mexicana, seu artigo original 123, assim como a insurgência trabalhista que contribuiu para seu nascimento, fazem parte das antigas coleções, genuínas raízes que permanecem na memória coletiva, com as quais pretendem construir seu sonho. A propriedade privada sobre as grandes forças produtivas da maior economia mundial terá que assumir obrigações maciças e sólidas com os trabalhadores, com a sociedade e com a natureza. Ou desaparecer no fogo de eventos que começarão a ocorrer diante de nossos olhos a partir de 2020.

A rebelião contra as formas despóticas do capitalismo, e como são transcritas e promovidas através das Leis do Trabalho na América do Norte, está em andamento. A irracionalidade do poder capitalista, o *ius abutendi* sobre os bens e as pessoas inseridas no tecido produtivo, acabou impossibilitando o uso racional dos recursos e conhecimentos disponíveis às comunidades que habitam seu território. Mas é no México onde o capitalismo terminal construiu um cenário mais sinistro. Apesar das tentativas de reconstruir o Estado, tudo o que resta é a administração instável de um Estado Remanescente. A violência é o principal insumo na acumulação de capital, com dezenas de milhares de mortes nas ruas e nos locais de trabalho. O metabolismo da relação do México com os Estados Unidos lembra o horror de outras relações coloniais, como a entre a Irlanda e a Grã-Bretanha durante o surgimento e desenvolvimento da Revolução Industrial. A Questão Mexicana, por sua intimidade com a vida interna do Império, não é um *external affaire*, é uma questão que recria, em sua esfera doméstica, formas que só podem ser qualificadas como escravidão assalariada. O México é um *internal affaire* aterrorizante dos excessos da ganância desenfreada da sociedade americana. E é por isso que o centro da rebelião contra o capitalismo que realmente existe nos Estados Unidos está incubada no México, e a partir daí se inbricará àquelas que estão ocorrendo no Norte e no Sul. Parafraseando o lema da rebelião irlandesa de 1916, e recriando seu significado, por outro momento e circunstância, podemos dizer: a Causa do México é a Causa da Classe Trabalhadora. Inevitável. Porque a causa da classe trabalhadora é a causa do México. Internacionalismo e dignidade são inextricáveis na emancipação dos oprimidos na América do Norte. Iluminado pelo Cruzeiro do Sul.

ESTUDO COMPARATIVO DO DIREITO DO TRABALHO NO URUGUAI E NO BRASIL: 1990 A 2018

Adriana R. Strabelli[1]
Felipe de Melo Barbosa[2]

RESUMO: Propõe-se analisar o desenvolvimento do Direito do Trabalho no Uruguai entre 1990 e 2018, referente aos períodos neoliberal e de reformismo social neste país, e realizar um cotejo com o sistema brasileiro no mesmo período, a fim de identificar eventuais semelhanças e diferenças entre os países e contribuir para a compreensão crítica do papel do Direito do Trabalho no sistema capitalista, especialmente no Brasil.

1. INTRODUÇÃO

O presente artigo é fruto da disciplina "Direito do Trabalho comparado em perspectiva histórica", organizada pelo professor Jorge Luiz Souto Maior, para alunos da pós-graduação da Faculdade de Direito da Universidade de São Paulo. Para discorrer sobre o Direito do Trabalho no Uruguai, Hugo Barreto Ghione, professor titular de Direito do Trabalho e da Seguridade Social da Universidade da República do Uruguai, esteve na Faculdade de Direito da Universidade de São Paulo, no dia 11 de abril de 2019.

Ghione propõe a periodização da evolução da legislação laboral uruguaia a partir dos modelos político-normativos que se seguiram no Uruguai, tomando por medida o conjunto de atos e estratégias adotados por cada governo que seguem um certo padrão jurídico-ideológico[3]. Com base nesta referência, identifica três períodos da legislação laboral: (i) autoritário; (ii) flexibilidade trabalhista e (iii) reformismo social. Para fins de exposição neste artigo, adota-se referida periodização, a fim de

---

1 Mestranda em Direito do Trabalho pela Universidade de São Paulo (2018). E-mail: adriana.strabelli@usp.br.

2 Mestrando em Direito do Trabalho pela Universidade de São Paulo (2019). E-mail: felipe.melo.barbosa@usp.br.

3 GHIONE, Hugo Barreto. *Notas sobre el surgimiento del Derecho del Trabajo en el Uruguay: orígenes y permanencias.* Disponível em: http://hugobarrettoghione.blogspot.com/2013/08/notas-sobre-el-surgimiento-del-derecho.html. Acesso em 7 abr. 2019.

discorrer sobre o período de 1990 a 2018, o qual abarca a fase de flexibilidade e reformismo social, como se verá adiante.

Porém, como introdução, é importante apontar as características gerais do Direito do Trabalho uruguaio. Para tanto, utiliza-se a sistematização de outro reconhecido doutrinador uruguaio, Oscar Ermida Uriarte[4], que destaca o fato de que

> Derecho es mucho más que ley. Em cualquier rama jurídica, el Derecho es no solamente la ley, sino también la jurisprudencia, la doctrina, etc.
>
> Ahora bien. El Derecho del trabajo em general – y no solo el uruguayo – tine como finalidad central la protección del trabajador, considerado la parte más débil em la relación laboral. Esa protección, que es essencial al Derecho laboral, se puede realizar de dos maneras: heterónamente, es decir, desde afuera de las partes, por el Estado, o autonomamente, ejercida por la propria parte que necessita la protección, o sea el trabajador. [5]

A proteção heterônoma se dá por meio da atuação dos três Poderes: o Legislativo, responsável pela elaboração da legislação; o Executivo, especialmente por meio dos órgãos de inspeção do trabalho, a quem cabe controlar a aplicação das normas; e o Judiciário, por meio de uma justiça especializada e um procedimento autônomo para solução dos conflitos laborais. Por sua vez, a proteção autônoma tem como origem, centro e base a formação de sindicatos, cuja atividade se dá principalmente nas relações coletivas de trabalho, as quais envolvem negociações coletivas e greves.

Especificamente sobre a legislação uruguaia referente ao direito individual do trabalho, Uriarte aponta ser desorganizada, fragmentária e pontual, tendo em vista não haver um código ou uma lei geral trabalhista. Como consequência desse aspecto, confere-se ampla margem à criação doutrinária e jurisprudencial. Vale notar que a Justiça do Trabalho no Uruguai tem competência apenas julgar conflitos individuais de trabalho. Uriarte destaca que uma prova evidente desta segunda característica é a difusão da obra de Américo Plá Rodríguez chamada "Os Princípios do Direito do Trabalho", a qual, em alguns períodos, foi mais citada como fundamento de decisões judiciais do que qualquer lei ou decreto.

Ademais, a importância da doutrina uruguaia transcende os limites territoriais de seu surgimento. Além de Hugo Barreto Ghione, Oscar Ermida Uriarte e Américo Plá Rodriguez, cita-se também, apenas a título de exemplo, os juristas Francisco de

---

4 Foi também professor da Universidade da República do Uruguai, autor de diversos livros e artigos sobre Direito do Trabalho, fundador e editor da revista Derecho Laboral e membro do Grupo de Los Miércoles, um grupo de estudos sobre Direito do Trabalho fundado por Americo Plá Rodriguez.

5 URIARTE, Oscar Ermida. *La nueva legislación laboral uruguaya.* IUSLabor 4/2006, p. 1.

Ferrari e Héctor-Hugo Barbagelata, diretor-fundador e atual diretor da revista Derecho Laboral, existente desde 1948.

No tocante à legislação sobre o direito coletivo do trabalho, Uriarte aponta haver um aparente sistema de abstencionismo de lei e de intervenção judicial nas relações coletivas e nos conflitos pluralistas de trabalho, o que funcionou bem durante muitos anos, pois havia um certo equilíbrio de forças entre os sindicatos e os empregadores que permitia a autorregulação de suas divergências, sem a necessidade de intervenção estatal. Porém, a partir da ditadura, houve um desequilíbrio de forças muito grande, pois os sindicatos praticamente desapareceram e, após a ditadura, as organizações que ressurgiram não alcançaram a força que havia anteriormente, o que impediu um relacionamento autônomo e equitativo entre os atores sociais da relação capital e trabalho.

2. PERÍODO NEOLIBERAL URUGUAIO E BRASILEIRO

Considerando as três fases da legislação laboral uruguaia elencadas por Ghione e o período histórico objeto do presente artigo, o início de 1990 marca o começo do período de flexibilidade trabalhista, decorrente de um governo abertamente liberal, que apresentava projetos de privatizações e desregulamentações nos mais diversos âmbitos da economia e ficou no governo até 2004.

Neste período, Ghione destaca os seguintes acontecimentos em relação ao Direito do Trabalho, os quais serão comentados a seguir.

a. abandono à convocação de negociação coletiva tripartite;
b. promoção do trabalho por conta própria por meio de lei voltada ao incentivo dessa modalidade de trabalho sem combater as formas de fraudes trabalhistas decorrentes;
c. reforma previdenciária com a adoção de um sistema misto;
d. derrogação do processo trabalhista em favor da adoção do processo civil para solução dos litígios individuais de trabalho;
e. modificação do prazo prescricional trabalhista; e
f. descumprimento das Convenções n. 87, 98, 81 e 131.

O abandono da negociação tripartite se fez perceber pela não convocação do Conselho de Salários pelo Ministério do Trabalho. O governo passou a ter uma postura passiva, oferecendo sua infraestrutura para que os setores econômicos interessados passassem a negociação entre si. A isso adiciona-se a constatação de que não foram feitos mais aumentos gerais de salário, o que fez com que um contingente de trabalhadores sem representatividade sindical ficasse à mercê de aumentos voluntários pelos empregadores.

A promoção do trabalho por conta própria se deu, em especial, por dois decretos do Poder Executivo: um que desregulou o trabalho profissional e outro que regulou as empresas unipessoais. Ademais, pela prática de contrabando legislativo, o legislador modificou a legislação trabalhista em projetos de lei que não eram essencialmente trabalhistas. Inseriu-se um artigo na lei de reforma das aposentadoria para permitir que as empresas unipessoais tivessem liberdade para mudar a forma jurídica da relação entre trabalhador e empresário podendo adotar ora a natureza trabalhista ora a natureza civil.

A modificação do prazo prescricional trabalhista ocorreu na Lei de Inversão Produtiva, em mais um exemplo de contrabando legislativo desse período uruguaio. Estabeleceu-se a prescrição dos créditos trabalhistas em dois anos da data do ajuizamento da ação, que poderia ser proposta até o limite de um ano após o dia seguinte àquele em que terminou a relação trabalhista.

Ghione entende que este período de flexibilidade neoliberal no Uruguai não foi marcado pela revogação ou fortes mudanças nas normas trabalhistas que garantiam direitos aos trabalhadores. Afirma que a flexibilidade foi de fato (ou à uruguaia), ou seja, as normas trabalhista passaram a não gozar de efetividade. Como razões, o professor uruguaio aponta o enfraquecimento dos mecanismos de inspeção do trabalho por parte do Ministério do Trabalho e um desaquecimento da atividade sindical.

Em paralelo, no mesmo período, do ponto de vista da legislação trabalhista, o Brasil também é marcado por uma política liberal, a qual é explícita durante os governos de Fernando Collor de Mello, Itamar Franco e Fernando Henrique Cardoso, quando se atinge o auge do neoliberalismo. No governo de Luiz Inácio Lula da Silva mantém-se a lógica neoliberal, mas com menor intensidade.

Diante da grande quantidade de publicações legislativas no período, a fim de conferir um panorama das mudanças, aponta-se adiante alguns exemplos, sem qualquer pretensão de se tratar de uma abordagem exaustiva do tema.

A década de 90 se iniciou com a recente promulgação da Constituição da República de 1988, que representa um avanço na garantia e proteção dos direitos sociais, como se vê, por exemplo, no rol de direitos trabalhistas do artigo sétimo e na previsão sobre o direito de greve de forma ampla. Apesar disso, como adverte Jorge Luiz Souto Maior, *o fato é que a Constituição de 1988 representou uma espécie de hiato na linha regressiva imposta aos direitos trabalhistas desde 1964, mas, do ponto de vista concreto, ao menos, no período imediatamente seguinte, o da década de 90, nada se alterou realmente neste aspecto de retração de direitos trabalhistas*[6]. Souto Maior atribui esse efeito a duas causas: não conferir caráter normativo às previsões constitucionais relacionadas aos direitos trabalhistas e dominação da leitura neoliberal da Constituição.

Inclusive, a regulamentação do direito de greve por meio da Lei 7.783, de 1989, é um exemplo dessa dominação neoliberal, no sentido de conferir uma interpretação aos ditames constitucionais que, na prática, significa desdizer o texto constitucional. Isso porque, referida Lei impôs restrições ao exercício do direito de greve não previstas na Constituição.

Avançando na década de 90, em 1994, tem-se a inserção na CLT de previsão sobre inexistência de vínculo empregatício entre cooperativa e associado, no seguinte sentido:

> Art. 442 - (...)
>
> Parágrafo único - Qualquer que seja o ramo de atividade da sociedade cooperativa, não existe vínculo empregatício entre ela e seus associados, nem entre estes e os tomadores de serviços daquela. (Incluído pela Lei nº 8.949, de 9.12.1994)

Referida previsão gerou fraudes aos direitos trabalhistas e muita discussão no meio jurídico até se chegar ao consenso de se tratar de uma presunção relativa, sendo que, no caso de estarem presentes todos os requisitos da relação de emprego, haveria vínculo, independentemente da roupagem jurídica.

No mesmo ano, outra lei inseriu na CLT previsão sobre exceções a respeito da regra de controle de jornada de trabalho:

> Art. 62 - Não são abrangidos pelo regime previsto neste capítulo:
>
> I - os empregados que exercem atividade externa incompatível com a fixação de horário de trabalho, devendo tal condição ser anotada na Carteira de Trabalho e Previdência Social e no registro de empregados;
>
> II - os gerentes, assim considerados os exercentes de cargos de gestão, aos quais se equiparam, para efeito do disposto neste artigo, os diretores e chefes de departamento ou filial.
>
> Parágrafo único - O regime previsto neste capítulo será aplicável aos empregados mencionados no inciso II deste artigo, quando o salário do cargo de confiança, compreendendo a gratificação de função, se houver, for inferior ao valor do respectivo salário efetivo acrescido de 40% (quarenta por cento). (Incluído pela Lei nº 8.966, de 27.12.1994)

---

6 MAIOR, Jorge Luiz Souto. História do direito do trabalho no Brasil: curso de direito do trabalho, volume I: parte II. São Paulo: LTr, 2017, p. 358.

Em 1997, são editadas leis sobre privatização e ampliação da terceirização. No mesmo ano, uma proposta de emenda à constituição visou a extinguir a Justiça do Trabalho, porém foi arquivada em 1999. Em 1998, por meio de medida provisória, o governo instituiu o trabalho a tempo parcial, que seria incorporado à CLT em 2001.

Em 2000, três novidades legislativas interferem diretamente na dinâmica das resoluções de conflitos das relações laborais, quais sejam: (i) criação do procedimento sumaríssimo para causas individuais trabalhistas de até 40 salários mínimos; (ii) criação da comissão de conciliação prévia como tentativa de submissão obrigatória antes de ajuizar reclamação trabalhista perante o Poder Judiciário e (iii) previsão de cabimento de mediação e arbitragem para solucionar negociação de participação nos lucros e resultados.

No ano seguinte, 2001, o governo cria, também por meio de medida provisória, a possibilidade de (i) suspensão do contrato de trabalho, por dois a cinco meses, para fins de participação em curso de qualificação profissional, por meio de negociação coletiva e uso de receitas do Fundo de Amparo ao Trabalhador e (ii) compensação de jornada por meio de acordo ou convenção coletiva de trabalho.

E como nem tudo é linear, em 30/12/2004, tem-se a promulgação da Emenda Constitucional 45, que amplia a competência da Justiça do Trabalho e confere legitimidade ao Ministério Público do Trabalho para ajuizar dissídio coletivo em caso de greve em atividade essencial.

3. PERÍODO DE REFORMISMO SOCIAL URUGUAIO - 2005 A 2018

Oscar Ermida Uriarte aponta algumas relevantes mudanças na legislação trabalhista do Uruguai a partir de 2005, ano em que chegou ao comando do Poder Executivo um partido descrito, em termos gerais, como de esquerda.

Este governo adotou uma política trabalhista[7] ativa e relativamente autônoma à política econômica, com o fim de reequilibrar as forças dos atores coletivos. Uriarte aponta os componentes legais básicos dessa nova política laboral[8].

---

7 Por política laboral, retoma-se o conceito de Oscar Ermida Uriarte, para quem política laboral é uma parte da política geral, em particular a social, que se refere às relações laborais enfatizando a situação dos trabalhadores e de suas organizações. A política laboral se vincula com outras políticas, em especial econômicas e sociais. O grau de centralidade, dependência ou marginalidade da política laboral permite visualizar tendências políticas daqueles que estão no poder. A tentativa do governo da *Frente Amplia* de revalorizar a negociação coletiva e de progredir na tutela legal de certos aspectos do direito individual do trabalho permite-nos situar o governo da *Frente Amplia* ao menos como governo progressista. Cf.: URIARTE, Oscar Ermida. La política laboral de los gobiernos progresistas, el posneoliberalismo y el movimiento sindical *in* **Diálogo Movimiento sindical - gobiernos progresistas: Un primer balance de las políticas progresistas en la región**, Montevideo: Fundación Friederich Ebert Stiftung. p. 37.

8 URIARTE, Oscar Ermida. *La nueva legislación laboral uruguaya.* IUSLabor 4/2006, p. 3-7.

Como primeiro componente, a possibilidade de negociação coletiva no setor público, com a celebração de um superconvênio entre governo, central sindical e organizações sindicais de funcionários públicos para regular autonomamente a negociação coletiva com o Estado, sem grande adoção prática[9];

Como segundo componente, a reinstalação dos conselhos de salários, que são comissões tripartites integradas por governo, sindicatos e empregadores, constituídas por ramo de atividade, com a faculdade de fixar salários mínimos por categoria e por ramo de atividade.

Os Conselhos de Salários foram criados em 1944[10] com a incumbência de fixar o valor mínimo que trabalhadores e trabalhadoras devem receber de seus empregados na indústria, comércio e serviços públicos não atendidos pelo Estado. Para que o Conselho possa agir, é necessária provocação pelo Poder Executivo, de ofício ou a requerimento da parte, que formula pedido para o Ministro competente.

Historicamente, o Conselho foi chamado com intensidade de sua instauração até 1968, quando o presidente Jorge Pacheco Areco congelou os salários e deixou de chamar o Conselho de Salários. Em seguida, sobreveio a instauração da ditadura militar uruguaia e manteve-se a inatividade do Conselho. Somente com o fim da ditadura em 1985 o Conselho de Salários voltou à ativa, mas por pouco tempo, já que o neoliberalismo chegaria com força em 1990.

Com a eleição de forças de centro-esquerda com uma política trabalhista distinta dos governos neoliberais, quase todos os ramos de atividades econômicas celebraram acordos e convenções coletivas de trabalho, o que restabeleceu a negociação coletiva no direito do trabalho uruguaio e gerou um moderado aumento de salário real.

Outros efeitos relevantes dos conselhos foram: a melhoria da qualidade do emprego, decorrente de negociação de condições de trabalho; o aumento do índice de formalidade, devido ao fato do efeito erga omnes dos conselhos e da faculdade de inspeção

9 Por todos: ARIM, Rodrigo. La negociación colectiva: Algunas reflexiones para el Uruguay de hoy. CEPAL - Serie Estudios y Perspectivas – Montevideo – N° 21, jan/2016, p. 24.

10 Hector-Hugo Barbagela e Álvaro Rodríguez Azcué trouxeram importantes relatos do processo histórico de formação dos Conselho de Salário. Evitando qualquer simplificação, Barbagelata remonta ao ano de 1912, quando foi apresentado um projeto de lei sobre salários mínimos. A ratificação da Convenção nº 26 da OIT pelo Uruguai em 1933 foi outro incentivo, na medida em que estabeleceu que os salários deveriam ser fixados por comissões tripartites. Todo esse movimento culminou em projeto de lei de 1938 que acabaria criando os comitês paritários de salário minimo. Cf.: AZCÚE, Álvaro Rodríguez. Los métodos de fijación del salario en Uruguay y los particularismos del Derecho del Trabajo. **Revista de la Facultad de Derecho**, nº 31, Montevideo, jul./dez. 2011, p. 250-251. Disponível em: <https://revista.fder.edu.uy/index.php/rfd/article/download/59/60/0>.
http://www.fcu.com.uy/compraNueva.php?fp=ABITAB e http://cienciassociales.edu.uy/wp-content/uploads/2013/archivos/Mesa_10_Ibarra.pdf

que possuem; restabelecimento da estrutura tradicional da negociação coletiva uruguaia, centralizada por ramo de atividade; aumento da sindicalização, surgimento de novos sindicatos e aumento da presença e do protagonismo dos sindicatos existentes[11].

Como terceiro componente, a aprovação da lei de proteção da atividade sindical (Lei nº 17.940, de 2/1/2006), a qual se fundamenta na ideia de que a previsão legal da existência da liberdade sindical, por si só, não é suficiente, sendo necessário garantir que não sejam praticados atos antissindicais. Por essa razão, a lei prevê a nulidade absoluta de todo ato antissindical e determina a reintegração do trabalhador ou a recomposição das partes ao estado anterior. A lei também prevê prerrogativas ao sindicato, como a existência de uma licença sindical[12], a retenção da cota sindical diretamente do salário[13] e a carteira sindical.

Diante dos segundo e terceiro componentes, Uriarte coloca que a implementação, durabilidade e eficácia das novas medidas são fatores importantes para definir se o sistema uruguaio de direito coletivo de trabalho evoluiu do modelo abstencionista ou sem regulação para o modelo de promoção da atividade sindical[14].

Os dados mais recentes permitem afirmar que a atividade sindical vem florescendo nas terras uruguaias[15]. Em 2018, houve atividade de negociação coletiva em 195 dos 198 âmbitos de negociação coletiva compreendidos na sétima rodada dos Conselhos de Salários, sendo que trabalhadores e empresários chegaram a acordos em 90% desses âmbitos. O Estado precisou atuar heteronormativamente apenas em 3% das áreas de negociação coletiva, com destaque para uma parte do setor rural.

Como quarto componente, o decreto de solução de conflitos coletivos e regulação da ocupação dos lugares de trabalho (Decreto nº 165, de 30/5/2006), cuja uma das principais motivações para a sua elaboração foram pressões do setor empresarial diante do aumento do número de ocupações dos locais de trabalho em 2005[16]. Este

---

11 URIARTE, Oscar Ermida. *La nueva legislación laboral uruguaya*. IUSLabor 4/2006, p. 4-5.

12 Por essa licença, reconhece-se o direito do trabalhador de gozar de tempo livre remunerado para o exercício da atividade sindical, incumbindo ao Conselho de Salário respectivo a regulamentação do exercício desse direito.

13 A retenção da cota sindical diretamente na folha de pagamento se limita aos trabalhadores filiados a uma organização sindical, sendo necessário consentimento prévio e por escrito.

14 URIARTE, Oscar Ermida. *La nueva legislación laboral uruguaya*. IUSLabor 4/2006, p. 6-7.

15 MINISTERIO DE TRABAJO Y SEGURIDAD SOCIAL. Murro: "Este es el mejor ejemplo de negociación colectiva en Uruguay". Disponível em: <https://www.mtss.gub.uy/web/mtss/noticia-ampliada/-/asset_publisher/hK9T/content/murro:-%E2%80%9Ceste-es-el-mejor-ejemplo-de-negociacion-colectiva-en-el-uruguay%E2%80%9D>. Consulta em: 18 nov. 2019.

16 Importante relembrar que nesse período o Uruguai iniciava sua transição de governos de matiz neoliberal para governos ditos como progressistas, com diferentes políticas laborais.

decreto sistematiza os meios de solução de conflitos coletivos já existentes no Direito do Trabalho uruguaio e regulamenta a ocupação dos locais de trabalho.

A ocupação é concebida pelo decreto como uma manifestação do exercício do direito de greve, em conformidade com a doutrina e jurisprudência dominantes à época. Autoriza-se o Poder Executivo a despejar os ocupantes no caso de a continuidade prolongada da ocupação colocar em grave risco a vida, a segurança ou a saúde da população ou afetar seriamente a ordem pública.

Uriarte destaca que o decreto não agradou nenhuma das classes, de sorte que Uriarte considerou a sua elaboração como uma reação exagerada do governo aos conflitos trabalhistas verificados no início do mandato (em 2005), os quais possuem múltiplas causas que escapam ao exercício do direito de greve[17].

Nota-se ainda que o Comitê de Liberdade Sindical da OIT já se manifestou sobre o Decreto, sugerindo mudanças na legislação uruguaia para permitir que os trabalhadores não grevistas possam adentrar no local de trabalho e exercer suas atividades laborais[18].

Como quinto componente, a lei do trabalho doméstico no Uruguai (Lei 18.065/2006). Como aponta Hugo Barreto Ghione, as trabalhadoras domésticas estiveram fora do alcance das normas clássicas de limitação de jornada no Uruguai, originadas em 1915[19]. Apenas como o reformismo social promovido a partir de 2005 é que se deu uma proteção legal trabalhistas a essa categoria.

A Lei 18.065/2006 acabou por estabelecer a limitação de jornada para os trabalhadores e trabalhadoras domésticas em um máximo legal de oito horas diárias e quarenta e quatro horas semanais e descanso intrajornada de meia hora para a modalidade de trabalho com retiro (em que o trabalhador não dorme no local do trabalho) e de pelo menos duas horas para a modalidade de trabalho sem retiro (em que o trabalhador dorme no local de trabalho).

Aos trabalhadores sem retiro também foi assegurado um descanso mínimo noturno de nove horas contínuas que não pode ser interrompido pelo empregador, além da garantia de alimentação adequada e uma habitação higiênica e particular.

---

17 URIARTE, Oscar Ermida. *La nueva legislación laboral uruguaya*. IUSLabor 4/2006. p. 5.

18 Conferencia Internacional del Trabajo, 108.a reunión, 2019. Informe III (Parte A).

19 GHIONE, Hugo Barreto. *50 años de Legislación Laboral en el Uruguay (1967-2017)*. Montevidéu, 2017. Disponível em: https://www.mtss.gub.uy/c/document_library/get_file?uuid=3adbd8b1-669e-4d97-8a5e-df33703b3038&groupId=11515. Acesso em 25 mar. de 2019.

O descanso semanal para ambas as modalidades de trabalho doméstico foi estabelecido em trinta e seis horas ininterruptas, compreendendo necessariamente o domingo e podendo haver acordo entre as partes sobre o dia da semana em que o restante do descanso será usufruído.

Para além da matéria de jornada, destaca-se que a Lei garante cobertura por desemprego, indenização pela despedida comum e em razão da gravidez, além de subsídio por enfermidade. O Ministério do Trabalho e da Seguridade Social do Uruguai pode realizar inspeções nos locais de trabalho doméstico quando houver presunção de descumprimento das normas trabalhistas e de seguridade social, necessitando de ordem judicial expedida pelo juiz do trabalho.

Como sexto componente, a regulamentação da jornada de trabalho do trabalhador rural, por meio da Lei nº 18.441/2008. A duração máxima do labor passou a ser de oito horas diárias até o máximo de 48 horas semanais, contadas a cada seis dias trabalhados. O descanso intrajornada, no caso de labor contínuo, foi estabelecido em, no mínimo, meia hora e o descanso interjornada em doze horas, salvo no caso em que o descanso intrajornada seja igual ou superior a três horas.

Destaca-se assim disposição que estabelece que os convênios coletivos de trabalho podem estabelecer regimes de trabalho diferentes sempre que mais favoráveis do que os previstos pela Lei, concretizando na forma do texto legal o princípio da vedação do retrocesso e da inderrogabilidade *in pejus* do texto legal.

Como sétimo componente, o novo prazo de prescrição do trabalhador rural: a prescrição da pretensão judicial dos créditos trabalhistas havia sido reduzida no período neoliberal para apenas dois anos (Lei 16.906/1998). Com o advento da Lei 18.091/2007, os créditos trabalhistas passaram a prescrever em cinco anos, a partir da data em que se tornaram exigíveis. O trabalhador continuou a ter um ano para ajuizar a ação trabalhista a partir do dia seguinte àquele em que cessou a relação trabalhista.

Como oitavo componente, a terceirização foi regulamentada no Uruguai por meio das Leis 18.099/2007 e 18.251/2008. O instituto é identificado no ordenamento jurídico uruguaio como subcontratação trabalhista, já que o conceito trazido pela lei se funda no ato de contratação por uma empresa (a contratante) da execução de obra ou serviço por meio de outra empresa (a subcontratante). Nos termos da legislação uruguaia, a subcontratante assume os riscos da relação e contrata trabalhadores sob sua própria dependência. Os trabalhadores subcontratados devem se integrar à organização empresarial da empresa contratante, exercendo atividade própria do estabelecimento empresarial, que poderá ser principal ou acessória.

Vê-se assim que o ordenamento jurídico trabalhista uruguaio não distinguiu entre atividade principal (atividade-fim) e acessória (atividade-meio), seja no setor privado ou no setor público, tal qual era a regra no Brasil antes da promulgação das Leis 13.429/2017 e 13.467/2017. Com efeito, referidas leis modificaram o panorama normativo brasileiro, prevendo a ausência de distinção entre atividade-fim e atividade-meio no setor privado para fins de marcar o âmbito da terceirização.

Em relação ao setor público, destaca-se o Decreto nº 9.507/2018, que regulamentou o § 7º do artigo 10 do Decreto-Lei nº 200/1967 e o artigo 71, §1º, da Lei nº 8.666/1993. Para a Administração Pública Federal direta, autárquica e fundacional, vedou-se a execução indireta dos serviços para as atividades-fim e permitiu-se a transferência para terceiros de serviços acessórios que não aludam à fiscalização decorrente do exercício do poder de polícia.

Para as empresas públicas e sociedades de economia mista federais, é possível a terceirização da atividade-fim apenas quando a utilização de profissionais, pela contratada, não conflitar com atribuições inerentes às dos cargos integrantes de seus Planos de Cargos e Salários. Há uma exceção que permite a contratação mesmo nessa hipótese, qual seja, quando a terceirização se revelar medida que consagra os princípios administrativos da eficiência, da economicidade e da razoabilidade.

A principal medida de ambas as leis uruguaias é a instauração de um regime de responsabilidade compartilhada entre o empregador direto e a empresa principal ou usuária da mão de obra. A responsabilidade será subsidiária quando a empresa principal exercer sua faculdade de requerer informações à empresa subcontratada sobre o cumprimento das obrigações trabalhistas e previdenciárias. Quando essa faculdade não for exercida, a responsabilidade será solidária.

O regime de responsabilidade da legislação uruguaia sobre terceirização abrange tanto empresas privadas como entidades públicas de qualquer natureza, mas não se aplica para as relações estabelecidas com empresas unipessoais, trabalhadores que executam obras ou serviços eventuais e safristas.

Alejandro Castello aponta que as Leis nº 18.099/2007 e 18.251/2008, ao conferirem responsabilidade subsidiária ou solidária para algumas hipóteses de descentralização empresarial, reconhecem implicitamente que a terceirização não seria proibida pelo ordenamento jurídico[20]. O autor observa também que a legislação uruguaia não distingue modalidades lícitas de fraudulentas, como fazia o ordenamento jurídico brasileiro.

20 CASTELLO, Alejandro. La subcontratación y las relaciones de trabajo en Uruguay in Revista Latinoamericana de Derecho Social, núm. 9, jul-dez de 2009, p. 61.

Em relação ao Brasil, com o advento do atual regramento sobre a terceirização, tem-se que a empresa contratante privada possui responsabilidade subsidiária pelas obrigações trabalhistas da contratada referentes ao período em que ocorrer a prestação de serviços. Já em relação à terceirização na administração pública, o inadimplemento de verbas trabalhistas dos empregados da empresa contratada não transfere ao poder público contratante automaticamente a responsabilidade pelo seu pagamento, seja em caráter solidário ou subsidiário, consoante decidiu o Supremo Tribunal Federal no julgamento do recurso extraordinário nº 760931.

Como nono componente, tem-se a consolidação da legislação processual trabalhista. Hugo Barreto Ghione aponta que, até 1974, o processo do trabalho uruguaio era regido por normas do direito processual comum[21]. Entre 1974 e 1989, sobrevieram normas processuais próprias da seara trabalhista. Nesta época, o processo do trabalho uruguaio era marcado pela recorribilidade das decisões interlocutórias (valendo-se do *recurso de reposición*), pelo não primado da conciliação (dado que o reclamado contestava o pedido inicial) e pela existência de poderes instrutórios conferidos aos juízes (o juiz tinha poderes para, de ofício, averiguar ou complementar a prova produzida, valendo-se de todas as faculdades inquisitivas previstas pelo processo penal uruguaio). Porém, o regramento dado pela Lei 14.188/1974 não foi exaustivo sobre o direito processual do trabalho, de sorte que, para diversas matérias, fazia-se necessária a remissão ao processo comum. Em 1989, as parcas disposições sobre direito processual do trabalho sucumbiram à entrada em vigor do novo código de processo uruguaio.

Rosina Rossi Albert aponta que o direito processual do trabalho no Uruguai sempre careceu de uma compilação normativa[22]. Os dispositivos sobre o direito adjetivo estavam dispersos em leis sobre direito material do trabalho. A situação de dispersão normativa se modificou com as leis 18.572/2009 e 18.847/2011, que concentraram as disposições então existente sobre processo do trabalho e deram autonomia a esse ramo do processo em relação ao direito processual comum.

Para a autora uruguaia, os pilares do sistema processual trabalhista uruguaio são: (i) autonomia em relação ao direito processual comum; (ii) princípios processuais e (iii) regras de interpretação e integração[23].

21 GHIONE, Hugo Barreto. Notas sobre el surgimiento del Derecho del Trabajo en el Uruguay: orígenes y permanencias. Disponível em: http://hugobarrettoghione.blogspot.com/2013/08/notas-sobre-el-surgimiento-del-derecho.html. Acesso em 7 abr. de 2019.

22 ALBERT, Rosina Rossi. Derecho laboral procesal uruguayo - breve reseña de su consolidación in Revista do Tribunal Regional do Trabalho da 3a Região. v. 62, n. 93, jan-jun de 2016, p. 34.

23 ALBERT, Rosina Rossi. Derecho laboral procesal uruguayo - breve reseña de su consolidación in Revista do Tribunal Regional do Trabalho da 3a Região. v. 62, n. 93, jan-jun de 2016, p. 32.

A autonomia do direito processual do trabalho uruguaio é atenuada, pois as normas do direito processual comum são aplicáveis como via de integração ante situações não previstas nas leis. Contudo, a integração não se dá de forma automática, já que se faz necessário realizar uma espécie de teste de admissibilidade do dispositivo a ser integrado, tal qual estabelecido no processo do trabalho brasileiro, por meio do artigo 769, da CLT.

No caso do Uruguai, a admissibilidade das normas processuais comuns é aferida pelo cotejo com (i) as disposições da Lei 18.572/2009, (ii) os princípios do Direito do Trabalho e (iii) o bloco de constitucionalidade dos direitos humanos, conforme estabelece o artigo 30 da Lei 18.572/2009.

O sistema processual trabalhista uruguaio, uma vez sistematizado pela Lei 18.572/2009, elenca uma série de princípios próprios, sem prejuízo da existência de princípios implícitos. Os princípios expressos estão dispostos no artigo 1º da Lei 18.572/2009, são eles: oralidade, celeridade, gratuidade[24], imediação, publicidade, boa-fé, efetividade da tutela dos direitos substanciais e ativismo judicial (compreendido como a existência de poderes instrutórios do juiz para determinar a produção de prova em relação aos direitos controvertidos).

Como princípios implícitos do processo do trabalho uruguaio, Rossina Albert aponta os princípios dispositivos e de poderes de impulso e ordem processual pelo juiz, sendo ambos decorrências do princípio da tutela efetiva dos direitos substanciais trabalhista e da iniciativa probatória do tribunal[25].

Pode-se perceber aqui uma aproximação com o direito processual do trabalho brasileiro em que semelhantes princípios foram extraídos das normas previstas na legislação trabalhista[26]. Uma notável distinção é a mitigação da gratuidade no processo do trabalho brasileiro a partir da reforma trabalhista, na medida em que o benefício

---

24 Para Rossina Albert, o princípio da gratuidade é o traço distintivo do direito processual do trabalho em relação ao direito processual comum. A gratuidade, aplicável apenas à parte trabalhadora, alcança todo o curso da tramitação processual, bem como eventuais despesas administrativas, registrais, cadastrais, de expedição de testemunho, certidões e translados. Cf.: ALBERT, Rosina Rossi. Derecho laboral procesal uruguayo - breve reseña de su consolidación in Revista do Tribunal Regional do Trabalho da 3a Região. v. 62, n. 93, jan-jun de 2016, p. 43.

25 ALBERT, Rosina Rossi. Derecho laboral procesal uruguayo - breve reseña de su consolidación in Revista do Tribunal Regional do Trabalho da 3a Região. v. 62, n. 93, jan-jun de 2016, p. 42.

26 Por todos, apontando como princípios do direito processual do trabalho brasileiro a oralidade, a publicidade, igualdade formal entre as partes, impulso oficial, celeridade, entre outros: RUSSOMANO, Mozart Victor. Princípios fundamentais do direito processual do trabalho. Revista do Tribunal Regional do Trabalho da 8ª Região, Belém, PA, v. 13, n. 24, p. 19-28, jan./jun. 1980

da justiça gratuita foi severamente restringido àqueles que perceberem salário igual ou inferior a 40% do teto do regime geral da previdência social.

Superando os princípios do processo do trabalho uruguaio e o cotejo com o processo do trabalho brasileiro, destaca-se que quatro dispositivos da Lei 18.572/2009 foram declarados inconstitucionais pela Suprema Corte de Justiça do Uruguai. Os artigos 14, I, e 22, II, previam que a ausência injustificada do autor na audiência determinaria o arquivamento dos autos. Em caso de ausência injustificada do demandado, o Tribunal prolataria a sentença de imediato, considerando verdadeiros os fatos afirmados pelo autor na demanda e estando a obra do trabalhador formada nos autos antes da audiência. O artigo 17, por sua vez, dispunha que se a sentença fosse condenatória, o apelante necessitaria depositar 50% do valor da condenação e comprovar o depósito nos autos. Descumprido tal requisito, a apelação seria rejeitada sem mais trâmite e se teria por desistido o recurso. Por fim, o artigo 21 estabelecia que, em processos de menor valor, a demanda seria oferecida por escrito, sendo o demandado convocado para a audiência, momento em que ofereceria a contestação e colocaria à disposição do juízo toda a prova que pretendia usar.

Como fundamento para a declaração de inconstitucionalidade de todos os dispositivos referidos acima, os julgadores da corte constitucional uruguaia entenderam que haveria soluções processuais distintas para o empregado e o empregador em juízo. Como partes no processo do trabalho, a Corte entendeu que haveria violação ao princípio da igualdade de tratamento[27].

Em apertada síntese, Rossina Albert entende que a tese da Suprema Corte de Justiça se baseou em um conceito de igualdade formal e não no conceito de igualdade substancial. Dessa forma, afastou-se do que consagram historicamente os direitos material e processual do trabalho - a criação de soluções legais para compensar a desigualdade material e substancial das partes nas relações materiais e processuais de trabalho.

4. O MOMENTO ATUAL DA LEGISLAÇÃO TRABALHISTA NO URUGUAI E NO BRASIL

Entre as mais recentes leis uruguaias promulgadas sobre questões trabalhistas, destaca-se as referentes à tutela integral para as pessoas transsexuais (Lei n. 19.684/2018), ao incentivo à geração de postos de trabalho (Lei 19.689/2018), ao

27 SUPREMA CORTE DE JUSTICIA DE LA REPUBLICA ORIENTAL DEL URUGUAY. Excepción de inconstitucionalidad en la ficha n. 2-48929/2009. Disponível em: <http://www.stf.jus.br/repositorio/cms/portalStfInternacional/newsletterPortalInternacionalFoco/anexo/1372010.docL. Acesso em 18 nov. de 2019.

fundo de garantia de créditos trabalhista (Lei 19.690/2018) e à promoção do trabalho da pessoa com deficiência (Lei 19.691/2018).

A lei de tutela integral para pessoas transsexuais traz algumas disposições com relevância trabalhista, como a previsão de pensão vitalícia, a ser paga pelo Estado uruguaio, para as pessoas transsexuais nascidas antes de 31/12/1975 e que foram vítimas de violência institucional ou privadas de liberdade, tendo sofrido dano moral ou físico, assim como aquelas que foram impedidas do exercício pleno dos direitos de livre circulação, acesso ao trabalho e ao estudo, devido a práticas discriminatórias cometidas por agentes do Estado ou quem, não investido pelo Estado para agir, discriminou as/os transsexuais com autorização, apoio ou aquiescência dos agentes estatais.

Pelo marco temporal estabelecido pela lei, evidencia-se a intenção de tutelar as pessoas transsexuais que sofreram transfobia durante a ditadura civil-militar uruguaia. Até julho de 2019, apenas sete transsexuais receberam as pensões com base nesta legislação[28]. No Brasil, a discriminação contra pessoas transexuais por agentes da ditadura civil-militar foi reconhecida pelas Comissões da Verdade[29]. Porém, as indenizações pagas pelo Estado brasileiro limitaram-se aos anistiados políticos, não havendo qualquer previsão específica sobre as pessoas transsexuais vítimas de violência institucional pela ditadura brasileira.

Estabeleceu-se também (i) cota de 1% dos postos de trabalhos a serem preenchidos por pessoas transsexuais nos Poderes Executivo, Legislativo e Judiciário e na administração direta e indireta e (ii) percentual de vagas nos programas de capacitação e qualificação do Instituto Nacional de Emprego e Formação Profissional. Ambas as medidas revelam uma preocupação com a ocupação profissional das pessoas transsexuais. Dados do governo uruguaio apontam que o desemprego de pessoas transsexuais alcança a taxa de 30%; entre as transsexuais ocupadas, 87% trabalham no "comércio sexual"[30].

---

28 LA REPUBLICA. Siete personas trans comenzaran a recibir las reparaciones previstas por la ley integral. Disponível em: <https://www.republica.com.uy/siete-personas-trans-comenzaran-a-recibir-las-reparaciones-previstas-por-la-ley-intergal-id719270/>. Consulta em 20 nov. de 2019.

29 Por todos, apontamos o relatório elaborado pela Comissão da Verdade do Estado de São Paulo. Cf.: COMISSÃO DA VERDADE DO ESTADO DE SÃO PAULO. Relatório - Tomo I - Parte II - Ditadura e Homossexualidades: Iniciativas da Comissão da Verdade do Estado de São Paulo "Rubens Paiva". Disponível em: <http://comissaodaverdade.al.sp.gov.br/relatorio/tomo-i/downloads/I_Tomo_Parte_2_Ditadura-e-Homossexualidades-Iniciativas-da-Comissao-da-Verdade-do-Estado-de-Sao-Paulo-Rubens-Paiva.pdf>. Consulta em 20 nov. de 2019.

30 PRESIDENCIA DE LA REPUBLICA ORIENTAL DEL URUGUAY. El promedio de ingresos de la población trans mayor de 50 años es de 3.700 pesos por persona. Disponível em: <https://presidencia.gub.uy/comunicacion/comunicacionnoticias/datos-poblacion-trans-actualizados-federico-grania->. Consulta em 20 nov. de 2019.

O Fundo de Garantia dos Créditos Trabalhistas no Uruguai foi criado no âmbito do Banco de Previsão Social (espécie de INSS local) para garantir o crédito do trabalhador diante da insolvência do empregador, em especial nas hipóteses de recuperação judicial e de inadimplemento do crédito trabalhista.

Exclui-se da incidência da lei o alto empregado, o familiar do empregador e a cooperativa de trabalho depositária dos bens da empresa em recuperação judicial. A garantia do crédito conferida pela lei abrange salários, licenças, indenização por dispensa legal e multas.

No Brasil, a Emenda Constitucional 45/2004 contém o artigo 3º, que prevê a criação, por lei, do Fundo de Garantia das Execuções Trabalhistas, integrado pelas multas decorrentes de condenações judiciais e administrativas oriundas da fiscalização do trabalho, além de outras receitas.

Ocorre que o legislador permaneceu inerte. Contra a inércia legislativa, foram impetrados os Mandados de Injunção 6052 e 6347, ambos rejeitados pelo Supremo Tribunal Federal.

Referido fundo poderia ser relevante instrumento para garantir a satisfação, ainda que parcial, dos créditos trabalhistas. Isso porque, de acordo com os dados do Relatório Geral da Justiça do Trabalho de 2018[31], apenas 20% das execuções trabalhistas são solucionadas (em relação ao total de processos a se executar) pela Justiça do Trabalho.

Terminando o estudo das mais recentes alterações legislativas trabalhistas no Uruguai, a Lei 19.691/2018 trouxe medidas para a promoção do trabalho da pessoa com deficiência. Entre elas, destaca-se o estabelecimento de um percentual mínimo de ocupação dos postos de trabalho existentes nas empresas por pessoas com deficiência. Este percentual varia de acordo com o tamanho da empresa e o tempo de vigência da lei.

Para que um trabalhador com deficiência, incorporado ao trabalho por meio de referida lei, seja dispensado, deve-se haver causa razoável, relacionada com a conduta do trabalhador, com as necessidades da empresa ou outra causa suficiente que justifique a decisão adotada. Caso contrário, o empregador deve pagar ao empregado o importe equivalente a seis meses de salário acrescido de indenização. Em ambas as hipóteses, o empregador deve, dentro do prazo de três meses a contar da dispensa, contratar outra pessoa com deficiência em substituição ao empregado dispensado, salvo quando a dispensa tiver obedecido à supressão dos postos de trabalho para a reestruturação da empresa.

---

31 TRIBUNAL SUPERIOR DO TRABALHO. Relatório Geral da Justiça do Trabalho em 2018. Disponível em: <http://www.tst.jus.br/documents/18640430/24641384/RGJT+2018/a351ac73-a2fb-3392-27f3-263c17e76517>. Acesso em 20 nov. de 2019.

Em relação à garantia de empregabilidade de pessoas com deficiência, o Brasil avançou em momento anterior ao Uruguai. Desde 1991, as empresas com no mínimo 100 empregados estão obrigadas a preencher de 2% a 5% dos seus cargos com beneficiários do INSS reabilitados ou pessoas com deficiência. A garantia de emprego conferida pelo ordenamento jurídico trabalhista brasileiro é mais ampla do que a uruguaia, na medida em que permite a dispensa de pessoa com deficiência apenas ao final de contrato por prazo determinado de mais de noventa dias ou por justa causa e exige a prévia contratação de substituto em condição semelhante antes de dispensar uma pessoa com deficiência.

5. CONCLUSÃO

Por meio dessa breve exposição, foi possível identificar a similitude em relação ao período neoliberal vivenciado por ambos os países na década de 90 até o início da década seguinte, bem como a diferença entre os caminhos políticos seguidos posteriormente. Com efeito, a partir de 2005, o Uruguai se distancia das políticas neoliberais e adota um posicionamento voltado à promoção de políticas públicas destinadas a reativar a proteção social e o diálogo social. Como efeito dessa mudança de rumo, verificou-se maior efetividade dos direitos trabalhistas e o desenvolvimento de direitos sociais.

Por sua vez, o Brasil não mudou o rumo da política aplicada à legislação trabalhista, seguindo com alterações que exterminam direitos trabalhistas e enfraquecem a efetividade das normas de proteção social, apesar de a Constituição e as normas internacionais de Direitos Humanos não permitirem. Como consequência, tem-se uma sociedade com desigualdade social crescente, desemprego recorde e aumento da violência de todos os tipos.

Do relato ora exposto, verifica-se a intrínseca relação entre a legislação laboral e a pauta política do país, o que coloca em evidência a importância do Direito do Trabalho no sistema capitalista de produção. Também se verifica que essa diferença de rumo dos países é questão crucial para a efetividade dos direitos trabalhistas e, consequentemente, para o equilíbrio de forças dos atores sociais e o desenvolvimento de um capitalismo socialmente responsável.

Diante da importância do trabalho na organização e manutenção do sistema capitalista de produção, o Direito do Trabalho é o ramo apto a incorporar a dinâmica das relações sociais com o fim de limitar os interesses estritamente econômicos em detrimento dos direitos sociais, visando à melhoria progressiva das condições de vida e de trabalho das pessoas e a elevação da condição humana. Dessa forma, a comparação entre a evolução do Direito do Trabalho no Uruguai e no Brasil demonstrou que o país que está comprometido com a construção de uma sociedade livre, justa e solidária, com a erradicação da pobreza, da marginalização e da desigualdade, valoriza o trabalho e a efetividade das normas trabalhistas. E para que não pairem dúvidas: esse país não é o Brasil.

6. REFERÊNCIAS BIBLIOGRÁFICAS

ALBERT, Rosina Rossi. *Derecho laboral procesal uruguayo - breve reseña de su consolidación in* Revista do Tribunal Regional do Trabalho da 3a Região. v. 62, n. 93, jan-jun de 2016.

CASTELLO, Alejandro. *La subcontratación y las relaciones de trabajo en Uruguay in* Revista Latinoamericana de Derecho Social, núm. 9, jul-dez de 2009.

COMISSÃO DA VERDADE DO ESTADO DE SÃO PAULO. Relatório - Tomo I - Parte II - Ditadura e Homossexualidades: Iniciativas da Comissão da Verdade do Estado de São Paulo "Rubens Paiva". Disponível em: <http://comissaodaverdade.al.sp.gov.br/relatorio/tomo-i/downloads/I_Tomo_Parte_2_Ditadura-e-Homossexualidades-Iniciativas-da-Comissao-da-Verdade-do-Estado-de-Sao-Paulo-Rubens-Paiva.pdf>. Acesso em 20 nov. de 2019.

DELGUE, Juan Raso. *El sistema uruguayo de relaciones laborales: entre autonomía y negociación in* Revista Internacional y Comparada de Relaciones Laborales y Derecho del Empleo. Volume 1, núm. 1, jan-mar de 2013.

GHIONE, Hugo Barreto. *50 años de Legislación Laboral en el Uruguay (1967-2017).* Montevidéu, 2017. Disponível em: https://www.mtss.gub.uy/c/document_library/get_file?uuid=3adbd8b1-669e-4d97-8a5e-df33703b3038&groupId=11515. Acesso em 25 mar. de 2019.

GHIONE, Hugo Barreto. *Direito e processo do trabalho no Uruguai in* Seminário de Direito Comparado Brasil, Argentina e Uruguai da Escola Nacional de Formação e Aperfeiçoamento de Magistrados do Trabalho, 2014. Brasília: ENAMAT, 2014.

GHIONE, Hugo Barreto. *Notas sobre el surgimiento del Derecho del Trabajo en el Uruguay: orígenes y permanencias.* Disponível em: http://hugobarrettoghione.blogspot.com/2013/08/notas-sobre-el-surgimiento-del-derecho.html. Acesso em 7 abr. 2019.

LA REPUBLICA. Siete personas trans comenzaran a recibir las reparaciones previstas por la ley integral. Disponível em: <https://www.republica.com.uy/siete-personas-trans-comenzaran-a-recibir-las-reparaciones-previstas-por-la-ley-intergal-id719270/>. Acesso em 20 nov. de 2019.

MAIOR, Jorge Luiz Souto. História do direito do trabalho no Brasil: curso de direito do trabalho, volume I: parte II. São Paulo: LTr, 2017.

MINISTERIO DE TRABAJO Y SEGURIDAD SOCIAL. Murro: "Este es el mejor ejemplo de negociación colectiva en Uruguay". Disponível em: <https://www.mtss.gub.uy/web/mtss/noticia-ampliada/-/asset_publisher/hK9T/content/murro:-%E2%80%9Ceste-es-el-mejor-ejemplo-de-negociacion-colectiva-en-el-uruguay%E2%80%9D>. Acesso em 18 nov. de 2019.

PRESIDENCIA DE LA REPUBLICA ORIENTAL DEL URUGUAY. El promedio de ingresos de la población trans mayor de 50 años es de 3.700 pesos por persona. Disponível em: <https://presidencia.gub.uy/comunicacion/comunicacionnoticias/datos-poblacion-trans-actualizados-federico-grania->. Acesso em 20 nov. de 2019.

RUSSOMANO, Mozart Victor. Princípios fundamentais do direito processual do trabalho. Revista do Tribunal Regional do Trabalho da 8ª Região, Belém, PA, v. 13, n. 24, p. 19-28, jan./jun. 1980

SILVA, Antônio Álvares da. Função e futuro do processo do trabalho.. Revista do Tribunal Regional do Trabalho da 3ª Região, Belo Horizonte, MG, v. 61, n. 92, p. 131-170, jul./dez. 2015.

SUPERVIELLE, Marcos; QUIÑONES, Mariela. *La instalación de la flexibilidad en Uruguay in* Estudios Sociológicos de El Colegio de México. Volume 18, núm. 54, set-dez de 200-.

SUPREMA CORTE DE JUSTICIA DE LA REPUBLICA ORIENTAL DEL URUGUAY. Excepción de inconstitucionalidad en la ficha n. 2-48929/2009. Disponível em: <http://www.stf.jus.br/repositorio/cms/portalStfInternacional/newsletterPortalInternacionalFoco/anexo/1372010.docL. Acesso em 18 nov. de 2019.

TRIBUNAL SUPERIOR DO TRABALHO. Relatório Geral da Justiça do Trabalho em 2018. Disponível em: <http://www.tst.jus.br/documents/18640430/24641384/RGJT+2018/a351ac73-a2fb-3392-27f3-263c17e76517>. Acesso em 20 nov. de 2019.

URIARTE, Oscar Ermida. *La nueva legislación laboral uruguaya.* IUSLabor 4/2006.

PARTE II

ANÁLISE DAS REFORMAS TRABALHISTAS RECENTES NA ALEMANHA

Giovana Labigalini Martins[1]

José Carlos de Carvalho Baboin[2]

Lara Porto Renó[3]

Inicialmente, é importante delimitar o conceito de "recente" para o presente trabalho: trataremos aqui de reformas ocorridas após os anos 2000.

Na década de 90, com a unificação do país após a queda do muro de Berlim, a Alemanha passava por uma fase turbulenta. Em resposta aos problemas econômicos, o governo do social-democrata Gerhard Schröder iniciou uma série de medidas para estimular as empresas do país. Com o apoio da oposição conservadora e liberal, promoveu uma série de mudanças entre 2003 e 2005.

Hoje, quase quinze anos depois, essas reformas são apontadas como a causa do sucesso econômico da Alemanha. Inúmeros políticos citam o caso alemão como exemplo a ser seguido pelo Brasil, impondo a lógica de reforma trabalhista. Entretanto, é importante contextualizar a reforma, seus efeitos, e as semelhanças e diferenças entre os casos em questão.

As reformas sociais foram nomeadas como "Agenda 2010", e suas alterações trabalhistas receberam a alcunha de Planos Hartz. O apelido decorre de Peter Hartz, executivo da Volkswagen indicado para liderar a comissão que desenhou a reforma

1 Advogada trabalhista e sindical. Doutoranda em Direito do Trabalho e da Seguridade Social pela FD-USP. Mestra em Direito pela FDRP-USP. Especialista em Direito do Trabalho e Processo do Trabalho e Bacharela em Direito pela PUC-Campinas. Integrante do Grupo de Pesquisa Trabalho e Capital (GPTC), vinculado à FD-USP e do "Grupo das Terças". E-mail: giovana.labigalini@gmail.com.

2 Mestre em Direito Social pela Universidade Paris I - Panthéon-Sorbonne, Mestre e Doutorando em Direito do Trabalho pela Universidade de São Paulo. Funcionário público federal. Pesquisador do Grupo de Pesquisa Trabalho e Capital (GPTC), vinculado à FD-USP.

3 Servidora da Justiça do Trabalho. Especialista e mestranda em Direito do Trabalho pela FDUSP. Pesquisadora do Grupo de Pesquisa Trabalho e Capital (GPTC), vinculado à FD-USP.

trabalhista. A reforma da legislação laboral foi dividida em quatro grandes pilares, chamados de Hartz 1, Hartz 2, Hartz 3 e Hartz 4[4].

A separação nesses quatro pilares foi essencial para a aprovação das normas, eis que diluíram no tempo e facilitaram as negociações.

É importante notar que as reformas não trataram apenas das normas trabalhistas, mas também de todo o sistema de seguridade social. Uma análise compartimentada, excluindo a totalidade das mudanças, pode levar a conclusões incorretas.

O primeiro plano aprovado, intitulado Hartz 1, tratava de formas alternativas de contratação de trabalhadores. A legislação anterior estabelecia o contrato permanente como forma de contratação de mão-de-obra. Nesse tipo de contrato, o trabalhador não poderia ser demitido sem justa causa, representando um modelo muito mais rígido do que o contrato de trabalho vigente no Brasil.

Com a reforma, foram criadas possibilidades de contratos não permanentes, de curto prazo e terceirizados. E ao mesmo tempo que se precarizou as formas de contratação de mão-de-obra, delimitou-se que todos os trabalhadores e as trabalhadoras, independentemente da forma contratual, teriam os mesmos salários, benefícios e tratamentos dentro da empresa. É imperativo notar, entretanto, que o contrato permanente ainda prevalece como forma padrão de contrato de trabalho na Alemanha.

A aprovação desse primeiro pilar aconteceu mediante amplo debate entre representantes do governo, representantes patronais e representantes dos trabalhadores. Esta alteração, apesar de ter sido imposta pela onda neoliberal, ainda assim foi contida mediante um amplo diálogo social.

O plano Hartz 2 tratou dos empregos em tempo parcial. Chamados de "*minijobs*" (ou mini empregos), houve a regularização de contratos de mão-de-obra com menos de quinze horas semanais. Para isso, foram afastados alguns encargos trabalhistas e direitos de rescisão contratual.

O plano Hartz 3, por sua vez, unificou em uma agência federal o controle e registro de desempregados, fornecimento de treinamento e indicação de postos de trabalho disponíveis. Com o auxílio de agências nas comunidades, este plano buscou reduzir a burocracia e facilitar o encontro entre trabalhadores e postos de trabalho disponíveis, buscando diminuir a taxa e o tempo de desemprego.

---

4 CHADE, Jamil. Plano Hartz foi o pilar de uma ampla reforma na Alemanha. O Estado de São Paulo. 26/09/2016.Disponível em: <https://economia.estadao.com.br/noticias/geral,plano-hartz-foi-o-pilar-de-uma-ampla-reforma-na-alemanha,10000078233>, acesso em 23 jun. de 2019.

O plano Hartz 4, o mais polêmico de todos eles, alterou significativamente o seguro desemprego. A nova legislação extinguiu os diversos benefícios decorrentes do desemprego e unificou em um único benefício com critérios mais simples. Ademais, o período foi reduzido de vinte e quatro para doze meses. Durante tal período, o desempregado é obrigado a comprovar que está de fato procurando emprego, sendo controlado pelas agências criadas no plano Hartz 3.

Entretanto, é de se notar que, caso o período de doze meses seja extrapolado, o desempregado não fica sem receber nada, apenas deixa de receber seguro desemprego e passa a receber seguro social contra pobreza.

A respeito dessas reformas instituídas na Alemanha e a relação com o Brasil:

> Numa reforma como essa, há elementos que merecem ser considerados. Eficiência do Estado é algo que precisa ser olhado, além da estrutura correta de incentivos. Na Alemanha, dizemos que o Estado precisa ajudar, mas também pressionar os desempregados. O que o plano não tem resposta é para o trabalho informal. No Brasil, há uma alta taxa de emprego informal. Isso você não vai resolver com um Plano Hartz. Esse modelo é para os que já estão no sistema."[5]

Além disso, é importante notar que o sistema de saúde e educação na Alemanha são públicos e com grande cobertura, formando uma grande rede de segurança social para a população. A análise das reformas na Alemanha tem que levar em conta que o país conta com um sistema de seguridade social muito mais generoso e abrangente que o brasileiro. Dessa maneira, há muita diferença nas consequências da implementação de um sistema flexível na Alemanha e no Brasil.

A flexibilização relatada não importou em questões como dificuldade ao acesso da justiça especializada ou ataque aos sindicatos e formas de organização coletivas, como ocorreu com a "reforma" trabalhista no Brasil.

Ao contrário, os sindicatos e a coletividade dos trabalhadores exercem ampla força nas relações com as empresas, inclusive com a participação efetiva dentro dos centros decisórios das empresas Mesmo com todo esse aparato da seguridade social, as reformas promovidas não impediram a pauperização do trabalhador alemão e aumento da desigualdade social.

Além do seguro-desemprego, o trabalhador alemão recebe da empresa uma indenização pela rescisão contratual, que varia de acordo com o tempo de trabalho.

Em 2005, o desemprego alemão estava na casa dos 10%, com 5 milhões de desempregados. Em 2016, o número médio de desempregados foi de 2,7 milhões.

---

5 Idem.

Entretanto, é preciso salientar que mais de 1 milhão de trabalhadores não ganham o mínimo para sobreviver e dependem do seguro social do governo. A reforma é responsável pela existência de uma enorme gama de trabalhadores com salários extremamente reduzidos, um problema que atinge 1 em cada 5 trabalhadores.

Em 2013, 15% da população alemã vivia na pobreza, o maior índice desde a reunificação do país. Ademais, 20% dos trabalhadores (cerca de 7 milhões) estão no sistema de "*minijobs*".

Após esse panorama das reformas – trabalhistas e da seguridade social – ocorridas na Alemanha, passa-se a analisar de forma pormenorizada alguns aspectos das modificações instituídas no referido país, quais sejam, licença maternidade, isonomia salarial e o papel dos sindicatos.

1. DA LICENÇA-MATERNIDADE

No que se refere ao direito ao gozo do período de licença-maternidade, no direito alemão a licença pode ser gozada pelo período de seis semanas antes do parto.

Porém, após uma reforma em 2007, o direito passou a ser previsto para o gozo após o parto e a licença pelo período de doze a catorze meses, com a possibilidade de divisão entre ambos os genitores, o que representa a desnaturalização do trabalho doméstico a ser prestado unicamente por mulheres, além de reconhecer a necessidade de compartilhar a responsabilidade pelos cuidados do bebê.

Desse modo para que seja possível o gozo do afastamento pelo período de catorze meses, os últimos dois meses devem ser obrigatoriamente usufruídos pelo pai, os quais recebem 67% de seus salários durante o período, o que representa um aumento expressivo em relação aos trezentos euros de benefício básico pago pelo governo alemão.

No Brasil, ao contrário, o período de licença-maternidade é de cento e vinte dias (7º, inciso XVIII, CFRB e artigo 392, CLT) com possibilidade de extensão para cento e oitenta dias, se a empresa for inscrita no programa Empresa Cidadã (Lei nº 11.770/2008), o qual concede incentivos fiscais às empresas.

Portanto, a Alemanha possui incentivos financeiros para que a população passe a ter mais filhos, além do período de licença-maternidade bastante superior ao do Brasil, isto é, direitos sociais bastante superiores ao nosso país.

2. DA ISONOMIA SALARIAL ENTRE HOMENS E MULHERES

A questão de gênero, isonomia salarial e não discriminação também são temas que exercem muita força e polêmica nas lutas sindicais e trabalhistas do direito alemão.

No entanto, ainda que se sejam consideradas as disparidades de ascensão na carreira e salários entre homens e mulheres na Alemanha, no Brasil tal diferença é ainda mais profunda, se considerado o percentual de diferença. Porém, a Alemanha segue em patamar inferior de quando comparada com outros países da Europa, como é o caso da Letônia, por exemplo.

Isto porque, pesquisas realizadas pelo Departamento de Estatísticas da União Européia (Eurostat), em 2016, revelaram que as mulheres ganhavam 21% menos que os homens, além de conviverem com obstáculos para ascender na carreira, ainda que bem qualificadas, ocupavam apenas 1/3 das posições de gerência. No caso de homens trabalhando na mesma indústria e na mesma posição, a diferença cai para 7%[6].

Além disso, estudos realizados pelo Departamento Federal de Estatísticas (Destatis), realizados em março de 2016, indicavam que, quando consideradas as mulheres entre trinta e trinta e quatro anos de idade, a taxa chegou a 35%, em comparação com 31% dos homens.[7]

No Brasil, o estudo realizado pela Pesquisa Nacional por Amostra de Domicílio (PNAD), que foi divulgado pelo Instituto Brasileiro de Geografia e Estatística (IBGE), em novembro de 2015, revelara que aqui a diferença salarial média é de 75% do salário de homens em relação ao salário das mulheres.[8]

O Ministério do Trabalho Alemão considera que a diferença salarial está relacionada em parte pela presença da denominada "discriminação indireta", razão pela qual as mulheres recebem menos oportunidades de ascensão na carreira, colocando o país com a menor taxa da União Europeia. Na Alemanha, o percentual é de 29%, enquanto a média dos países europeus da União é de 33%, sendo a Letônia na liderança do ranking, indicando o percentual de 44% e o Chipre, com a menor taxa de 17%[9].

Outras causas indicadas pelo departamento para motivar a diferença são a ocupação das mulheres em setores com a menor taxa de remuneração, como saúde

6 DEUTSCHE WELLE. *Mulheres ganham 21% menos que os homens na Alemanha*. Publicado em 08/03/2016. Disponível em: <dw.com/pt-br/mulheres-ganham-21-menos-que-os-homens-na-alemanha/a-19101416>, acesso em 23 jun. de 2019

7 Idem.

8 Idem.

9 DEUTSCHE WELLE. *Mulheres ganham 21% menos que os homens na Alemanha*. Publicado em 08/03/2016. Disponível em: <dw.com/pt-br/mulheres-ganham-21-menos-que-os-homens-na-alemanha/a-19101416>, acesso em 23 jun. de 2019

ou comércio, e o trabalho em meio período, sendo neste último caso, a condição que oferece menos oportunidade de promoção na carreira.

A organização coletiva das trabalhadoras e dos trabalhadores representada pela Confederação Alemã de Sindicatos (DGB), na tentativa de mudar o quadro e eliminar as diferenças, defende que homens

> reduzam sua carga horária em certos estágios da vida e que os empregadores ofereçam condições para que as mulheres que trabalham meio período possam, aos poucos, aumentar o tempo de trabalho. Tais pontos também são defendidos pelo Instituto de Pesquisa e Emprego de Nurembergue, que sustenta que creches de alta qualidade e baixo custo deveriam continuar sendo prioridade.[10]

Em 2017, a denominada Lei da Transparência na Remuneração, aprovada em 2017 e que passou a ter vigência em 06 de janeiro de 2018, na Alemanha, determina que as empresas que contam com mais de duzentos até quinhentos empregados e empregadas são obrigadas a publicar aos empregados e empregadas os salários percebidos por seus colegas que exercem posições equivalentes. No caso de empresas com mais de quinhentos empregados, a divulgação deverá receber atualização regular da estrutura salarial e as empresas deverão comprovar que cumprem as regras de equiparação salarial[11].

A medida recebeu o apoio da chanceler federal Angela Merkel do partido da União Democrática Cristã (CDU) e do partido de oposição Partido Social-Democrata (SPD), como a secretária geral deste último, Katarina Barley, que considerou a iniciativa um avanço na luta por igualdade de remuneração entre os gêneros e declarou que "a distribuição desigual de renda é uma grande injustiça. As mulheres geralmente ganham significativamente menos do que os homens, apesar de fazerem o mesmo trabalho"[12].

Afirma ainda, que a nova lei permite às mulheres que estejam em condição de remuneração inferior ao homem que exerça a mesma função, ingressar com ação judicial para reivindicar o mesmo salário ou salário equivalente[13].

Contudo, a Fundação Hans-Bockler, ligada aos sindicatos, alerta para a possibilidade da nova lei criar novas injustiças e não resolver a questão, isto porque, a

---

10 Idem.

11 Idem.

12 Idem.

13 DEUTSCHE WELLE. *Nova lei alemã quer acabar com injustiça salarial entre gêneros*. Publicado em 09/01/2018. Disponível em: <https://g1.globo.com/mundo/noticia/nova-lei-alema-quer-acabar-com-injustica-salarial-entre-generos.ghtml>, acesso em 23 jun. de 2019.

diferença salarial entre os gêneros pode ser explicada pela menor taxa de ocupação das mulheres no mercado de trabalho e que, por tal motivo, não aparece nas estatísticas, o que faz rebaixar o número, além do caráter simbólico da lei, por alcançar apenas empresas com mais de duzentos empregados, sendo que as mulheres muitas vezes trabalham em empresas com número inferior.

Afirma a pesquisadora de gênero no Instituto de Economia e Ciências Sociais do referido instituo (Fundação Hans-Bockler), Christina Klenner, que a norma traz ainda um outro obstáculo que é a exigência prevista na referida norma da indicação de seis empregados, representantes do outro gênero que exerçam a mesma atividade ou atividade equivalente para justificar em juízo o pleito da isonomia e aumento salarial[14].

A condição que assegura a anonimidade aos empregados e empregadas nesse sistema, garante a elaboração de uma média de salários entre todos os ganhos comparáveis, sendo esta informação apresentada pela empregada que solicita à empresa, para atendimento da obrigatoriedade da lei. A análise é realizada pela comparação entre atividades equivalentes, não necessariamente iguais, o que, para a pesquisadora Chistina Klenner é um fato positivo, porque a empregada poderá buscar equivalência entre os demais empregados do setor de contabilidade, por exemplo[15].

A Federação Alemã de Sindicatos (DGB) acredita que a iniciativa pode contribuir para que as estruturas das empresas sejam mais transparentes no que concerne ao sistema de salários, porém, defende que a nova lei não resolverá a questão da lacuna salarial alemã.[16]

Cabe ainda considerar que apesar a referida lei não diferencia o cálculo das diferenças entre empregados efetivos nas empresas e as contratações efetuadas por empresas terceirizadas, nem tampouco há dispositivos que ofereçam garantias salariais considerados nos trabalhos exercidos por trabalhadoras imigrantes e de diferentes etnias, considerando que são as pessoas que exercem os trabalhos mais precarizados quando comparadas às demais contratações.

Desse modo, verifica-se a importância da pesquisa, com profundidade sobre quem são as trabalhadoras incluídas no cálculo das estatísticas do mercado de tra-

14 Idem.

15 DEUTSCHE WELLE. *Nova lei alemã quer acabar com injustiça salarial entre gêneros*. Publicado em 09/01/2018. Disponível em: <https://g1.globo.com/mundo/noticia/nova-lei-alema-quer-acabar-com-injustica-salarial-entre-generos.ghtml>, acesso em 23 jun. de 2019.

16 Idem.

balho na Alemanha para que seja possível descobrir com efetividade as disparidades, discriminações e as condições de trabalho nas cadeias de produção global de trabalho.

Ademais, em comparação com as normas que tratam da proteção contra a discriminação de gênero no Direito do Trabalho no Brasil, ainda que a previsão do inciso I, do artigo 5º, que está localizado no capítulo 1 da Constituição Federal, que trata Dos Direitos Garantias Fundamentais, disponha sobre a garantia de igualdade das mulheres e dos homens em Direitos e Obrigações, e os artigos da Consolidação das Leis do Trabalho, disponham sobre a não discriminação da mulher no contrato de trabalho, a proteção contra a diferença salarial entre homens e mulheres ainda é um objetivo a ser alcançado no direito brasileiro, seja por movimentos e lutas coletivas das trabalhadoras, principalmente em períodos de grave retrocesso social como o que estamos vivendo na atual conjuntura, seja pela elaboração de normas necessárias para a eliminação de todas as formas de discriminação no mercado trabalho.

3. DA ESTRUTURA SINDICAL

Os sindicatos alemães desde o final da década de noventa tem optado por uma política de fusões e aglutinação das entidades representativas da classe trabalhadora, com o objetivo de fortalecimento da representação das trabalhadoras e trabalhadores.

Com relação à normativa que rege os sindicatos, inexiste lei sindical, com geral definição dos sindicatos profissional como associações autorizadas a negociar coletivamente e a atuar judicialmente em prol dos trabalhadores e trabalhadoras (artigo 2, parágrafo 1, da Lei de Acordos Coletivos e artigo 10 do Lei dos Tribunais do Trabalho).

A respeito da organização dos trabalhadores e trabalhadoras, destacamos três grandes entidades sindicais, a Confederação dos Sindicatos Alemães (DGB), fundada em 1949 e a maior central sindical da Alemanha. Além dela, há também o maior sindicato, o IG Metall, fundado em 1891, que aglutina categoria como metalúrgico, indústria madeira e de plástico. E, por fim, a Federação Alemã dos Servidores Públicos (DBB).

Por sua vez, um importante traço na representação dos trabalhadores é a representação por empresa, disciplinada pela Lei de Constituição da Empresa, a qual prevê a participação dos trabalhadores e trabalhadoras em diversos aspectos da dinâmica laboral:

> Os trabalhadores igualmente participam de decisões internas nas empresas. O Estatuto das Empresas, aprovado através de lei em 1972, regula o direito de coparticipação e congestão dos empregados através de representantes, assim como o direito de

informação e consulta de cada trabalhador. Entre as questões que precisam da participação da comissão de funcionários estão a definição ou mudança do horário de trabalho, a redução ou ampliação da jornada, a regulamentação de férias, a política e medidas de prevenção contra acidentes e doenças de trabalho, e a instalação de meios técnicos para controlar o comportamento e o desempenho dos empregados.[17]

Do ponto de vista da representação patronal, as associações de empregadores estão reunidas em duas principais confederações: Confederação de Associações de Empregadores Alemães (BDA), que representa os interesses como empregadoras, e a União Federal da Indústria Alemã (BDI), direcionada para a promoção dos interesses econômicos e políticos.

Pelo exposto, a Alemanha possui uma tendência de aglutinação em sindicatos por atividade econômica, embora exista também a representação por profissão. Por sua vez, o Brasil teve importantes pilares da estrutura sindical alterados pela "reforma" trabalhista, quais sejam, o financiamento da estrutura sindical e a representação dos empregados e empregadas por uma comissão (artigo 510-A, CLT), alijada do sindicato profissional.

Portanto, a estrutura sindical brasileira em muito difere-se da alemã, mas os desafios das entidades sindicais são similares, tais como, o aumento da taxa de sindicalização, a defesa dos direitos sociais e a melhoria das condições de trabalho, em que pese deve ser levada em consideração as peculiaridades de cada país.

4. CONCLUSÃO

O direito laboral alemão passou por amplas reformas nos anos 2000 e que afetaram profundamente as relações de trabalho no país. Entretanto, tais reformas ocorreram mediante amplo diálogo social, sobretudo com sindicatos fortes e sociedade civil. Dessa maneira, as alterações legislativas tiveram a preocupação de combater efeitos iniciais prejudiciais aos trabalhadores, como impedir a substituição de trabalhadores permanentes por temporários como forma de promover a imediata redução salarial.

Ademais, o sistema de seguridade social foi reforçado no mesmo período, promovendo o que ficou conhecido como flexisegurança: um mercado de trabalho mais flexível amparado por um sistema de seguridade social capaz de impedir os efeitos nefastos dessa flexibilidade aos trabalhadores.

17 DEUTSCHE WELLE. *Os sindicatos*. Julho de 2008. Disponível em: <https://p.dw.com/p/3n1W>, acesso em 20 jun. de 2019.

Apesar do grande alarde feito pelos liberais em relação aos efeitos benéficos dessas reformas, pesquisas apontam a existência de uma relação falaciosa entre a redução do desemprego e os planos Harts. Em um estudo para o Comitê Econômico e Social Europeu, foi consignado que "a diminuição do desemprego deve-se à contração das reservas de mão de obra, ao abrandamento da evolução da produtividade e à divisão do número de horas trabalhadas por mais trabalhadores" [18].

Ressalte-se também que tal sistema se desenvolveu em um país central do capitalismo, com ampla renda decorrente de exportação de bens manufaturados e com balança comercial favorável, bem como em um mercado de trabalho marcado pelo baixo índice de informalidade. Assim, somente com tais aspectos em perspectiva, a crítica à importação do modelo flexível alemão ao contexto presente do Brasil pode ser feita com propriedade.

5. REFERÊNCIAS BIBLIOGRAFICAS

CHADE, Jamil. *Plano Hartz foi o pilar de uma ampla reforma na Alemanha.* O Estado de São Paulo. Publicado em 26/09/2016.Disponível em: <https://economia.estadao.com.br/noticias/geral,plano-hartz-foi-o-pilar-de-uma-ampla-reforma-na-alemanha,10000078233>, acesso em 23/06/2019.

DELGADO, Gabriela Neves. *O mundo do trabalho na transição entre os séculos XX e XXI in* PIMENTA, José Roberto Freire et. al. (coord.) Direito do trabalho: evolução, crise e perspectivas. São Paulo: LTr, 2004.

DEUTSCHE WELLE. *Os sindicatos.* Publicado em 07/2008. Disponível em <https://p.dw.com/p/3n1W >, acesso em 20 jun. de 2019.

DEUTSCHE WELLE. *Mulheres ganham 21% menos que os homens na Alemanha.* Publicado em 08/03/2016. Disponível em: <dw.com/pt-br/mulheres-ganham-21-menos-que-os-homens-na-alemanha/a-19101416>, acesso em 23 jun. de 2019.

DEUTSCHE WELLE. *Nova lei alemã quer acabar com injustiça salarial entre gêneros.* Publicado em 09/01/2018 . Disponível em: <https://g1.globo.com/mundo/noticia/nova-lei-alema-quer-acabar-com-injustica-salarial-entre-generos.ghtml>, acesso em 23 jun. de 2019.

GOMES, Karina. *Alemanices: "Bolsa-filho" e licença paternidade.* Deutsche Welle. Publicado em 22/09/2017. Disponível em:<https://p.dw.com/p/2kXuv>, acesso em 23 jun. de 2019.

HOBSBAWN, Eric. *A era dos extremos*: o breve século XX. 1941-1991. São Paulo: Companhia das Letras, 1995.

---

18 KNUTH, Matthias. Reformas no mercado de trabalho e «milagres» no domínio do emprego na Alemanha. Disponível em < https://www.eesc.europa.eu/sites/default/files/resources/docs/germany_pt.pdf > , acesso em 15/05/2019.

KNUTH, Matthias. Reformas no mercado de trabalho e «milagres» no domínio do emprego na Alemanha. Disponível em: <https://www.eesc.europa.eu/sites/default/files/resources/docs/germany_pt.pdf>, acesso em 15/05/2019.

MÜZELL, Lúcia. *Conheça o modelo trabalhista alemão, que inspirou o Brasil contra o desemprego.* Rádio França Internacional. Publicado em 13/07/2015. Disponível em: <http://br.rfi.fr/geral/20150713-conheca-o-modelo-trabalhista-alemao-que-inspirou-o-brasil-contra-o-desemprego>, acesso em 30 jun. de 2019.

OIT. *Perfil del Derecho del Trabajo Nacional: República Federal de Alemania.* Disponível em: <https://www.ilo.org/ifpdial/information-resources/national-labour-law-profiles/WCMS_158859/lang--fr/index.htm>, acesso em 30 jun. de 2019.

URIARTE, Oscar Ermida. *Globalización y relaciones laborales in* PASSOS, Edésio, SILVA, Diana de Lima (coord.) Impactos da globalização: relações de trabalho e sindicalismo na América Latina e Europa. São Paulo: LTr, 1999.

OS EFEITOS NO MERCADO DE TRABALHO ESPANHOL DAS REFORMAS TRABALHISTAS APROVADAS DURANTE A CRISE ECONÔMICA E A SUA REVISÃO PELOS TRIBUNAIS ESPANHÓIS[1]

Juan José Sevila Sánchez[2]

1. O MERCADO DE TRABALHO NA ESPANHA

A crise econômica que a Espanha atravessa desde 2008 pôs em destaque as debilidades do modelo trabalhista espanhol.

A principal característica do mercado de trabalho espanhol é seu comportamento excepcionalmente cíclico, tanto em termos de emprego como, sobretudo, de desemprego[3], de modo que as constantes mudanças nas variáveis macroeconômicas internacionais interferem significativamente no mercado de trabalho. Isso explicaria, por exemplo, que em períodos de elevado crescimento econômico, o aumento do emprego seja muito elevado, bem superior ao de outros países, e que, pelo contrário, nas fases de baixo ou negativo crescimento econômico, a destruição de postos de trabalho seja muito mais elevada do que em outros países.

Essas diferenças na flutuação do emprego podem ser explicadas por três razões. A primeira estaria relacionada à facilidade com que a legislação trabalhista

1 Traduzido por **Alessandro da Silva,** Mestre e Doutor em Direito do Trabalho pela Faculdade de Direito do Largo São Francisco -USP, Juiz do Trabalho Substituto no TRT/12, pesquisador do Grupo de Pesquisa Trabalho e Capital (GPTC), vinculado à FD-USP. As notas de rodapé incluídas pelo tradutor, com a finalidade de tornar mais claros para o público de língua portuguesa alguns pontos do texto, são identificadas com N.T.

2 Professor Associado do *Departamento Derecho del Trabajo y de la Seguridad Social na Universidad de Alicante.*

3 Raymond Torres. El mercado laboral español: situación y desafíos estructurales. Página 1. REVISTA ECONOMÍA Y FINANZAS ESPAÑOLAS: CUADERNOS DE INFORMACIÓN ECONÓMICA | 267 | NOVIEMBRE/DICIEMBRE 2018. ISSN: 1132 - 9386

espanhola oferece a contratação temporária às empresas, circunstância que incentiva uma alta taxa de emprego temporário, superior a 30% antes do início da crise econômica, embora a maioria das reformas trabalhistas aprovadas desde 1992 pretendesse reduzi-la. A segunda das razões estaria relacionada às dificuldades que as empresas têm, em muitos casos, de introduzir mecanismos de ajuste relacionados à flexibilidade interna das empresas e, por último, a terceira causa teria que ser encontrada no diferente grau de proteção que a legislação trabalhista espanhola oferece em caso de extinção do contrato de trabalho, conforme os trabalhadores tenham assinado um contrato por prazo indeterminado ou temporário. Para termos uma ideia, as indenizações por despedida são muito mais baixas para os trabalhadores que assinaram um contrato temporário, em sua maioria jovens recém-chegados ao mercado de trabalho e com elevada qualificação profissional, em comparação com o custo da indenização devida aos trabalhadores mais velhos, cuja quantia é mais elevada.

É possível concluir que na Espanha coexiste um mercado de trabalho dual, do qual, quando ocorre uma recessão econômica, os trabalhadores com contratos temporários são expulsos, enquanto que os demais são menos atingidos, independentemente dos seus conhecimentos, qualificação, esforço e desempenho. Isso faz com que a rotatividade de trabalhadores temporários seja enorme e a taxa de desemprego duplique em relação a outros países da União Europeia.

Por todas essas razões, o ajuste das empresas espanholas quando munda o sentido da evolução econômica, para cima ou para baixo, é feito fundamentalmente através da destruição de empregos, e em grande medida essa destruição incide sobre o emprego de caráter temporário, enquanto que em outros países europeus esses ajustes são realizados por meio de outros procedimentos, como redução da jornada de trabalho, suspensão temporária de contratos ou modificação de determinadas condições de trabalho[4].

Às razões mencionadas é necessário acrescentar o complexo sistema de negociação coletiva atual, que faz com que os salários não respondam adequadamente às variações de produtividade e do emprego, nem à situação econômica de cada empresa, mas apenas à inflação. Isso faz com que os salários tendam a crescer acima da produtividade e da inflação, sem levar em conta outros fatores.

4 Observatorio de la negociación colectiva. Boletín Número 21 mayo-julio 2010. Comisión Consultiva Nacional de Convenios Colectivos.

Como resultado de todo o exposto, pode-se concluir que a Espanha é um dos países da União Europeia onde o efeito da crise financeira global teve um efeito mais devastador. Neste momento, depois da Grécia, a Espanha é o país com a maior taxa de desemprego, atingindo seu pico mais alto em 2014, quando o número de desempregados ultrapassou 27,2% da população ativa. Para se ter uma ideia da dimensão do problema, estamos falando de cifras de desemprego semelhantes às da famosa crise financeira que causou o colapso da bolsa de valores de 1929 nos Estados Unidos. Além disso, a situação se torna especialmente sangrenta quando analisamos a taxa de desemprego entre os jovens na Espanha, pois mais de 50% daqueles com menos de 25 anos estão desempregados.

Nessa conjuntura desfavorável, os problemas estruturais da economia espanhola e suas repercussões no funcionamento do mercado de trabalho exigiam a necessidade inadiável de promover uma mudança no modelo produtivo que permitisse tornar a economia espanhola mais resistente ante as perturbações externas.

1.1 O legado da crise na Espanha

O estouro da bolha imobiliária em 2008 não tinha precedentes na história recente da Espanha, de tal forma que em 2012 a taxa de desemprego situou-se em 26,02% da população ativa e o número de desempregados beirou os seis milhões, mais concretamente 5.965.400 desempregados, enquanto o número de trabalhadores empregados caiu abaixo de 17 milhões, de modo que havia apenas 2,84 trabalhadores para cada desempregado e mais de 1.800.000 famílias tinham todos os seus membros em situação de desemprego, um quarto de milhão a mais que em 2011.

No entanto, a destruição do emprego não foi uniforme em todos os grupos, mas foi agudizada em certos deles, especialmente na juventude, onde a taxa de desemprego entre os menores de 25 anos atingiu quase 50%. No fim das contas, a incerteza ao entrar no mercado de trabalho, os baixos salários iniciais e a situação econômica, obrigaram os espanhóis que ficaram sem trabalho ou viram frustradas suas expectativas, a buscar um futuro em outros países[5], especialmente na Europa Central e do Norte.

5 Em 2009, o número de espanhóis residentes no exterior atingia 1,47 milhão, segundo o Instituto Nacional de Estatística, dos quais 751.200 eram homens e 720.500 eram mulheres. No entanto, o número não parou de crescer durante os oito exercícios subsequentes, atingindo 2,40 milhões de pessoas em 1 de janeiro de 2017.

Aliás, a Espanha tornou-se o país europeu com o maior número de desempregados de longa duração, superando ligeiramente até mesmo a Itália, país que tem 30% a mais de população. Consequentemente, um em cada quatro desempregados de longa duração na União Europeia atualmente reside na Espanha e praticamente um em cada três desempregados espanhóis procura emprego há, pelo menos, dois anos.

Finalmente, a destruição do emprego também teve efeitos nocivos sobre o sistema de Seguridade Social de tal maneira que o número de integrantes diminuiu em quase 2,5 milhões de segurados (12,5%), e se o gasto médio mensal de benefícios por desemprego em 2007 foi de apenas 1.280 milhões de euros, em dezembro de 2011 os gastos aumentaram para 2.584 milhões de euros.

2. A REFORMA TRABALHISTA NA ESPANHA

Ninguém duvida que os problemas do mercado de trabalho espanhol, longe de serem conjunturais, são estruturais, afetam os fundamentos do modelo sócio-trabalhista e exigem uma reforma de envergadura que proporcione aos agentes sociais um horizonte de segurança jurídica e confiança no qual possam desenvolver-se com certeza para conseguir recuperar o emprego.

No entanto, a gravidade da crise econômica que a Espanha atravessava em 2012 deu ao governo espanhol a oportunidade de empreender de maneira precipitada uma grande reforma da legislação trabalhista espanhola.

Nesse contexto, e sob a égide da crise econômica, a reforma trabalhista foi aprovada diretamente pelo Conselho de Ministros da Espanha, na reunião realizada em 10 de fevereiro de 2012, através do Real Decreto-Lei 3/2012, de 10 de Fevereiro, norma que o Congresso dos Deputados validou quase de imediato, praticamente sem discussão parlamentar, por meio da Lei 3/2012, de 6 de julho, sobre medidas urgentes para a reforma do mercado de trabalho.

A reforma, além de ter sido concebida à margem dos interlocutores sociais, levantou sérias dúvidas de constitucionalidade, por se entender que era uma norma que não se encontrava amparada por uma situação de necessidade urgente, uma vez que a crise econômica que eclodiu na Espanha não era conjuntural e, portanto, muitas das medidas contidas no Real Decreto-Lei n.º 3/2012, de 10 de fevereiro, poderiam ter sido aprovadas por meio de uma lei ordinária.

No entanto, a decisão do Tribunal Constitucional nº 191/2012, de 16 de outubro, indeferiu a questão de inconstitucionalidade levantada pelo *Juzgado de lo*

Social n.º 30 de Madrid por violação do artigo 86.1 da Constituição espanhola. Sustenta o Alto Tribunal "que a apreciação da existência de circunstâncias de extraordinária e urgente necessidade constitui um juízo político que cabe ao Governo em primeiro lugar e ao Congresso dos Deputados no exercício da função de controle parlamentar, não sendo possível esse controle por parte do Tribunal Constitucional". Por fim, o Tribunal Constitucional concluiu que o Governo espanhol tinha atendido no Real Decreto-Lei 3/2012 a exigência de explicitar e fundamentar de forma suficiente a existência de um cenário de "extraordinária e urgente necessidade" e que as medidas adotadas no Decreto-Lei nº 3/2012 mantinham uma relação direta ou de coerência com a situação que a ser enfrentada.

2.1 Conteúdo da reforma trabalhista na Espanha

A reforma trabalhista de 2012 inverte o equilíbrio do mercado de trabalho espanhol. Trata-se, sem dúvida, de uma reforma estrutural e de longo alcance que afeta instituições essenciais do sistema de relações de trabalho na Espanha. Aspectos como a redução do valor da indenização por despedida sem justa causa e a extinção da autorização administrativa prévia às dispensas coletivas fazem dessa reforma, provavelmente, a mais importante do ordenamento jurídico laboral desde a publicação do Estatuto dos Trabalhadores em 1980.

As regras incorporadas, em primeiro lugar, pelo Real Decreto-Lei nº 3/2012, de 10 de fevereiro, relativo a medidas urgentes para a reforma do mercado de trabalho, e, em seguida, pela Lei nº 3/2012, de 6 de julho, relativa a medidas urgentes para a reforma do mercado de trabalho, reúnem um conjunto de medidas orientadas, de acordo com o próprio texto legal, a "promover a empregabilidade dos trabalhadores" que afetariam os mecanismos de recrutamento, como a criação de um novo contrato por prazo indeterminado de apoio aos empresários, cuja característica essencial, e principal vantagem, consistia na fixação de um período de experiência de um ano. Do mesmo modo, a reforma trabalhista de 2012 promove uma redução dos custos de extinção do contrato de trabalho, mediante a diminuição da indenização por despedida sem justa causa e a eliminação quase completa dos salários de trâmite. Ao mesmo tempo, procede a simplificação, processual e causal, das dispensas por razões econômicas, técnicas, organizacionais e de produção. Por último, amplia os poderes empresariais para alterar quaisquer condições de trabalho pactuadas, individual ou coletivamente.

2.1.1 Medidas para promover a empregabilidade dos trabalhadores

2.1.1.1 Intermediação de trabalho

O Serviço Público de Emprego (SEPE) é um órgão autônomo vinculado ao Ministério do Trabalho, Migração e Seguridade Social. O Serviço Público de Emprego (SEPE), juntamente com os Serviços Públicos de Emprego das Comunidades Autônomas, forma o Sistema Nacional de Emprego. Esse órgão autônomo cumpre as funções relacionadas à gestão, processamento e pagamento de benefícios aos desempregados.

Tradicionalmente, os Serviços Públicos de Emprego demonstraram ser organismos capazes de gerenciar benefícios contributivos e assistenciais, mas durante essa crise eles mostraram-se ineficazes na inserção no mercado de trabalho dos desempregados que buscam trabalho. Por exemplo, segundo os dados da Associação de Grandes Empresas de Trabalho Temporário (Agett) apenas 2,9 de cada 100 colocações são geridas pelos Serviços Públicos de Emprego enquanto as Empresas de Trabalho Temporário (ETT) elevam sua taxa de sucesso a 17%. Estes números demonstram a ineficiência operacional e o sobredimensionamento estrutural da Administração, especialmente considerando que a rubrica orçamentária do Serviço Público de Emprego (SEPE) para 2016 foi elevada a 25.000 milhões de euros.

Mas a falta de controle administrativo não termina aqui, uma vez que os serviços de emprego de algumas comunidades autônomas subcontratam suas funções, de maneira subsidiada e via externalização, em determinadas Organizações Não Governamentais (ONGs), fundações, associações etc, para que se encarreguem de realizar grande parte das políticas ativas de emprego na região, tais como orientação profissional, programas de estágio em empresas e ações experimentais para o emprego. Dessa maneira, o cidadão deve dirigir-se muitas vezes a essas organizações subcontratadas para fruir os referidos serviços.

Do mesmo modo, nesta política clientelar também entram em jogo outros atores, como as prefeituras, principais beneficiárias dos programas públicos de escolas oficinas, casas de ofícios, oficinas de emprego e, em muitas ocasiões, também responsáveis pela gestão de programas de orientação profissional.

Dado o fracasso dos serviços públicos de emprego na colocação de candidatos a emprego no mercado de trabalho, o Real Decreto-Lei nº 3/2012 abre as portas, através da reforma dos artigos 16.3 do Estatuto dos Trabalhadores e do artigo 1º da Lei 14/1994, a fim de permitir que as empresas de trabalho temporário (ETT) intervenham como agências de colocação privada, rompendo com a exclusividade até então obrigatória das agências de emprego temporário na colocação temporária de trabalhadores. Basta recordar que, até agora, as empresas de emprego temporário (ETT) apenas estavam autorizadas a colocar à disposição de uma terceira empresa, e apenas em caráter temporário, trabalhadores previamente por ela contratados; pois bem, agora também poderão atuar como agências de colocação privadas.

A meu ver, a reforma busca, de forma indireta, uma privatização encoberta dos Serviços Públicos Estatais de Emprego, colocando as Empresas de Trabalho Temporário (ETT) como entidades colaboradoras do Serviço Público de Emprego Estatal (SPEE) para controlar as violações dos requerentes e beneficiários das prestações por desemprego.

Por outro lado, embora as Empresas de Trabalho Temporário tenham a obrigação legal de garantir a gratuidade dos seus serviços aos trabalhadores quando atuam como agência de colocação, isso não significa que sua atuação seja gratuita, pois não esqueçamos que no fundo são entidades com fins lucrativos e essas Empresas de Trabalho Temporário (ETTs), como agências de colocação, podem obter fundos do Serviço Público de Emprego Estatal (SPEE)[6] para o desempenho de sua função.

2.1.1.2 Formação Profissional

O elemento que mais afeta a trajetória profissional é o abandono precoce da educação. No final de 2012, cerca de um milhão de jovens entre os 16 e os 24 anos estavam desempregados, ou seja, mais de metade da população ativa juvenil. Esse número, no entanto, não foi distribuído igualmente de acordo com o nível de escolaridade atingido: jovens com apenas o ensino fundamental atingiram uma taxa de desemprego de 69,1%, aqueles que concluíram o ensino obrigatório viram essa taxa reduzida para 55, 2%, sendo 51% para os com ensino médio e 40,1% para jovens com ensino superior[7].

Consequentemente, pode ser afirmado como um fato objetivo e inquestionável que a não obtenção de níveis educacionais além da escolaridade obrigatória penaliza as pessoas a altas taxas permanentes de desemprego e pobreza, exclusão so-

6 Artigo 17 f) do Real Decreto 796/2010.

7 Josep-Oriol Escardíbul. Fracaso Escolar y Paro juvenil en España. Análisis y propuestas de Política educativa. EDICIONES UNIVERSIDAD DE SALAMANCA. 2013, pp. 27-46

cial, emprego temporário e baixos salários quando encontram trabalho. Basta pensar em um dado significativo proveniente do último relatório da Adecco[8], segundo o qual apenas 8% das ofertas de emprego são destinadas a trabalhadores com um nível de educação de graduação escolar no Ensino Secundário Obrigatório (ESO).

Para piorar a situação, um dos maiores problemas gerados pela bolha imobiliária foi o aumento das taxas de abandono escolar dos jovens. Entre 2000 e 2008, qualquer pessoa com mais de 16 anos encontrava um emprego bem remunerado no setor de construção sem ter que receber nenhum tipo de formação. Como consequência, inúmeros jovens sentiram-se seduzidos por esse setor e optaram por abandonar seus estudos prematuramente. No topo da bolha, havia quase 300.000 jovens trabalhando na construção civil (64.000 pessoas entre 16 e 19 anos e 230.000 jovens entre 20 e 24 anos). Seis anos depois, mais de 90% já estavam desempregados e sem nenhuma qualificação para se reintegrarem em outro setor.

Por tudo isso, e para facilitar o acesso ao mercado de trabalho para jovens sem formação, o Real Decreto-Lei 3/2012 modificou o artigo 11.2 do Estatuto dos Trabalhadores, que regula o contrato de formação e de aprendizagem.

O contrato de trabalho mantém seu objetivo, tal como foi introduzido pelo Real Decreto-Lei 10/11 no Estatuto dos Trabalhadores, embora após a reforma trabalhista o legislador tenha passado a denominá-lo "contrato para a formação e aprendizagem". Trata-se de um contrato de trabalho cujo objeto gravita alternadamente entre a atividade de trabalho remunerada nos centros de trabalho e a formação recebida pelo trabalhador no âmbito do sistema de Formação Profissional para o emprego.

Como primeira medida de envergadura, a nova redação do artigo 11.2 do Estatuto dos Trabalhadores estende dos 21 para os 25 anos a idade máxima em que um candidato a emprego pode assinar um contrato de formação e de aprendizagem. Além disso, essa última medida é complementada por outra de natureza excepcional: até que a taxa de desemprego na Espanha se situe abaixo dos 15% poderão ser assinados contratos para a formação e a aprendizagem com trabalhadores com menos de 30 anos sem que seja aplicável o limite máximo de 25 anos de idade antes referido.

8 Infoempleo-Adecco. https://cdn.infoempleo.com/infoempleo/documentacion/Informe-infoempleo-adecco-2018.pdf

Trata-se, portanto, de uma modalidade contratual cuja finalidade gravita sobre a possibilidade de o trabalhador obter uma qualificação profissional, enquanto mantém um contrato de trabalho com uma empresa. Ou seja, o trabalhador recebe uma formação, no âmbito do sistema de formação profissional e, portanto, recebe uma remuneração salarial, de forma a que, uma vez terminado o contrato, o trabalhador poderá solicitar à Administração Pública competente a expedição do correspondente certificado de profissionalismo, título de Formação Profissional ou, se for caso, comprovação parcial cumulável. Por sua parte, essa modalidade contratual concede ao empresário vantagens econômicas importantes, uma vez que lhe permite contratar trabalhadores pagando-lhes salários consideravelmente inferiores aos recebidos pelos trabalhadores contratados de maneira comum, e tudo isto sem esquecer as importantíssimas economias para a empresa em custos de Seguridade Social[9]. No entanto, essas condições tão vantajosas para a empresa contratante levam a que, em muitas ocasiões, o contrato de formação e de aprendizagem seja utilizado de forma fraudulenta.

Conjuntamente, a reforma do artigo 11.2 do Estatuto dos Trabalhadores através do Real Decreto-Lei nº 3/2012 alterou as durações mínima e máxima dos contratos para a formação e a aprendizagem para um e três anos, respectivamente, em comparação com o prazo de seis meses e dois anos que regia a regra anteriormente em vigor, embora o Estatuto dos Trabalhadores confira às partes na negociação de uma convenção coletiva a possibilidade de estabelecerem durações diferentes para o contrato, em função das necessidades organizativas ou produtivas das empresas, sem que, em caso algum, a duração mínima possa ser inferior a seis meses nem a máxima superior a três anos.

Ao mesmo tempo, a reforma do artigo 11.2 do Estatuto dos Trabalhadores eliminou os limites ao número máximo de contratos de formação e aprendizagem a celebrar pelas empresas em função da dimensão do seu plantel, embora seja necessário esclarecer que, de acordo com a anterior redação do artigo 11.2,

---

9 No que diz respeito aos incentivos à contratação, a nova norma estabelece que as empresas que "celebrem contratos para a formação e aprendizagem com trabalhadores desempregados inscritos no centro de emprego terão direito, durante todo o período de vigência do contrato, incluída a prorrogação, a uma redução das contribuições das empresas para a Seguridade Social" correspondente a 100% se o contrato for celebrado por empresas cujo pessoal seja inferior a 250 pessoas, ou a 75% se a empresa contratante tiver um número de trabalhadores igual ou superior a esse número. Igualmente, as empresas "que transformem em contratos indeterminados os contratos para a formação e a aprendizagem, qualquer que seja a data da sua celebração, terão direito a uma redução de sua quota-parte na Seguridade Social de 1500 euros/ano, durante três anos. No caso das mulheres, essa redução será de 1800 euros/ano".

esses limites podiam ser alterados "por convenção coletiva de âmbito setorial estatal ou, na sua falta, por convenções coletivas setoriais de âmbito inferior", ou ainda através de convenções coletivas de empresa "no caso de existir um plano formativo de empresa".

No mais, a finalidade formativa do contrato é obscurecida, uma vez que a partir de agora as empresas poderão ministrar a formação inerente ao contrato quando dispuserem de instalações e pessoal adequados para tanto. Contudo, e tendo em conta que o tempo de formação não é o tempo de trabalho, é lógico que algumas empresas, em cujas mãos a reforma trabalhista deixa a função de formação, possam recorrer a mecanismos de certificação fictícia das horas de formação, a fim de encobrir trabalho efetivo não remunerado.

Conjuntamente, a reforma trabalhista de 2012 elimina a possibilidade de que a formação obtida pelo contrato habilite o trabalhador a obter o título de graduação no Ensino Secundário Obrigatório (ESO), o que é incompreensível, tendo em conta a elevada percentagem de evasão escolar.

Finalmente, embora a nova redação do artigo 11.2 do Estatuto determine que, uma vez expirada a duração do contrato de formação e de aprendizagem, o trabalhador não possa ser recrutado para a mesma ou distinta empresa para a mesma atividade laboral ou ocupação objeto da qualificação profissional associada ao contrato, em contrapartida, permite a contratação do trabalhador através dessa modalidade contratual para uma ocupação distinta dentro da mesma empresa. Esse último aspecto é muito importante, pois envolve uma variação em relação à regulamentação anterior que não contemplava essa última possibilidade. Dessa forma, a nova redação do artigo 11.2 permite que o mesmo trabalhador seja contratado por períodos de 6 meses de forma sucessiva pela mesma empresa para ser formado em todas as qualificações profissionais que se verifiquem na empresa, para, em seguida, terminar a sua relação laboral, com o único limite de que não seja maior de 30 anos, nem menor de 16.

2.1.1.2.1 Formação continuada dos trabalhadores ao longo da vida laboral

A formação desempenha um papel revelante para fomentar a inovação e incrementar a produtividade e a competitividade das empresas espanholas, assim como para auxiliar no cumprimento dos compromissos assumidos na Agenda 2030 para o Desenvolvimento Sustentável.

É possível afirmar que a formação continuada é uma questão-chave para o adequado desenvolvimento e sobrevivência das empresas e do seu capital humano em um ambiente em constante movimento. Aspectos como a revolução tecnológica ou a globalização e internacionalização das empresas provocam mudanças metodológicas, estruturais, funcionais perante os quais surgem novas necessidades e desajustes de talento, no entanto, as políticas públicas de formação contínua na Espanha padecem tradicionalmente de uma boa adaptação às necessidades empresariais e, neste sentido, é necessário assegurar que a formação se ajuste ao que verdadeiramente demandam as empresas.

Entretanto, a corrupção marcou a história dos cursos de formação contínua na Espanha, um sistema de bilhões que, em muitos casos, serviu para financiar ilegalmente os agentes sociais. Para evitar novos casos de fraude na realização de cursos, com a reforma trabalhista de 2012, o desenho e o planejamento do subsistema de formação profissional criado para o emprego deixam de ser um monopólio de Sindicatos e Associações Patronais e, pelo contrário, dão acesso a atores privados, uma mudança que, a meu ver, afetará de forma significativa os sindicatos que verão reduzidos os fundos que até agora recebiam.

Paralelamente, a reforma trabalhista de 2012 dá uma nova redação ao artigo 23 do Estatuto dos Trabalhadores e reconhece o direito de todos os trabalhadores com, pelo menos, um ano de serviço em uma empresa; independentemente da modalidade de contratação, a fruir de uma licença remunerada de 20 horas anuais de formação vinculada ao posto de trabalho, período que pode ser acumulado por um prazo de até três anos.

Do mesmo modo e com o objetivo de facilitar o controle da formação realizada por todos os trabalhadores ao longo da sua carreira profissional e, consequentemente, garantir a eficiência da gestão dos recursos públicos destinados ao financiamento dos planos de formação, a Disposição Adicional 2ª da Lei 3/2012 obriga que a formação recebida pelo trabalhador ao longo da sua carreira profissional, de acordo com o Catálogo de Qualificações Profissionais, seja registrada em uma conta de formação, associada ao seu número de inscrição na Seguridade Social. Essa conta acompanhará o trabalhador ao longo de sua carreira profissional para comprovar seu histórico formativo e orientar a oferta de cursos com o fim de incrementar de sua empregabilidade.

Em último lugar, a reforma trabalhista altera a Disposição Transitória 6.1 da Lei 45/2002, a fim de permitir que todas as empresas, independentemente de seu tamanho, antes apenas as empresas até 100 trabalhadores, possam substituir os seus trabalhadores por desempregados que recebam auxílio por desemprego enquanto estes trabalhadores concorrem para ações de formação financiadas por qualquer uma das Administrações Públicas.

Nesse último caso, a participação constitui uma obrigação para o desempregado. Ademais, o desempregado poderá compatibilizar o auxílio por desemprego ainda pendente de recebimento com o trabalho para terceiros, caso em que a Entidade Gestora poderá pagar ao trabalhador o montante mensal de benefícios na quantia e duração que se determinem, sem incluir a contribuição para a Seguridade Social. Simultaneamente, durante o período de recebimento das prestações, o empregador deverá, além de pagar ao desempregado a diferença entre o auxílio ou subsídio por desemprego que está recebendo e o salário que lhe corresponderia por seu trabalho, contribuir com o valor total que ele receberia o desempregado, incluindo o montante do auxílio ou do subsídio.

2.1.1.2.2 Formação a cargo do empregador destinada a facilitar a adaptação do trabalhador às modificações operadas no posto de trabalho

Em relação às causas objetivas de extinção, a nova redação do artigo 52b) do Estatuto dos Trabalhadores impõe ao empregador o dever de oferecer ao trabalhador um curso para facilitar sua adaptação às modificações realizadas no posto de trabalho antes de extinguir o contrato. Durante a formação, o contrato de trabalho permanecerá suspenso e o empregador pagará o salário médio que o trabalhador vinha recebendo, não podendo extinguir o contrato por falta de adaptação até dois meses após a conclusão da formação continuada ou da formação destinada à adaptação.

Diante do exposto, a meu juízo o preceito suscita dúvidas sobre o cálculo dos dois meses, pois, a partir da redação literal do artigo 52 b) do Estatuto dos Trabalhadores, não podemos interpretar como os dois meses serão contados em todos os casos em que a formação já se realizara antes da modificação do posto. Na minha opinião, entendo que o mais lógico é que o período de dois meses seja contada a partir do final da última das alternativas, de modo que se a atividade de formação for anterior à modificação realizada no posto de trabalho, o período de 2 meses começaria a contar a partir da data da modificação e se a mudança no posto de trabalho for anterior à formação, os 2 meses serão computados a partir do final do curso.

2.1.2 Promoção da contratação por tempo indeterminado e outras medidas para estimular a criação de emprego

2.1.2.1 O contrato de apoio aos empreendedores

Historicamente, os distintos Programas de Promoção do Emprego visaram impulsionar o uso da contratação inicial indefinida pelas empresas.

Para esse fim, uma das inovações incluídas na reforma trabalhista foi a introdução de um novo contrato de trabalho chamado contrato por prazo indeterminado de apoio a empreendedores.

Essa modalidade contratual, por tempo indeterminado e em período integral, foi concebida pelo legislador espanhol como uma ferramenta na luta contra o desemprego, especialmente entre os jovens, e sua característica definidora é a duração do período de experiência que, conforme estabelecido no artigo 4.3 do Lei 3/2012, "será de um ano em qualquer caso". Por isso, apesar de o contrato de trabalho ser classificado como indeterminado, pelo menos durante o primeiro ano de vigência, o empregador tem a possibilidade de rescindi-lo sem pagar qualquer indenização ao trabalhador contratado e sem ter que provar causa que justifique a resolução ou desistência.

Convém recordar que a duração do período de experiência que o legislador fixa no contrato por tempo indeterminado de apoio a empreendedores é muito superior à que, de um modo geral, prevê o artigo 14 do Estatuto dos Trabalhadores, segundo o qual "na ausência de uma convenção coletiva, a duração do período de experiência não poderá exceder seis meses para os técnicos diplomados, nem dois meses para os outros trabalhadores, salvo se se tratar de empresas com menos de vinte e cinco trabalhadores, caso em que não poderá exceder três meses para os trabalhadores que não sejam técnicos diplomados".

Assim, por meio dessa nova modalidade contratual de caráter indeterminado, o período de experiência para trabalhadores sem qualificações especiais, que ingressam no mercado de trabalho, passa de dois ou três para doze meses, e para técnicos diplomados de seis para doze meses, sem que, por outro lado, o legislador tenha previsto prazos diferentes de duração do período de experiência, de acordo com a formação do trabalhador contratado.

Além disso, embora o regime jurídico deste contrato de trabalho e os direitos e obrigações dele decorrentes sejam regidos, em geral, pelas disposições do Texto Consolidado da Lei do Estatuto dos Trabalhadores e as convenções coletivas para contratos por tempo indeterminado, também é curioso que o legislador quis isentar a possibilidade de regular a duração do período de experiência por meio de negociação coletiva.

É precisamente a existência desse longo período de experiência, de um ano de duração, que gerou grande controvérsia entre um setor da doutrina, por considerar que a medida representava a introdução deliberada de um elemento de precariedade na relação trabalhista, dado que o período de experiência estabelecido pela norma é linear e não leva em consideração a dificuldade ou especialização técnica da atividade, podendo, além disso, violar o direito ao trabalho[10], a igualdade[11], o direito à negociação coletiva[12] e o direito a uma tutela judicial efetiva[13], o que quebra o equilíbrio justo que deve existir entre os interesses dos empregadores e dos trabalhadores.

Pois bem, ao mesmo tempo em que as consequências do contrato de apoio a empreendedores na Espanha começaram a ser aplicadas, o Comitê Europeu de Direitos Sociais, em suas Conclusões XX-3 (2014), publicadas em janeiro de 2015, apontou que "A falta de aviso prévio e a ausência de indenização não previstas no período de experiência do contrato de apoio ao empreendedor ex artigo 4.3 da Lei 3/2012 não estão de acordo com o disposto no artigo 4.4 da Carta Social Europeia". Não obstante, é no mínimo surpreendente que o Tribunal Constitucional, em seus julgamentos nº 119/2014, de 16 de julho de 8/2015, de 22 de janeiro e 140/2015, de 22 de junho, contradizendo sua própria doutrina em relação à supremacia do direito comunitário sobre o direito interno, tenha decidido endossar a constitucionalidade da duração do período experimental de um ano no contrato por tempo indeterminado de apoio a empreendedores com base em vários argumentos[14], tais como: 1) que a duração do período de experiência durante um ano é concebida como uma medida que contribui para a criação de empregos, em um contexto de grave crise econômica e alto desemprego que requer a promoção de uma criação estável de empregos, para verificar não apenas a aptidão e capacidade do trabalhador contratado, mas também a sustentabilidade do posto de trabalho; 2) o caráter conjuntural desse tipo de contrato, até que a taxa de desemprego na Espanha caia para 15% e esteja associada à redução do desemprego em pequenas e médias empresas; 3) a previsão deste período experimental para todos os trabalhadores por igual, inde-

---

10 Artigo 35.1 Constituição Espanhola

11 Artigo14 Constituição Espanhola

12 Artigo 37.1 Constituição Espanhola

13 Artigo 24.1 Constituição Espanhola

14 CARMEN FERRADÁNS CARAMÉS. Profesora Titular de Derecho del Trabajo y de la Seguridad Social. Universidad de Cádiz. TEMAS LABORALES núm. 133/2016. Págs. 13-48

pendentemente de sua qualificação ou categoria (art.14 CE); e 4) a compatibilidade do contrato e de seu período de experiência com os princípios de razoabilidade e proporcionalidade, argumentando que se trata de um tipo contratual limitado no tempo, reconhecido apenas para determinadas empresas, cujo regime jurídico inclui precauções para evitar estratégias empresariais abusivas na substituição de trabalhadores e que estabelece bonificações e deduções para dissuadir os empregadores de exercerem o poder de rescisão antes do término do período experimental de um ano.

Ora, apesar de seu sobrenome, "indeterminado", a realidade é bem diferente, e o fato de o artigo 14 do Estatuto dos Trabalhadores ter permitido um período experimental incomum de um ano significou, na prática, a transformação desse contrato por tempo indeterminado em mais um contrato temporário. Assim, de acordo com as estatísticas do próprio Ministério do Trabalho, dos pouco mais de um milhão de contratos assinados desde a sua criação, em fevereiro de 2012, apenas 27% dos empregadores se beneficiaram das vantagens fiscais e reduções de contribuições à Seguridade Social que a norma oferecia ao empregador, e para não precisar devolver esses incentivos, a empresa era obrigada não apenas a não demitir o trabalhador, mas também a manter o pessoal por três anos. Como resultado, a maioria dos empregadores preferiu não se beneficiar dos incentivos estatais e aproveitou a possibilidade de dispensar o trabalhador contratado antes do final do ano para não indenizá-lo, de modo que uma média de 40,2 % de trabalhadores com contratos subsidiados de apoio ao empreendedor entre 2012 e outubro de 2018 foram despedidos antes do final do ano, alegando que não haviam passado no período de experiência.

Por fim, e sob o pretexto de uma queda na taxa de desemprego no terceiro trimestre de 2018, situada em 14,55%, abaixo do limiar de 15% pela primeira vez em uma década, esse contrato foi finalmente revogado pela disposição derrogatória única 2.a) do Real Decreto-Lei 28/2018, de 28 de dezembro. No entanto, a norma manteve a vigência dos contratos celebrados antes de 1 de janeiro de 2019.

2.1.2.2 Contrato a tempo parcial

É possível afirmar que a conciliação do trabalho com a vida familiar aumenta a qualidade de vida dos trabalhadores, promove a corresponsabilidade de ambos os sexos no cuidado dos filhos e, por fim, intensifica a satisfação laboral dos trabalhadores, possibilitando um maior desenvolvimento pessoal e profissional.

Em que pese tudo isso, nos lares espanhóis a conciliação da vida profissional e pessoal é mais teórica do que prática, vez que são as mulheres que realizam a maior parte das tarefas domésticas, de forma a serem as que assinam os contratos a tempo parcial, cenário que favorece uma série de efeitos negativos sobre o coletivo feminino, como a redução da cobertura social, a promoção do emprego, etc., perpetuando assim um sistema de desigualdade entre mulheres e homens no mercado de trabalho.

2.1.2.2.1 Flexibilização do contrato a tempo parcial

Embora o contrato de trabalho a tempo parcial se tenha revelado um meio de acesso ao mercado de trabalho, a porcentagem média de trabalhadores a tempo parcial na Espanha situa-se muito abaixo da média dos países da União Europeia.

Essa menor utilização do contrato a tempo parcial pode ser imputada, em grande medida, à menor atratividade desta modalidade contratual tanto para os trabalhadores como para as empresas. Do ponto de vista dos trabalhadores, o trabalho a tempo parcial significou historicamente uma menor proteção social, dado que o tempo de trabalho mais curto se traduziu em regime de contribuição que frequentemente não permitiam o acesso a prestações e pensões da Seguridade Social. Reciprocamente, e do ponto de vista empresarial, o trabalho a tempo parcial tem sido, em certa medida, penalizado.

Para esse fim, a reforma dos parágrafos 4º e 5º do artigo 12 do Estatuto dos Trabalhadores, inicialmente levada a efeito pelo Real Decreto-Lei 3/2012, de 10 de fevereiro, sobre medidas urgentes para a reforma do mercado de trabalho, ato aprovado em seguida pela Lei 3/2012, de 6 de julho, e posteriormente confirmada pelo Real Decreto-Lei 16/2013, de 20 de dezembro, permitiu um aumento da contratação a tempo parcial, passando de 24% em 2007 para 35,5% em 2014.

Em primeiro lugar, a nova redação dos parágrafos 4º e 5º do Estatuto dos Trabalhadores altera o regime jurídico das "horas complementares", ou seja, aquelas horas acima das horas ordinárias pactuadas no contrato de trabalho e que o patrão pode exigir do trabalhador. Dessa forma, a reforma reduz de sete dias para três dias o período de pré-aviso para que o empregador comunique a realização das horas complementares ao trabalhador. Simultaneamente, a reforma abre a possibilidade de realização de horas complementares a todos os trabalhadores que assinaram um contrato temporário a tempo parcial com o único requisito de que a carga horária semanal no cálculo anual atinja um mínimo de dez horas, procedendo assim à supressão do requisito que limitava a realização de horas complementares unicamente aos trabalhadores com contratos indeterminados a tempo parcial e pela primeira vez. Da mesma forma, o legislador aumenta a porcentagem máxima de horas complementares que podem ser acordadas com o trabalhador, que deixa de ser 15% das horas normais do contrato e passa a ser 30%.

Por outro lado, e como contrapartida, a reforma finalmente obriga o empregador a registrar diariamente as horas trabalhadas e a incluí-las nos recibos de salário, presumindo "iuris tantum", em caso contrário, que foi celebrado um contrato de período integral.

Paradoxalmente, a transformação do regime jurídico das chamadas horas complementares se traduz em insegurança para os trabalhadores a tempo parcial, já que durante o primeiro ano eles não sabem quanto e quando vão trabalhar.

De resto, embora a reforma mantenha o caráter voluntário da transformação da jornada de tempo integral em tempo parcial e vice-versa, em sentido contrário suprime-se a obrigação de os empregadores informarem aos trabalhadores a tempo parcial sobre as vagas por tempo integral que existam em uma empresa, a fim de permitir que passem de um contrato a outro. Do mesmo modo, a nova redação do artigo 12º do Estatuto dos Trabalhadores elimina a preferência dos trabalhadores que vinham trabalhando em tempo parcial durante, pelo menos, três anos para preencher vagas a tempo integral gerada na empresa.

Finalmente, a reforma trabalhista elimina a possibilidade de negociar em convenção coletiva a conversão dos contratos de período integral em um por tempo parcial, por motivo de conciliação familiar ou por razões de formação.

Como fato positivo, embora a Lei 3/2012 tenha introduzido a possibilidade de os trabalhadores por tempo parcial realizarem horas extras, no entanto, com o Real Decreto-Lei 16/2013, de 20 de dezembro, voltou-se atrás nesse ponto e elas tornam-se novamente proibidas.

2.1.2.2.2 Tempo parcial e período de contribuição para o cálculo do valor da aposentadoria

Um dos problemas que até agora foi gerado para os trabalhadores que assinaram um contrato de trabalho a tempo parcial era que para ver reconhecido o direito à aposentadoria tinham que comprovar o pagamento do equivalente a quinze anos de trabalho em tempo integral, de modo que, na prática, esses trabalhadores eram obrigados a contribuir em período parcial por mais anos, a fim de finalmente cumprirem este requisito.

Por tudo isso, e como são sobretudo as mulheres que assinam os contratos a tempo parcial, especificamente 75% desses trabalhadores segundo o Instituto Nacional de Estatística, foi o que levou o Tribunal de Justiça da União Europeia, no seu acórdão de 8 de Maio de 2019, a condenar a Espanha depois de ter constatado que, com base no artigo 4º, § 1º, da Diretiva 79/7/CEE do Conselho, de 19 de Dezembro de 1978, sobre a aplicação progressiva do princípio da igualdade de tratamento entre homens e mulheres em matéria de seguridade social, o atual artigo 248.3 do Texto Consolidado da Lei Geral da Seguridade Social, aprovado pelo Real Decreto Legislativo 8/2015, de 30 de Outubro, surgia uma discriminação indireta por razão de sexo decorrente do método de cálculo do valor da aposentadoria, por exigir dos trabalhadores a tempo parcial, na sua grande maioria mulheres, em comparação com os trabalhadores a tempo integral, um período de contribuição proporcionalmente mais longo para o acesso ao referido benefício. Ou seja, a regulamentação interna espanhola não levava em consideração no cálculo da aposentadoria a totalidade do período de inscrição na Seguridade Social, como acontece com os trabalhadores em tempo integral aos quais se calcula o tempo de contribuição por anos e meses sem aplicação de nenhuma fórmula redutora. Já para os trabalhadores com contrato a tempo parcial, em consequência da introdução de uma percentagem derivada de um "coeficiente de parcialidade", o período trabalhado não é computado na integralidade, o que penaliza os trabalhadores que constituem o elo mais fraco do mercado de trabalho.

Simultaneamente, em sintonia com a doutrina do Tribunal de Justiça da União Europeia, o acórdão do Tribunal Constitucional n.º 91/2019, de 3 de Julho declarou a inconstitucionalidade e a nulidade da norma reguladora do valor da aposentadoria para os trabalhadores a tempo parcial, mais especificamente no que concerne à aplicação do chamado "coeficiente de parcialidade", em razão da violação do princípio da igualdade e por constituir uma discriminação indireta em razão do sexo, tendo em conta a sua incidência predominante sobre o emprego feminino, o que atenta contra o artigo 14 da Constituição espanhola.

Só depois que o Tribunal Constitucional declarou inconstitucional, nulo e discriminatório para as mulheres o método de cálculo da aposentadoria dos trabalhadores a tempo parcial, é que o Ministério do Trabalho viu-se obrigado a se mover e modificou seus programas de computador utilizados para calcular esses benefícios, sem levar em consideração o coeficiente de redução aplicado a esse tipo de contrato.

Não obstante o exposto, a decisão do tribunal afeta apenas os trabalhadores que se aposentam a partir da publicação da decisão no Diário Oficial do Estado, visto que, em virtude do princípio constitucional de segurança jurídica consagrado no artigo 9.3 da Constituição, os efeitos da sentença não são retroativos.

2.1.2.3 Contrato de trabalho a distância

O trabalho a domicílio é uma forma de realização da prestação de serviços que nas suas origens estava associado à realização de trabalhos artesanais ou manuais que correspondiam ao modelo industrial do século XIX. No entanto, como consequência da introdução de novas tecnologias, há cada vez mais empresas que promovem o trabalho remoto entre os seus trabalhadores, dando ao trabalhador a possibilidade de realizar as suas tarefas a partir da própria casa.

Entre as características associadas ao trabalho a domicílio incluem-se a precariedade, integrar a economia paralela, a insegurança jurídica na delimitação com outras figuras relacionadas ou áreas cinzentas e a debilidade com que se manifesta em várias ocasiões uma das notas delimitadoras do contrato de trabalho: a dependência[15].

Diante disso, o artigo 5 do Real Decreto-Lei 3/2012 deu nova redação ao artigo 13 do Estatuto dos Trabalhadores do ano de 1980, a fim de regulamentar o teletrabalho e, para isso, o nome original do contrato de trabalho a domicílio muda para trabalho a distância. No entanto, tal como ficou estabelecido no artigo 13 do Estatuto dos Trabalhadores, denota-se que a intenção do legislador era regulamentar apenas o teletrabalho, esquecendo as formas tradicionais de prestação de serviços no domicílio do trabalhador, que dificilmente permitem a realização dessa prestação de serviços em uma empresa, pelo que considero mais acertada a antiga denominação do que a atual de "trabalho à distância".

Quanto ao regime jurídico desse contrato, o Real Decreto-Lei 3/2012 estabelece que o contrato à distância pode ser celebrado *ab initio* ou como modificação de outro contrato, sem que em nenhum caso possa ser unilateralmente imposto por qualquer das partes contratantes. O trabalhador a distância goza dos mesmos direitos que os trabalhadores que prestam os seus serviços no local de trabalho, com excepção dos direitos inerentes ao trabalho presencial no local de trabalho, como, por exemplo, o auxílio para deslocamento ou o adicional de penosidade. Ao mesmo tempo, o trabalhador conservará o direito à proteção em questões de segurança e saúde, sendo-lhes aplicável a Lei 31/95. Finalmente, a nova redação do artigo 13

15 La nueva regulación del contrato a distancia. Esperanza Macarena Sierra Benítez Universidad de Sevilla

do Estatuto dos Trabalhadores obriga o empregador a facilitar o acesso desses trabalhadores à formação contínua e, além disso, a informar sobre as vagas em postos presenciais existentes na empresa.

Como aspecto negativo, a meu ver, a deslocalização de muitas empresas e o trabalho à distância, devido à utilização das novas tecnologias da informação e da comunicação, não amparam suficientemente o exercício da representação coletiva dos trabalhadores. Apesar de terem os mesmos direitos daqueles trabalhadores que prestam seus serviços presencialmente, o que determinaria a obrigação patronal de vinculá-los a um determinado local de trabalho, caso essa vinculação seja realizada unilateralmente, o empregador poderá fazer uma alteração artificial das unidades eleitorais correspondentes. Por isso, é necessária uma regulamentação específica que tenha em conta todas as particularidades do trabalho à distância e que se adapte a essa forma de organização produtiva, entre outras razões porque o artigo 13 do Estatuto dos Trabalhadores não contempla uma concretização dos direitos coletivos, como, por exemplo, em matéria de greve.

2.1.2.4 Promoção da contratação por tempo indeterminado e outras medidas para estimular a criação de emprego

A contratação temporária de trabalhadores na Espanha tem um destacado carácter excepcional, pois só pode ser utilizada quando se verificarem os pressupostos exigidos por lei. No entanto, a realidade é bem diferente e a taxa de sazonalidade representa 33% da população ativa, o que representa mais do dobro da média europeia. Na Espanha, a duração média dos contratos temporários é a seguinte: contrato eventual 53 dias, contrato de interinidade 38 dias e por último o contrato por obra ou serviço 81 dias.

Por outro lado, tendo em conta que a criação direta de emprego público é muito escassa atualmente, a principal ação dos poderes públicos para apoiar o emprego consiste na concessão de incentivos às empresas através de subsídios ou de bonificações sobre a contribuição para a seguridade social[16].

---

16 A cobertura temporária de postos de trabalho na Administração Pública foi condicionada e limitada nos últimos anos pelas diferentes leis dos orçamentos gerais do Estado, uma vez que a proibição de nomeação temporária ou de recrutamento temporário tem sido estabelecida como regra geral, a menos que o seu carácter excepcional seja comprovado e se destine a cobrir necessidades urgentes e inadiáveis, como se depreende, por exemplo, do artigo 19.2 da Lei 6/2018, de 3 de julho, do Orçamento Geral do Estado para o ano de 2018.

Essas medidas de promoção do emprego têm, em muitos casos, caráter conjuntural, quer porque procuram fazer face a períodos de agravamento do desemprego, quer porque procuram incentivar a colocação dos desempregados ou dos candidatos a emprego mais desfavorecidos. E se, no primeiro momento, tentaram promover qualquer tipo de emprego, incluindo o de carácter temporário para fazer frente às elevadas taxas de desemprego, desde há alguns anos que se vem consolidando a tendência a fomentar apenas empregos dotados de certa qualidade e permanência no tempo.

A título de exemplo, e a fim de facilitar o emprego estável, o artigo 7.1[17] do Real Decreto-Lei 3/2012 prevê uma bonificação de 41,67 euros/mês (500 euros/ano), durante três anos, todas as empresas que transformarem em indeterminados os contratos de estágio e substituição antes da idade da aposentadoria, independentemente da data de sua celebração.

2.1.3 Medidas para promover a flexibilidade interna nas empresas como alternativa à destruição de empregos: o impacto da reforma trabalhista de 2012

A Exposição de Motivos da Lei 3/2012, de 6 de julho, sobre medidas urgentes para a reforma do mercado de trabalho, que convalidou o Real Decreto-Lei 3/2012, de 10 de fevereiro, aposta na flexibilidade interna da empresa como medida alternativa à destruição de postos de trabalho e, para tanto, adota um conjunto de medidas que visam reforçar os mecanismos de adaptação das condições de trabalho às circunstâncias concretas que atravesse a empresa.

Na legislação trabalhista espanhola, as medidas para promover a flexibilidade interna dentro das empresas, como alternativa à destruição de empregos, concretizam-se substancialmente em dois mecanismos jurídicos: a classificação profissional e a mobilidade funcional.

A classificação profissional e a mobilidade funcional são duas operações que afetam a prestação objeto do contrato de trabalho, mas que ocorrem em dois momentos distintos: enquanto a classificação profissional se realiza no momento em que se constitui o contrato de trabalho, a mobilidade funcional ocorre ao longo da relação contratual.

17 Esse montante será aumentado para 700 euros por ano se for de uma mulher o contrato transformado em indeterminado.

Com as medidas destinadas a favorecer a flexibilidade interna das empresas através da classificação profissional e da mobilidade funcional, o legislador procura aumentar as margens de decisão do empregador na gestão da mão de obra contratada, como forma de dissuadi-lo da extinção contratual. Assim, quando empresa verifica que as condições que regem uma determinada prestação de serviços já não se adaptam às novas necessidades da sua organização produtiva, o Estatuto dos Trabalhadores oferece-lhe um caminho alternativo à simples extinção do contrato para adequar essa prestação de serviços às exigências da competitividade.

Objetivamente, podemos afirmar que a flexibilidade interna projeta-se sobre uma relação de emprego preexistente distinguindo-se da flexibilidade de entrada, que diz respeito à contratação e às suas modalidades, bem como da flexibilidade de saída, que trata da extinção da relação laboral e afeta o volume de emprego. Por isso, podemos afirmar que a flexibilidade interna incide sobre as relações laborais vigentes em termos qualitativos, mas não quantitativos. Em outras palavras, a flexibilidade interna das empresas poderá influenciar o tempo de trabalho, mas não o número de trabalhadores; poderá influenciar a mobilidade geográfica, mas não representará deslocalização e perda de emprego; poderá influenciar o salário, mas o volume de emprego na empresa será mantido. Precisamente, a manutenção do nível quantitativo de emprego é um dos objetivos da flexibilidade interna.

O poder de direção constitui a principal manifestação da nota de dependência, característica de qualquer relação de emprego. Essa ampliação do poder do empregador de alterar as condições de trabalho no que concerne às funções do trabalhador, a fim de adaptar as condições de trabalho às circunstâncias específicas em que a empresa se encontra, sofreu modificações legislativas de grande envergadura.

Na Espanha, a pedra angular do processo de flexibilização teve lugar com a reforma trabalhista de 1994, levada a cabo principalmente através das Leis 10/1994, 11/1994 e 14/1994; reformas que prosseguiram através do Real Decreto-Lei 7/2011, de 10 de Junho, de medidas urgentes para a reforma da negociação coletiva, no qual foi introduzida a flexibilidade interna negociada (artigo 6 Real Decreto-Lei 7/2011), para evitar o recurso à flexibilidade externa, o que resultou na alteração dos artigos 40.2, 41.4, 41.6 do Estatuto dos Trabalhadores, assim como do artigo 85.3 (art. 2 Real Decreto-Lei 7/2011), que fixa os procedimentos de flexibilidade interna como conteúdo mínimo da negociação coletiva.

Este processo prosseguiu até a última grande reforma operada no Estatuto dos Trabalhadores em 2012 [18] [19], que, aliás, se inspirou no conhecido modelo da flexisegurança, e cuja origem remonta à reforma trabalhista holandesa, na qual o legislador procura garantir tanto a flexibilidade dos empregadores na gestão dos recursos humanos da empresa como a segurança dos trabalhadores no emprego e níveis adequados de proteção social.

Pelo contrário, os efeitos da flexibilização na vida dos trabalhadores têm não só a ver com o trabalho, mas também com sua vida privada e familiar e com suas relações sociais. A flexibilização gera uma incerteza permanente quanto à continuidade do emprego, quanto ao número de horas de trabalho, quanto ao valor da remuneração, porque as partes variáveis do salário são cada vez maiores, de modo que é bem possível não completar o rendimento esperado. Ademais, e devido a esse objetivo, esta maior rentabilidade não está sujeita à negociação, de tal forma que não existe a possibilidade de que os maiores lucros sejam redistribuídos, pelo que o trabalhador não se beneficia do aumento de flexibilidade.

Na legislação espanhola, as frentes sobre as quais atua preferencialmente a flexibilização do mercado de trabalho enquadram-se nos três campos seguintes: o tempo de trabalho, o conteúdo e as condições da prestação laboral e o salário.

2.1.3.1 Classificação profissional

Após a profunda reforma do Estatuto dos Trabalhadores, realizada pelo Real Decreto-Lei 3/2012, convertido na Lei 3/2012, de 6 de julho, sobre medidas urgentes para a reforma do mercado de trabalho, os preceitos relativos à classificação profissional são regulados pelos artigos 22, 24 e 39 do Estatuto dos Trabalhadores.

O propósito da reforma nesta matéria é, como enuncia textualmente em seu Preâmbulo o Real Decreto-Lei 3/2012, "fortalecer os mecanismos de adaptação

18 Para compreender esta evolução legislativa, é necessário mencionar a Decisão 2003/578/CE do Conselho, de 22 de Julho de 2003, relativa às Diretrizes para as políticas de emprego dos Estados membros, em tópico 3 dispõe que "Os Estados-membros proporcionarão aos trabalhadores e às empresas a capacidade de se adaptarem às mudanças, tendo em conta a necessidade de combinar flexibilidade e segurança e destacando o papel fundamental dos interlocutores sociais a este respeito".

19 Na Exposição de Motivos da Lei 3/2012, de 6 de julho, relativa a medidas urgentes para a reforma do mercado de trabalho, o legislador insiste que a reforma trabalhista na Espanha aposta na flexibilidade interna na empresa como medida alternativa à destruição de empregos com o objetivo de fortalecer os mecanismos de adaptação das condições de trabalho às circunstâncias concretas que atravesse a empresa. Entre as medidas de flexibilidade interna adotadas pelo legislador, sobressai a substituição da categoria profissional pelo grupo profissional nos sistemas classificatórios, o recurso à polivalência funcional ou a facilitação da mobilidade funcional entre grupos profissionais.

das condições de trabalho às circunstâncias concretas que a empresa atravessa". Neste contexto, a Lei 3/2012 transforma os sistemas de classificação profissional mediante a substituição negociada da "categoria profissional" pelo "grupo profissional" com o objetivo de contornar a rigidez da noção de categoria profissional e fazer da mobilidade funcional ordinária um mecanismo de adaptação mais viável e eficaz dentro da empresa.

A diferença entre "categoria" e "grupo" reside no fato de o conceito de grupo ser mais amplo e menos rígido do que as antigas categorias profissionais, de tal forma que no grupo profissional se agrupam os trabalhadores segundo as suas qualificações profissionais, qualificações e condições gerais para o posto de trabalho. As categorias, pelo contrário, eram uma classificação muito mais definida, na qual o trabalhador era classificado tendo em conta unicamente a sua aptidão e qualificação pessoal, e não as características específicas do posto por ele ocupado. Desse modo, a classificação inicial do trabalhador num determinado grupo profissional permite que o empregador possa reajustar o posto de trabalho às necessidades da empresa, de forma a que o trabalhador terá que aceitar a mudança de funções proposta, sem que para tanto seja necessário que a empresa apresente as razões da mudança.

Dessa forma, somente é possível falar de mobilidade funcional quando a mudança de funções ocorrer fora do grupo profissional. No âmbito do grupo profissional, o empregador pode reajustar livremente o posto de trabalho e alterar as funções que o trabalhador exerce, dentro dos limites do respeito da dignidade do trabalhador e das qualificações necessárias para o desempenho das novas funções atribuídas ao trabalhador.

Não obstante o exposto, a reforma sofre de defeitos sistemáticos, na medida em que apesar de ter sido suprimido o termo "categoria profissional" dos artigos 22 e 39 do Estatuto dos Trabalhadores, continua a haver referências explícitas à categoria profissional, tal como acontece nos artigos 11.1.a), 12.4.e), § 3º, no artigo 17.4, § 1º e 2º, também no artigo 36.1, § 4º e, finalmente, nos artigos 40.3.bis e 46.3, § 5º. Ademais, o conceito de categoria profissional também continua a aparecer em outras normas, como é o caso, por exemplo, do artigo 137 da Lei 36/2011, de 10 de Outubro, que regula a jurisdição social, no que se refere à reclamação de categoria ou grupo profissional.

2.1.3.2 Distribuição irregular da jornada ao longo do ano

Após as Reformas Trabalhistas de 2012, a legislação trabalhista visa facilitar a distribuição irregular da jornada de trabalho ao longo do ano, mesmo quando não é estabelecida por convenção coletiva ou mediante acordo com os representantes dos trabalhadores. Assim, a reforma trabalhista altera o artigo 34.2 do Estatuto dos Trabalhadores, a fim de permitir que as empresas possam, de maneira unilateral, mesmo sem um acordo com os representantes dos trabalhadores, "distribuir de maneira irregular ao longo do ano 10% da jornada de trabalho" sem necessidade de firmar um acordo com a representação dos trabalhadores. Antes disso, era a convenção coletiva que definia os limites. Entretanto, essa distribuição não pode ser arbitrária, pois debe responder a uma necessidade da empresa. Por exemplo, um pico eventual de trabalho em uma determinada época do ano.

Com a presente regulamentação, o legislador não procura que a empresa possa modificar os dias fixados no calendário laboral como dias de trabalho, nem aumentar o número total de horas anuais a serem trabalhadas, mas apenas modificar a distribuição horária mensal, semanal ou diária. Desta forma, a empresa pode variar as horas trabalhadas em alguns dias, semanas ou meses para outros, sem que isso implique um custo adicional, já que, como dito anteriormente, não há uma modificação do número de horas contratadas, mas uma modificação na sua distribuição anual ou semanal. Um caso habitual de distribuição irregular da carga horária é a jornada reduzida e intensiva no verão. Durante dez meses por ano trabalha-se um pouco mais para que durante os meses de julho e agosto, normalmente, se encurte o horário e se evitem as horas de intenso calor.

Em todo o caso, a faculdade empresarial não é ilimitado e está sujeita a determinados requisitos, como a obrigação de pré-avisar os trabalhadores afetados com uma antecedência mínima de cinco dias, do dia e da hora em que será efetuada a prestação do trabalho resultante dessa alteração, e o dever de respeitar os períodos mínimos de descanso diário e semanal. Por outro lado, deve-se ter em conta que, por meio de uma Convenção Coletiva ou por acordo entre a empresa e os representantes legais dos trabalhadores, é possível pactuar a distribuição irregular da jornada de trabalho e suas condições. Nesses casos, haverá que respeitar o que foi acordado na negociação coletiva. Por fim, nessa distribuição pode ser excedido o limite de quarenta horas semanais, mas, como o artigo 34.3 do Estatuto dos Trabalhadores não foi modificado, o empregador deverá respeitar o limite máximo de nove horas por dia.

Trata-se, como recorda a sentença da Audiência Nacional de 11 de maio de 2018, de uma regra com a natureza de norma mínima, que pode ser melhorada pelas partes desde o ponto de vista dos trabalhadores. Isso significa que se pode chegar a acordo sobre um limite máximo legal em benefício do trabalhador, mas o que não se pode fazer é piorar as condições estabelecidas no Estatuto dos Trabalhadores ou, quando existir, na convenção.

Em suma, é de ressaltar que a distribuição irregular da carga horária não pode ser aplicada a trabalhadores que tenham jornada reduzida por determinação legal; e nos casos em que o tempo de trabalho esteja estabelecido, por exemplo, de segunda a sexta-feira, não é possível aplicá-la em sábado ou domingo, porque nesse caso haveria uma alteração relativa à qualificação de dias como úteis/não úteis em relação ao calendário laboral fixado.

Por último, e para evitar os excessos de horas trabalhadas e as fraudes, a empresa está obrigada, nos termos do artigo 35.5 do Estatuto dos Trabalhadores, a manter um registo diário da jornada, quando estabelecido pela legislação trabalhista.

Em conclusão, parece-me interessante a possibilidade de estabelecer uma distribuição irregular da carga horária nas empresas, adaptando os tempos de trabalho às necessidades produtivas, mediante um planejamento interno prévio e adequado, e com a possibilidade de acordar medidas adicionais destinadas a compensar os trabalhadores afetados, evitando assim que as empresas paguem horas extraordinárias aos trabalhadores quando as necessidades de produção exijam um aumento das horas de trabalho.

2.1.3.3 Regulação da mobilidade funcional interna

Em coerência lógica com a alteração realizada na regulação do sistema de classificação profissional, a mobilidade funcional agora tem por referência os grupos profissionais, sendo classificada como a atribuição ao trabalhador de funções, superiores ou inferiores, não correspondentes ao grupo profissional em que ele está classificado.

Consequentemente, de acordo com a nova redação do artigo 39 do Estatuto dos Trabalhadores, a mobilidade funcional será bidirecional, isto é, fora do grupo profissional, e limitada exclusivamente ao tempo necessário para ter em conta as razões organizacionais ou técnicas invocadas pela empresa.

Como único limite, o legislador impõe à empresa que a mobilidade funcional a outro grupo profissional, superior ou inferior, seja verificada sem prejuízo da dignidade do trabalhador e sem prejuízo da sua formação e promoção profissionais, tendo sempre direito à remuneração correspondente às funções efetivamente exercidas, salvo nos casos de delegação de funções inferiores, nas quais o trabalhador manterá a remuneração de origem. Por conseguinte, não haverá possibilidade de invocar como causas objetivas para a despedida, a superveniência de inaptidão ou a falta de adaptação, nos casos de exercício de funções distintas das habituais em consequência da mobilidade funcional.

Além disso, no caso de atribuição de funções inferiores, o artigo 39 exige que sejam justificadas por necessidades inadiáveis ou imprevisíveis da atividade produtiva, situação que o empregador deve comunicar aos representantes dos trabalhadores.

Por último, suprime-se a obrigação de as empresas justificarem "por razões imperativas ou imprevisíveis da atividade produtiva" a atribuição a um trabalhador de funções inferiores às do seu grupo profissional, obrigação que estava estabelecida, até a entrada em vigor da presente reforma, na redação anterior do 39.2 do Estatuto dos Trabalhadores.

2.1.3.4 As novas diretrizes legais dos artigos 40 e 41 do Estatuto dos Trabalhadores: a mobilidade geográfica e as modificações substanciais nas condições de trabalho

O objetivo das modificações levadas a efeito nos artigos 40 e 41, por meio do artigo 11 do Real Decreto-Lei 3/2012, não é outro senão "fortalecer os mecanismos de adaptação das condições de trabalho às circunstâncias concretas que a empresa atravessa".

Com esse propósito, o legislador adotou uma sucessão de mudanças no Estatuto dos Trabalhadores, cujo resultado não é outro senão preparar a empresa para a adoção de medidas de flexibilidade interna e, para o que nos interessa aqui, relativas à mobilidade geográfica e a alterações substanciais das condições de trabalho.

2.1.3.4.1 A mobilidade geográfica

Em termos gerais, a regulamentação do artigo 40 do Estatuto dos Trabalhadores facilita muito a mobilidade geográfica dos trabalhadores que não foram contratados especificamente para prestar seus serviços em empresas com centros de trabalho móveis ou itinerantes para um local de trabalho diferente da mesma empresa que exija mudança de residência, amplia o âmbito das causas, o que desencoraja o controle judicial, assim como elimina o controle administrativo nos casos de mobilidade geográfica de caráter colectivo.

Por outro lado, a delimitação entre transferência individual e transferência coletiva, que já era determinada na antiga redação do Estatuto dos Trabalhadores pelo número de trabalhadores afetados, não sofreu alteração na nova redação dessa norma.

Em relação às causas, o artigo 40 do Estatuto dos Trabalhadores aceita as mesmas contempladas no artigo 41, o que alarga o poder de decisão das empresas de forma quase ilimitada e reduz o ônus da prova, uma vez que também foi extinta a exigência de que a transferência contribua para melhorar a situação da empresa.

No que diz respeito à intervenção da autoridade do trabalho, apenas foi mantida a exigência de comunicação pela empresa do início do período e das posições das partes após a sua conclusão. No entanto, foi extinto o poder administrativo de prorrogar o prazo de incorporação de 30 dias e de suspender a efetividade da transferência por um período de seis meses.

Também é inovadora a referência expressa no artigo 40.5 do Estatuto dos Trabalhadores à possibilidade de que as convenções coletivas ou o acordo, durante um período de consulta, estabeleçam prioridade de permanência para empregados que não sejam representantes dos trabalhadores, como aqueles que têm responsabilidades familiares, idosos ou deficientes. No mesmo sentido, o direito preferencial à transferência já reconhecido pelo art. 40.3 bis do Estatuto dos Trabalhadores às empregadas vítimas de violência de gênero foi expressamente estendido aos trabalhadores vítimas de terrorismo e aos trabalhadores deficientes que comprovem a necessidade de receber um tratamento de reabilitação física ou psicológica relacionada com a sua deficiência, fora da sua localidade.

Em relação às causas justificativas das transferências, a nova redação do artigo 40 do Estatuto dos Trabalhadores exige a existência de razões econômicas, técnicas, organizacionais ou de produção que justifiquem a transferência do trabalhador do local de trabalho, entendidas como aquelas que estão relacionados à competitividade, produtividade ou organização técnica ou de trabalho na empresa, bem como as contratações relativas à atividade empresarial.

2.1.3.4.2 A modificação substancial das condições de trabalho

Como no caso da mobilidade geográfica, o legislador ampliou o arbítrio empresarial em matéria de alterações substanciais.

De entrada, a reforma trabalhista muda o conceito de causas econômicas, técnicas, organizacionais ou de produção, de forma idêntica ao caso da mobilidade geográfica, expandindo quase ilimitadamente o âmbito da justificação por parte do empregador para introduzir alterações em alguma das condições de trabalho que se relacionam com o 41 do Estatuto dos Trabalhadores.

A causa mais utilizada na prática pelas empresas é a econômica, de tal forma que a partir da reforma trabalhista de 2012 a alteração é considerada justificada quando dos resultados da empresa se desencadeia uma situação econômica negativa, em casos como a existência de perdas atuais ou previstas ou ainda a diminuição persistente do seu nível de receitas ou vendas. Em qualquer caso, considera-se que a diminuição é persistente se ocorrer durante dois trimestres consecutivos.

Isso supõe, no meu entender, a transmissão quase integral do risco ao trabalhador, na medida em que, em virtude da literalidade do preceito, estará justificada a alteração substancial quando existirem causas relacionadas à competitividade, à produtividade ou à organização técnica do trabalho, independentemente de a alteração substancial contribuir para uma melhor organização dos recursos ou favorecer a posição da empresa frente a concorrência.

Ademais, não serão consideradas alterações substanciais coletivas aquelas condições de trabalho desfrutadas pelos trabalhadores em virtude de acordo ou pacto coletivo ou ainda em virtude de uma decisão unilateral do empregador com efeitos coletivos, de tal forma que a partir da reforma serão tratadas como modificações individuais ou colectivas, pela via do artigo 41, dependendo se ultrapassam ou não os limites de trabalhadores afetados em períodos de 90 dias.

No conjunto, foi reduzido o prazo para que o trabalhador seja pré-avisado da decisão empresarial relativa à alteração substancial, que passa de 30 para 15 dias antes da sua aplicação. Em seguida, foram ampliadas as matérias que podem ser objeto de alterações substanciais, acrescentando-se o sistema de remuneração e o montante salarial à lista de matérias enumeradas no artigo 41 do Estatuto.

Por último, o artigo 50.1a) do Estatuto dos Trabalhadores, embora acrescente como causa da extinção do contrato, a pedido do trabalhador, as alterações substanciais realizadas sem respeitar o disposto no artigo 41 do Estatuto dos Trabalhadores e que provocam violação da dignidade do trabalhador, em seguida, suprime como causa de extinção, a pedido do trabalhador, as decisões empresariais que resultem em prejuízo à sua formação profissional, algo questionável na perspectiva do artigo 4.2b) do Estatuto dos Trabalhadores e dos artigos 35 e 40 da Constituição Espanhola[20], pois, conforme a doutrina do Tribunal Constitucional, a formação profis-

20 vide STC 95/02 de 25 de abril.

sional no artigo 40.2 da Constituição Espanhola (CE) está vinculada ao direito à promoção profissional (art.35.2 CE).

2.1.4 Suspensão da limitação do encadeamento de contratos temporários

Um dos problemas do mercado de trabalho espanhol é a elevada formalização de contratos temporários em comparação com os contratos indeterminados.

Para evitar essa situação, a legislação trabalhista exige certos requisitos para a celebração de um contrato temporário. Assim, não é permitido celebrar um contrato temporário para preencher uma vaga em uma empresa que tem uma necessidade permanente. No entanto, a realidade é que, em muitos casos, sob diferentes tipos de contratos a prazo, as necessidades indefinidas são satisfeitas através de contratos a prazo.

Por todas essas razões, e como resultado de um acordo alcançado por organizações sindicais, organizações de empregadores e Governo, em 2006, por meio do Acordo para a Melhoria do Crescimento e do Emprego, o artigo 15.5 do Estatuto da Trabalhadores foi alterado e foram estabelecidos limites à reiteração de contratos temporários. Um acordo que se destinava, por um lado, a promover um emprego estável e, por outro, limitar e reduzir os contratos temporários abusivos.

Em sua redação inicial, o artigo 15.5 do Estatuto dos Trabalhadores limitava a possibilidade de um trabalhador ser contratado com dois ou mais contratos temporários durante 24 meses ou mais durante um período de 30 meses. Em outras palavras, em um período de dois anos e meio, um trabalhador não pode assinar dois ou mais contratos temporários por mais de dois anos. Essa diferença de seis meses é o que faz com que, por vezes, algumas empresas obriguem o trabalhador a esperar seis meses para voltar a contratá-lo.

Para esta sucessão de contratos temporários, não apenas os contratos de trabalho por obra e serviços específicos são levados em consideração, mas também se têm em conta para proceder ao cálculo os contratos eventuais por circunstâncias da produção. Contudo, pelo contrário, não se contam os contratos de interinidade ou os contratos formativos, nem o estágio ou os contratos para a formação e a aprendizagem.

Contudo, após a entrada em vigor em 31 de agosto do artigo 5 do Real Decreto-Lei 10/2011, de 26 de agosto, a aplicação do artigo 15.5 do Estatuto dos Trabalhadores foi expressamente suspensa e, portanto, as limitações à sucessão de contratos temporários, nos dois anos seguintes à entrada em vigor da referida regra, ou seja, de 31 de agosto de 2011 a 30 de agosto de 2013. A "reforma trabalhista de 2012" manteve-se excluída do cálculo do prazo de 24 meses e do período de 30 meses, limitando e reduzindo a sua duração inicial por oito meses, ou seja, até 31 de Dezembro de 2012.

Em meu entender, tratou-se de uma medida aparentemente contraditória e incoerente, porque não se entende como, por um lado, o legislador em 2011 pretendeu suspender, durante dois anos, o limite estabelecido ao encadeamento de contratos temporários e, por outro lado, refira-se que o objetivo da reforma foi incentivar a conversão de contratos de trabalho temporários em contratos indeterminados.

Por consequência, uma vez que o período de suspensão para a determinação dos efeitos do artigo 15.5 do Estatuto dos Trabalhadores terminou em 31 de dezembro de 2012, deve-se concluir que o tempo transcorrido entre 31 de Agosto de 2011 e 31 de Dezembro de 2012 deve ser considerado um parêntese, um intervalo de tempo que transcorre mas não existe, e aplicar o cálculo do tempo para esses efeitos, ampliando a linha temporal em que se encontrava em 30 de Agosto e continuando a contar a partir de 1 de Janeiro de 2013, enquanto para os contratos temporários iniciados durante a suspensão, esse cálculo tem início em 1 de Janeiro de 2013.

Por último, uma questão relevante a ter em conta é que, embora já tenha sido ultrapassada a limitação temporal na aplicação do artigo 15.5 do Estatuto dos Trabalhadores, no entanto, tal não significou que os contratos de trabalho temporários formalizados durante essa fase estivessem isentos de causa ou objeto que justificassem o prazo determinado. Em absoluto. Durante este período, manteve-se a exigência de justificação do objeto do contrato temporário.

2.2 O impacto da reforma trabalhista na negociação coletiva

A reforma trabalhista de 2012 introduziu alterações profundas na regulamentação da negociação coletiva, aproximando o marco jurídico espanhol ao da maioria dos países da União Europeia.

A crise econômica iniciada em 2008 pôs em evidência a rigidez do sistema de negociação coletiva na Espanha. Quando a destruição de empregos começou em 2008, era lógico que tivesse havido uma queda dos salários reais para mitigar a crise, mas, paradoxalmente, nos primeiros dois anos da crise os salários reais acordados cresceram, agravando assim a destruição de empregos.

Em substância, a reforma trabalhista na Espanha impulsionou a descentralização da negociação coletiva, priorizando os acordos de empresa em relação aos de setor, assim como limitou a um ano a extensão automática das convenções vencidas – a "ultra-atividade" - em comparação com a duração indefinida anterior, facilitando ligeiramente a desoneração das empresas com relação à convenção setorial e, finalmente, reduziu os obstáculos à flexibilidade interna, incluindo as mudanças unilaterais nas condições de trabalho.

Todas essas medidas permitem um ajuste mais rápido das condições de trabalho às mudanças na situação macroeconômica, maior liberdade para acordar condições que se ajustem à situação das empresas, sobretudo em períodos de crise, e o uso de medidas de flexibilidade interna, como uma alternativa para dispensas.

Embora o legislador tenha considerado que essas alterações deveriam conduzir a taxas de desemprego mais baixas, os atores sociais manifestaram a preocupação de que a reforma possa ter gerado um desequilíbrio entre o poder dos empregadores e dos empregados, criando uma desproteção dos trabalhadores, redução na cobertura da negociação coletiva e aumentos da desigualdade.

2.2.1 Causas para a desoneração de condições convencionais[21]

Antes da reforma introduzida, primeiro pelo Real Decreto-Lei 3/2012 e, posteriormente, pela Lei 3/2012, o artigo 82.3 do Estatuto dos Trabalhadores apenas se ocupava, nos seus segundo e seguintes parágrafos, da chamada desoneração salarial, ou seja, da faculdade conferida às empresas em situação econômica negativa de fugirem à disciplina das condições salariais fixadas na convenção setorial aplicável. A eventual não aplicação de outras condições de trabalho que não as salariais é regulada no artigo 41.6 do Estatuto dos Trabalhadores, ou seja, no preceito legal destinado a ordenar o regime jurídico da "modificação substancial das condições de trabalho".

Após a reforma operada pelo legislador no artigo 82.3 do Estatuto dos Trabalhadores, parágrafos segundo e seguintes, foi ampliado o número de matérias que podem ser afetadas durante uma negociação sobre a desoneração das condições de trabalho, tais como: jornada de trabalho, o horário e a distribuição do tempo de

21 No original *"Causas para el descuelgue de condiciones convencionales"*. No Direito do Trabalho espanhol, o *descuelgue* é um instituto jurídico que deve ser adotado por meio de um acordo coletivo *(acuerdo de empresa)*, portanto, mediante negociação coletiva, e que permite a uma empresa ficar isenta/desobrigada do cumprimento de determinadas condições de trabalho estabelecidas em uma convenção coletiva. (N.T.)

trabalho, o regime de trabalho por turnos, o sistema de remuneração e valor do salário, o sistema de trabalho e rendimento, as funções desempenhadas pelo trabalhador quando as modificações ultrapassam os limites estabelecidos para a mobilidade funcional prevista no artigo 39 do Estatuto do Trabalhador e, por fim, as melhorias voluntárias da proteção conferida pela Seguridade Social.

Em todo o caso, a decisão de desoneração das condições de trabalho pactuadas em uma convenção coletiva é sempre e necessariamente uma decisão causal e, para esse efeito, o empregador que a requeira deve comprovar a existência de uma das causas referidas no artigo 82.3 do Estatuto dos Trabalhadores: causas econômicas, técnicas, organizacionais ou de produção.

A fim de simplificar o controle sobre a existência dessas causas pelos representantes dos trabalhadores, a nova redação do artigo 82.3 do Estatuto dos Trabalhadores estabelece uma presunção jurídica de que existem causas econômicas quando os resultados da empresa dão origem a uma situação econômica negativa, em casos como a existência de perdas atuais ou previstas, ou ainda a diminuição persistente do seu nível de receitas ou vendas. Em todo caso, considera-se que a diminuição é persistente se ocorrer durante dois trimestres consecutivos. Por outro lado, as mudanças, entre outras, no âmbito dos meios ou instrumentos de produção são consideradas causas técnicas. São aceitas como causas organizacionais as alterações, entrou outras, no domínio dos sistemas e métodos de trabalho do pessoal ou no modo de organização da produção e como causas produtivas quando ocorrem alterações, entre outras, na procura de produtos ou serviços que a empresa pretende colocar no mercado.

2.2.1.1 Comparação entre desoneração e modificação substancial

O Estatuto dos Trabalhadores introduz dois mecanismos que proporcionam aos empregadores a possibilidade de evitar a aplicação de certas condições de trabalho quando as circunstâncias econômicas, técnicas, organizacionais ou de produção que a empresa atravessa o exijam.

Por um lado, a modificação substancial das condições de trabalho prevista no artigo 41 do Estatuto dos Trabalhadores permite que os empregadores efetuem mudanças nas condições estabelecidas no contrato de trabalho, por acordos coletivos ou por força de uma decisão unilateral do empregador com efeitos coletivos. Por seu turno, a desoneração pressupõe que por acordo entre o empregador e a representação dos trabalhadores seja estabelecido que no âmbito da empresa não serão aplicadas as condições de trabalho previstas na respectiva convenção coletiva setorial ou de empresa (ET art.82.3).

À primeira vista, os dois mecanismos legais citados parecem iguais, pelo menos no que diz respeito ao seu objeto. Em ambos os casos, o legislador pretendia dar solução a um problema pontual e concreto àquelas situações pontuais pelas quais a empresa podia passar em determinado momento e que resultassem em dificuldades econômicas ou simplesmente na sua falta de competitividade, produtividade ou em necessidades de organização técnica ou do trabalho na empresa.

No entanto, ambos os mecanismos legais apresentam diferenças substanciais. Em primeiro lugar, a lista de matérias suscetíveis de alteração substancial é aberta, o que permite ao empregador modificar as condições de trabalho não expressamente incluídas nessa lista. Por outro lado, é exaustiva a lista de matérias relativamente às quais se pode solicitar a desoneração. De passagem, devemos indicar que na redação do 82.3 falta a expressão "entre outras" que, em compensação, está prevista no artigo 41 do Estatuto dos Trabalhadores. Em contrapartida, incluem-se expressamente as melhorias voluntárias da Seguridade Social, cuja referência é omitida no artigo 41 do Estatuto dos Trabalhadores. Em segundo lugar, o empregador deve recorrer ao procedimento de alteração substancial das condições de trabalho previsto no citado artigo 41 quando pretenda modificar as condições de trabalho reconhecidas aos trabalhadores no contrato de trabalho, em acordos ou convenções coletivas ou por eles obtidos por força de uma decisão unilateral do empregador com efeitos coletivos. Pelo contrário, deve recorrer à desoneração quando as condições de trabalho que se pretendem não aplicáveis estejam previstas no acordo coletivo, seja de setor ou de empresa.

2.2.1.2 A negociação para a desoneração de condições convencionais

Como já foi apontado, o empregador não pode proceder unilateralmente à desoneração de condições de trabalho convencionais, pois deve firmar um acordo com a representação legal dos trabalhadores após um período no qual deve consultá-los. Para o início e o desenrolar deste período de consultas, o artigo 82.3 d remete-se ao artigo 41.4 do Estatuto dos Trabalhadores, que aliás, como visto, prevê igualmente um período de consulta dos representantes dos trabalhadores em caso de alteração substancial das condições de trabalho.

A reforma introduz um período de consultas dentro da empresa com os delegados de pessoal, conselho de empresa ou, se for o caso, as seções sindicais pertencentes a sindicatos com representação suficiente para participar na negociação coletiva ou, caso não existam, com uma comissão de trabalhadores eleito para esse fim.

Terminado o período de consulta com acordo, presume-se que estão presentes as razões que justificam a desoneração, o que somente pode ser contestado perante a jurisdição social por vícios na manifestação de consentimento por parte dos trabalhadores, como a existência de fraude, dolo, coação ou abuso de direito na sua conclusão.

Em todo caso, o novo acordo deve determinar com exatidão as novas condições de trabalho aplicáveis na empresa e a sua duração, que não pode ser prorrogada para além do momento em que se torna aplicável um novo acordo nessa empresa. O acordo deve igualmente ser informado à comissão paritária de convenção coletiva e à autoridade laboral.

Por último, em caso de desacordo durante o período de consulta, a nova regulamentação oferece um caminho duplo para superá-lo. Assim, por um lado, permite que qualquer das partes possa submeter a divergência à comissão paritária de convenção, que disporá de um prazo máximo de sete dias para se pronunciar. Caso essa comissão não chegue a uma composição, as partes podem recorrer aos procedimentos previstos nos acordos interprofissionais de âmbito estatal ou autonômico, quando fixarem as regras que devem resolver os conflitos de concorrência entre convenções de âmbito diferente, conforme o previsto no anterior Real Decreto-Lei 7/2011, a norma que permite o estabelecimento de compromisso prévio de submeter as discrepâncias a uma arbitragem vinculativa, caso em que a decisão arbitral terá a mesma eficácia dos acordos em período de consultas.

Na ausência do mecanismo anterior, qualquer das partes pode submeter a resolução das divergências à Comissão Consultiva Nacional de Convenções Coletivas *(Comisión Consultiva Nacional de Convenios Colectivos)* quando a não aplicação das condições de trabalho afete os postos de trabalho da empresa situados no território de mais de uma comunidade autônoma, ou aos órgãos correspondentes das Comunidades Autônomas nos demais casos. A própria Comissão tomará a decisão ou por meio de um árbitro designado para esse fim.

Para uma parte da doutrina, esta solução não é constitucional, pois poderia implicar uma violação do reconhecimento constitucional da força vinculativa das convenções coletivas, artigo 37.1, da liberdade sindical, artigo 28.1, e, por último, o direito à tutela jurisdicional efetiva, artigo 24.1, todos da Constituição Espanhola.

O Tribunal Constitucional[22] sustenta, contudo, que a regulamentação não é contrária à Constituição. Reconhece o Tribunal Constitucional que a desoneração é uma exceção à força vinculativa da convenção e que se justifica em situações de bloqueio na negociação. Seu objetivo último seria facilitar a viabilidade empresarial e evitar o recurso a decisão de rescindir o contrato de trabalho. Em seguida, o Tribunal Constitucional sustenta que a decisão do legislador é proporcional e razoável porque, em primeiro lugar, está sujeita a limites relativos às causas - econômicas, técnicas, organizacionais e de produção -, em segundo lugar, a não aplicação é temporária até a obtenção de um novo acordo entre a empresa e os representantes, neutralizando assim a decisão unilateral da Comissão Consultiva Nacional de Convenções Coletivas, em terceiro lugar, porque se trata de uma medida subsidiária, isto é, só é possível recorrer à intervenção da Comissão Consultiva Nacional de Convenções Coletivas quando esgotadas as vias de negociação. E, por último, o funcionamento interno da Comissão Consultiva Nacional de Convenções Coletivas está configurado de forma a ser dotado de autonomia relativamente ao Ministério do Trabalho e do Emprego, sendo a sua composição tripartite (é composta por membros da Administração Pública, empregadores e sindicatos) e a necessidade de adotar seus acordos por consenso.

A reforma procura fazer da negociação coletiva um instrumento, e não um obstáculo, a fim de adaptar as condições de trabalho às circunstâncias específicas da empresa e, para tanto, fixa prazos exaustivos para resolver os incidentes que possam surgir no seu desenvolvimento e recorre às entidades cuja neutralidade se presume com base na sua natureza tripartida e por conseguinte, com a presença das organizações sindicais, empresariais e da Administração Pública.

Em todo o caso, a duração do acordo de não aplicação será prorrogada até o momento em que for aplicável uma nova convenção a essa empresa, mas o limite máximo de três anos anteriormente existente é suprimido.

2.2.1.2.1 Referência especial às causas econômicas

Para facilitar o controle dos representantes dos trabalhadores sobre a existência de causas econômicas, a nova redação do artigo 82.3 do Estatuto dos Trabalhadores estabelece que elas se apresentam "Quando os resultados da empresa

22 Decisão do Tribunal Constitucional número 119/2014, de 16 de jullho. BOE núm. 198, de 15 de agosto de 2014.

revelarem uma situação econômica negativa, em casos como a existência de perdas atuais ou esperadas, ou a diminuição persistente do seu nível de receita normal ou de vendas. Em qualquer caso, considera-se que a diminuição é persistente se, durante dois trimestres consecutivos, o nível da receita normal ou de vendas de cada trimestre for inferior ao registado no mesmo trimestre do ano anterior".

Em suma, o que a nova redação do artigo 82.3 do Estatuto dos Trabalhadores exige é que a empresa comprove uma situação econômica negativa e para tanto dá como exemplo as perdas atuais ou esperadas e a diminuição persistente do nível de receita.

Dado o teor da norma, a causa econômica pode fazer-se presente mesmo quando a empresa dê lucros, uma vez que é suficiente uma "diminuição persistente do seu nível de receita normal ou de vendas".

Advirta-se ainda que a menção às perdas e à diminuição persistente de receita é meramente exemplificativa, pois o preceito diz "em casos tais como...". Assim é possível que outras circunstâncias diferentes como, por exemplo, nível de endividamento, inadimplência de clientes, dificuldade de acesso ao crédito, etc... também possam gerar a causa econômica.

Por último, a norma fornece um fator de objetificação quando se trata da diminuição persistente da receita ou das vendas, traduzida em um patamar inferior por dois trimestres consecutivos do que o obtido no ano anterior no mesmo período. Em todo caso, penso que seria altamente discutível concluir que tal redução existe quando a queda na receita ou nas vendas é insignificante em termos percentuais.

2.2.1.3 Exceções à regra proibitiva de concorrência de convenções coletivas

A regra geral estabelecida no artigo 84 do Estatuto do Trabalhador é a de proibir a celebração de convenção coletiva durante sua vigência.

Não obstante o exposto, a reforma trabalhista de 2012 introduziu uma exceção à proibição da concorrência de convenções coletivas, a fim de promover a descentralização da negociação coletiva e, assim, propiciar a adaptação flexível na empresa das condições de trabalho que regem o setor da atividade.

De acordo com essa exceção, prevista no art. 84.2 do Estatuto dos Trabalhadores, podem ser negociadas convenções de empresa durante a vigência de qualquer convenção de âmbito superior relativamente às seguintes matérias: valor do salário, incluindo a compensação das horas extraordinárias e do trabalho por turnos, horário de trabalho, distribuição do tempo de trabalho, regime de trabalho por turnos e planejamento de férias, adaptação do sistema de classificação profissional na empresa, adaptação dos aspectos das modalidades de recrutamento que o ET confere às convenções de empresa, conciliação da vida profissional, pessoal e familiar e, por último, as outras matérias previstas nas Convenções Marco.

Observe-se que a relação é aberta, pois as Convenções Marco podem ampliá-la com a adição de novas matérias.

Por outro lado, não parece possível que as Convenções Marco possam neutralizar esta regra descentralizadora a favor das convenções de empresa reduzindo a lista de matérias acima referidas. Isto porque o último parágrafo do artigo 84.2 do Estatuto dos Trabalhadores estabelece que "os acordos e convenções coletivos a que se refere o artigo 83.2 não podem dispor da prioridade de aplicação prevista neste parágrafo". Assim, a regra da descentralização a favor da negociação coletiva de empresa é absolutamente imperativa.

2.2.1.4 A prorrogação da convenção coletiva: a ultra-atividade limitada da convenção coletiva vencida

A ultra-atividade das convenções é regulada no artigo 86.3 do Estatuto dos Trabalhadores, segundo o qual, na falta de acordo, uma convenção coletiva mantém a validade das cláusulas normativas durante a negociação para a sua renovação.

Trata-se de uma situação de vigência provisória ou transitória da convenção coletiva denunciada. Com a ultra-atividade, regulada pelo artigo 86 do Estatuto dos Trabalhadores, o objetivo é evitar lacunas na regulamentação durante a negociação de uma nova convenção coletiva.

No entanto, após a reforma trabalhista, a regra da ultra-atividade está intensamente limitada no artigo 86 do Estatuto do Trabalhador. Assim, um dos aspectos mais polêmicos da reforma trabalhista de 2012 é a limitação do prazo legal de ultra-atividade das convenções coletivas a um ano e a previsão de que, decorrido esse prazo sem acordo para sua renovação, a convenção colectiva em questão, "salvo acordo em contrário, perderá sua vigência e se aplicará, se existir, a convenção coletiva de âmbito superior em vigor".

A aplicação prática desta figura normativa deu origem a infindáveis conflitos e discrepâncias interpretativas que, em geral, haviam sido resolvidos pelos tribunais da ordem social em favor da parte social. Essas sentenças estabeleciam que, expirada a convenção, as condições de trabalho passaram a fazer parte do mesmo contrato de trabalho, ou seja, as condições previstas na convenção eram contratualizadas, tudo sem prejuízo da prorrogação da obrigação de negociar uma nova convenção, nos termos do o disposto no artigo 89 do Estatuto do Trabalhador.

Entretanto, essa tendência judicial foi abruptamente interrompida em 5 de junho de 2018 quando a Câmara Social do Tribunal Supremo proferiu um total de cinco acórdãos em recursos de cassação para a unificação de doutrina nº 364/2017, 2730/2016, 2602/2016, 427/2017 e 663/2017, quando conclui, pela primeira vez e sem ambiguidades, que se determinada convenção coletiva perder sua vigência, o seu conteúdo deixa de ser aplicável e as relações laborais dos trabalhadores abrangidas em seu o âmbito de aplicação passam a ser regidas pelas disposições da convenção de âmbito superior aplicável. E tudo isso mesmo se a convenção de nível superior estabelecer uma remuneração menor e uma jornada de trabalho mais longa do que a convenção expirou.

Para o Tribunal Supremo, a existência de uma lacuna jurídica decorrente do fim da vigência da convenção não é motivação suficiente para que a convenção continue a ser aplicada. Nas palavras do Tribunal Supremo, nesse caso, verifica-se *"una sustitutio in integrum"* da convenção inferior pela convenção de âmbito superior que passa a ordenar, de maneira independente, as relações de trabalho da empresa.

2.3 A extinção do contrato de trabalho

2.3.1 Generalidades

Após a reforma trabalhista de 2012, os direitos e deveres dos trabalhadores foram modificados com o propósito de promover o emprego. Uma das muitas mudanças que foram introduzidas nesta reforma diz respeito aos tipos de despedimentos e as suas repercussões e efeitos.

2.3.1.1 A despedida por motivo disciplinar

A despedida por motivo disciplinar não sofreu nenhuma modificação quanto às suas causas. O empregador recorre a esta modalidade quando avalia que o trabalhador comete faltas repetidas e injustificadas de comparecimento ou de pontualidade; indisciplina, desobediência ou ofensas verbais ao empregador ou colegas de trabalho; violação da boa fé contratual ou abuso da confiança no desempenho; diminuição contínua e voluntária do rendimento do trabalho; embriaguez habitual ou toxicomania, se tiverem um impacto negativo no trabalho; ou assédio ao empregador ou a colegas por motivos raciais, religiosos, sexuais ou de deficiência.

No entanto, a reforma conduziu a alguns cortes nos custos da despedida por motivo disciplinar, essencialmente no valor da indenização por despedida injustificada e também nos salários do período de tramitação.

De entrada, desaparece a indenização de 45 dias de salário por ano de serviço com o limite de 42 meses, e é fixada uma indenização de 33 dias por ano de serviço com limite máximo de 24 meses, como acontecia anteriormente com os contratos por tempo indeterminado para a promoção do emprego.

Essa nova indenização só é aplicável aos contratos celebrados a partir de 12 de fevereiro de 2012. Portanto, para os contratos formalizados antes dessa data, o cálculo do valor a compensar será feito segundo um duplo regime: por um lado, 45 dias de salário por ano de contrato para serviços prestados antes de 12 de fevereiro de 2012, e 33 dias de salário por ano para serviços prestados após 12 de fevereiro; e por outro lado, o valor da indenização resultante não pode ultrapassar 720 dias de salário, ou seja, 24 mensalidades, a menos que o cálculo da indenização para o período anterior à data de 12 de Fevereiro de 2012 resulte em um número de dias superior, caso em que ele será aplicado como montante máximo de indenização, sem que, em hipótese alguma, a indenização possa ultrapassar 42 mensalidades.

Em segundo lugar, uma das questões mais polêmicas, do ponto de vista da interpretação da Lei 3/2012, de 6 de julho, relativa a medidas urgentes para a reforma do mercado de trabalho, refere-se à supressão dos salários durante o período de tramitação. Antes da reforma de 2012, esses salários eram recebidos sempre que a despedida fosse declarada injusta ou nula, mesmo quando a empresa optasse por indenizar e não reintegrar o trabalhador. Isso favorecia que a empresa e o trabalhador chegassem a acordos, que eram firmados o mais rapidamente possível, para que os salários do período de tramitação não continuassem a ser pagos, uma situação que em muitas ocasiões interessava à empresa para reduzir o montante do valor finalmente pago.

Com essa medida, a reforma trabalhista facilita, de forma indireta, a possibilidade de que seja evitado o controle judicial das despedidas. A título de exceção, os trabalhadores que atuem como delegado sindical ou representante dos trabalhadores, caso em que serão eles a escolher entre a reintegração ou a indenização e, qualquer que seja a opção, terão garantido o recebimento de salários do período de tramitação. Em todo o caso, a decisão empresarial de extinguir o contrato permite ao trabalhador passar à situação legal de desemprego, independentemente de ajuizar a ação contra a despedida, o que conduz automaticamente ao nascimento do direito ao subsídio por desemprego.

Caberá, portanto, ao trabalhador avaliar o custo da demora na resolução da demanda relativa à despedida, medida que, por outro lado, desestimula em muitos casos o exercício dessa ação por parte do trabalhador.

Não obstante, e no que se refere à "adequação constitucional" de limitar o pagamento dos salários do período de tramitação prevista no artigo 18.8 do Real Decreto-Lei 3/2012, que alterou o artigo 56.2 do Estatuto dos Trabalhadores, o Tribunal Constitucional[23] chegou à conclusão de que a medida não constitui, em nenhum caso, uma decisão arbitrária, uma vez que os conceitos de reintegração na empresa e de extinção indenizada do contrato não se assentam em situações homogêneas, mas sim em pressupostos antagônicos. Para finalizar, o Alto Tribunal decidiu que a nova ordenação legal não implica "uma diferença de tratamento desproporcional ou desarrazoada" nem tampouco viola "as exigências do princípio da igualdade".

2.3.1.2 A despedida coletiva relacionada com causas econômicas, técnicas, organizacionais ou de produção

Antes da trabalhista laboral de 2012, a regulação das despedidas visava unicamente o futuro, no caso das causas econômicas, como meio para preservar ou favorecer a posição concorrencial no mercado, e no caso das causas técnicas, organizacionais ou de produção para evitar uma evolução negativa da empresa ou melhorar a sua posição competitiva no mercado face às exigências da demanda.

Contudo, e a fim de contornar a excessiva judicialização das causas de extinção da dispensa coletiva, o legislador veio esclarecer as causas justificativas para isso aboliu os aspectos que geravam mais insegurança na aplicação.

Assim, por exemplo, no caso de causas econômicas, a redação do artigo 51 do Estatuto do Trabalhador elimina a necessidade de que sua presença pudesse afetar a viabilidade da empresa ou o volume de empregos. Agora basta que os resultados da empresa revelem uma situação econômica negativa, em casos como a existência de perdas atuais ou previstas ou a diminuição persistente do seu nível de receitas ordinárias ou vendas. Em qualquer caso, considera-se que a diminuição é persistente se, durante três trimestres consecutivos, o nível ordinário de receita ou vendas de cada trimestre for inferior ao registado no mesmo trimestre do ano anterior. Da mesma forma, e em relação às causas técnicas, organizacionais e produtivas, a nova redação

23 Auto 43/2014, de 12 de fevereiro de 2014. Não admite a tramitação da questão de inconstitucionalidade levantada pelo *Juzgado de lo Social* Núm. 34 de Madrid em relação a diversos preceitos do Real Decreto-Lei 3/2012, de 10 de fevereiro, de medidas urgentes para a reforma do mercado de trabalho.

do artigo 51 já não exige a necessidade de justificar a razoabilidade da causa de extinção dos contratos com base na previsão de uma evolução negativa ou na melhoria da situação da empresa.

No âmbito procedimental, suprime-se a autorização do poder público. A última palavra será dada pelo empregador após o término do período de consultas, com ou sem acordo, o que faz dessa consulta uma mera formalidade. Em seguida, a autoridade de trabalho fica em segundo plano e as suas funções são relegadas a uma ligação com a entidade gestora das prestações de desemprego e a Inspeção do Trabalho e da Seguridade Social, podendo apenas emitir alertas e recomendações às partes durante a negociação, mas sem poderes para paralisar o processo de negociação. Apesar disso, a autoridade do trabalho terá o poder de contestar perante a jurisdição social os acordos adotados durante as negociações. A extinção por força maior continua a ser o único caso em que é necessária uma autorização administrativa, independentemente dos trabalhadores afetados, após tramitação nos termos do artigo 51 do Estatuto dos Trabalhadores.

Da mesma forma, a documentação para justificar a ocorrência das causas foi reduzida. Em suma, o procedimento foi simplificado e agilizado em grande medida.

Por sua parte, o legislador introduz na nova lei que regula a jurisdição social um procedimento judicial especial para as dispensas coletivas por motivos econômicos, organizacionais, técnicos ou produtivos, que terá carácter urgente.

Além disso, no caso de a despedida coletiva afetar mais de 50 trabalhadores, prevê-se a obrigação de propor um plano de recolocação externa, através de empresas de recolocação, incluindo: ações de formação e orientação profissional, e por último atenção personalizada ao trabalhador afetado. Esse plano, que deve ser concebido para um período mínimo de 6 meses e cujo custo, em caso algum, cabe aos trabalhadores, não é necessário se a empresa estiver imersa em um procedimento concursal *(procedimiento concursal)*[24].

Além disso, a Disposição Adicional Segunda do Real Decreto-Lei 3/12 também estende ao Setor Público a aplicação da dispensa coletiva por motivos econômicos, técnicos, organizacionais ou de produção.

24 No ordenamento jurídico espanhol, o *procedimiento concursal* é regulado pela Ley 22/2003 e se inicia quando uma pessoa física ou jurídica entra em situação de insolvência. Seu objetivo é negociar as dívidas e chegar a um acordo entre credores e devedores, mas também pode resultar na decretação da falência da empresa. (N.T.)

2.3.1.3 A despedida objetiva

Com a nova redação do artigo 52 do Estatuto do Trabalhador, o empregador recorrerá a essa modalidade quando ocorrer alguma das seguintes situações: inépcia superveniente do trabalhador; quando o trabalhador não se adapta às modificações técnicas realizados em seu posto; por causas econômicas, técnicas, organizacionais ou de produção; ou quando são atingidos certos níveis de absenteísmo.

Quanto à despedida objetiva, em caso de não adaptação do trabalhador às modificações técnicas operadas no seu posto de trabalho, antes de proceder à extinção do contrato, o empregador tem a obrigação de propor um curso destinado a facilitar a adaptação a essas mudanças. Durante sua execução, o contrato fica suspenso e empregador é obrigado a pagar o salário médio que o trabalhador vinha recebendo.

No entanto, a causa mais utilizada pelas empresas é a econômica e a sua definição sofreu uma importante mudança com a reforma. De acordo com a nova redação do artigo 52 c) do Estatuto, existe essa causa quando "dos resultados da empresa resulte uma situação econômica negativa, em casos como a existência de perdas atuais ou previstas ou a diminuição persistente de seu nível de receitas ou vendas". Ainda segundo esse preceito, em todo caso "se entenderá que a diminuição é persistente se ocorrer durante três trimestres consecutivos".

A diferença em relação à redação anterior do artigo 52 c) é que o novo texto especifica o que significa "diminuição persistente do nível de receitas ou vendas", algo que a norma não fazia, de sorte que ficava a critério do juiz decidir se o requisito se fazia presente. De resto, com a norma anterior, cabia à empresa comprovar a "razoabilidade da decisão extintiva para preservar ou favorecer a sua posição competitiva no mercado", ou seja, justificar que deve despedir e não pode tomar outra decisão de economia de custos para manter a sua situação financeira. Por consequência, de acordo com a nova redação do artigo 52 c), não seria mais necessário fazê-lo.

Finalmente, a reforma trabalhista acolhe uma reivindicação empresarial no sentido de reduzir a porcentagem de absentismo no conjunto do plantel do local de trabalho e de poder despedir por causas objetivas. Com a nova redação do artigo 52 d) do Estatuto dos Trabalhadores, desaparece a referência ao absentismo coletivo para o cômputo das faltas de assistência ao trabalho, pelo que bastará em um período de 12 meses, as faltas do trabalhador, ainda que justificadas e intermitentes, atinjam 20% dos dias úteis em 2 meses seguidos ou 25% em quatro meses descontínuos.

2.3.2 A despedida por força maior

Ao contrário do que tem acontecido com outras figuras, como a despedida por motivo disciplinar ou a despedida coletiva, a extinção do contrato de trabalho por força maior não sofreu alterações significativas após a reforma de 2012.

Entre as novidades a destacar nos processos de extinção por força maior deveríamos fazer referência à obrigação de solicitar relatório obrigatório à Inspeção do Trabalho e da Seguridade Social antes de que se resolva o expediente, obrigação já introduzida pelo artigo 27 do Real Decreto 801/2011 e agora incluída no artigo 33.1 do Decreto Real 1483/2012, pelo qual se aprova o Regulamento dos procedimento de despedida coletiva e de suspensão de contratos e redução de jornada.

No mais, foi mantida a regulamentação do Real Decreto-Lei 801/2011, artigos 25, 26, 27 e 28, sobre extinção e suspensão de relações de trabalho por força maior. Dessa forma, a extinção por força maior torna-se o único caso em que é necessária a autorização da autoridade laboral, independentemente do número de trabalhadores afetados, para extinguir os contratos de trabalho. Em qualquer caso, será necessário tramitar previamente o expediente administrativo adequado, em conformidade com o artigo 51 do Estatuto dos Trabalhadores.

Por fim, é necessário indicar que será a autoridade laboral que em última instância autorizará a extinção dos contratos de trabalho, podendo acordar que a totalidade ou parte da indenização aos trabalhadores afetados seja paga diretamente pelo Fundo de Garantia Salarial.

2.3.3 O Fundo de Garantia Salarial (FOGASA)

O Fundo de Garantia Salarial é um órgão autônomo, vinculado ao Ministério do Emprego e da Seguridade Social, que paga aos trabalhadores os salários e indenizações pendentes de cobrança reconhecidos em uma sentença, despacho, auto de conciliação judicial ou resolução administrativa a favor dos trabalhadores por motivo de despedida ou de extinção dos contratos por vontade do trabalhador, despedida coletiva, rescisão do contrato por motivos objetivos e rescisão de contratos nos termos do artigo 64 da Lei 22/2003, de 9 de Julho, bem como as indenizações em caso de rescisão de contratos temporários ou de duração determinada nos termos legais. Em última instância, o Fundo de Garantia Salarial[25] não arcará com a responsabilidade nos casos de conciliação administrativa, salvo as derivadas do

25 STS de 13 de outubro de 2008 e 2 de julho de 2009.

expediente de regulação do emprego, e reconhecimento extrajudicial pela empresa da improcedência da dispensa, se posteriormente o acordo não for objeto de convalidação em conciliação judicial ou em sentença posterior.

Entretanto, o artigo 19 do Real Decreto-Lei 3/2012 altera o artigo 33 do Estatuto dos Trabalhadores e, para esse fim, articulam-se uma série de medidas destinadas a preservar a viabilidade financeira do Fundo de Garantia Salarial, medidas que, a meu ver, restringiram substancialmente a sua responsabilidade em situações de insolvência de empresas.

Em relação ao montante dos salários pendentes devido à insolvência ou à falência do empregador, o Real Decreto-Lei 3/2012 reduziu a responsabilidade do Fundo de Garantia Salarial ao resultado da multiplicação do dobro do salário mínimo interprofissional diário, quando anteriormente era o triplo, mas incluindo a parte proporcional dos pagamentos extraordinários, pelo número de dias de salário a pagar, com um máximo de 120 dias, enquanto que antes da reforma o limite máximo era de 150 dias.

Em segundo lugar, o Fundo de Garantia Salarial será responsável por todas as indenizações reconhecidas como consequência de sentença, despacho, auto de conciliação judicial ou resolução administrativa a favor dos trabalhadores por motivo de despedida ou de extinção de contratos nos termos dos artigos 50, 51 e 52 do Estatuto dos Trabalhadores, e de extinção de contratos nos termos do artigo 64 da Lei 22/2003, de 9 de Julho, falência, bem como as indenizações pela extinção de contratos temporários ou de duração determinada, nos casos legalmente permitidos. Em todos esses casos, o limite máximo será de uma anuidade, sem que por outro lado o salário diário, base do cálculo, possa exceder o dobro do salário mínimo interprofissional, enquanto antes da reforma laboral era o triplo, incluindo a parte proporcional dos pagamentos extraordinários.

Finalmente, através da Lei do Orçamento Geral do Estado para o ano de 2014[26], o legislador retirou da cobertura do Fundo de Garantia Salarial o pagamento da indenização por despedida, na quantia de 8 dias por ano de serviço, nos casos de rescisão de contratos por tempo indeterminado, invocando razões econômicas, técnicas, organizativas e de produção em empresas com menos de 25 trabalhadores, suprimindo-se assim o § 8º do artigo 33 do Estatuto dos Trabalhadores. Essa alteração representou um aumento dos custos para as pequenas

26 Lei 22/2013, de 23 de dezembro do Orçamento Geral do Estado

e médias empresas que pretendem adotar medidas de redução dos seus efetivos, uma vez que, até agora, o empregador, invocando tais razões objetivas, só tinha de pagar ao trabalhador 12 dias por ano, sendo o restante da indenização paga pelo Fundo de Garantia Salarial.

Tendo em conta o conjunto das medidas adotadas pelo legislador através do Real Decreto-Lei 3/2012, na minha modesta opinião, considero que a realização do objectivo de preservar a viabilidade financeira do Fundo de Garantia Salarial só foi levada a cabo através de uma redução da indenização a ser paga aos trabalhadores sem que, analogamente, o legislador tenha tomada nenhuma outra medida do lado empresarial.

2.4 Suspensão do contrato de trabalho e redução da jornada por causas econômicas, técnicas, organizacionais, de produção ou decorrentes de força maior

A flexibilidade laboral interna permite ajustar a situação empresarial à situação econômica do momento, de tal forma que, face a uma diminuição da demanda, seja positiva ou negativa, a empresa tenha facilidade em ajustar a sua equipe de trabalhadores às necessidades do serviço. Para cumprir este objetivo, o artigo 47 do Estatuto dos Trabalhadores confere ao empregador a possibilidade de suspender os contratos de trabalho e de reduzir a jornada sempre que se verifiquem "causas econômicas, organizativas, técnicas ou de produção".

A nota diferencial destas medidas, em relação à despedida coletiva prevista no artigo 51 do Estatuto dos Trabalhadores, é que a duração das medidas de suspensão dos contratos deve limitar-se à situação conjuntural da empresa, no sentido de que não deve prolongar-se para além do momento em que ela recupera a sua situação normal.

Tratam-se, portanto, de medidas conjunturais sem consequências definitivas nos contratos dos trabalhadores afetados, uma vez que o empregador só pode recorrer a este procedimento se a suspensão temporária dos contratos contribuir para superar a difícil situação pontual de uma empresa ou, pelo menos, permitir uma melhoria.

Apesar das diferenças conceituais entre a suspensão do contrato de trabalho e a redução de jornada, o legislador optou por lhes dar o mesmo procedimento desenvolvido no Capítulo II do Real Decreto 1483/2012, de 29 de outubro. O Regulamento surge com a intenção de acomodar os processos de suspensão de contratos e redução de jornada às importantes novidades que a Lei 3/2012 introduziu no artigo 47 do Estatuto dos Trabalhadores.

Antes da Lei 3/2012, essas medidas concretizavam-se através de um procedimento administrativo que exigia a obtenção prévia de uma autorização da Autoridade Laboral para a suspensão dos contratos de trabalho ou a redução de jornada. Essa autorização administrativa condicionava a possibilidade de que essas medidas fossem adotadas pelo empregador. No entanto, a reforma introduzida pela Lei 3/2012 implicou uma alteração substancial do procedimento, uma vez que a nova redação do artigo 47 do Estatuto dos Trabalhadores está orientada, desta vez, a promover a negociação entre o em pregador e a representação legal dos trabalhadores no obrigatório período de consultas. Não obstante, o novo procedimento mantém a participação da Autoridade do Trabalho, mas em um discreto segundo plano, em comparação à predominância que detinha no procedimento anterior.

Nesse contexto, as aludidas causas econômicas, organizacionais, técnicas ou de produção devem estar ligadas àquelas previstas para a despedida coletiva no artigo 51 do Estatuto dos Trabalhadores. Existem, portanto, causas econômicas quando os resultados da empresa dão origem a uma situação econômica negativa, em casos como a existência de perdas atuais ou previstas ou a diminuição persistente do seu nível de receitas ordinárias ou de vendas. Em suma, considera-se que a diminuição é persistente se, durante dois trimestres consecutivos, o nível de receitas ou das vendas de cada trimestre for inferior ao registado nos mesmos trimestres do ano anterior. No entanto, há dois esclarecimentos a fazer a esse respeito; em primeiro lugar, no que se refere ao conceito de "diminuição persistente" do artigo 47, ela existirá se houver uma diminuição das receitas durante dois trimestres consecutivos, contra os 3 trimestres previstos no artigo 51 para as despedidas coletivas. E, por outro lado, há que ter em conta que se trata de uma relação aberta, ou seja, que o empresário também poderá invocar outras circunstâncias para demonstrar as perdas ou a diminuição de receitas, mesmo que não sejam expressamente citadas no artigo 47 do Estatuto dos Trabalhadores.

Durante a suspensão dos contratos, os trabalhadores afetados não têm direito a salário nem a indenizações, mas podem ter acesso a prestações de desemprego se preencherem as condições legalmente exigidas para tanto. Para o efeito, a Autoridade Laboral deve comunicar à entidade gestora a decisão da empresa de suspender os contratos, indicando a causa, os trabalhadores afetados e o período de suspensão.

Apesar de tudo, e sempre a pedido da entidade gestora do subsídio de desemprego, a Autoridade Laboral pode contestar perante a jurisdição social o acordo de suspensão celebrado entre o empregador e os representantes dos trabalhadores, se entender que o seu objetivo não é outro senão a obtenção indevida das prestações pelos trabalhadores afetados.

Paralelamente, esses os trabalhadores podem se valer do procedimento judicial previsto no artigo 138 da Lei Reguladora da Jurisdição Social, cuja finalidade é obter do órgão judicial uma sentença que declare se a decisão do empregador é "justificada ou injustificada", segundo tenham sido comprovadas as razões invocadas pela empresa em relação aos trabalhadores afetados. Nesse último caso, a sentença reconhecerá o direito do trabalhador de ser reintegrado em suas condições de trabalho anteriores.

Por último, a nova redação do artigo 47 do Estatuto dos Trabalhadores a diminuição entre 10% e 70% da jornada de trabalho computada por razões econômicas, técnicas, organizacionais ou de produção, com base na jornada diária, semanal, mensal ou anual. Durante o período de redução da jornada de trabalho, não podem ser realizadas horas extraordinárias, salvo em caso de força maior.

2.5 Valoração final

O Direito do Trabalho sofreu importantíssima reformas nos últimos anos, em especial desde a reforma do mercado de trabalho introduzida pela Lei 3/2012. Trata-se de uma reforma que turvou as linhas tradicionais do Direito do Trabalho espanhol tal como o conhecíamos até agora.

Desde o Estatuto dos Trabalhadores de 1980, foi aprovado um número bastante elevado de reformas trabalhistas que alteraram, com maior ou menor intensidade, a regulação das relações laborais e do mercado de trabalho na Espanha. Além disso, estas reformas tiveram historicamente uma maior extensão e profundidade em épocas de crise econômica, como é o caso das reformas de 1984, 1994, 2010, 2011 e 2012, do que nos outros períodos de expansão econômica.

Assim, passados mais de sete anos desde a aprovação da última reforma trabalhista, seria necessário questionar suas consequências no mercado de trabalho.

Embora haja poucos consensos, podemos concluir desde já que a reforma trabalhista não gerou emprego nem tampouco reduziu o desemprego. Na verdade, na minha opinião, o verdadeiro efeito da reforma trabalhista sobre o mercado de trabalho foi a deterioração das condições de trabalho tanto para os trabalhadores que ainda mantêm o seu emprego, como para os que ainda estão sendo contratados na fase de recuperação.

A meu juízo, esse desequilíbrio nas relações trabalhistas é consequência, principalmente, da ampliação do poder do empregador para modificar as condições de trabalho pactuadas em uma convenção coletiva por meio da desoneração das condições de trabalho, entre elas o salário, assim como na limitação a extensão automática das convenções vencidos a um ano. Essa alteração das regras do jogo levou a uma perda de capacidade negocial dos representantes legais dos trabalhadores, o que se traduziu na deterioração do mercado de trabalho ao promover empregos de má qualidade, precários e de baixa produtividade.

Em relação ao emprego, e embora um dos objetivos do Real Decreto 3/2012 fosse o de reduzir a "dualidade laboral" entre trabalhadores temporários e permanentes, a realidade é muito diferente, de tal forma que, sete anos após a reforma na Espanha, instalou-se um mercado de trabalho em que predomina uma contratação instável, temporária e de menor duração. Para fins meramente ilustrativos, enquanto a taxa de temporalidade atingiu 22% no início de 2013, em vez disso, o ano 2018 terminou com uma taxa de 27%, uma das mais altas da Europa. De forma antagônica, em fevereiro de 2012 o número de contratos por tempo indeterminado representava 4,4% do total de contratos iniciais, mesmo percentual de dezembro de 2015.

Por outro lado, o aumento das contratações a tempo parcial cresceu 70% desde fevereiro de 2012. Como efeito adverso, mais de metade dos trabalhadores a tempo parcial o fazem de forma involuntária; uma tendência que na Espanha duplicou durante a crise e que atualmente supera 60% do emprego parcial.

Igualmente, a reforma trabalhista não foi capaz de oferecer uma solução para o problema do desemprego de longa duração. Desse modo, desde a entrada em vigor da reforma trabalhista, o número de candidatos a emprego inscritos há mais de dois anos nos serviços públicos de emprego atingiu 43,6%, números quase 10 pontos superiores aos registados no final de 2011.

Junto a isso, a reforma trabalhista barateou a indenização no caso de despedidas improcedentes. Do mesmo modo, com a nova redação do Estatuto dos Trabalhadores, deixa de ser necessário que a empresa tenha prejuízos para justificar uma extinção contratual, e nos casos de despedidas coletivas deixa de ser necessária a intervenção da autoridade administrativa, facilitando assim as extinções de caráter coletivo.

Por último, e tendo em conta as consequências da reforma de 2012 sobre o mercado de trabalho, a promessa de revogar a reforma laboral pelo novo Governo espanhol parece ter sido esquecida. Uma vez no poder, após a moção de censura de junho de 2018, o novo Governo espanhol tem se arrastado, alegando que sua debilidade parlamentar o impedia de ir tão longe quanto desejava. Bom exemplo disso é que no programa eleitoral para as eleições gerais do passado dia 28 de Abril de 2019 já não figurava a revogação da reforma trabalhista, mas o que faz é adotar uma nova fórmula que é bem mais ambígua quando se diz "Aprovaremos as mudanças que eliminem os aspectos mais lesivos da reforma trabalhista de 2012. Elaboraremos um novo Estatuto dos Trabalhadores para o século XXI que se adapte às mudanças sociais, econômicas e tecnológicas do mundo atual, e que combine a competitividade empresarial com a defesa dos direitos trabalhistas".

Então, o que impede o PSOE de reverter a reforma trabalhista do PP? Na minha opinião, não existe um consenso social claro. No entanto, outros elementos, como as recomendações da União Europeia, que tem exigido insistentemente uma maior desregulamentação do mercado de trabalho, para que a Espanha possa convergir com o típico mercado de trabalho liberal dos países anglo-saxões e, por último, a debilidade do sistema produtivo espanhol com amplos setores laborais de baixa qualificação e baixo valor agregado são, a meu ver, os fatores que estão a dissuadir o Governo de revogar a reforma trabalhista de 2012.

3. REFERÊNCIAS BIBLIOGRÁFICAS

LA REFORMA LABORAL DE 2012. Comentarios al Real Decreto Ley 3/2012 de 10 de febrero de medidas urgentes para la reforma del mercado laboral. Autor: Carlos Hugo Preciado Domènech. Magistrado especialista del Orden Social. Sala Social del TSJ de Catalunya.

LA REFORMA LABORAL DE 2012. SEGUIMIENTO Y ANÁLISIS DE LA NORMATIVA APROBADA, Y DE LOS DEBATES HABIDOS, DESDE EL 12 DE FEBRERO AL 28 DE MARZO. Eduardo Rojo Torrecilla. Catedrático de Derecho del Trabajo y de la Seguridad Social Universidad Autónoma de Barcelona.

REPERCUSIONES DE LAS REFORMAS DE 2012 SOBRE SALARIOS DE TRAMITACIÓN, FONDO DE GARANTÍA SALARIAL Y PROTECCIÓN POR DESEMPLEO. Amparo María Molina Martín. Universidad de Granada SEJ103: Derecho, Mercado de Trabajo y Relación Laboral.

LA NUEVA REGULACIÓN DEL TRABAJO A DISTANCIA. Esperanza Macarena Sierra Benítez Universidad de Sevilla.

LA FLEXIBILIDAD INTERNA TRAS LA LEY 3/2012, DE 6 DE JULIO. Carlos Hugo Preciado Doménech. Magistrado especialista Orden Social TSJ Catalunya. Profesor Asociado de Derecho Penal URV Tarragona.

EVOLUCIÓN DE LA CLASIFICACIÓN PROFESIONAL EN LA NEGOCIACIÓN COLECTIVA. Adaptación a la reforma laboral 2012. Comisión Consultiva Nacional de Convenios Colectivos.

Cuadernos de Información Económica. Numero 267 noviembre/diciembre 2018. Empleo y sector Exterior: desafíos estructurales.

CRÍTICA A LA FLEXISEGURIDAD. Juan GORELLI HERNÁNDEZ. Revista Latinoamericana de Derecho Social. Núm. 16, enero-junio de 2013, pp. 51-82.

EXPANSIÓN DE LA TEMPORALIDAD Y EROSIÓN DE LA RELACIÓN DE EMPLEO ESTÁNDAR EN ESPAÑA: ¿LA IRRUPCIÓN DE UN NUEVO PARADIGMA DE RELACIÓN DE EMPLEO?. Raúl Lorente Campos1; Adoración Guamán Hernández. Cuadernos de Relaciones Laborales. ISSN: 1131-8635. pp. 35-63.

EL «DESCUELGUE» Y OTRAS VÍAS DE INAPLICACIÓN DEL CONVENIO COLECTIVO. Monografía de la Colección CLAVES PRÁCTICAS. EDICIONES FRANCIS LEFEBVRE, S. A. ISBN: 978-84-15911-42-5. ANTONIO V. SEMPERE NAVARRO. Catedrático de la Universidad Rey Juan Carlos Coordinador del Área Laboral de Gómez-Acebo & Pombo y LOURDES MELÉNDEZ MORILLO-VELARDE. Profesora Titular de la Universidad Rey Juan Carlos Magistrada (supl.) del TSJ de Madrid.

FLEXIBILIDAD INTERNA Y REFORMA LABORAL (LEY 3/2012). Ana de la Puebla Pinilla. Revista Jurídica de la Universidad Autónoma de Madrid, nº 24, 2011-II, pp. 195-208

Josep-Oriol Escardíbul. Fracaso Escolar y Paro juvenil en España. Análisis y propuestas de Política educativa. EDICIONES UNIVERSIDAD DE SALAMANCA. 2013, pp. 27-46

Infoempleo-Adecco. https://cdn.infoempleo.com/infoempleo/documentacion/Informe-infoempleo-adecco-2018.pdf

O DIREITO DO TRABALHO NA ESPANHA: ANÁLISE SOB PERSPECTIVAS HISTÓRICA, JURÍDICA, ECONÔMICA E POLÍTICA

Leonardo Aliaga Betti[1]
Pedro Daniel Blanco Alves[2]

1. INTRODUÇÃO

O discurso de que os direitos trabalhistas servem de entrave para o desenvolvimento econômico não é novo. Desde que o liberalismo econômico entranhou suas raízes juntamente com a ascensão do sistema capitalista de produção, ou seja, há quase três séculos, a principal reivindicação dos adeptos do *laissez-faire* é a redução deste suposto "fardo" que atravanca a produção.

É fato que, em fins do século XIX e início do século XX, a sociedade percebeu (ou *foi conduzida a perceber*, pela mobilização da classe trabalhadora) que o trabalho é fonte do desenvolvimento econômico (não o seu oposto), justamente porque cria a riqueza de que se apropria o capital. Em função disto, constata-se a inserção, nos diferentes ordenamentos jurídicos espalhados pelo mundo, de inúmeros direitos sociais,

1 Mestrando em Direito do Trabalho e da Seguridade Social na Universidade de São Paulo (USP). Especialista em Direito do Trabalho e Direito Previdenciário na Pontifícia Universidade Católica de Minas Gerais (PUC-MG). Juiz Titular da 3ª Vara do Trabalho de Mogi das Cruzes/SP (Tribunal Regional do Trabalho da 2ª Região). Professor de Direito do Trabalho, Direito Processual do Trabalho e Direito Processual Civil no Curso de Graduação em Direito da Universidade de Mogi das Cruzes/SP (UMC). Professor Convidado no Curso de Pós-Graduação da Escola Paulista de Direito (EPD) e na Escola Superior de Advocacia (ESA) de Mogi das Cruzes. Membro do Grupo de Pesquisa Trabalho e Capital (GPTC-USP). Endereço eletrônico: labetti@uol.com.br

2 Pós-graduando em Economia do Trabalho e Sindicalismo pela Unicamp, onde integra o GT Mundos do Trabalho do CESIT – Centro de Estudos Sindicais e de Economia do Trabalho. Especialista em Direito do Trabalho pela USP, onde integra o Grupo de Pesquisa Trabalho e Capital. E-mail: pedrodbalves@gmail.com. Os autores agradecem o honroso incentivo acadêmico, aqui registrado, do Prof. Dr. Antonio Baylos Grau, catedrático de Direito do Trabalho da Universidad de Castilla-La Mancha, que a nós gentilmente recomendou parte da bibliografia utilizada para a elaboração deste artigo.

até mesmo no âmbito das Constituições dos mais variados países, gerando até mesmo um movimento de *constitucionalismo social*.

Não por acaso – ressalvado, por distintas razões, o período da Grande Guerra –, o mundo contou com importantes progressos, principalmente do ponto de vista social e econômico, ao longo da primeira metade do século XX. A evolução decorreu de equação relativamente simples: uma sociedade em que os trabalhadores recebem mais é uma sociedade que consome mais, produz mais, gera mais empregos, maior arrecadação de tributos e, consequentemente, maiores investimentos, que desaguarão em maior desenvolvimento, tanto do ponto de vista econômico e social.

A questão é que a lógica da competitividade a qualquer custo, da despreocupação com uma sociedade igualitária, e, principalmente, a aversão aos esforços pela concretização de justiça social, não se desgarram do capitalismo. Sob este ponto de vista, a ideia de uma sociedade capitalista *socialmente responsável* é utópica, tão irreal quanto a sociedade em que a classe trabalhadora participa efetivamente da distribuição da riqueza por ela mesma produzida.

Com base nesse raciocínio, os princípios liberais dão espaço aos dogmas *neoliberais*. A segunda metade do século XX (principalmente seu último quarto) assiste ao ressurgimento de uma mentalidade focada na redução de direitos da classe trabalhadora, na redução da intervenção do Estado nas relações de trabalho (mesmo diante do evidente desequilíbrio entre os seus atores), e, por consequência, muito menos voltada para a lógica da solidariedade, da justiça social e da redução das desigualdades sociais.

É nesse contexto que pretendemos, neste trabalho, estudar a realidade espanhola.

Claramente arraigada dessas idas e vindas típicas de uma sociedade dividida por classes (característica do sistema capitalista de produção), a Espanha vivencia, ao longo dos últimos quase cem anos, a contradição entre os ideais de *solidariedade* e *individualidade*. Vive ao sabor daqueles que se alternam no poder, nitidamente influenciados pela *ideologia dominante*. Experimenta mudanças drásticas de orientação econômica, com suas naturais influências no fenômeno jurídico.

Iniciando na análise da ascensão de Francisco Franco, o *Generalíssimo*, ao poder, o presente artigo visa analisar essas contradições, primeiramente sob um ponto de vista eminentemente político e jurídico, mais precisamente em relação aos reflexos da atuação do ditador na política legislativa em direito do trabalho na Espanha até a metade da década de 1970.

A partir de então, a ideia é efetuar um estudo mais aprofundado não apenas da evolução legislativa, mas, igualmente, do fenômeno econômico, que, no período, passou a ser extremamente influenciado pelos rumos mundiais, como sói acontecer com o capitalismo.

O objetivo é tentar responder ao seguinte questionamento: o estabelecimento de um *direito do trabalho mínimo* de fato tem alguma influência no avanço econômico de um país? Em outras palavras: a máxima de que a *redução de direitos trabalhistas leva ao desenvolvimento econômico* é verdadeira?

Para a consecução do objetivo proposto serão analisadas, enfim, as diversas reformas legislativas por que passou a Espanha ao longo dos últimos trinta anos, o que permitirá, em estudo concomitante com os indicativos econômicos, estabelecer empiricamente a relação entre redução de direitos e taxas de ocupação.

Eis a proposta deste trabalho.

2. DIREITO DO TRABALHO NA ESPANHA – PERSPECTIVA HISTÓRICA E JURÍDICA:

A análise do elemento histórico é imprescindível para a compreensão do fenômeno jurídico. Em se tratando de direito do trabalho, este estudo também deve considerar o componente ideológico, ligado à luta de classes e à interferência daqueles que ocupam o poder em determinado contexto social na elaboração das leis de cunho trabalhista.

A partir deste ponto, a proposta é justamente examinar a evolução histórica espanhola ao longo do século XX e início do século XXI, assim como os resultados dos acontecimentos do período na elaboração e aplicação da legislação trabalhista.

Para essa contextualização, entendemos adequado dividir a análise em cinco blocos, a saber:

(a) o período ditatorial de Francisco Franco (*franquismo*), que perdurou de 1936 a 1975, originalmente com inspirações fascistas, e, ao longo de seu desenvolvimento, com características próprias, mas, ainda assim, apoiadas na lógica corporativista caracterizadora do fascismo;

(b) a transição espanhola para o período democrático, ocorrida entre os anos de 1975 e 1980, com destaque para a promulgação da Constituição da Espanha (1978), ainda hoje vigente, que elevou importantes institutos de direito do trabalho a status constitucional;

(c) o intervalo de intensa flexibilização da legislação trabalhista espanhola, verificado entre os anos de 1980 e 1995, como claro reflexo das ideias neoliberais que passaram a influenciar não apenas a economia espanhola (e, consequentemente, o direito do trabalho), mas, de igual modo, a de todo o mundo;

(d) a influência da atividade legiferante da União Europeia no direito do trabalho da Espanha na segunda metade da década de 1990, que, de alguma maneira, passou a conferir inspiração mais protetiva ao trabalhador espanhol; e

(e) a realidade experimentada pelos espanhóis no século XXI, especialmente a partir das reformas legislativas ocorridas nos anos de 2001, 2010 e 2012, além da conformação jurídica trabalhista atual da Espanha.

Analisemos, então, um a um, esses períodos.

a) O período de 1936 a 1975: o *franquismo*

Por meio de um golpe de Estado ocorrido em julho de 1936, a Segunda República espanhola deu lugar a um regime ditatorial chefiado pelo General Francisco Franco, consolidado após guerra civil que perdurou até o ano de 1939.

Francisco Franco governou a Espanha originalmente com inspiração no fascismo. Ao longo dos anos, porém, o governo em questão passou a ostentar características próprias, tanto que intitulado *franquismo*. Dentre suas particularidades, o novo regime era católico, conservador, corporativista e anticomunista.

Uma das marcas mais eloquentes do governo então inaugurado foi o asfixiamento dos movimentos sociais em geral, em especial das organizações sindicais, que, como regra, tinham viés ideológico de esquerda. Implantou-se, a partir de então, a lógica do corporativismo, a ideia do movimento sindical como um instrumento a serviço do Estado. Nesse sentido, a liberdade de associação sindical passou a ser restringida especialmente a partir de 1939, quando o regime ditatorial suspendeu os efeitos da Constituição vigente desde 1931[3]. Sobre este aspecto, manifesta-se Vidal Aragonés:

> El golpe de Estado fascista del 18 de julio de 1936 fue la respuesta de la burguesía española a la victoria política de la izquierda y al imparable proceso revolucionario que se desarrollaba. Una de las grandes expresiones políticas de eso durante las primeras dos décadas de la dictadura franquista fue la aniquilación física de los dirigentes de la

3 Ainda que, do exílio, diversas instituições republicanas espanholas continuassem a reivindicar a manutenção da ordem democrática suprimida pelo golpe. Nesse sentido, SÁNCHEZ-ALBORNOZ, Sonsoles Cabeza. **Historia política de la Segunda República en el exilio.** Madrid: Fundación Universitaria Española, 1997.

izquierda, la prohibición de las organizaciones obreras y la represión de cualquier atisbo de reclamación sindical.[4]

Nesse período, outras normas de cunho social foram revogadas já nos primeiros anos do regime, o que ocorreu especialmente por meio do *Fuero de los españoles*, que consistiu no conjunto de sete leis fundamentais promulgadas entre 1936 e 1967, as quais organizaram os poderes do Estado durante a ditadura franquista, estabelecendo as principais diretrizes do regime ao longo de toda sua existência.

Uma das leis fundamentais do período foi o *Fuero del Trabajo*, decreto promulgado em 09 de março de 1938, que, já em seu preâmbulo, deu a medida das características do novo governo:

> Renovando la Tradición Católica, de justicia social y alto sentido humano que informó la legislación del Imperio, el Estado, Nacional en cuanto es instrumento totalitario al servicio de la integridad patria, y Sindicalista en cuanto representa una reacción contra el capitalismo liberal y el materialismo marxista, emprende la tarea de realizar – con aire militar, constructivo y gravemente religioso – la Revolución que España tiene pendiente y que ha de devolver a los españoles, de una vez para siempre, la Patria, el Pan y la Justicia.[5]

Do ponto de vista das organizações sindicais, o *Fuero* dispunha em seu artigo XIII, itens 3, 5 e 8:

> 3.- El sindicato vertical es una Corporación de derecho público que se constituye por la integración en un organismo unitario de todos los elementos que consagran sus actividades al cumplimiento del proceso económico, dentro de un determinado servicio o rama de la producción, ordenado jerárquicamente bajo la dirección del Estado.
>
> 5.- El sindicato vertical es instrumento al servicio del Estado, através del cual realizará principalmente su política económica. Al sindicato corresponde conocer los problemas de la producción y proponer sus soluciones, subordinándolas al interés nacional. El sindicato vertical podrá intervenir por intermedio de órganos especializados en la reglamentación, vigilancia y cumplimiento de las condiciones de trabajo.
>
> 8.- Corresponde a los sindicatos suministrar al Estado los datos precisos para elaborar las estadísticas de su producción.

Assim, é possível reconhecer características tipicamente fascistas inseridas na compreensão da instituição sindical como "corporação de direito público", "instrumento a serviço do Estado", responsável por realizar a política econômica estatal e fornecer dados precisos para a elaboração das "estatísticas de sua produção".

---

4 ARAGONÉS, Vidal. El origen de los derechos laborales. **Revista Mientras Tanto**, Barcelona, 27 ago. 2012. Disponível em: <http://bit.ly/37B3OzA>. Acesso em: 14 nov. 2019.

5 ESPANHA. Decreto de nueve de marzo de mil novecientos treinta y ocho. **Boletín Oficial del Estado**, Burgos, 10 mar. 1938, n. 505, pp. 6178-6181.

Isso quer dizer que, sob o crivo da ordem então inaugurada, o sindicato deixava de ser o reflexo da vontade da classe trabalhadora para se transformar em mero elemento de colaboração com o Estado, organizado de modo verticalizado e subordinado ao interesse nacional, exatamente os pilares que suportavam o Estado Fascista italiano, regulado, no assunto, pela *Carta del Lavoro* italiana[6].

Na sequência, em 26 de janeiro de 1944, a regulação normativa trabalhista vigente desde 1931 foi inteiramente revogada por uma nova *Ley del Contrato de Trabajo*, que passou a regrar de forma minuciosa os direitos dos trabalhadores, reservando mínimo espaço para a normatização por meio dos próprios atores trabalhistas, intrinsecamente ligadas a movimentos sociais. O regulamento em questão é até hoje objeto de intensas críticas dos juslaboralistas, pois apresentou, à época, contradições entre certo paternalismo estatal e aspirações liberais. Nesse sentido, a síntese de Vidal Aragonés é elucidativa:

> En 1944 aparece la Ley de Contrato de Trabajo (que deroga formalmente la Ley de Contrato de Trabajo de 1931, ya sin efectos en la práctica). Esa normativa y el Fuero de los Españoles constituyen el auténtico corpus de la legislación laboral franquista.
>
> [...] La mujer no gozaba de autonomía ni para contratar ni para reclamar sus correctas retribuciones, cosas a cargo de maridos y padres. La contratación temporal era legal tanto para eventualidades como para obras y servicios. En el régimen de despido improcedente encontramos que la indemnización no podrá superar en ningún caso el año de salario, exactamente igual que el máximo legal de la indemnización por despido objetivo que, con la última contrarreforma laboral del Partido Popular, se ha extendido y facilitado. A su vez, se regulaba un generoso régimen de extinción colectiva con un genérico "cesación de la industria, comercio, profesión y servicio, fundada en crisis laboral o económica, siempre que dicha cesación haya sido debidamente autorizada". La jornada laboral no se limitaba y ni siquiera se decretaba el descanso de 48 horas tras 5 días, sino simplemente el descanso de un día por la presión histórica de la Iglesia católica para que no se trabajase durante el domingo. [...] Nos encontramos, pues, durante los primeros treinta años de dictadura franquista, con una regulación del salario muy similar a la petición de los liberales, sin salarios mínimos y dejándo éstos a expensas de la "negociación entre las partes".[7]

Em relação à negociação coletiva, dois diplomas normativos do período guardam relevância.

---

6 De acordo com o diploma italiano de 21 de abril de 1927, a organização sindical era livre, mas apenas o sindicato submisso ao controle do Estado poderia representar legalmente a categoria. Documento disponível em: <http://bit.ly/2XJJmZ1>. Acesso em: 21 nov. 2019.

7 ARAGONÉS, Vidal. Op. cit.

A primeira dessas normas foi a *Ley de Convenios Colectivos*, de 1958, cuja intenção institucionalizada foi permitir aos trabalhadores a participação nas normas elaboradas com os respectivos patrões. Porém, o efeito prático que se deu à normativa foi o de aplacar as greves que vinham ocorrendo no período, na medida em que, como visto, a organização sindical então reconhecida pelo Estado não tinha características de oposição, mas apenas de colaboração com o patronato. Como consequência, as normas concebidas no período pelas categorias em conflito não tinham efeito outro que não manter os salários em padrões aceitáveis para as empresas, o que se obtinha a partir da vinculação dos pagamentos à produtividade dos trabalhadores.

Já em 1973, dois anos antes da morte de Francisco Franco, a *Ley 38, de Convenios Colectivos Sindicales de Trabajo*, trouxe algumas modificações no instituto, basicamente estabelecendo diretrizes quanto à duração dos acordos coletivos e à concorrência entre diferentes diplomas, mantendo, porém, a intervenção estatal sobre essa produção normativa.

Em que pese a captura do sindicato pelo Estado[8], diversas organizações sindicais oposicionistas ao regime nasceram no período franquista, ainda que vivendo à margem de autorização ou reconhecimento estatal, e, portanto, sem a possibilidade de empreender legítima (do ponto de vista legal) representação dos trabalhadores, para fins de negociação coletiva. Elas deram origem às hoje conhecidas centrais sindicais, sendo exemplos mais eloquentes dessas entidades as *Comisiones Obreras (CCOO)*, a *Unión General de los Trabajadores (UGT)* e a *Unión Sindical Obrera (USO)*.

Mas foi fundamentalmente a primeira delas (CCOO) quem inaugurou o verdadeiro **sindicalismo de classe** – pois seu surgimento foi espontâneo e proveniente dos conflitos de classe –, com forte oposição ao sistema franquista, e apoio de instituições como o Partido Comunista de Espanha (PCE), os movimentos cristãos operários e as organizações de esquerda.

Figura importante desse sindicalismo de oposição foi o militante Marcelino Camacho, membro do PCE, que escreveu, no ano de 1966, texto histórico e referencial intitulado "*Ante o futuro do sindicalismo*", com pontos de especial relevância:

> O sistema capitalista gera e condiciona a luta de classes. Num sistema sócio-econômico capitalista não existe a possibilidade de harmonizar os interesses dos dois lados em luta, situados em posições contrapostas.

8 A expressão é inspirada na obra de EDELMAN, Bernard. **A legalização da classe operária**. São Paulo: Boitempo, 2016.

> Os trabalhadores têm de compreender claramente que formam um mundo marginalizado na sociedade capitalista. Eles são os despossuídos, os que recebem as migalhas de um sistema sócio-econômico injusto não só no dinheiro, mas também na cultura, em responsabilidade, em participação. Porque cremos que todos os homens são originalmente iguais em direitos, a sociedade que os enquadra tem que ser a sociedade de todos. Por isso, é preciso mudar as estruturas da sociedade atual, concebida só para o benefício fabuloso de pequenos grupos e o benefício marginal, muito menor, de um setor imensamente majoritário da população. Com este fim, os trabalhadores, rechaçando as atenções da sociedade capitalista, que só aspira a prolongar sua vigência enganando e comprometendo às massas populares, tem que organizar-se com plena independência para desenvolver os planos que conduzam a sua emancipação e à construção de uma sociedade para todos, o que não quer dizer que, em certos momentos, não aceitem determinadas ações conjuntas com outras camadas sociais para a consecução de objetivos coincidentes.[9]

A força desse movimento acabou por culminar com a legalização das Centrais Sindicais, o que se concretizou pela *Ley 19/1977, de 1 de abril, sobre regulación del derecho de asociación sindical.*

b) a transição espanhola para o período democrático (1975 a 1980):

Em 20 de novembro de 1975 morreu o ditador Francisco Franco, o que significou o fim do *franquismo*. Como consequência, já em 15 de dezembro de 1976, foi aprovada a *Ley para la Reforma Política*, que derrogou definitivamente o regime ditatorial e possibilitou que, em 15 de junho de 1977, fossem celebradas as eleições que reinaugurariam o regime democrático.

O período compreendido entre 1976 e 1980 apresentou algumas importantes conquistas para o povo espanhol, o que certamente foi uma resposta da sociedade às quatro décadas de sujeição a um regime ditatorial como o imposto por Francisco Franco.

A *Ley de Relaciones Laborales*, de 08 de abril de 1976 – e, portanto, apenas alguns meses após a morte de Franco –, foi, do ponto de vista do direito individual do trabalho, regulação das mais protetivas em favor dos trabalhadores em toda a história espanhola, com a inserção de direitos que passaram a garantir redução de jornada, períodos de descanso, maior segurança na manutenção do emprego e outros benefícios, conformação ressaltada por Vidal Aragonés da seguinte forma:

> La Ley de Relaciones Laborales de 1976 es sin duda la cota más alta de derechos laborales individuales que jamás hemos alcanzado: readmisión en sus propios términos ante el despido improcedente; laboralización de algunas relaciones de trabajo

---

9 Comisiones Obreras, 1966. *Apud* TUMOLO, Paulo Sergio. **A formação sindical das Comisiones Obreras (CCOO) da Espanha:** trajetória histórica e mudanças. Florianópolis: Editoria em Debate, 2013. pp. 34.

especiales; presunción directa de la contratación indefinida; reforzamiento de la subrogación empresarial; exigencia de visado del finiquito; exigencia de expediente para el traslado, fuerte causalidad y derecho de consorte; disminución de la jornada laboral de 48 a 44 horas semanales y descanso de 12 horas entre jornada y jornada; descanso de 15 minutos en la jornada continua de 6 horas; autorización administrativa para la modificación del horario; ampliación de la maternidad posparto a 8 semanas y de la excedencia por maternidad hasta 3 años; [...] etc., etc.[10]

Já em relação às organizações sindicais, a introdução da já mencionada *Ley de 1 de abril de 1977*, especificamente voltada para a "regulação do direito de associação sindical", não significou propriamente uma revogação por completo da legislação do período franquista. Ao contrário, o preâmbulo do novo diploma deixou clara a possibilidade de *convivência* entre as realidades contraditórias do regime ditatorial e da democracia, ao dispor, em referência à legislação então vigente, que "la citada ordenación legal, llevada a cabo en desarrollo de la Declaración XIII del Fuero del Trabajo, no parece la única interpretación válida que permite dicha Ley Fundamental, que posibilita otras más congruentes con las exigencias actuales y la deseable expansión de las asociaciones profesionales de base voluntaria".[11]

Isso significa dizer que, em relação ao sindicalismo espanhol, a mudança de regime não significou verdadeira ruptura com o pensamento até então institucionalizado[12], tanto que a transição levou à introdução de um período por muitos intitulado como "**neocorporativismo**", uma vez que "totalmente contraposto à militância e confrontação até então praticada pelos sindicatos espanhóis no campo da regulação das relações de trabalho". Estabeleceu-se, "depois da legalização dos sindicatos, uma forma de acordos globais neocorporativistas mediante convênios-marco concertados entre Sindicatos e Confederação de Empresários"[13], uma conformação que, por sinal, ainda é vista na Espanha dos dias atuais.

Foi nesse período que tomou protagonismo uma espécie de **negociação coletiva de caráter centralizado e com maior poder para os negociadores**, por meio dos "Acuerdos de Concertación Social". O grande problema é que, do ponto de vista econômico, as condições não eram minimamente favoráveis à classe trabalhadora para

---

10 ARAGONÉS, Vidal. Op. cit.

11 ESPANHA. Ley 19/1977, de 1 de abril, sobre regulación del derecho de asociación sindical. **Boletín Oficial del Estado**, 04 abr. 1977, n. 80, pp. 7510-7511.

12 Esta constatação tem relação com um componente político importante: mesmo após a morte de Francisco Franco, o governo de transição permaneceu vinculado à "Falange Espanhola", movimento e partido político de inspiração fascista, a que pertencia o *Generalíssimo* Franco. Este fato perdurou até o ano de 1977.

13 FÜHRER, Ilse Marie. **Los sindicatos en España**: de la lucha de clases a estrategias de cooperación. Madrid: Consejo Económico y Social de España, 1996.

esse tipo de *liberalização*. É que se vivia o efeito da primeira grande crise do petróleo (1973), o que, evidentemente, impactava negativamente no poder de barganha da classe trabalhadora, sujeita a efeitos econômicos que se opunham às reivindicações em geral, como o desemprego, a estagnação do comércio mundial e a queda dos níveis de atividade econômica.

Aspecto importante ocorrido no ano de 1977 foi a ratificação, pela Espanha, da Convenção n.º 87 da OIT, que trata de liberdade sindical. Tal como ocorreu com Portugal, isso somente foi possível após a redemocratização, tanto que a Convenção em questão foi aprovada pela assembleia da Organização Internacional do Trabalho ocorrida em 1948, mas a ratificação por parte dos dois países só veio a ocorrer quase trinta anos depois disso.

Ainda no ano de 1977, foi editado o *Real Decreto-ley 17/1977*, com a finalidade de regular o regime de conflitos coletivos, greve e dispensas, e que, em relação a alguns preceitos, **ainda está em vigor**[14]. Em tal regulamento, ao menos duas disposições (uma delas ainda em vigência atualmente) chamam a atenção, uma sobre a greve e outra sobre a dispensa por "causas objetivas". A primeira delas, que permanece em vigor, dispõe:

> Artículo once. La huelga es ilegal: a) Cuando se inicie o se sostenga por motivos políticos o con cualquier otra finalidad ajena al interés profesional de los trabajadores afectados. b) Cuando sea de solidaridad o apoyo, salvo que afecte directamente al interés profesional de quienes la promuevan o sostengan. [...].[15]

Assim, é possível detectar a proibição expressa quanto à chamada "greve política", e, do mesmo modo, a "greve de solidariedade", o que reflete ainda uma mentalidade bastante restritiva acerca da liberdade conferida à classe trabalhadora a esse respeito[16].

---

14 "La norma es del 4 de marzo de 1977, con la Ley de Reforma Política vigente y días antes de la primera campaña electoral tras el fascismo. La regulación que hace referencia a la huelga y el cierre patronal todavía se mantiene en vigor, con las únicas modificaciones que el Tribunal Constitucional realizó para su adecuación a la Constitución". ARAGONÉS, Vidal. Op. Cit.

15 ESPANHA. Real Decreto-ley 17/1977, de 4 de marzo, sobre relaciones de trabajo. **Boletín Oficial del Estado**, 09 mar. 1977, n. 58, n.p.

16 A visão limitadora desse direito acabou consolidada na própria Constituição espanhola de 1978, em vigência nos dias atuais, ao dispor em seu artigo 28, item "2" que "reconhece-se o direito à greve dos trabalhadores para a defesa dos seus interesses". A segunda parte deste dispositivo ("para a defesa dos seus interesses") automaticamente induz o intérprete a excluir a abrangência do instituto dos casos de greve política e greve de solidariedade, que supostamente não serviriam para a defesa específica dos interesses da categoria respectiva. De todo modo, é importante observar que, em função da redação do artigo 28, item "2" da Constituição espanhola, a alínea "b" do artigo 11 do Real Decreto-Ley 17/1977 foi objeto de discussão quanto à sua constitucionalidade, o que se fez no processo TC 11/1981, de 08 de abril de 1981. No âmbito do Tribunal Constitucional espanhol, decidiu-se que a locução "directamente", contida na norma de 1977 é inconstitucional, sob o fundamento de que, "no obstante su redacción gramatical, esta norma permite las

Especificamente sobre a outra disposição mencionada (dispensa por causas objetivas), é certo que a Espanha adotou regime de motivação de dispensa, o que, ainda que fortemente impactado por alterações legislativas subsequentes (que revogaram os dispositivos legais, mas não a essência do instituto), foi regulado no artigo 39 do *Real Decreto-ley 17/1977*:

> "CAPÍTULO III. Despido por circunstancias objetivas derivadas de la capacidad del trabajador o necesidades de funcionamiento de la empresa". Artículo treinta y nueve.
>
> Uno. Por circunstancias objetivas, fundadas en la capacidad profesional del trabajador o en las necesidades de funcionamiento de la empresa, constituyen causa suficiente para el despido las siguientes:
>
> a) La ineptitud del trabajador; originaria o sobrevenida.
>
> b) La falta de adaptación del mismo a las modificaciones tecnológicas del puesto de trabajo que viniera desempeñando, siempre que fuese adecuado a su categoría profesional.
>
> c) La necesidad de amortizar individualmente un puesto de trabajo cuando no proceda utilizar al trabajador afectado en otras tareas.
>
> d) Las faltas, aun justificadas, de asistencia al trabajo, cuando fueren intermitentes, superen en un año el treinta por ciento de las jornadas y no respondan a accidente o enfermedad que produzcan incapacidad continuada de larga duración.
>
> Dos. Cuando la amortización del puesto de trabajo prevista como causa suficiente en el apartado c) del párrafo anterior afecte a un conjunto de trabajadores, habrá de seguirse el procedimiento de regulación de empleo conforme a las normas específicas del mismo.

O ano de 1978 veio marcar a história da Espanha com a introdução de uma nova Constituição. Do ponto de vista do direito do trabalho, o novo diploma passou a incorporar diversos aspectos de interesse para as relações laborais, merecendo destaque a instituição da greve e da liberdade sindical como direitos fundamentais (Título I da Constituição), ao lado de princípios como o da igualdade, da liberdade ideológica, da intimidade, da liberdade de expressão e outros, diretamente relacionados com o direito do trabalho.

---

huelgas de solidaridad cuando la solidaridad está fundada directamente en intereses profesionales de quienes la promuevan o sostengan. La exigencia de que la incidencia del interés profesional sea directa restringe el contenido esencial del derecho e impone que esta expresión adverbial sea considerada como inconstitucional". ESPANHA. Pleno. Recurso de Inconstitucionalidad número 192/1980. Sentencia de 8 de abril de 1981. Boletín Oficial del Estado, Madrid, 25 abr. 1981, n. 99, supl., pp. 1-13.

c) o período de 1980 a 1995: a intensa flexibilização da legislação trabalhista espanhola:

Nas décadas de 1980 e 1990, também com reflexos no início do século XXI, a Espanha passou por legislação fortemente flexibilizadora das relações de trabalho.

Aspecto digno de realce – e causador de alguma perplexidade –, diz respeito ao fato de que, na quase totalidade do período (mais precisamente de 1982 a 1996), o país foi governado por Felipe González, membro do Partido Socialista Operário Espanhol (PSOE)[17], organização originalmente marxista, mas que, desde a ascensão de González, tomou rumo mais conservador, na linha da social-democracia.

Do ponto de vista jurídico, é possível afirmar que os dois marcos fundamentais reguladores das relações de trabalho foram, no período, o *Real Decreto Legislativo 1568/1980* (a *Ley de Procedimiento Laboral*), e a *Ley 8/1980* (o novo *Estatuto de los Trabajadores*). Porém, foi na legislação esparsa que residiu a intensa flexibilização por que passou a Espanha nas duas últimas décadas do século XX.

No período em análise, introduziu-se no país legislação regulando contratação temporária, contrato a tempo parcial, terceirização de serviços e outros institutos, alterações que não ficaram imunes de críticas, por terem significado ampla precarização das relações de trabalho espanholas:

> [...] en las últimas tres décadas se han perdido continuamente derechos laborales: extensión de la contratación temporal (Ley 32/1984), creación y desarrollo de las empresas prestamistas de mano de obra (Ley 14/1994), facilitación de la modificación de condiciones (Ley 11/1994) y de la extinción de contratos por causas objetivas (Ley 11/1994, Ley 63/1997, RD-Ley 5/2001), precarización del contrato a tiempo parcial (RD-Ley 5/2001), reducción de la indemnización por despido improcedente (Ley 63/1997, Ley 12/2001, RD 5/2006) y limitación de los salarios de tramitación (RD-Ley 11/2002, posteriormente convalidado como ley).[18]

Independentemente dessa transformação (que, adiante, será analisada de modo mais abrangente), dois diplomas legais com conteúdo protetivo em favor da classe trabalhadora foram editados no ano de 1985: a *Ley Orgánica 7/1985*, dispondo sobre os direitos e liberdades dos estrangeiros na Espanha, e a *Ley 11/1985*, tratando de liberdade sindical, esta última ainda em vigor.

A primeira dessas leis regulou os direitos e liberdades dos estrangeiros na Espanha. Tratou-se de importante marco legislativo, pois passou a garantir, em solo

17 Que, por sinal, é o partido do atual Presidente da Espanha, Pedro Sánchez.

18 ARAGONÉS, Vidal. Op. cit.

espanhol, o direito ao estrangeiro à igualdade de condições de trabalho em relação ao trabalhador espanhol[19], assim também o direito de filiação à entidade sindical de sua escolha e ao exercício do direito de greve, nas mesmas condições dos trabalhadores espanhóis[20]. Ainda que a norma em questão tenha sido revogada posteriormente, a atual regulação dos direitos e liberdades dos estrangeiros na Europa como um todo conta com proteção até mais abrangente que a antecessora, que certamente introduziu uma garantia importante como marco para a legislação que a sucedeu.

Por sua vez, a *Ley 11/1985* veio ao mundo jurídico com a finalidade principal de regular o artigo 28.1 da Constituição Espanhola (que trata da liberdade sindical). E, nesse sentido, dispõe até hoje que os trabalhadores são livres para se filiar ao sindicato de sua escolha, o que está em consonância com a Convenção n.º 87 da OIT, que, como visto, fora sido ratificada pela Espanha alguns anos antes.

Mas, como já mencionado, o período analisado foi marcado não por conquistas sociais, mas pelas reformas que, de certa forma, inauguraram período de verdadeira desregulamentação da legislação trabalhista espanhola, típico da influência neoliberal que àquela época instalava-se na Espanha com grande vigor.

Ao longo da segunda metade da década de 1980 e início da década de 1990, como resultado do avanço das políticas econômicas que grassaram o planeta no período, a lógica de desregulamentação das relações de trabalho passou a influenciar fortemente a economia espanhola. O ano de 1994 foi especialmente importante nessa nova realidade: diante de taxas de desemprego que superavam 24% da mão de obra no período (percentual que só veio a se repetir no ano de 2013), a saída encontrada pelos espanhóis residiu na precarização dos contratos de trabalho (ou seja, na premissa de que os direitos trabalhistas serviam de entrave para o desenvolvimento econômico), o que se verificou especialmente por meio de três leis:

a) a *Ley 10/1994*, "sobre medidas urgentes de fomento ao emprego", que aprofundou as modalidades de contratação a tempo parcial, de intermediação de serviços e de aprendizagem, significando, especialmente no último caso, subterfúgio para a redução do valor da mão de obra;

---

19 "Artículo cuarto. Los extranjeros gozarán en España de los derechos y libertades reconocidos en el Título I de la Constitución, en los términos establecidos en la presente Ley y en las que regulen el ejercicio de cada uno de ellos." ESPANHA. Ley Orgánica 7/1985, de 1 de julio, sobre derechos y libertades de los extranjeros en España. **Boletín Oficial del Estado**, Madrid, 03 jul. 1985, n. 158, pp. 20824-20829.

20 "Artículo diez. Se reconoce a los trabajadores extranjeros que se hallen legalmente en España el derecho de afiliarse libremente al sindicato u organización profesional españoles de su elección y el derecho de huelga, que ejercerán, en las mismas condiciones que los trabajadores españoles, de acuerdo con lo dispuesto en las respectivas leyes reguladoras."

b) a *Ley 11/1994*, que introduziu diversas modificações no Estatuto dos Trabalhadores de 1980, ampliando e facilitando o recurso à extinção do contrato de trabalho por causas objetivas e a dispensa coletiva; e

c) a *Ley 14/1994*, que legalizou as empresas de trabalho temporário, norma que só veio a ser definitivamente regulamentada no ano de 2015, pelo *Real Decreto 417/2015*.

Sem dúvida, aquele foi um período difícil para os cidadãos espanhóis, tal como retratado no livro *La Reforma Laboral de 1994*, na medida em que as alterações acabaram por não levar em conta os anseios da população trabalhadora impactada pela difícil realidade econômica então vigente:

> 1994 ha sido un año agitado para los laboralistas españoles, que si bien no puede definirse, a imagen de un conocido film, com el que vivimos peligrosamente, si al menos se puede convenir en que lo hicimos com um cierto sobresalto. Durante este año, o por ser más precisos, durante los trece meses que transcurren de comienzos de diciembre de 1993 al 30 de diciembre de 1994, se produce un largo e initerrumpido processo de reformas del ordenamiento laboral que es conocido equívocamente bajo el nombre de "reforma del mercado de trabajo", y que se derrama sobre prácticamente la totalidade de las materias objeto de la regulación estatal sobre el trabajo asalariado. Haciendo y rehaciendo el caminho, la reforma legislativa originó costes sociales evidentes, al realizarse decididamente contra los planteamientos y propuestas sindicales, resistió la prueba de una muy extensa y participada huelga general y obtuvo, por activa y por pasiva, uma enorme repercusión pública.[21]

Ao mesmo tempo, o diário espanhol "El País" observou, em 13 de junho de 1994, que:

> Fue la reforma laboral más intensa del mercado laboral español, promovida por el Gobierno socialista sin la participación de los sindicatos. Las nuevas medidas supusieron una flexibilización de la normativa de contratación y negociación colectiva. Se facilitó a las empresas una nueva herramienta, con el incremento de causas para los despidos a causas tecnológicas o económicas de fuerza mayor, y adoptó la movilidad funcional y geográfica por razones técnicas, organizativas y económicas. Se creó un nuevo contrato de aprendizaje, conocido como *contrato basura*, que regulaban las empresas de trabajo temporal (ETT).[22]

---

21 BAYLOS GRAU, Antonio P. (Org.). **La Reforma laboral de 1994**. Cuenca: Servicio de Publicaciones de la Universidad de Castilla-La Mancha, 1996. pp. 7.

22 CRONOLOGÍA de las reformas laborales en España. **El País**, 15 jun. 2010. Disponível em: <http://bit.ly/2OE1ZJL>. Acesso em: 19 nov. 2019. Esta percepção foi ratificada por Joan Coscubiela e Eduardo Rojo, que mencionam que "la (reforma laboral) de 1994 es quizá una de las más profundas, porque legalizó las ETT (entidades de transmisión de trabajo, sin ánimo de lucro) y abrió el proceso para deslegalizar algunos derechos, traspasándolos a la negociación colectiva". COSCUBIELA, Joan; ROJO, Eduardo. Treinta años de reformas laborales en España. **Cristianisme i Justícia**, Barcelona, v. 2, maio/2012. Disponível em: <http://bit.ly/2OjZ6Pr>. Acesso em: 21 nov. 2019.

Já no ano de 1995, entrou em vigor o novo *Estatuto de los Trabajadores* (Real Decreto Legislativo 1/1995), que revogou o estatuto então vigente, de 1980, com a incorporação de mudanças que nele vinham sendo inseridas ao longo da década de 1980 e entendimentos da jurisprudência espanhola. O novo diploma, porém, não revogou as normas flexibilizadoras que o antecederam (e que até hoje estão em vigor), mantendo, em essência, a mentalidade econômica que se incorporara no ano anterior à sua introdução no ordenamento jurídico espanhol.

d) a segunda metade da década de 1990: influência da força normativa da Constituição e da atividade legiferante da União Europeia:

Como destacado anteriormente, as mudanças promovidas na legislação trabalhista espanhola na primeira metade da década de 1990 ensejaram ampla discussão a respeito da precarização dos direitos dos trabalhadores espanhóis.

Paralelamente a isso, houve, na segunda metade daquele decênio, influência importante da Constituição espanhola e do direito comunitário europeu na elaboração de algumas normas com viés mais protecionista. O ponto negativo é que tais normas ostentam, em sua quase totalidade, caráter meramente programático, o que quer dizer que as conquistas sociais do período não tiveram efeito direto na ascensão econômica da classe trabalhadora.

Nesse sentido, a Constituição da Espanha de 1978 dispõe, em seu artigo 40.2, que é dever dos poderes públicos o fomento a uma política que zele pela segurança e higiene no ambiente de trabalho, e garanta o descanso necessário aos trabalhadores[23]. Por sua vez, a Diretiva 89/391/CEE, de 12 de junho de 1989, passou a estabelecer, no âmbito da União Europeia, medidas destinadas a promover a melhoria da segurança e da saúde dos trabalhadores, em especial no sentido da prevenção aos riscos ocupacionais.

Em razão dessas diretrizes, foi aprovada, no direito interno espanhol, a *Ley 31/1995, de Prevención de Riesgos Laborales*[24], em vigor atualmente, com a fixação dos

23 "Artículo 40 [...] 2. [...] los poderes públicos fomentarán una política que garantice la formación y readaptación profesionales; velarán por la seguridad e higiene en el trabajo y garantizarán el descanso necesario, mediante la limitación de la jornada laboral, las vacaciones periódicas retribuidas y la promoción de centros adecuados." ESPANHA. **Constitución Española.** Disponível em: <http://bit.ly/2qxqyjG>. Acesso em: 15 nov. 2019.

24 De acordo com a Exposição de Motivos da nova lei, "el artículo 40.2 de la Constitución Española encomienda a los poderes públicos, como uno de los principios rectores de la política social y económica, velar por la seguridad e higiene en el trabajo. Este mandato constitucional conlleva la necesidad de desarrollar una política de protección de la salud de los trabajadores mediante la prevención de los riesgos derivados de su trabajo y encuentra en la presente Ley su pilar fundamental. En la misma se configura el marco general en el que habrán de desarrollarse las distintas acciones preventivas, en coherencia con las decisiones de la

pilares para as garantias e responsabilidades dos tomadores de serviços pelos riscos ocupacionais. Merece destaque o fato de que esta lei deixa claro que suas disposições dizem respeito ao mínimo necessário indisponível, vedando, com tal regulação, eventual negociação coletiva capaz de contrariar tal direcionamento[25].

Pouco tempo depois, por influência do disposto nos artigos 14 e 39 da Constituição espanhola[26], foi editada a *Ley 39/1999*, que buscou fomentar maior participação **da mulher no trabalho**, permitindo:

> "la conciliación de la vida familiar y laboral, responsable de una ampliación en el catálogo de permisos retribuidos; de la mejora en el régimen de la reducción de jornada por cuidado de hijos o de familiares, la excedencia, los permisos por paternidad, maternidad, y lactancia; o de una mayor protección para la extinción del contrato de trabajo cuando ésta aparezca conectada al disfrute de aquellos permisos[27].

A norma em questão modificou diversos itens do *Estatuto de los Trabajadores de 1995*, passando a dispor, exemplificativamente, sobre o direito à jornada reduzida em uma hora por dia no caso de trabalhadoras com filho de até nove meses de idade[28], e à garantia no emprego com direito a licença-maternidade mínima de dezesseis semanas (período prorrogado proporcionalmente no caso de gestação múltipla), até mesmo com possibilidade de gozo simultâneo com o pai do recém-nascido[29].

Unión Europea que ha expresado su ambición de mejorar progresivamente las condiciones de trabajo y de conseguir este objetivo de progreso con una armonización paulatina de esas condiciones en los diferentes países europeos". ESPANHA. Ley 31/1995, de 8 de noviembre, de prevención de Riesgos Laborales. **Boletín Oficial del Estado**, Madrid, 10 nov. 1995, n. 269, n.p.

25 É como dispõe o artigo 2, item 2, da referida norma: "Las disposiciones de carácter laboral contenidas en esta Ley y en sus normas reglamentarias tendrán en todo caso el carácter de Derecho necesario mínimo indisponible, pudiendo ser mejoradas y desarrolladas en los convenios colectivos."

26 "Artículo 14. Los españoles son iguales ante la ley, sin que pueda prevalecer discriminación alguna por razón de nacimiento, raza, sexo, religión, opinión o cualquier otra condición o circunstancia personal o social". "Artículo 39. 1. 1. Los poderes públicos aseguran la protección social, económica y jurídica de la familia.

27 SERRAMITJANA, Juan S. Medina. La evolución (o involución) de las relaciones laborales en España desde la Transición. **Revista Electrónica Extoikos**, Málaga, n. 20, pp. 27-30, 2018. Disponível em: <http://bit.ly/2sdE3Fy>. Acesso em: 01 maio 2019.

28 "Artículo segundo. Reducción de la jornada por motivos familiares. 1. El apartado 4 del artículo 37 queda redactado de la siguiente forma: «4. Las trabajadoras, por lactancia de un hijo menor de nueve meses, tendrán derecho a una hora de ausencia del trabajo, que podrán dividir en dos fracciones. La mujer, por su voluntad, podrá sustituir este derecho por una reducción de su jornada en media hora con la misma finalidad. Este permiso podrá ser disfrutado indistintamente por la madre o el padre en caso de que ambos trabajen. Ley 39/1999, de 5 de noviembre, para promover la conciliación de la vida familiar y laboral de las personas trabajadoras." ESPANHA. Ley 39/1999, de 5 de noviembre, para promover la conciliación de la vida familiar y laboral de las personas trabajadoras. **Boletín Oficial del Estado**, Madrid, 06 nov. 1999, n. 266, n.p.

29 "Artículo quinto. Suspensión con reserva de puesto de trabajo. El apartado 4 del artículo 48 queda modificado de la siguiente manera: «4. En el supuesto de parto, la suspensión tendrá una duración de dieciséis semanas, que se disfrutarán de forma ininterrumpida, ampliables en el supuesto de parto múltiple en dos semanas más por cada hijo a partir del segundo. El período de suspensión se distribuirá a opción de la interesada siempre que seis semanas sean inmediatamente posteriores al parto. En caso de fallecimiento de la madre, el padre podrá hacer uso de la totalidad o, en su caso, de la parte que reste del período de suspensión. No obstante lo

Também como influência da atividade legiferante da União Europeia, bem assim da intensa migração de trabalhadores entre os países-membros, editou-se na Espanha a *Ley 45/1999*, fruto da incorporação ao ordenamento espanhol da Diretiva 96/71/CE, com a finalidade de garantir ao trabalhador destacado de seu país de origem a isonomia com os trabalhadores do país em que a prestação de serviços se concretiza, o que vem sintetizado da seguinte forma no artigo 3º da Diretiva:

> Artigo 3º. Condições de trabalho e emprego.
>
> 1. Os Estados-membros providenciarão no sentido de que, independentemente da lei aplicável à relação de trabalho, as empresas referidas no nº 1 do artigo 1º garantam aos trabalhadores destacados no seu território as condições de trabalho e de emprego relativas às matérias adiante referidas que, no território do Estado-membro onde o trabalho for executado, sejam fixadas:
>
> - por disposições legislativas, regulamentares ou administrativas e/ou por convenções colectivas ou decisões arbitrais declaradas de aplicação geral na acepção do nº 8, na medida em que digam respeito às atividades referidas no anexo:
>
> a) Períodos máximos de trabalho e períodos mínimos de descanso;
>
> b) Duração mínima das férias anuais remuneradas;
>
> c) Remunerações salariais mínimas, incluindo as bonificações relativas a horas extraordinárias; a presente alínea não se aplica aos regimes complementares voluntários de reforma;
>
> d) Condições de disponibilização dos trabalhadores, nomeadamente por empresas de trabalho temporário;
>
> e) Segurança, saúde e higiene no trabalho;
>
> f) Medidas de proteção aplicáveis às condições de trabalho e emprego das mulheres grávidas e das puérperas, das crianças e dos jovens;
>
> g) Igualdade de tratamento entre homens e mulheres, bem como outras disposições em matéria de não discriminação.

As disposições em comento ostentam relevância singular, na medida em que têm o inegável mérito de evitar o *dumping social* e garantir o respeito às condições laborais mínimas no país de prestação de serviços. Tal constatação, em tempos de intensa migração originada de países periféricos da própria Europa, é de salutar importância na busca por condições mais adequadas de trabalho, ainda que, em con-

anterior, y sin perjuicio de las seis semanas inmediatas posteriores al parto de descanso obligatorio para la madre, en el caso de que el padre y la madre trabajen, ésta, al iniciarse el período de descanso por maternidad, podrá optar por que el padre disfrute de una parte determinada e ininterrumpida del período de descanso posterior al parto bien de forma simultánea o sucesiva con el de la madre, salvo que en el momento de su efectividad la incorporación al trabajo de la madre suponga un riesgo para su salud."

textos precarizantes, até mesmo a legislação do país destinatário não seja arcabouço de maior proteção.

e) a Espanha no século XXI – a intensificação das reformas precarizantes:

A Espanha do século XXI é, em matéria de direito do trabalho, fonte quase inesgotável de reformas, cuja tônica apoia-se na precarização dos direitos da classe trabalhadora, sob o argumento institucional de que essa postura é capaz de fomentar o aumento do número de empregos. O engano, porém, vem sendo sentido da forma mais dolorosa pelos espanhóis, como se verá a seguir.

Tratando das causas que teriam levado às sucessivas reformas ao longo deste início de século, o Professor de Teoria Econômica da Universidade de Castilla – La Mancha Jorge Uxó González questiona o argumento de que a redução de direitos trabalhistas tem impacto na redução das taxas de desemprego. De acordo com sua ponderação:

> As instituições do mercado de trabalho são responsáveis pelo desemprego? Um dos argumentos formulados para justificar a necessidade da reforma laboral é que a própria existência de uma taxa de desemprego elevado demonstra o mau funcionamento de nosso mercado de trabalho. Conforme esse argumento, por exemplo, os custos excessivos das despedidas dos trabalhadores contratados por tempo indeterminado estariam gerando uma rigidez salarial excessiva, o que provoca, por sua vez, um desemprego estrutural mais elevado e que os ajustes necessários ante uma queda da demanda sejam efetuados exclusivamente através da redução do número de empregados. A reforma do mercado de trabalho seria, então, uma forma de reduzir esse desemprego estrutural causado pela 'esclerose' do mercado de trabalho. Mas, esse argumento não é convincente.
>
> Em primeiro lugar, porque a evolução do desemprego num país não depende somente das instituições do mercado de trabalho e, sim, fundamentalmente, da dinâmica macroeconômica. A investigação empírica sobre as causas do desemprego na Europa está centralizada em dois tipos de causas: as instituições do mercado de trabalho (duração e generosidade do seguro-desemprego, sindicalização, custos das demissões e formas de contratação, fundamentalmente) e os choques de caráter macroeconômico, entre os que se encontram as próprias políticas econômicas. Então, os resultados são claros no caso das políticas macroeconômicas que, de forma consistente e robusta, influem na evolução das taxas de desemprego. Autores como T. Palley, por exemplo, mostram que as elevadas taxas de desemprego que se registram na Europa desde os anos oitenta estão claramente relacionadas com a aplicação de políticas monetárias e fiscais restritivas, que se centralizaram na redução da inflação e no déficit, sem levar em conta os efeitos sobre o emprego. Em troca, a prova sobre a influência das variações microeconômicas do mercado de trabalho é muito mais problemática e menos robusta, podendo ser questionado o papel principal que lhe é atribuído para explicar as diferenças internacionais nas taxas de desemprego. Em segundo lugar, se o desemprego se explicasse

fundamentalmente pelas instituições do mercado de trabalho, o aumento na sua taxa deveria ser considerado como consequência de uma mudança nessas instituições que, obviamente, não aconteceu. De fato, o mesmo mercado de trabalho foi compatível com um forte processo de criação de empregos, na anterior fase expansiva, quando a economia registrava elevadas taxas de crescimento.[30]

A primeira dessas reformas concretizou-se por duas frentes: o *Real Decreto Legislativo 5/2001* e a *Ley 12/2001*, ambos tratando de *"medidas urgentes de reforma del mercado de trabajo para el incremento del empleo y la mejora de su calidad"*.

Os dois diplomas legais mencionados tiveram por finalidade principal a facilitação de contratações mais flexíveis e, ao mesmo tempo, a redução dos custos oriundos da dispensa. Nesse sentido, o legislador aprofundou as possibilidades de uso do contrato a tempo parcial (ainda que, reconhecendo o uso abusivo e irracional desse tipo de contratação, tenha também estipulado uma indenização em razão de sua terminação, até então inexistente)[31], e, ao mesmo tempo, impôs redução do valor da indenização no rompimento injustificado dos contratos por tempo indeterminado, tudo a confirmar a lógica precarizante.

Na mesma linha, com o propósito de reduzir os custos decorrentes das rescisões de contrato por iniciativa do empregador, foi editada a *Ley 45/2002* (conhecida como *Decretazo*), cuja finalidade fora a introdução de "*medidas urgentes para la reforma del sistema de protección por desempleo y mejora de la ocupabilidad*". Dentre outros aspectos, o regramento em questão modificou substancialmente os *salarios de tramitación*, passando a permitir que o empregador deixasse de arcar com os salários do período de tramitação do processo em que fosse discutida a validade da dispensa, desde que ele

30 GONZÁLEZ, Jorge Uxó. A reforma laboral e a estratégia de política econômica na Espanha. **Revista do Tribunal Regional do Trabalho da 3ª Região**, v. 52, n. 82, pp. 55-63, jul./dez. 2010. De acordo com o autor, "ainda poderia argumentar-se, é verdade, que o problema do desemprego não seria resolvido completamente se somente se estimulasse a demanda agregada, já que é necessário que se produzam, também, reajustes na estrutura produtiva e, nesse processo, haverá trabalhadores não qualificados, que dificilmente poderão ser reincorporados de forma imediata - sem verdadeiras políticas ativas que aumentem sua empregabilidade - aos novos setores que devem tomar parte na construção. Na Espanha as quedas do PIB amplificaram seus efeitos sobre o emprego em relação a outros países, certamente pelo excessivo peso dos contratos temporários. Mas, o que isso demonstra é, na realidade, que os custos das despedidas já estão reduzidos na Espanha e a flexibilidade externa ainda é muito elevada".

31 "Artículo tercero. Extinción del contrato. Uno. [...] A la finalización del contrato, excepto en los casos del contrato de interinidad, del contrato de inserción y de los contratos formativos, el trabajador tendrá derecho a recibir una indemnización de cuantía equivalente a la parte proporcional de la cantidad que resultaría de abonar ocho días de salario por cada año de servicio, o la establecida, en su caso, en la normativa específica que sea de aplicación. Los contratos de duración determinada que tengan establecido plazo máximo de duración, incluidos los contratos en prácticas y para la formación, concertados por una duración inferior a la máxima legalmente establecida, se entenderán prorrogados automáticamente hasta dicho plazo cuando no medie denuncia o prórroga expresa y el trabajador continúe prestando servicios." ESPANHA. Ley 12/2001, de 9 de julio, de medidas urgentes de reforma del mercado de trabajo para el incremento del empleo y la mejora de su calidad. **Boletín Oficial del Estado**, Madrid, 10 jul. 2001, n. 164, pp. 24890-24902.

consignasse em Juízo, em 48h da dispensa, a indenização pela dispensa improcedente. Tratou-se, em verdade, do primeiro passo para a supressão quase definitiva dos *salarios de tramitación*, que veio a ocorrer na reforma concretizada no ano de 2012.

Em razão de leve melhoria por que passou a economia espanhola a partir de 2003, no ano de 2006, após acordo do então Presidente espanhol José Luis Rodríguez Zapatero com as entidades representantes dos patrões e dos trabalhadores, foi aprovada a *Ley 43/2006*, que reiterou a limitação do uso dos contratos temporais[32]. Porém, a lei em questão aprofundou mecanismo precarizante que já existia de certo modo adormecido no direito do trabalho espanhol, o contrato *fijo discontinuo*, que trata das necessidades *intermitentes* de trabalho, em que o trabalhador é chamado conforme a necessidade periódica do empregador, permanecendo à mercê de sua própria sorte nos intervalos em que não é chamado, pois não há obrigatoriedade de pagamento por tal período.

Em 2010, como reflexo da crise financeira que assolou os Estados Unidos no ano de 2008 (e, por consequência, boa parte das economias mundiais), a Espanha passou por novas medidas tidas por urgentes para "*la reforma del mercado de trabajo*". A esse respeito, foram editados o *Real Decreto-ley 10/2010* e a *Ley 35/2010*, sendo elucidativas as razões expostas pelo legislador no primeiro de tais diplomas acerca das razões para sua elaboração:

> La crisis financiera y económica de origen internacional que se ha desarrollado desde principios de 2008 ha quebrado la larga senda de crecimiento económico y del empleo que vivió la economía española desde mediados de los noventa y ha tenido como consecuencia más grave una intensa destrucción de empleo y el consecuente aumento del desempleo.
>
> Las cifras a este respecto son esclarecedoras. En los últimos dos años se han perdido en nuestro país más de dos millones de puestos de trabajo y el desempleo ha crecido en casi dos millones y medio de personas, lo que ha duplicado la tasa de paro hasta acercarse al 20%. Un desempleo de esa magnitud constituye el primer problema para los ciudadanos y sus familias y supone un lastre inasumible a medio plazo para el desarrollo económico y para la vertebración social de nuestro país.

32 De acordo com o diário El País, "la principal medida de este acuerdo consiste en limitar el encadenamiento abusivo de contratos temporales. Todo trabajador que haya encadenado dos o más contratos para un mismo puesto durante más de dos años en un plazo de 30 meses pasará a ser fijo. Para desatascar la gran bolsa de temporalidad existente se aplicará un plan transitorio consistente en bonificar con 800 euros la conversión de temporales en indefinidos. Además, se amplía de dos a cuatro años el periodo en el que las empresas reciben incentivos a contratar. La rebaja de cotizaciones y el mayor control de los sindicatos sobre las subcontratas completan los aspectos más importantes." ABELLÁN, Lucía. Zapatero asegura que la reforma laboral mejorará la productividad. **El País**, 10 maio 2006. Disponível em: <http://bit.ly/2pKWn80>. Acesso em: 21 nov. 2019.

> [...] Unas debilidades de nuestro modelo de relaciones laborales que en último término vienen a explicar la elevada sensibilidad del empleo al ciclo económico que se ha venido poniendo de manifiesto en nuestro país, lo que hace que crezca mucho en las fases expansivas pero que se destruya con igual o mayor intensidad en las etapas de crisis, y entre las que se encuentran las siguientes: un significativo peso de los trabajadores con contrato temporal (en torno a un tercio del total de asalariados por cuenta ajena), que constituye una anomalía en el contexto europeo, y que ha derivado en una fuerte segmentación entre trabajadores fijos y temporales; un escaso desarrollo de las posibilidades de flexibilidad interna en las empresas que ofrece la legislación actual; una insuficiente capacidad de colocación de los servicios públicos de empleo; la persistencia de elementos de discriminación en el mercado de trabajo en múltiples ámbitos, pero de forma muy señalada en el empleo de mujeres, personas con discapacidad y desempleados de más edad.
>
> La crisis económica ha puesto en evidencia la insostenibilidad económica y social de este modelo, que ha generado la rápida destrucción de cientos de miles de puestos de trabajo. A su corrección se dirigen esencialmente las medidas contenidas en este real decreto-ley, que suponen una continuación coherente de las actuaciones que el Gobierno ha puesto en práctica en materia laboral desde el inicio de la mencionada crisis financiera que precipitó la entrada en recesión de nuestra economía, junto a la mayoría de los países del área euro.[33]

Nesse sentido, o que se tentou foi aumentar o número de contratações por tempo indeterminado, mas, ao mesmo tempo, garantir aos empregadores maior flexibilidade nas dispensas por causas objetivas, facultando-se justificar a despedida de maneira por demais abrangente, em razão de dificuldades econômicas que pudessem dificultar a viabilidade da empresa. As mudanças, porém, além de paradoxais em razão da presumida orientação ideológica do Partido Socialista Operário Espanhol (do então presidente *Zapatero*), não surtiram o efeito esperado, pois não houve redução significativa nas taxas de desemprego[34].

O ano de 2012 retratou aprofundamento das dificuldades econômicas espanholas. O país ficou marcado por taxa de desemprego superior a 23% (cerca de 5 milhões de pessoas, sendo 50% de pessoas com idade inferior a 30 anos), o que gerou grande perplexidade na comunidade espanhola, especialmente porque o artigo 35 da

---

33 ESPANHA. Real Decreto-ley 10/2010, de 16 de junio, de medidas urgentes para la reforma del mercado de trabajo. **Boletín Oficial del Estado**, Madrid, 17 jun. 2010, n. 147, pp. 51662-51699.

34 "En concreto, la reforma aprobada en 2010, la primera desde el inicio de la crisis, deja como saldo un récord absoluto en la tasa de paro de España, el 22,85% con 5.273.600 personas desempleadas en el último trimestre de 2011, según la Encuesta de Población Activa (EPA) del Instituto Nacional de Estadística, sin haber logrado reducir la temporalidad, su gran objetivo". QUÍLEZ, Silvia. España sale de la reforma laboral de 2010 con empleo más inestable y récord absoluto de paro. **Corporación de Radio y Televisión Española**, 09 fev. 2012. Disponível em: <http://bit.ly/2OeHxQw>. Acesso em: 21 nov. 2019.

Constituição reconhece aos espanhóis "el deber de trabajar y el derecho al trabajo, a la libre elección de profesión u oficio, a la promoción a través del trabajo y a una remuneración suficiente para satisfacer sus necesidades y las de su família". Ficou evidente para os espanhóis que a norma em questão se mostrava ineficaz na prática, o que ensejou críticas por todos os lados. Nesse sentido:

> Hoy más que nunca, con una cifra de desempleados que ronda los cinco millones y una crisis que no acaba de tocar fondo, las proclamas del texto constitucional no dejan de suscitar cierta perplejidad y no parecen sino declaraciones bienintencionadas, retóricas, pero en todo caso alejadas dolorosamente de la realidad. Es cierto, además, que el art. 35 es uno de esos preceptos de la Constitución sobre los que se tiende a pasar de puntillas y, a diferencia del protagonismo que han ido cobrando otras previsiones como el derecho a la igualdad del art. 14, es infrecuente encontrarlo en boca de políticos o mencionado en cualquier ámbito de la vida pública.[35]

Chegou-se, então, à conclusão pela "insustentabilidade do modelo laboral espanhol", expressão utilizada na exposição de motivos da *Ley n.º 3/2012*, que, na mais agressiva de todas as reformas promovidas (e em vigência atualmente), colocou em prática um novo modelo para as relações de trabalho, apoiado em mudanças que alteraram a própria estrutura das relações trabalhistas. Os objetivos foram, de acordo com seus idealizadores, fomentar a criação de empregos, facilitar as contratações por tempo indeterminado e melhorar as condições de "empregabilidade" dos trabalhadores[36]. Pelo novo modelo:

a) passou a ser permitida a pactuação de contratos de experiência de um ano de duração, o que, na prática, constitui tempo além do razoável para a mera avaliação da capacidade de adaptação de determinado empregado ao trabalho;

b) houve sepultamento quase definitivo dos *salarios de tramitación*, o que significou a eliminação dos efeitos reparatórios integrais nos casos de dispensas consideradas ilícitas à luz da própria legislação espanhola;

c) houve redução do valor da indenização por dispensa, o que quer dizer que até mesmo a proliferação das contratações a termo como subterfúgio à contratação por tempo indeterminado não foi considerada suficiente para o fim de *poupar* o trabalhador contratado por tempo indeterminado;

35 ÁLVAREZ, Maria José López. El derecho al trabajo en la Constitución Española. **Revista Crítica**, Madrid, maio/jun. 2012. Disponível em: <http://bit.ly/2Oe2b3o>. Acesso em: 20 nov. 2019.

36 ESPANHA. Ley 3/2012, de 6 de julio, de medidas urgentes para la reforma del mercado laboral. **Boletín Oficial del Estado**, Madrid, 07 jul. 2012, Seção I, n. 162, pp. 49113-49191.

d) introduziu-se maior flexibilidade no regime de alteração das condições de trabalho em razão de "modificação substancial das condições", ampliando em demasia os poderes do empregador para o encerramento de contratos indefinidos;

e) passou a se prestigiar a prevalência de acordos internos entre trabalhadores e seu respectivo empregador, em detrimento de ajustes coletivos existentes, nos casos em que a empresa esteja atravessando problemas "econômicos, técnicos, organizacionais ou de produção"[37];

f) estipulou-se a imposição de submissão prévia dos litígios oriundos de negociação coletiva a órgãos estranhos ao Poder Judiciário ("Comisión Consultiva Nacional de Convenios Colectivos"), assim também o recurso a arbitragem, com efeitos vinculantes aos envolvidos;

f) estabeleceu-se limitação da ultratividade dos instrumentos de negociação coletiva a um ano da denúncia, com a finalidade de "*evitar una petrificación de las condiciones de trabajo pactadas* possibilitando *uma adaptación del contenido de la negociación colectiva a los cambiantes escenarios econômicos y organizativos*".

Algumas das alterações mencionadas[38] tiveram sua constitucionalidade questionada no Tribunal Constitucional espanhol, em especial em função do disposto nos artigos 24, 28, 35 e 37 da Constituição espanhola, que tratam, respectivamente, dos direitos à tutela judicial efetiva, à liberdade sindical, ao trabalho e à negociação coletiva. Porém, pela sentença 119, de 16 de julho de 2014, o Tribunal Constitucional entendeu pela compatibilidade entre as novas regras e os dispositivos constitucionais, ratificando, portanto, as diretrizes estabelecidas pela "reforma" de 2012, fundamentando suas decisões especialmente nas premissas de que:

> [...] resulta obligado tener en cuenta que, como ocurre respecto a cualquier otro derecho — incluidos los fundamentales — [...], el derecho al trabajo reconocido en el art. 35.1 CE no es absoluto ni incondicional, sino que puede quedar sujeto a

37 Conforme o artigo 14 da Ley 3/2012, "se entiende que concurren causas económicas cuando de los resultados de la empresa se desprenda una situación económica negativa, en casos tales como la existencia de pérdidas actuales o previstas, o la disminución persistente de su nivel de ingresos ordinarios o ventas. En todo caso, se entenderá que la disminución es persistente si durante dos trimestres consecutivos el nivel de ingresos ordinarios o ventas de cada trimestre es inferior al registrado en el mismo trimestre del año anterior. Se entiende que concurren causas técnicas cuando se produzcan cambios, entre otros, en el ámbito de los medios o instrumentos de producción; causas organizativas cuando se produzcan cambios, entre otros, en el ámbito de los sistemas y métodos de trabajo del personal o en el modo de organizar la producción, y causas productivas cuando se produzcan cambios, entre otros, en la demanda de los productos o servicios que la empresa pretende colocar en el mercado."

38 Precisamente, as disposições que tratam do período de experiência de até um ano, da submissão dos conflitos coletivos a órgãos jurisdicionais estranhos ao Poder Judiciário, e da inaplicabilidade de instrumentos de negociação coletiva nas hipóteses em que o legislador autoriza a derrogação de tais mecanismos de negociação no âmbito de determinada empresa.

> limitaciones justificadas en atención a la necesidad de preservar otros derechos o bienes constitucionales dignos de tutela. Entre otros, y por lo que ahora interesa, el derecho al trabajo puede entrar en conflicto con el reconocimiento en el art. 38 CE de la libertad de empresa y el mandato a los poderes públicos de garantizar y proteger su ejercicio y la defensa de la productividad. Sin perjuicio de los límites necesarios, tales exigencias derivadas del art. 38 CE pueden legitimar el reconocimiento legal en favor del empresario de determinadas facultades de extinción del contrato de trabajo integradas en sus poderes de gestión de la empresa
>
> [...]
>
> Siendo el derecho a la negociación colectiva (art. 37.1 CE) un derecho de configuración legal, corresponde al legislador ordenar los resultados del proceso de negociación y determinar las reglas de concurrencia y articulación de convenios; puede pues, en función de la opción que en cada momento considere más oportuna, ampliar o restringir el margen de intervención de la autonomía colectiva en la fijación de dichas reglas. (119/2014)[39].

As mudanças introduzidas em 2012 acabaram por ser mantidas quase que integralmente nos anos seguintes. A entrada em vigor do *Estatuto de los Trabajadores de 2015* (*Real Decreto Legislativo 2/2015*) pouco modificou esse contexto: incorporou alterações já consolidadas nos Tribunais, mas, ao mesmo tempo, aprofundou a figura do contrato *fijo discontinuo*[40], mecanismo de prestação intermitente de serviços, com nítidos contornos precarizantes das relações de trabalho.

Do ponto de vista econômico, a Espanha de 2019 ainda enfrenta desemprego superior a 14%, percentual que, se não reflete o desespero enfrentado no auge da crise em 2012, ainda preocupa, em face da profundidade das "reformas" trabalhistas introduzidas no país ao longo da última década.

3. CONSIDERAÇÕES FINAIS

Uma das conhecidas perspectivas sobre as ondas flexibilizadoras da legislação social, aí incluindo-se notadamente a do trabalho, é a utilização sofística de argumentos que tentam aproximar, e mesmo compatibilizar, fatos como a elevação das taxas de

---

39 O Tribunal Constitucional também decidiu pela constitucionalidade de dispositivos da nova lei em decisão de 2015, em processo movido por parlamentares da esquerda espanhola. ESPANHA. Sentencia 119/2014, de 16 de julio. **Boletín Oficial del Estado,** Madrid, 15 ago. 2014, n. 198, n.p. Disponível em: <http://bit.ly/35wwFmZ>. Acesso em: 21 nov. 2019; ESPANHA. Sentencia 8/2015, de 22 de enero. **Boletín Oficial del Estado,** Madrid, 24 fev. 2015, n. 47, n.p. Disponível em: <http://bit.ly/34t7AJm>. Acesso em: 21 nov. 2019.

40 "Artículo 16. Contrato fijo-discontinuo. 1. El contrato por tiempo indefinido fijo-discontinuo se concertará para realizar trabajos que tengan el carácter de fijos-discontinuos y no se repitan en fechas ciertas, dentro del volumen normal de actividad de la empresa". ESPANHA. Real Decreto Legislativo 2/2015, de 23 de octubre, por el que se aprueba el texto refundido de la Ley del Estatuto de los Trabajadores. Boletín Oficial del Estado, Madrid, 24 out. 2015, n. 255, n.p.

desemprego e níveis razoavelmente sólidos de regulamentação pública – e, portanto, decorrente da ação estatal – do trabalho. É muito comum que, mundo afora, as assim denominadas "reformas" trabalhistas (eufemismos para os processos de desregulamentação da tela protetiva do trabalho) tenham como pressuposto a obcecada ideologia liberal que afirma haver "amarras" ao desenvolvimento das forças produtivas em mercados "altamente regulados", orientando os cada vez mais frequentes movimentos de privatização da legislação trabalhista. A perspectiva comparada evidencia que a Espanha, assim como o Brasil, também se deparou com tal cenário, especialmente após a crise mundial de 2008, que a atingiu frontalmente ocasionando impactos bastante severos em relação à questão social.

A partir desta concepção – denominada pela ciência política, segundo Perry Anderson[41], como neoliberalismo –, em momentos de crise, quando a austeridade amplia a sua abrangência sobre a política econômica, entram em cena, segundo Luis Jimena Quesada[42], "*medidas 'anticrisis' plasmadas en una reforma constitucional 'exprés', en una legislación de urgencia y en una jurisprudencia coyuntural*", sendo a legislação trabalhista a primeira das garantias sociais sacrificadas.

Sobre o caso espanhol, Mikel Urrutikoetxea Barrutia[43] desenvolve esta questão discorrendo sobre os caminhos manipulatórios do discurso sustentado pela "reforma" trabalhista de 2012 (*Ley 3/2012*). No que pertine às racionalidades que direcionam as políticas, conforme abordado neste texto, é notório que o preâmbulo da *Ley 3/2012*, carrega um discurso muito similar às grandes enunciações públicas em defesa da flexibilização.

Essencialmente, os argumentos que fundamentam a reestruturação legislativa de forma impositiva e sem diálogo social, o que assemelha a experiência espanhola com o caso brasileiro, partem de uma premissa bastante clara: o mercado de trabalho há de se compatibilizar com os "novos tempos" das economias desregulamentadas e regidas pela hegemonia do capital financeiro em nível transnacional.

---

41 ANDERSON, Perry. Balanço do neoliberalismo. Tradução de Luis Fernandes e Emir Sader. In: SADER, Emir; GENTILI, Pablo (Org.). **Pós-neoliberalismo**: as políticas sociais e o Estado democrático. Rio de Janeiro: Paz e Terra, 1995. pp. 9-23.

42 QUESADA, Luis Jimena. **Devaluación y blindaje del Estado Social y Democrático de Derecho**. Valência: Tirant lo Blanch, 2017. p. 19.

43 BARRUTIA, Mikel Urrutikoetxea. El preámbulo de la ley 3/2012 o las retóricas de la manipulación. In: BAYLOS GRAU, Antonio (Org.). **Políticas de austeridad y crisis en las relaciones laborales**: la reforma del 2012. Albacete: Editorial Bomarzo, 2012. pp. 27-49.

Desde a década de 1980, a Espanha já passou por mais de 50 reformas trabalhistas[44], chegando a ocupar atualmente uma triste posição no cenário da precarização, registrando elevados índices de absorção da força de trabalho por meio de contratos atípicos, notadamente o temporário e o "autônomo".[45]

Tais dados são endossados pela investigação de Iván Daniel Jaramillo Jassir[46], para quem a *Ley 35/2010* – inserida ao ordenamento jurídico espanhol com o propósito de "*contribuir a la reducción del desempleo e incrementar la productividad de la economía*"[47] – correspondeu a um dos marcos para a imensa pulverização dos contratos atípicos, criando uma nítida "*segmentación que discrimina el grado de protección entre trabajadores vinculados mediante contratos indefinidos y aquellos en el marco de contratación temporal*"[48].

Ademais, do ponto de vista social e cultural, pode ser que, mais contemporaneamente, a diversidade política da Espanha, onde há especificidades regionais bastante complexas, esteja relacionada com o enfraquecimento da classe trabalhadora em sua capacidade coletiva de resistência à austeridade em nível nacional (quadro agravado pela crise internacional de 2008), o que talvez explique o curso das ditas "reformas" nas últimas décadas. Para Kerstin Hamann e Miguel Martinez Lucio[49], o processo de industrialização tardio da Espanha também coincidiu com o da consolidação dos alicerces do movimento sindical naquele país, e num contexto de grande autoritarismo.

Para estes autores, embora a UGT, maior central sindical espanhola ao lado da CCOO, tenha sido fundada em 1888, desde então exercendo uma posição de destacada representatividade dos interesses da classe trabalhadora, encontrou muitas restrições para manter-se ativa após o fim da Guerra Civil Espanhola com a ditadura sanguinária de Francisco Franco. Naquele período, o processo de negociação coletiva era neutralizado, resultando historicamente em sérias consequências para o movimento de trabalhadores daquele país, notadamente a baixa densidade sindical, uma das menores da Europa.

---

44 RIGOLETTO, Tomás; PÁEZ, Carlos Salas. As experiências internacionais de flexibilização das leis trabalhistas. In: KREIN, José Dari; GIMENEZ, Denis Maracci; SANTOS, Anselmo Luis (Org.). **Dimensões críticas da reforma trabalhista no Brasil**. Campinas: Curt Nimuendajú, 2018. pp. 185-208.

45 Assim grafado, com aspas, pois é socialmente tido como "falso autônomo".

46 JASSIR, Iván Daniel Jaramillo. **Derecho del trabajo en el posfordismo**: el proyecto de regulación universal en la globalización económica. Bogotá: Editorial Universidad del Rosario, Facultad de Jurisprudencia, 2015.

47 ESPANHA. Ley 35/2010, de 17 de septiembre, de medidas urgentes para la reforma del mercado de trabajo. **Boletín Oficial del Estado**, Ministerio de la Presidencia, Relaciones con las Cortes e Igualdad, Madrid, 18 set. 2010, Seção I, n. 227, p. 79279.

48 JASSIR, Iván Daniel Jaramillo. Op. cit., pp. 221.

49 HAMANN, Kerstin; LUCIO, Miguel Martinez. Trade union revitalisation in Spain. In: PHELAN, Craig (Org.). **Trade union revitalisation**: trends and prospects in 34 countries. Frankfurt: Peter Lang, 2007. pp. 199-212.

Para Holm-Detlev Köhler[50], o modelo espanhol não teria passado pelo caminho típico do fordismo, ali denominado como "fordismo semi-periférico". As instituições ligadas às relações industriais, surgidas no período franquista, tiveram de passar por uma história bastante turbulenta e sem o estabelecimento de princípios de coletividade democrática, eis que controladas pelo regime fascista. Por conseguinte, a "militarização" do parque industrial ocasionou um processo de industrialização que gerou fraquezas estruturais que perduram até hoje: necessidade de importação de capitais, *know-how* e tecnologia, carência de capital industrial nacional, petróleo e equipamentos. Logo, a competitividade estruturalmente enfraquecida da economia espanhola pode ser relacionada a fatores como: baixa renda nos setores de serviços e construção, subdesenvolvimento dos sistemas de formação profissional e de inovação, predominância de pequenas e microempresas e grande informalidade.

Por fim, sob o enfoque econômico, segundo dados do *Instituto Nacional de Estadística*, apresentados nos anexos deste trabalho, é possível afirmar:

a) É nítido o movimento de aumento da taxa de desocupação nos momentos marcados pelas consequências da crise econômica deflagrada em 2008, sendo notório o concomitante desaquecimento seguido de queda abrupta do PIB no período. Os níveis da força de trabalho e da taxa de ocupação também podem ser observados em uma correlação direta entre nível de ocupação e conjuntura econômica;

b) O desemprego aberto chegou a 26,9% da força de trabalho no primeiro semestre de 2013, passando a sofrer sensível recuperação nos períodos consecutivos, não sendo este, contudo, um sinal de absorção de trabalhadores no emprego formal, eis que, à época, já era vigente o "*cardápio*" flexibilizante dos laços laborais incluído pela *Ley 3/2012*;

c) Comparativamente, com exceção do trabalho no setor público, todas as demais modalidades ocupacionais (setor privado, trabalho por conta própria, empresário individual e empregador) sofreram queda abrupta de postos de trabalho a partir da crise de 2008. Mesmo fragilmente, o setor público manteve um movimento ascendente até 2011, quando passou a "desempregar", decorrentemente, inclusive, de permissivos legais;

d) No primeiro trimestre de 2019, a Espanha absorveu 75,2% da taxa de ocupação (composta de 20 milhões de pessoas) no setor de serviços; 13,9% na indústria;

50 KÖHLER, Holm-Detlev. Industrial relations in Spain – strong conflicts, weak actors and fragmented institutions. **Employee Relations**, v. 40, n. 4, pp. 725-743, 2018.

6,6% na construção civil; e 4,3% na agricultura. Destes setores, a ocupação na construção civil foi a que apresentou maior variação, com violenta queda;

e) Desde 2008, comparativamente, a jornada a tempo parcial foi mais absorvida no setor de serviços, apresentando aumento de mais de 20% em 10 anos;

f) Quanto à divisão sexual do trabalho, observa-se que, seja nos contratos por prazo indeterminado ou temporário, os homens ocupam mais postos de tempo completo do que as mulheres, enquanto em relação ao tempo parcial a proporção se inverte: mais mulheres do que homens são absorvidas neste tipo de jornada;

g) Como consequência da crise internacional, o movimento ascendente de ganhos salariais observados desde o início do século foi desaquecido e manteve-se doravante nos mesmos patamares, praticamente congelado, com exceção do setor industrial (em comparação com a construção e serviços), em que foi possível assegurar melhores condições.

O exame dos caminhos histórico, jurídico, econômico e político da Espanha nas últimas décadas revelam que o país foi um dos que mais avançaram nas reformas desregulamentadoras do mercado de trabalho, e embora os modais flexibilizantes inseridos ao ordenamento interno tenham resultado em alguma acomodação da força de trabalho posteriormente à crise econômica internacional de 2008, que atingiu o país frontalmente, conduzindo nítidos processos de precarização, não foram capazes de devolver a Espanha às taxas de ocupação encontradas em momentos anteriores à crise.

Consequentemente, tendo à disposição contratos flexíveis, o empregador espanhol não deixou de contratar sob modalidades mais precárias (notadamente o contrato temporário) após a visível melhora verificada nos indicadores econômicos a partir de 2013, eis que as sucessivas reformas do ordenamento jurídico espanhol não contiveram elementos aptos a impelirem a classe patronal a formalizar contratos de trabalho qualitativamente mais benéficos aos trabalhadores.

Assim, é possível afirmar que há um nítido descolamento entre políticas redutoras de direitos trabalhistas e redução de taxas de desemprego, conduzindo a sério questionamento acerca do real resultado das reformas, não apenas para a classe trabalhadora, mas, igualmente, para toda a sociedade espanhola.

4. REFERÊNCIAS BIBLIOGRÁFICAS

ABELLÁN, Lucía. Zapatero asegura que la reforma laboral mejorará la productividad. **El País**, 10 maio 2006. Disponível em: <http://bit.ly/2pKWn80>. Acesso em: 21 nov. 2019.

ÁLVAREZ, Maria José López. El derecho al trabajo en la Constitución Española. **Revista Crítica**, Madrid, maio/jun. 2012. Disponível em: <http://bit.ly/2Oe2b3o>. Acesso em: 20 nov. 2019.

ANDERSON, Perry. Balanço do neoliberalismo. Trad. Luis Fernandes e Emir Sader. In: SADER, Emir; GENTILI, Pablo (Org.). **Pós-neoliberalismo**: as políticas sociais e o Estado democrático. Rio de Janeiro: Paz e Terra, 1995. p. 9-23.

ARAGONÉS, Vidal. El origen de los derechos laborales. **Revista Mientras Tanto**, Barcelona, 27 ago. 2012. Disponível em: <http://bit.ly/37B3OzA>. Acesso em: 14 nov. 2019.

BARRUTIA, Mikel Urrutikoetxea. El preámbulo de la ley 3/2012 o las retóricas de la manipulación. In: BAYLOS GRAU, Antonio (Org.). **Políticas de austeridad y crisis en las relaciones laborales**: la reforma del 2012. Albacete: Editorial Bomarzo, 2012. p. 27-49.

BASTERRA HERNÁNDEZ, Miguel. La distribución de la jornada de trabajo en España. **Revista Internacional y Comparada de Relaciones Laborales y Derecho del Empleo**, Módena, v. 2, n. 1, p. 78-103, jan./mar. 2014.

BAYLOS GRAU, Antonio P. (Org.). **La Reforma laboral de 1994**. Cuenca: Servicio de Publicaciones de la Universidad de Castilla-La Mancha, 1996.

______ (Org.). **Políticas de austeridad y crisis en las relaciones laborales**: la reforma del 2012. Albacete: Editorial Bomarzo, 2012.

COSCUBIELA, Joan; ROJO, Eduardo. Treinta años de reformas laborales en España. **Cristianisme i Justícia**, Barcelona, v. 2, maio/2012. Disponível em: <http://bit.ly/2OjZ6Pr>. Acesso em: 21 nov. 2019.

CRONOLOGÍA de las reformas laborales en España. **El País**, 15 jun. 2010. Disponível em: <http://bit.ly/2OE1ZJL>. Acesso em: 19 nov. 2019.

EDELMAN, Bernard. **A legalização da classe operária**. São Paulo: Boitempo, 2016.

ESPANHA. Decreto de nueve de marzo de mil novecientos treinta y ocho. **Boletín Oficial del Estado**, Burgos, 10 mar. 1938, n. 505, p. 6178-6181.

______. Real Decreto-ley 17/1977, de 4 de marzo, sobre relaciones de trabajo. **Boletín Oficial del Estado**, 09 mar. 1977, n. 58, n.p.

______. Ley 19/1977, de 1 de abril, sobre regulación del derecho de asociación sindical. **Boletín Oficial del Estado**, 04 abr. 1977, n. 80, p. 7510-7511.

______. **Constitución Española**. Disponível em: <http://bit.ly/2qxqyjG>. Acesso em: 15 nov. 2019.

______. Pleno. Recurso de Inconstitucionalidad número 192/1980. Sentencia de 8 de abril de 1981. **Boletín Oficial del Estado**, Madrid, 25 abr. 1981, n. 99, supl., p. 1-13.

______. Ley Orgánica 7/1985, de 1 de julio, sobre derechos y libertades de los extranjeros en España. **Boletín Oficial del Estado**, Madrid, 03 jul. 1985, n. 158, p. 20824-20829.

______. Ley 31/1995, de 8 de noviembre, de prevención de Riesgos Laborales. **Boletín Oficial del Estado**, Madrid, 10 nov. 1995, n. 269, n.p.

______. Ley 39/1999, de 5 de noviembre, para promover la conciliación de la vida familiar y laboral de las personas trabajadoras. **Boletín Oficial del Estado**, Madrid, 06 nov. 1999, n. 266, n.p.

______. Ley 12/2001, de 9 de julio, de medidas urgentes de reforma del mercado de trabajo para el incremento del empleo y la mejora de su calidad. **Boletín Oficial del Estado**, Madrid, 10 jul. 2001, n. 164, p. 24890-24902.

______. Real Decreto-ley 10/2010, de 16 de junio, de medidas urgentes para la reforma del mercado de trabajo. **Boletín Oficial del Estado**, Madrid, 17 jun. 2010, n. 147, p. 51662-51699.

______. Ley 35/2010, de 17 de septiembre, de medidas urgentes para la reforma del mercado de trabajo. **Boletín Oficial del Estado**, Madrid, 18 set. 2010, Seção I, n. 227, p. 79278-79326.

______. Ley 3/2012, de 6 de julio, de medidas urgentes para la reforma del mercado laboral. **Boletín Oficial del Estado**, Madrid, 07 jul. 2012, Seção I, n. 162, p. 49113-49191.

______. Sentencia 119/2014, de 16 de julio. **Boletín Oficial del Estado**, Madrid, 15 ago. 2014, n. 198, n.p. Disponível em: <http://bit.ly/35wwFmZ>. Acesso em: 21 nov. 2019.

______. Sentencia 8/2015, de 22 de enero. **Boletín Oficial del Estado**, Madrid, 24 fev. 2015, n. 47, n.p. Disponível em: <http://bit.ly/34t7AJm>. Acesso em: 21 nov. 2019.

______. Real Decreto Legislativo 2/2015, de 23 de octubre, por el que se aprueba el texto refundido de la Ley del Estatuto de los Trabajadores. **Boletín Oficial del Estado**, Madrid, 24 out. 2015, n. 255, n.p.

FÜHRER, Ilse Marie. **Los sindicatos en España**: de la lucha de clases a estrategias de cooperación. Madrid: Consejo Económico y Social de España, 1996.

GARCÍA, Luis Collado; RODENAS, Maria José Romero; PÉREZ, Encarna Tarancón; PÁRRAGA, Francisco Trillo. **La representación de los trabajadores y trabajadoras en la empresa**. Albacete: Editorial Bomarzo, 2014.

GINÈS I FABRELLAS, Anna. Externalización productiva y elusión de compromisos laborales. La necesidad de revisar la normativa europea en materia de subcontratación y sus consecuencias laborales. **Revista Internacional y Comparada de Relaciones Laborales y Derecho del Empleo**, Módena, v. 4, n. 1, p. 1-16, jan./mar. 2016.

GIRÓN, Jesús Martínez; VARELA, Alberto Arufe; VÁSQUEZ, Xosé Manuel Carril. **Derecho del Trabajo**. 2. ed. Corunha: Netbiblo, 2006.

GONZÁLEZ, Jorge Uxó. A reforma laboral e a estratégia de política econômica na Espanha. **Revista do Tribunal Regional do Trabalho da 3ª Região**, v. 52, n. 82, p. 55-63, jul./dez. 2010.

GUTIÉRREZ, Juan Escribano. La negociación colectiva en España tras las reformas de 2010, 2011 y 2012. **Revista Internacional y Comparada de Relaciones Laborales y Derecho del Empleo**, Módena, v. 1, n. 1, p. 1-29, jan./mar. 2013.

HAMANN, Kerstin; LUCIO, Miguel Martinez. Trade union revitalisation in Spain. In: PHELAN, Craig (Org.). **Trade union revitalisation**: trends and prospects in 34 countries. Frankfurt: Peter Lang, 2007. p. 199-212.

INSTITUTO NACIONAL DE ESTADÍSTICA. Disponível em: <https://www.ine.es/>. Acesso em: 28 abr. 2019.

ITÁLIA. **Carta del Lavoro**, 21 abr. 1927. Disponível em: <http://bit.ly/2XJJmZ1>. Acesso em: 21 nov. 2019.

JASSIR, Iván Daniel Jaramillo. **Derecho del trabajo en el posfordismo**: el proyecto de regulación universal en la globalización económica. Bogotá: Editorial Universidad del Rosario, Facultad de Jurisprudencia, 2015.

KÖHLER, Holm-Detlev. Industrial relations in Spain – strong conflicts, weak actors and fragmented institutions. **Employee Relations**, v. 40, n. 4, p. 725-743, 2018.

LÓPEZ, Manuel Carlos Palomeque; DE LA ROSA, Manuel Álvarez. **Derecho del Trabajo**. 19. ed. Madrid: Editorial Universitaria Ramón Areces, 2011.

MALO, Miguel Angel; TOHARIA, Luis. Economía y derecho del trabajo: las reformas laborales de 1994 y 1997. **Cuadernos Económicos de ICE**, Madrid, n. 63, p. 155-174, 1997.

MARTÍNEZ ABASCAL, Vicente Antonio. Derecho al trabajo y a las políticas de empleo. In: JIMÉNEZ, Rodrigo Martín; NAVARRO, Antonio Vicente Sempere (Org.). **El modelo social en la Constitución Española de 1978**. Madrid: Ministerio de Trabajo y Asuntos Sociales, 2003. p. 1301-1368.

PRIETO, Eduardo Ortega; FIGUEIRAL, Eduardo Ortega. **La Reforma Laboral 2010**. Valência: CISS, 2010.

QUESADA, Luis Jimena. **Devaluación y blindaje del Estado Social y Democrático de Derecho**. Valência: Tirant lo Blanch, 2017.

QUÍLEZ, Silvia. España sale de la reforma laboral de 2010 con empleo más inestable y récord absoluto de paro. **Corporación de Radio y Televisión Española**, 09 fev. 2012. Disponível em: <http://bit.ly/2OeHxQw>. Acesso em: 21 nov. 2019.

RIGOLETTO, Tomás; PÁEZ, Carlos Salas. As experiências internacionais de flexibilização das leis trabalhistas. In: KREIN, José Dari; GIMENEZ, Denis Maracci; SANTOS, Anselmo Luis (Org.). **Dimensões críticas da reforma trabalhista no Brasil**. Campinas: Curt Nimuendajú, 2018. p. 185-208.

SÁNCHEZ-ALBORNOZ, Sonsoles Cabeza. **Historia política de la Segunda República en el exilio**. Madrid: Fundación Universitaria Española, 1997.

SERRAMITJANA, Juan S. Medina. La evolución (o involución) de las relaciones laborales en España desde la Transición. **Revista Electrónica Extoikos**, Málaga, n. 20, p. 27-30, 2018. Disponível em: <http://bit.ly/2sdE3Fy>. Acesso em: 01 maio 2019.

TUMOLO, Paulo Sergio. **A formação sindical das Comisiones Obreras (CCOO) da Espanha**: trajetória histórica e mudanças. Florianópolis: Editoria em Debate, 2013.

AS REFORMAS NO DIREITO DO TRABALHO FRANCÊS (2004-2019) – ENSAIO DE PANORAMA CRÍTICO[1]

Lucas Bento de Carvalho[2]

1. INTRODUÇÃO

Tratar das reformas do Direito do Trabalho francês é um desafio, pois o assunto é enorme. *Stricto sensu*, a matéria inclui relações de trabalho individuais e coletivas. Além disso, as mutações a que essa matéria foi objeto não podem ser totalmente compreendidas sem ter em perspectiva as alterações no sistema francês de seguridade social e no de seguro-desemprego[3].

Sinal dos tempos, o "direito do trabalho", ao qual estão sujeitos os trabalhadores do setor privado em estado de subordinação, também vê suas fronteiras questionadas com o surgimento do que se convencionou chamar de "uberização" do trabalho. O termo aqui se refere ao uso de plataformas digitais que conectam os tomadores aos prestadores de serviços. Se esses últimos se apresentam como trabalhadores juridicamente independentes, as condições em se opera sua atividade evocam, de muitas maneiras, o tríptico ordenar/controlar/dirigir característico do estado de subordinação dos empregados[4]. No entanto, por enquanto, o legislador privilegia a criação de um estatuto específico e exclusivo do empregado assalariado[5].

1 Traduzido por **Alessandro da Silva**, Mestre e Doutor em Direito do Trabalho pela Faculdade de Direito do Largo São Francisco -USP, Juiz do Trabalho Substituto no TRT/12, pesquisador do Grupo de Pesquisa Trabalho e Capital (GPTC), vinculado à FD-USP. As notas de rodapé incluídas pelo tradutor, com a finalidade de tornar mais claros para o público de língua portuguesa alguns pontos do texto, são identificadas com N.T.

2 Professor na Faculdade de Direito de Montpellier *École de droit social de Montpellier (EDSM).*

3 Decreto n° 2019-797 de 26 de julho de 2010, relativo ao regime de seguro-desemprego

4 Cass. Soc., Société Générale, 13 novembre 1996, n°94-13187.

5 Projeto de lei de orientação das mobilidades (LOM), Seção 3: Regular as novas formas de mobilidade e reforçar a responsabilidade social das plataformas de contato por via eletrônica. Note-se a censura recente da LOM, pelo Conselho Constitucional, nas suas disposições que limitavam a faculdade de os juízes requalificarem como contrato de trabalho a relação de trabalho que une os trabalhadores pretensamente

Uma outra dificuldade reside na delimitação temporal de um estudo desse tipo. Definir um período de referência pode, obviamente, revelar uma seleção arbitrária. A sequência histórica adotada é, no entanto, determinante para a representação axiológica das evoluções relatadas. A escolha dos anos de 2004 a 2019 é explicada, em primeiro lugar, pelo desejo de ressaltar as reformas mais recentes do chamado período contemporâneo[6], caracterizadas por um frenesi legislativo sem precedentes[7]. Entre 2008 e 2019, o Direito do Trabalho passou por mais de 30 reformas[8]. Apesar da diversidade de temas abordados, as reformas iniciadas nos últimos mandatos partem de uma inspiração comum, a de um Direito do Trabalho mais flexível, vetor de melhores desempenhos econômicos que, ao final, devem beneficiar os empregados[9].

---

independentes às plataformas de serviço, tipo "Uber", "Deliveroo", "Ubereats"... Decisão nº 2019-794 DC, de 20 de dezembro de 2019

6 G. AUZERO, D. BAUGARD, E. DOCKES. **Droit du travail**. Paris : Dalloz, Coll. Précis, 2019, 32ᵉ ed., n°24 et s.

7 E. DOCKES, "Le stroboscope législatif". 2005, p. 35 halshs-00136420.

8 Para citar apenas algumas:
- Em 2004: Lei nº 2004-391, de 4 de Maio de 2004, relativa à formação profissional ao longo da vida e ao diálogo social (tempo de trabalho, negociação coletiva, articulação dos acordos coletivos...)
- Em 2008: Lei nº 2008-789, de 20 de Agosto de 2008, relativa à renovação da democracia social e à reforma do tempo de trabalho (representatividade sindical, tempo de trabalho...)
- Em 2015: Lei nº 2015-994, de 17 de agosto de 2015, relativa ao diálogo social e ao emprego (instituições representativas do pessoal, negociação coletiva...); Lei nº 2015-990, de 6 de agosto de 2015, para o crescimento, a atividade e a igualdade de oportunidades econômicas (descanso dominical, procedimento prud'homale...)
- Em 2016: Lei nº 2016-1088, de 8 de agosto de 2016, relativa ao trabalho, à modernização do diálogo social e à salvaguarda dos percursos profissionais (negociação coletiva, articulação dos acordos coletivos, duração do trabalho, despedidas por motivo econômico...)
- Em 2017: *Ordonnances* de 22 de setembro de 2017, ratificadas pela Lei nº 2018-217, de 29 de março de 2018, (fusão das instituições representativas do pessoal, limitação das indenizações por despedida, despedida por motivos econômicos, contencioso prud'homal...)
- Em 2018: Lei nº 2018-771, de 5 de setembro de 2018, para a liberdade de escolher seu futuro profissional (formação profissional)
- Em 2019: Lei nº 2019-486, de 22 de maio de 2019, relativa ao crescimento e à transformação das empresas (informação/consulta do CSE, limites de efetivos...)

9 Especialmente L. PARISOT, "On embauchera plus s'il est moins compliqué de licencier", Interview au journal **Le Monde**, 29 août 2007 ; O. BLANCHARD et J. TIROLE "Protection de l'emploi et procédure de licenciement". **La documentation Française**, 2003 ; P. CAHUC. "Pour une meilleure protection de l'emploi". **Centre d'observation économique de la Chambre de commerce et d'industrie de Paris**, 2003, Document de travail n° 63 ; MEDEF. "Moderniser le code du travail. Les 44 propositions du MEDEF". 2004; "Rapport de la commission de Virville, Pour un Code du travail plus efficace", janvier 2004.

Embora esse programa ideológico nunca tenha produzido os efeitos anunciados em termos de criação de empregos ou redução do desemprego[10], as medidas de desregulamentação do Direito do Trabalho em um contexto de "flexissegurança" sucedem-se ininterruptamente desde 2004. Esse *dumping social*[11], que recusa a dizer seu nome, baseia-se em três objetivos principais que se apresentam como preceitos falsamente consensuais: o Direito do Trabalho deve ser simplificado **(I)** e a produção das normas que o compõem deve obedecer a uma lógica de democracia social **(II)** a serviço da luta contra o desemprego **(III)**.

I. UM DIREITO DO TRABALHO A SIMPLIFICAR

O Direito do Trabalho francês é regularmente vilipendiado por sua complexidade considerada excessiva, o que dissuadiria os empregadores de fazer novas contratações[12]. Chega-se até mesmo a argumentar, às vezes, que a obscuridade do Código do Trabalho se voltaria contra aqueles a quem ele deveria proteger. Por outro lado, se acreditarmos nas profecias do partido do atual Presidente da República, Emmanuel Macron[13], simplificar o Código do Trabalho permitiria "remover as barreiras para incentivar o risco e as contratações". No entanto, a precisão de tal prognóstico não convence.

Primeiramente, ninguém jamais demostrou em que o Código do Trabalho seria mais complexo do que outros conjuntos de leis, como o Código Tributário Geral ou o Código Monetário e Financeiro, para usar apenas esses dois exemplos. Em segundo lugar, é surpreendente encontrar entre os defensores de uma simplificação os representantes dos patrões, que continuam a exigir a criação de estatutos derrogatórios e regras de exceção. As disposições aplicáveis ao contrato a termo ilustram perfeitamente essa esquizofrenia normativa[14].

---

10 Cf. especilamente F. VASQUEZ. "Emploi et droit du travail vu de Bruxelles". **Dr. soc.** 2016, p. 311, Citando neste sentido o ranking da competitividade mundial de 2014 estabelecido pelo Fórum Econômico Mundial ou ainda os estudos elaborados pelo FMI e pela OCDE, demonstra essa constatação "sem nenhuma suspeita de simpatia pelos direitos dos trabalhadores".

11 No original *moins-disant social*: Prática pela qual um Estado busca adotar uma legislação social menos imperativa que a de Estados concorrentes, a fim de manter os custos de produção em um nível mais baixo e atrair investimentos estrangeiros. Disponível em <https://www.economie.gouv.fr/files/files/directions_services/dgccrf/documentation/Lettre_CetC/CetC-13/moins-disant-social.pdf>. (N.T.)

12 S. BELOUEZZANE et B. BISSUEL.. "Elections présidentielles de 2017: doit-on simplifier le droit du travail?" **Le Monde,** 11 avril 2017.

13 As medidas de simplificação do Código do Trabalho - Eliminar as barreiras para favorecer a assunção de riscos e as contrataçoes, "En marche". Disponível em <https://en-marche.fr/transformer-la-france/simplification-code-du-travail>

14 A. FRETEL. "Réformes du marché du travail : que disent les 'exemples' étrangers?" **Chronique Internationale de l'IRES,** 2016/3 (N° 155), p. 3-25. DOI : 10.3917/chii.155.0003. Disponível em <https://

CONTRATO DE TRABALHO	
	Criação de novos tipos de contrato de trabalho:
	— interino em 1972; — contrato de duração determinada (CDD) em 1979; — contratos para novas admissões (CNE) de jovens em 2005, revogado em seguida; — CDD de 36 meses para pessoas com mais de 57 anos em busca de emprego há mais de 3 anos, em 2006; — contrato de missão (CDD com objeto definido) (ANI 2008); — contrato de duração indeterminada (CDI) itinerante (ANI 2013).
	Modificações das condições de contratos existentes:
	— restrição da possibilidade de utilização do CDD em 1982; — flexibilização dos motivos de recurso ao CDD em 1985; — duração possível do CDD que passa de 1 para 2 anos, em 1986; — duração do CDD reduzida para 18 meses, em 1990; — extensão do período de experiência dos CDI (ANI 2008); — fortalecimento das possibilidades de recurso ao CDD (ANI 2008); — aumento do número de possibilidades de renovação do CDD; duas vezes sem ultrapassar 18 meses (2015, "Lei Rebsamen").
	Reconhecimento da portabilidade salarial (ANI 2008).
	Introdução do regime de autoempreendedor em 2009.

Nesse sentido, a multiplicação de leis e a alegada "hipertrofia" do Código do Trabalho decorrem menos da proteção dos trabalhadores do que do desejo de dar mais flexibilidade às empresas, autorizando inúmeras derrogações às regras de proteção dos empregados. Terceiro, se o objetivo da simplificação pode se inserir em uma lógica de inteligibilidade da norma, sua implementação se mostra delicada por mascarar intenções bem menos consensuais[15]. A recente tentativa de reduzir o Direito do Trabalho à edição de alguns "elementos essenciais" bem demonstra essas dificuldades[16]. Não somente a formulação de preceitos gerais pode resultar na diminuição do nível de proteção proporcionada por uma regulamentação minuciosa, como não garante, de forma alguma, um melhor acesso à norma jurídica. Os *standards* jurídicos devem, de fato, ser interpretados e esclarecidos

www.cairn.info/revue-chronique-internationale-de-l-ires-2016-3-page-3.htm> extrait.

15 Para um exemplo de fracasso recente, R. BADINTER. "Rapport au Premier ministre. Comité chargé de définir les principes essentiels du droit du travail", janvier 2016.

16 S. TOURNAUX. "Le code du travail et ses mues". **Dr. soc.** 2016, p. 680; M. VERICEL. "Que faut-il entendre par simplification du droit du travail ?" **Dr. soc.** 2015, p. 833.

pelo juiz ao aplicar a lei – geral, impessoal e abstrata – aos litígios individuais[17]. Ao enfraquecimento da cobertura legal responde, mecanicamente, uma progressão das fontes jurisprudenciais, suscetíveis de variação e marcadas pela casuística. Tanto é assim que as tentativas de simplificação acabam com um resultado oposto aos efeitos esperados. Em quarto lugar, a substituição do direito estatal por acordos de empresas resulta na fragmentação dos estatutos coletivos. A norma aplicável vai variar conforme exista ou não um acordo de empresa, mas também em função dos temas abordados e do seu conteúdo. Essa complexidade deve muito ao ideal de democracia social erigido a *modus vivendi* da produção de normas trabalhistas nacionais.

II. A DEMOCRACIA SOCIAL COMO *MODUS VIVENDI*

Popularizada pelas Leis Auroux de 1982 que promovem a "cidadania corporativa"[18], a locução designa a transposição do processo democrático em matéria de relações de trabalho[19]. Em uma primeira faceta, o ideal de democracia social (sic)[20] à francesa, bem como as repetidas homenagens ao "diálogo social"[21], expressam a preferência de sucessivos reformadores por uma norma negociada no âmbito de um acordo coletivo, em vez de imposta pelo legislador[22]. Superando o antagonismo das relações de trabalho assalariado, a democracia social realmente postula a associação de representantes de empregados e empregadores – transformados em "parceiros" sociais – na elaboração das normas trabalhistas[23]. Esse afastamento da lei pode ser explicado pelas vantagens fruídas pelo acordo coletivo de trabalho como fonte de direito. Instrumento

17 F. TERRÉ, Ph. SIMLER, Y. LEQUETTE. **Droit civil: les obligations.** Paris: Dalloz, 11ème éd., 2013, n°371.

18 Lei nº 82-689, de 4 de Agosto de 1982, relativa às liberdades dos trabalhadores na empresa, conhecida como *Loi Auroux.*

19 A esse respeito, a expressão "democracia profissional" é preferível, ainda que o seu uso seja marginal.

20 A. JEAMMAUD. "Ne rêvons plus de démocratie 'économique' ou 'industrielle', ne parlons plus de 'démocratie sociale'". **RDT** 2017, p. 576.

21 Cf. a Lei n° 2017-1340, de 15 de setembro de 2017, que habilita a adotar por *ordonnances* as medidas para o fortalecimento do diálogo social e os desenvolvimento o estudo de impacto, em especial o artigo 2º, concernente às "disposições que reforçam o diálogo social".

22 Ver infra *Flexibilidade: o recuo da lei face à norma negociada.*

23 Cf. a Lei nº 2008-789, de 20 de Agosto de 2008, relativa à renovação da democracia social e à reforma do tempo de trabalho. Mais recentemente, J. BARTHELEMY, G. CETTE. "Les ordonnances travail renforcent la démocratie sociale". Disponível em <https://www.telos-eu.com/fr/economie/les-ordonnances-travail-renforcent-la-democratie-s.html>, exortando os mais refratários a ultrapassarem a "cultura de luta de classes"; no mesmo sentido, o site internet de *La République en marche* sublinhava como as *ordonnances* de 2017 iriam "reforçar o diálogo social no nosso país". Disponível em <https://en-marche.fr/transformer-la-france/ordonnances-code-du-travail.>

de flexibilidade por excelência[24], o acordo coletivo também seria, por evidência, o vetor de melhores performances econômicas, cujas repercussões deveriam, em última análise, beneficiar os trabalhadores. No entanto, e até hoje, ninguém jamais demonstrou em que medida um Direito do Trabalho mais flexível liberaria a criação das centenas de milhares de empregos prometidos[25].

Em um segundo aspecto, a democracia social refere-se à participação dos empregados na gestão de sua empresa, o que às vezes é chamado de "diálogo social". Essa acepção se beneficia de uma base constitucional nos termos da oitava alínea do Preâmbulo da Constituição de 1946, segundo a qual "todo trabalhador participa, por meio de seus delegados, na determinação coletiva das condições de trabalho, assim como na gestão da empresa". O Código do Trabalho ainda impõe que o empregador crie instâncias representativas do pessoal (*instances représentatives du personnel - IRP*) na empresa. A *Ordonnance*[26] de 22 de setembro de 2017[27], "relativa à nova organização do diálogo social e econômico na empresa", fundiu os dispositivos anteriores em um único órgão denominado Comitê Social e Econômico (*Comité social et économique*)[28]. No entanto, a democracia social à francesa evita cuidadosamente a questão da participação efetiva dos empregados na gestão da empresa, diferentemente dos modelos estrangeiros, nos quais os reformadores não hesitam em fazê-la valer[29]. Por um lado, o Código do Trabalho limita-se a prescrever obrigações de informação e consulta para as IRP, de maneira pontual ou recorrente. Exceto algumas raras hipóteses, o Direito do Trabalho francês não concede nenhum poder de cogestão aos representantes dos empregados. O empregador permanece, portanto, o único tomador de decisão, contanto que tenha se dado ao trabalho de buscar a opinião dos empregados, sem que isso tenha qualquer efeito vinculativo. De outro lado, os reiterados apelos ao "diálogo social"[30]

---

24 E. MAZUYER. "La mesure des flexibilités du droit du travail". **SSL** 2015, n°680, p. 5

25 F. VASQUEZ. *Op. cit.*; P. LOKIEC. "Déréguler le travail ne fera pas baisser le chômage". **LPA** 2016, n°61, p. 4; Ch. RADE. "Réformer le droit du travail ou le mythe du roi thaumaturge". **JCP** S 2017, n°30-34, act. 232; D. MEDA. "Code du travail et chômage: genèse d'une mise en accusation". **Dr. ouvr.** 2018, p. 132.

26 No sistema legal francês, a *ordonnance* é uma norma editada pelo Poder Executivo, com força de lei, que deve ser posteriormente ratificada pelo Parlamento e que, no direito brasileiro, equivaleria à medida provisória. (N.T.)

27 *Ordonnance* n° 2017-1386, de 22 de setembro de 2017, relativa à nova organização do diálogo social e econômico na empresa e de incentivo ao exercício e à valorização das responsabilidades sindicais.

28 Cujas atribuições estão previstas nos artigos L. 2312-1 e s. do Código do Trabalho.

29 P. LOKIEC. "Revoir l'exercice du pouvoir dans l'entreprise". **Dr. soc.** 2016, p. 502.

30 Cf. a Lei n° 2017-1340, de 15 de setembro de 2017, que habilita a adotar por *ordonnances* as medidas para o fortalecimento do diálogo social e o desenvolvimento de estudo de impacto, em especial o artigo 2°, concernente às "disposições que reforçam o diálogo social".

não são suficientes para apagar as divergências de interesses que permanecem entre os detentores do capital e aqueles que vendem sua força de trabalho. Essa hipocrisia semântica continua no campo do "direito do emprego".

III. DO DIREITO DO TRABALHO AO DIREITO DO EMPREGO

Em sua acepção recente, o termo "direito do emprego", que não deve ser confundido com o "direito ao emprego" estabelecido na Constituição[31], é fonte de ambiguidade. De acordo com um primeiro sentido, o direito do emprego refere-se a uma classificação pedagógica, que designa o estudo do emprego sob o prisma de dispositivos jurídicos relativos à evolução da carreira e acompanhamento da perda do emprego[32]. Pensa-se, particularmente, na formação profissional, na gestão de empregos e competências, dispositivos de readaptação profissional ou ainda no seguro-desemprego e no serviço público de auxílio para retorno ao trabalho. Em outro aspecto, "direito do emprego" tende a substituir o Direito do Trabalho e não mais a complementá-lo. A mudança de nome responde a um movimento crítico de inspiração neoliberal que opõe a figura de "direito do emprego" ao "direito do trabalho", considerado responsável pelo desemprego e acusado de frear a competitividade das empresas.

Essa representação levanta reservas importantes. Correndo o risco de nos repetir, ninguém jamais demonstrou em que medida o Direito do Trabalho francês, e em particular as regras de despedida, impede a criação de empregos[33]. Pior, a obsessão dos sucessivos governos por um Direito do Trabalho mais flexível levou a negligenciarem algumas das principais causas da alta taxa de desemprego. Em 2017, no setor industrial, para 34% das empresas questionadas, foi a incerteza da situação econômica que ficou em primeiro lugar entre os fatores de barreira à contratação. Os riscos jurídicos associados à despedida são mencionados apenas por 14% deles.

31 Preâmbulo da Constituição de 27 de Outubro de 1946, art. 5, "cada um tem o dever de trabalhar e o direito de obter um emprego".

32 A. JEAMMAUD. "Le droit du travail en changement". **Dr. soc.** 1998, p. 211, para quem o direito do emprego designa "um corpo de disposições, que apreendem a *periferia das relações de trabalho*, tratando da formação e da colocação de pessoas à procura de emprego ou da indenização dos desempregados, mas também organizando um auxílio público à contratação (regime dos contratos auxiliados), a passagem para situações de inatividade ou de atividade reduzida para os assalariados, ou tentando encorajar a criação de empresas ou de atividades".

33 P. LOKIEC. "Déréguler le travail ne fera pas baisser le chômage". **LPA** 2016, n°61, p. 4

Tabela 3a - Obstáculos à contratação citados pelas empresas em %									
	Incerteza situação econômica	Indisponibilidade de mão de obra qualificada	Custos de contratação	Contribuições sociais muitos elevadas	Nível salarial muito elevado	Custos de despedida	Riscos jurídicos associados à despedida	Longevidade da legislação trabalhista	Outros
Indústria	34	29	5	17	5	12	14	11	5
Serviços	24	24	6	17	7	9	13	10	3
Construção	54	41	9	32	7	22	26	21	4
Conjunto dos setores	**28**	**27**	**6**	**18**	**7**	**10**	**14**	**11**	**4**

Nota: os resultados são ponderados pelos efetivos das empresas pesquisadas. Várias modalidades são possíveis para uma mesma empresa.

Fonte: *Insee, enquêtes de conjoncture d'avril 2017*

Os pagamentos em atraso suportados por pequenas e médias empresas são responsáveis pelo fechamento de quase um quarto delas. De acordo com o observatório das condições de pagamento, somente em 2017 "o caixa líquido, que poderia ser disponibilizado às empresas não financeiras pelo conjunto dos outros agentes econômicos (Estado, comunidades locais, sociedades financeiras e não-residentes) se não atrasassem nenhum pagamento, seria de 13 bilhões de euros"[34]. Eis o que permitiria projetar mais serenamente a contratação de novos empregados sem a necessidade de realizar a enésima reforma do Direito do Trabalho em nome do emprego!

Essa passagem de "direito do trabalho" para "direito do emprego" também acarreta efeitos temíveis para os assalariados. O emprego reporta-se ao que é oferecido pela empresa e demandado pelos trabalhadores. É o fato de "empregar pessoas ativas da população em atividades econômicas", ou ainda "o conjunto das forças de trabalho efetivamente empregadas e remuneradas em um sistema econômico"[35]. O trabalho designa o serviço realizado pelo trabalhador a título oneroso. Se os desempregados são frequentemente descritos como candidatos a um emprego, não se deve esquecer que eles também são fornecedores de trabalho. Enfatizar o emprego significa, portanto,

34 Cf. <https://publications.banque-france.fr/sites/default/files/medias/documents/odp2019_book_web.pdf>, página 27 do relatório.

35 Centro Nacional de Recursos Textuais e Lexicais: «*Emploi*».

insistir nas necessidades da empresa. Enfocar o trabalho é, pelo contrário, ressaltar o envolvimento da pessoa do trabalhador, a importância e as condições (duração, remuneração, regras de saúde e segurança etc) da tarefa que ele realiza. Enquanto o Direito do Trabalho se baseia em preocupações qualitativas relacionadas às condições em que a atividade assalariada é realizada, o direito do emprego parece, às vezes, satisfazer-se com uma dimensão quantitativa. Para dar apenas um exemplo, onde o Direito do Trabalho leva em conta a execução do contrato de trabalho em conexão com a proteção da pessoa do empregado, o direito do emprego preocupa-se em conservar o emprego sem consideração à pessoa e ao corpo do empregado. Expressa-se aqui a ideia de que a perda de emprego seria a pior situação, de sorte que sua proteção pode justificar uma deterioração das condições de trabalho e dos direitos dos trabalhadores.

Plano de exposição. Do objetivo de simplificar as regras ao avanço do direito do emprego, sem esquecer a promoção da democracia social, a lógica subjacente às reformas do Direito do Trabalho não convence. O estudo das evoluções ocorridas durante o período 2004-2019 leva a constatar um recuo dos direitos dos trabalhadores em nome de uma flexissegurança à francesa, cujos benefícios ainda são esperados no campo do emprego e da qualidade de vida no trabalho. Essas reformas articulam-se em torno de três direções principais:

- A redefinição do âmbito da ação coletiva **(Seção 1)**
- A transfiguração das finalidades da negociação coletiva **(Seção 2)**
- A depuração do contencioso do trabalho **(Secção 3)**

SEÇÃO 1: A REDEFINIÇÃO DO ÂMBITO DA AÇÃO COLETIVA

A redefinição do quadro da ação coletiva operou-se, em primeiro lugar, por meio de uma reformulação dos critérios de representatividade das organizações sindicais **(I)**. O legislador empenhou-se, em seguida, na recomposição das instâncias de representação do pessoal **(II)**.

I. A REFORMULAÇÃO DOS CRITÉRIOS DE REPRESENTATIVIDADE DAS ORGANIZAÇÕES SINDICAIS

Por representatividade entende-se a capacidade reconhecida a um sindicato profissional de ser o porta-voz dos assalariados, cujos interesses pretende defender e promover, incluindo os que não são seus membros. Enquanto certas prerrogativas estão abertas a qualquer sindicato legalmente constituído – tal como a ação judicial no interesse colectivo da profissão[36] – outras são reservadas às organizações que tenham previamente feito a demonstração da sua representatividade. É o caso da capacidade de negociar e de firmar um acordo coletivo. A noção de representatividade distingue-se do mecanismo de representação do Direito Civil, que se baseia, por sua vez, no consentimento recíproco do representante e do representado[37]. Por extensão, o acordo coletivo celebrado com um ou mais sindicatos representativos será aplicado a todos os trabalhadores existentes no seu campo geográfico e material, quer eles sejam ou não membros das organizações signatárias.

A lei de 20 de Agosto de 2008[38], relativa à renovação da democracia social e à reforma da duração do tempo de trabalho, modificou profundamente o modo de apreciação da representatividade das organizações sindicais[39]. O legislador abandonou o sistema de representatividade presumida **(A)** e agora exige que os sindicatos provem a sua representatividade **(B)**.

A. O abandono da representatividade presumida

Por força de um decreto ministerial de 31 de Março de 1966, cinco confederações sindicais beneficiavam-se de uma presunção absoluta de representatividade, bem como do monopólio da apresentação de candidatos no primeiro turno das eleições profissionais[40]. Concedida no nível da confederação, a presunção de representatividade podia ser reivindicada por qualquer sindicato filiado a uma das cinco confederações. Um sindicato podia, portanto, ser reconhecido como representativo em uma empresa pelo simples fato de ser filiado a uma confederação nacional. Falava-se, então, de representatividade "emprestada" ou de representatividade "descendente". As outras organizações, não filiadas às grandes centrais sindicais, deviam fazer prova da sua representatividade com base em vários critérios, como a influência, a apoio eleitoral ou ainda a sua antiguidade.

---

36 Um sindicato pode agir judicialmente no interesse colectivo da profissão, mesmo que não seja representativo na empresa, desde tenha alguns membros. Cass. soc., 12 juill. 2006, n°05-60353, Bull. civ. V, n°252.

37 Quanto às organizações patronais, a técnica do mandato se mantém. Assim, um empregador só pode ser obrigado pelos termos de um acordo se o assinou ou se é membro de uma organização patronal signatária.

38 Lei nº 2008-789, de 20 de Agosto de 2008, relativa à renovação da democracia social e à reforma do tempo de trabalho.

39 Deixaremos de lado a questão da representatividade das organizações patronais, que foi reformada pela Lei nº 2014-288, de 5 de março de 2014, relativa à formação profissional, ao emprego e à democracia social.

40 Tratava-se da Confédération générale du travail (CGT), a Confédération générale du travail - Force ouvrière (CGT-FO), a Confédération française démocratique du travail (CFDT), a Confédération française des travailleurs chrétiens (CFTC), e a Confédération française de l'encadrement - confédération générale des cadres (CFE-CGC)

Esse sistema de representatividade por empréstimo sofria de um certo *deficit* democrático, pois um sindicato podia ser reconhecido representativo devido à sua filiação em uma empresa na qual contava com poucos membros e simpatizantes. Tal inconveniente era, no entanto, compensado pelo fato de que a ação desse sindicato só poderia melhorar o tratamento dos empregados em comparação com as disposições previstas na lei ou no âmbito de um acordo por ramo de atividade. Em particular, a aplicação do acordo coletivo estava condicionada à sua natureza mais favorável. O ditado *"au pire, c'était mieux"* (na pior das hipóteses, era melhor) resume perfeitamente a situação anterior. O "pior", que consistia em ver um acordo firmado por um sindicato sem legitimidade democrática, era afastado pela "melhor" condição social que resultava da aplicação do acordo coletivo mais favorável.

A evolução dos objetivos atribuídos à negociação coletiva gradualmente pôs em questão a sustentabilidade ideológica desse compromisso. A promoção de um ideal de flexissegurança à francesa encorajou a conclusão de acordos derrogatórios, levando a um declínio dos direitos reconhecidos aos trabalhadores. A partir do momento em que o resultado das negociações conduzidas pelos sindicatos não é mais sinônimo de uma melhor condição social, pareceu necessário reforçar a legitimidade dos sindicatos com poder de firmar acordos potencialmente menos favoráveis do que o antigo estatuto coletivo. Paralelamente, mas seguindo uma lógica similar, o recuo progressivo da norma legal em favor das normas negociadas levou a repensar a noção de representatividade em torno do critério do apoio eleitoral. O sistema de representatividade presumida deu lugar, então, à exigência de representatividade comprovada.

B. A exigência de representatividade comprovada

A Lei de 20 de Agosto de 2008 generalizou a exigência de representatividade comprovada para todas as organizações sindicais. O artigo L. 2121-1 do Código do Trabalho condiciona o reconhecimento da representatividade sindical à satisfação de sete critérios cumulativos nos quais a medida do apoio eleitoral ocupa um lugar singular. É possível distinguir os critérios relativos à autenticidade da organização sindical **(1)** daqueles relativos ao apoio eleitoral mais voltado para a apreciação da legitimidade no campo da democracia profissional **(2)**.

1. O exame da autenticidade da organização sindical

A existência de critérios de autenticidade demonstra que o reconhecimento da representatividade não se baseia unicamente em um critério do apoio eleitoral. Contrariamente à democracia política, a democracia profissional não faz do escrutínio o alfa e o ômega da legitimidade dos corpos intermediários. Essa diferença merece ser lembrada no momento em que as organizações sindicais são acusadas pelos representantes de certos partidos políticos de falta de legitimidade[41].

Tais exigências explicam-se, sem dúvida, pelo fato de que a empresa não é idêntica à sociedade civil: os eleitores cidadãos não se encontram numa situação de dependência econômica e de subordinação que justificaria uma desconfiança em relação às qualidades dos seus representantes. No caso vertente, nada menos do que seis critérios permitem assegurar a autenticidade da organização sindical. Alguns baseiam-se em uma lógica qualitativa **(a)**, outros apresentam uma dimensão quantitativa **(b)**.

a. Critérios qualitativos

Em primeiro lugar, o artigo L. 2121-1 1º do Código do Trabalho exige da parte das organizações sindicais o "respeito dos valores republicanos". Rompendo com o imperativo de uma "atitude patriótica durante a Ocupação", que se tornou obsoleta, o critério consagra a jurisprudência que tinha recusado qualquer representatividade aos sindicatos *Front National*[42], devido à ilicitude de seu objeto[43]. Assim, o respeito aos valores republicanos não será aceito quando as ações conduzidas por sindicato corresponderem, na realidade, a um projeto político ou se forem destinadas a promover uma ideologia de discriminação[44].

O Código do Trabalho se apega, em seguida, à *"independência"* das organizações sindicais[45], que deve ser apreciada em relação ao empregador. Um número importante de membros, contribuições suficientes e uma atividade sindical dinâmica, são outros elementos a ter em conta para caracterizar a independência do sindicato. A representatividade também pressupõe uma transparência financeira do sindicato. Enunciado no artigo L. 2121-1 3° do Código do Trabalho, esse critério não é des-

41 No campo eleitoral, observa-se, por outro lado, que a percentagem dos votos atribuídos às organizações majoritárias não tem nada a invejar àquela reivindicada pelas organizações políticas. Acrescenta-se que é mais difícil para as primeiras alcançar uma posição majoritária no contexto de uma representação proporcional do que para as segundas, que obtêm a sua ascendência a partir de um votação majoritária uninominal de dois turnos.

42 Um partido político de extrema-direita.

43 Chambre mixte, 10 avril 1998 n°97-17870, PB.

44 A jurisprudência examina, nesse sentido, as ações concretas dos sindicatos, sem limitar a sua apreciação apenas às disposições estatutárias dos sindicatos. É o que ilustra um acórdão acerca do Sindicato dos Trabalhadores da Córsega, cujos estatutos se referem a uma organização "que combate e condena a dominação do tipo colonial sofrida pela Córsega (que) não pode permanecer indiferente ... à forma do Estado dominador".

45 Código do Trabalho, art. L. 2121-1 2°.

vinculado da independência, uma vez que permite assegurar que um sindicato não depende de recursos externos.

A organização sindical deve, finalmente, demonstrar a sua influência no nível em que pretende comprovar sua representatividade. Isso é "prioritariamente caracterizado pela atividade e experiência" do sindicato[46].

b. Critérios quantitativos

O sindicato deve apresentar "uma antiguidade mínima de dois anos no campo profissional e geográfico que cubra o nível de negociação"[47]. Essa exigência reflete o princípio da especialidade enunciado nos artigos L. 2131-1 e L. 2131-2 do Código do Trabalho. Marca também o apego do legislador ao princípio de concordância, segundo o qual o sindicato só pode utilizar as suas prerrogativas no nível em que demonstrou sua representatividade. A ruptura com a representatividade de empréstimo é nítida e testemunha a busca de uma base democrática de proximidade.

A qualidade de sindicato representativo depende igualmente da quantidade de membros e das contribuições auferidas[48]. Para evitar que os trabalhadores sindicalizados sejam alvo de represálias, o sindicato deve, de maneira contraditória, fornecer elementos que permitam estabelecer o número dos seus membros, com exclusão dos dados que possam permitir a identificação desses membros, os quais somente o juiz pode tomar conhecimento[49]. A Corte de Cassação (*Cour de cassation)* considera igualmente que a insuficiência de filiados pode ser "compensada pela atividade, o apoio eleitoral, a experiência e a independência do sindicato"[50]. Por outro lado, uma quantidade significativa de filiados não é suficientemente para tornar um sindicato representativo se ele não exerce nenhuma atividade ou influência na empresa[51]. A referência às contribuições auferidas deve ser associada à exigência de independência, pois permite assegurar que o sindicato disponha de meios para exercer as suas atribuições, sem depender de um financiamento externo proveniente, se necessário, de outro sindicato ou de um empregador. Os critérios relativos à autenticidade do sindicato devem ser verificados conjuntamente com a medida da sua legitimidade.

---

46 Código do Trabalho, art. L. 2121-1 6°.

47 Código do Trabalho, art. L. 2121-1 4°.

48 Código do Trabalho, art. L. 2121-1 7°.

49 Soc. 8 juillet 2009, n° 09-60.011, *RDT* 2009.729, obs. M. GREVY.v. ss 1105.

50 Soc. 2 novembre 1993, n° 92-60578, *RJS* 12/93, n° 1219.

51 G. AUZERO, D. BAUGARD E. DOCKES. **Droit du travail.** Paris: Dalloz, Coll. Précis, 2019, 32e ed., n°1094.

2. A medida da legitimidade da organização sindical

Pedra angular da medida da legitimidade da organização sindical, o critério do eleitoral, estabelecido no artigo L. 2121-1 5° do Código do Trabalho, especifica que ele deve ser estabelecida "segundo os níveis de negociação". Encontra-se aqui uma tradução do princípio de concordância, caro aos promotores da Lei de 20 de Agosto de 2008. O apoio eleitoral será, assim, contabilizada durante as eleições profissionais organizadas no(s) nível(is) do estabelecimento, da empresa ou do grupo, quando existirem. De acordo com o artigo 2122-1 do Código do Trabalho "são representativas as organizações sindicais que satisfazem os critérios do artigo L. 2121-1 e que obtiveram pelo menos 10% dos votos expressos no primeiro turno das últimas eleições para titulares do comitê social e econômico, qualquer que seja o número de votantes". A soma dos votos expressos no nível das empresas de um determinado setor econômico permitirá identificar as organizações sindicais representativas no nível do ramo de atividade[52]. A totalização dos votos obtidos em cada ramo profissional determinará os sindicatos representativos ao nível mais amplo, de abrangência nacional e interprofissional[53]. A mudança de lógica é radical, na medida em que a aquisição da representatividade já não corresponde a uma lógica descendente – via filiação a uma organização que se presume representativa –, mas obedece a uma lógica ascendente que faz da empresa o lugar privilegiado de apreciação da legitimidade sindical.

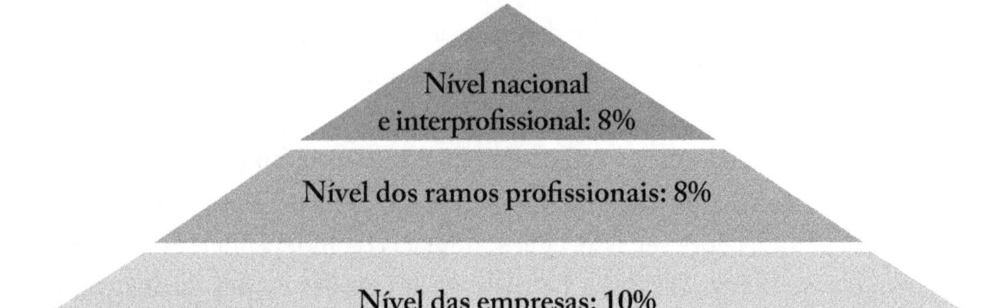

Paralelamente à reformulação dos critérios de representatividade das organizações sindicais, instâncias representativas do pessoal (IRP) recentemente foram objeto de uma importante recomposição.

52 O nível do ramo *(branche)* corresponde geralmente a um setor de atividade, por exemplo, o ramo da metalurgia, da borracha ou ainda das livrarias.

53 Para além de satisfazer o critério do apoio eleitoral, a organização sindical deve ser representativa dos ramos da indústria, da construção, do comércio e dos serviços.

II. A RECOMPOSIÇÃO DAS INSTÂNCIAS REPRESENTATIVAS DO PESSOAL

A *Ordonnance* n° 2017-1386, de 22 de setembro de 2017, relativo à nova organização do diálogo social e econômico na empresa e que incentiva o exercício e a valorização das responsabilidades sindicais, fundiu as antigas instâncias representativas do pessoal (IRP) em uma entidade única: o Comitê Social e Econômico (CSE), que agora reagrupa os eleitos e as prerrogativas anteriormente atribuídas à delegação do pessoal, ao comitê de higiene, segurança e condições de trabalho (CHSCT) e ao comitê de empresa.

O número de membros do CSE varia em função dos efetivos da empresa. Em todos os casos, é composto por uma delegação do pessoal e uma delegação patronal. Se a empresa conta com um ou mais delegados sindicais, eles são membros de direito do CSE como representantes sindicais[54]. Eles são então designados pelas organizações sindicais representativas na empresa ou estabelecimento de pelo menos 50 empregados, escolhidos entre os membros do pessoal, e participam das sessões com voto unicamente consultivo.

Da mesma forma, as atribuições do CSE também diferem em função dos efetivos da empresa. Quando esse efetivo é composto por pelo menos 11 trabalhadores até o máximo de 49 trabalhadores, o CSE dispõe de prerrogativas reduzidas[55]. A delegação do pessoal apresenta ao empregador as reclamações individuais ou coletivas relativas aos salários, à aplicação do Código do Trabalho e de outras disposições legais, notadamente em matéria de proteção social, bem como das convenções e acordos aplicáveis na empresa. Os representantes dos trabalhadores também zelam pela defesa dos direitos e das liberdades individuais. Para tanto, podem ordenar ao empregador que proceda a um inquérito se constatarem uma violação dos direitos fundamentais, da sua saúde física ou mental[56]. A delegação do pessoal dispõe igualmente de um direito de alerta acerca desses mesmos temas, complementados pelos relacionados à saúde pública e à proteção do meio ambiente[57].

A partir de 50 empregados, as prerrogativas do CSE são consideravelmente ampliadas[58]. Para além das previstas nas empresas com menos de 50 trabalhadores, são reconhecidas ao CSE atribuições sociais e culturais, por um lado, e econômicas, por outro. No que concerne às atribuições econômicas, o CSE é informado e consultado

54 Código do Trabalho, art. L. 2143-22.

55 Código do Trabalho, art. L. 2312-5 et s.

56 Código do Trabalho, art. L. 2312-59.

57 Código do Trabalho, art. L. 2312-5.

58 Código do Trabalho, art. L. 2312-8 et s.

sobre as questões relativas à organização, à gestão e ao funcionamento geral da empresa[59]. Para auxiliá-lo nessa missão, a empresa deve dotar-se de uma base de dados econômicos e sociais que será posta à disposição da delegação do pessoal[60]. Além disso, o CSE fornece orientação em matéria de saúde e segurança no trabalho, assumindo as prerrogativas até então atribuídas ao CHSCT[61]. Em qualquer caso, a ausência de consulta ao CSE nos casos previstos em lei poderá ser sancionada com a suspensão da medida prevista pelo empregador.

Essa recomposição do âmbito da ação coletiva na empresa, notável pela sua amplitude[62], suscita opiniões divergentes. A favor do dispositivo, argumenta-se que a reunião das instâncias vai conferir aos representantes do pessoal uma visão global da empresa, onde, anteriormente, as problemáticas estavam fragmentadas entre os diferentes comitês. Nesse sentido, o governo de Eduard Philippe indicava que: "(...) a fusão das três instâncias de informação e de consulta em uma só, o Comitê Social e Econômico, para todas as empresas com mais de 50 empregados, permitirá um diálogo social simultaneamente mais estratégico e mais concreto, menos formal". É permitido, contudo, não compartilhar desse otimismo. Para começar, o afluxo de informações não é necessariamente sinônimo de qualidade do diálogo social, pois os representantes eleitos são consultados sobre temas complexos e variados[63]. Além disso, esses representantes serão menos numerosos e deverão assumir uma carga de trabalho mais pesada, com um número de horas de delegação reduzido, em alguns casos[64],

---

59 Código do Trabalho, art. L. 2312-8.

60 De acordo com o artigo L. 2312-21 2° do Código do Trabalho "a base de dados inclui, pelo menos, os seguintes temas: investimento social, investimento material e imaterial, igualdade profissional entre mulheres e homens no seio da empresa, fundos próprios, endividamento, o conjunto dos elementos da remuneração dos empregados e dirigentes, as atividades sociais e culturais, a remuneração dos financiadores, os fluxos financeiros destinados à empresa".

61 Segundo o artigo L. 2312-9 do Código do Trabalho, "No campo da saúde, da segurança e das condições de trabalho, o Comitê Social e Econômico:
1° Procede à análise dos riscos profissionais a que podem estar expostos os trabalhadores, especialmente as mulheres grávidas, bem como dos efeitos da exposição aos fatores de risco profissionais mencionados no artigo L. 4161-1;
2°Contribui, especialmente, para facilitar o acesso das mulheres a todos os empregos, para a resolução dos problemas ligados à maternidade, adaptação e adequação dos postos de trabalho, a fim de facilitar o acesso e a manutenção das pessoas com deficiência a todos os empregos durante a sua vida profissional;
3º Pode suscitar qualquer iniciativa que considere útil e propor, especialmente, ações de prevenção do assédio moral, do assédio sexual e dos comportamentos sexistas definidos no artigo L. 1142-2-1. A recusa do empregador deve ser motivada".

62 A Lei Rebsamen, de 6 de agosto de 2015, já oferecia a possibilidade de agrupar as diferentes instâncias representativas sem, no entanto, proceder a uma fusão das respetivas prerrogativas. Além disso, o agrupamento devia resultar, conforme o caso, de uma decisão unilateral do empregador ou de um acordo coletivo.

63 G. BORENFREUND. "La fusion des institutions représentatives du personnel. Appauvrissement et confusion dans la représentation". **RDT** 2017, p. 608.

64 Segundo o tamanho da empresa e na ausência de um acordo coletivo mais favorável do que o mínimo legal.

em comparação ao regime anterior. Além disso, se existir "diálogo social", é forçoso constatar que o empregador mantém o controle sobre as decisões que comprometem a empresa e seus empregados. O Código do Trabalho limita-se, com efeito, a prescrever obrigações de informação e de consulta, mas não prevê em em nenhum momento que os eleitos do CSE disponham de um direito de veto, à imagem do que corresponderia a uma verdadeira cogestão da empresa[65]. É lamentável que os empregados não sejam mais envolvidos na gestão da sua empresa à medida que se assiste a uma transfiguração das finalidades da negociação coletiva.

SEÇÃO 2: A TRANSFIGURAÇÃO DAS FINALIDADES DA NEGOCIAÇÃO COLETIVA

Durante muito tempo, a negociação coletiva foi sinônimo de melhoria das condições de trabalho dos empregados. O horizonte de uma melhor condição social, lamentavelmente, não está mais garantido, pois o acordo coletivo é, cada vez mais, instrumento de redução das conquistas sociais em um cenário de chantagem por emprego. Essa transfiguração das finalidades da negociação coletiva manifesta-se através de um duplo movimento. De um lado, o ideal de flexibilidade do Direito do Trabalho traduz-se por um recuo da lei face à norma negociada **(I)**. Por outro lado, a promoção de um princípio de proximidade tende a fazer do acordo de empresa o novo centro de gravidade da regra trabalhista **(II)**.

I. FLEXIBILIDADE: O RECUO DA LEI FACE À NORMA NEGOCIADA

As fontes do Direito do Trabalho contemporâneo são objeto de uma importante reordenação. Desde o final dos anos 1980, assiste-se a uma promoção das regras negociadas, via acordo coletivo de trabalho, em detrimento das normas legais impostas pelo legislador[66]: fruto da negociação, o acordo coletivo encarna a preferência por um Direito do Trabalho mais flexível. A exposição das formas do recuo sobre o fundo

65 O exercício de um direito de veto só está previsto no âmbito do Conselho de Empresa – Código do Trabalho, art. L. 2321-1 – que é a forma mais completa da fusão das instâncias representativas. A constituição do conselho de empresa depende, no entanto, da celebração de um acordo coletivo entre o empregador e as organizações sindicais representativas. Até a presente data, apenas algumas empresas optaram pelo conselho de empresa.

66 Cf. especialmente G. BORENFREUND, M.-A. SOURIAC. "Les rapports de la loi et de la convention collective, une mise en perspective". **Dr. soc.** 2003, p. 72 ; C. NEAU-LEDUC. "L'articulation de la norme légale et de la norme conventionnelle". *In* **L'articulation des normes en droit du travail**, Economica, 2011, p. 153; S. TOURNAUX. "L'articulation de la loi et de l'accord collectif de travail". **Dr. ouvr.** 2017, p. 353.

da democracia social (A) permitirá compreender melhor as suas consequências em termos de *dumping social* (B).

A. As formas do recuo: a promoção da democracia social

O recuo da lei em favor da norma negociada exprime-se segundo três formas principais. Pode tratar-se, em primeiro lugar, de negociar o conteúdo da lei antes da sua promulgação. O produto do eventual consenso entre os parceiros sociais deve determinar a fisionomia da nova lei. O Artigo L. 1, parágrafo 1º, do Código do Trabalho estabelece, neste sentido, que "qualquer projeto de reforma previsto pelo Governo que incida sobre as relações individuais e coletivas de trabalho, o emprego e a formação profissional e que se insira no âmbito da negociação nacional e interprofissional está sujeito a consulta prévia com organizações sindicais de empregados e empregadores representativos nos níveis nacional e interprofissional, com vistas à possível abertura de tal negociação"[67]. Falaremos, então, de negociação "legiferante".

A negociação é, também, suscetível de interferir após a ação legislativa. Terá por objetivo completar as prescrições legais, cuja implementação está subordinada à celebração de acordos coletivos. De forma esquemática, a lei fixa um certo número de princípios gerais e o acordo especifica os detalhes, seja no nível do ramo de atividade ou no nível da empresa[68]. As convenções e acordos coletivos são equiparados a "atos de execução de leis"[69].

Por fim, a ação dos parceiros sociais pode substituir a lei. O escopo do acordo coletivo poderá assumir a forma de uma derrogação ao quadro legal ou de prevalência sobre uma lei qualificada de supletiva pelo legislador. Nesse último caso, a aplicação da norma legal está subordinada à ausência de acordo coletivo, frequentemente celebrado no nível da empresa. A prevalência do acordo suscita temores de uma extensão do *dumping social* no seio do estatuto coletivo.

---

67 O alcance desta disposição, amplamente simbólica, é, no entanto, reduzido devido à ausência de base constitucional do texto. Uma lei mais recente pode assim afastar a aplicação do artigo L. 1 mais antigo. Além disso, o parágrafo 4º do texto especifica que "o presente artigo não é aplicável em caso de urgência".

68 Por exemplo, segundo o artigo L. 1242-2 3° do Código do Trabalho, o empregador pode recorrer ao contrato de trabalho com duração determinada nos setores em que "É prática corrente não recorrer ao contrato de trabalho por tempo indeterminado devido à natureza da atividade exercida e ao carácter, por natureza, temporário desses empregos". Esses setores são determinados, principalmente, por acordo de ramo estendido.

69 L. JANICOT. "Le Préambule de la Constitution de 1946 et la loi". *In* Y. GAUDEMET (dir.). **Le Préambule de la Constitution de 1946.** Paris, Éd. Panthéon-Assas, coll. « Colloques », 2008, p. 56.

B. As consequências do recuo: uma extensão do *dumping social*

Se o fenômeno de recuo da lei é antigo, a substituição pelo acordo coletivo fazia parte de uma dinâmica de melhor condição social. É o que se chama ordem pública social: a lei estabelece um patamar mínimo de proteção que a negociação coletiva somente pode elevar. No final dos anos 1980, o legislador começou a reconhecer aos parceiros sociais a possibilidade de negociar e celebrar acordos que pudessem conter disposições menos favoráveis do que a lei. A ordem pública social passou a concorrer com a ordem pública dita derrogatória, na qual a derrogação levada a efeito nos acordos coletivos tem o carácter *in defavorem*. Inicialmente, esta faculdade de derrogar a lei num sentido menos favorável limitava-se a alguns temas específicos. Progressivamente, as reformas alargaram o âmbito da ordem pública derrogatória, em nome de uma flexibilidade pretensamente protetora do emprego. Embora a curva ascendente do desemprego testemunhe o fracasso desses dispositivos, sucessivos governos continuaram a expandir o domínio da ordem pública derrogatória.

As normas relativas à duração e ao tempo de trabalho serviram de laboratório para experimentar novas formas de recuo da lei. Nesse sentido, a Lei de 20 de Agosto de 2008, relativa à renovação da democracia social e à reforma do tempo de trabalho, optou pela técnica da supletividade da lei face ao acordo coletivo. Concretamente, a lei só será aplicável na ausência de um acordo coletivo que abranja tal temática[70]. Comparada com a lógica de derrogação até então vigente, a mudança de perspectiva é considerável. Como analisa o professor Canut,

> (...) editar uma regra estatal que suporta a derrogação por um acordo coletivo é, com efeito, diferente de prever que uma regra estatal só se aplicará na ausência de um acordo coletivo. No primeiro caso, a norma legal ou regulamentar continua a ser de ordem pública, mesmo que suporte a derrogação. No segundo, perde esse carácter: a regra estatal supletiva só se aplica na ausência de manifestação de vontade validamente expressa. O Estado já não toma a seu cargo a proteção dos trabalhadores; confia este cuidado aos parceiros sociais"[71].

No entanto, esses perigos são ignorados por um legislador convicto de que a desregulamentação do Direito do Trabalho contribui para o fortalecimento da competitividade das empresas francesas Nesse sentido, a Lei de 8 de agosto de

70 Em 2008, a supletividade da lei visava apenas algumas temáticas, especialmente o contingente de horas extraordinárias cuja execução pode ser exigida pelo empregador, sem que o assalariado pudesse legitimamente se opor.

71 F. CANUT. "L'ordonnancement des normes étatiques et des normes conventionnelles - à propos du projet de loi Travail". **Dr. soc.**, 2016. p. 519.

2016, relativa ao trabalho, à modernização do diálogo social e à salvaguarda dos percursos profissionais alargou novamente o campo da supletividade da lei, incluindo questões relativas à remuneração dos trabalhadores.

Em muitas áreas – tempo e duração de trabalho, condições de acesso ao contrato de trabalho por tempo determinado, remuneração das horas extraordinárias, descanso semanal, implementação das instâncias representativas do pessoal... – a nova arquitetura do Código do Trabalho foi repensada em torno da questão das relações entre a lei e o acordo coletivo. Existem atualmente três níveis normativos. O primeiro, constituído pela ordem pública absoluta, fixa as regras relativas a questões que não podem ser objeto de negociação. O segundo estabelece o campo aberto à negociação, seja em um sentido mais favorável – ordem pública social –, ou menos favorável – ordem pública derrogatória – aos direitos dos trabalhadores. O terceiro nível enuncia as disposições legais que serão aplicáveis na ausência de um acordo coletivo sobre o mesmo tema.

Ordem pública absoluta	**Campo aberto à negociação**		**Disposições supletivas**
Ausência de negociação	**Negociação**		**Aplicação da lei**
Disposições que apresentam um caráter imperativo segundo o Código do Trabalho Princípios fundamentais enunciados na Constituição Princípios fundamentais abrangidos no art. 34 da Constituição	Ordem pública derrogatória Negociação em um sentido menos favorável que a lei	Ordem pública social Negociação em um sentido mais favorável que a lei	A lei se aplica na falta de acordo coletivo (no nível da empresa ou no nível do ramo de atividade)

O regime jurídico de acréscimo salarial para as horas extraordinárias ilustra essa preferência pelo acordo coletivo, ao mesmo tempo que testemunha a degradação dos direitos dos trabalhadores resultante das reformas contemporâneas.

Ordem pública absoluta	Campo aberto à negociação		Disposições supletivas
Ausência de negociação	Negociação		Aplicação da lei
L. ***3121-27:*** *"A duração legal do trabalho efetivo dos empregados a tempo integral é fixada em trinta e cinco horas por semana".* ***L. 3121-28:*** *"Toda a hora cumprida para além da duração legal semanal ou da duração considerada como equivalente é uma hora suplementar que dá direito a um acréscimo salarial ou, se for o caso, a um descanso compensatório equivalente".*	Ordem pública derrogatória **L.** *3121-33:* *1° Prevê a ou as taxas de acréscimo das horas extraordinárias cumpridas para além da duração legal ou da duração considerada equivalente. Essa taxa não pode ser inferior a 10 %*	Ordem pública social **L. 2251-1:** *"Uma convenção ou um acordo pode incluir disposições mais favoráveis aos trabalhadores do que as disposições legais em vigor. Não podem derrogar as disposições de ordem pública".*	**L. 3121-36:** *"Na ausência de acordo, as horas extraordinárias cumpridas para além do período legal semanal fixado no artigo L. 3121-27, ou da duração considerada equivalente, acarretam um acréscimo salarial de 25 % para cada uma das oito primeiras horas extraordinárias. As horas seguintes acarretam um acréscimo de 50 %".*

A leitura desse quadro permite medir tudo o que os trabalhadores têm a perder em caso de acordo derrogatório. Enquanto a aplicação da lei conduziria a um acréscimo salarial de 25% pelo cumprimento de horas extraordinárias, a celebração de um acordo coletivo autoriza o empregador a reduzir esse aumento para até 10%. O acordo coletivo tornou-se assim um meio de deteriorar as condições de trabalho, em busca de uma flexibilidade que deveria, ao final, beneficiar a todos. Assiste-se assim, para retomar as palavras do Professor Auzero, à "passagem progressiva, mas não pouco comprovada, de uma negociação de aquisição para uma negociação de concessão"[72]. As razões para temer um enfraquecimento dos direitos dos trabalhadores são tanto mais vivas quanto o recuo da lei é acompanhado pela promoção de uma lógica de proximidade que faz do acordo de empresa o novo centro de gravidade da norma negociada.

72 G. AUZERO. "La légitimité intrinsèque de l'accord collectif et la règle majoritaire". **Dr. soc.** 2018, p. 154.

II. PROXIMIDADE: O ACORDO DE EMPRESA COMO CENTRO DE GRAVIDADE DA NORMA NEGOCIADA

Depois de estudar as razões da escolha da empresa como centro de gravidade da norma negociada **(A)**, sublinharemos as respectivas significações jurídicas **(B)**.

A. As razões

É pouco dizer que as reformas do Direito do Trabalho tendem a fazer do acordo de empresa o novo centro de gravidade da norma trabalhista. Durante a apresentação das *Ordonnances* de 22 de setembro de 2017, o Primeiro-Ministro Edouard Philippe indicava, nessa linha, que: "a primeira etapa consiste em permitir, muito rapidamente, que os atores do diálogo social e econômico disponham de todas as alavancas para negociar regras que tomem em melhor consideração tanto as expectativas dos assalariados quanto as necessidades das empresas"[73]. Supostamente, para atender às necessidades das empresas, o Direito do Trabalho deve ser elaborado o mais próximo possível das suas preocupações, a fim de propor soluções adaptadas às problemáticas com que se deparam. A partir do momento em que o emprego é preservado, as necessidades dos trabalhadores podem ser consideradas suficientemente levadas em conta, independentemente dos esforços que eles terão que fazer.

Essa crença nas virtudes da empresa como nível privilegiado de celebração dos acordos coletivos suscita fortes reservas[74]. Primeiramente, pode-se duvidar do equilíbrio da relação de força que se estabelece no seio da empresa entre os representantes dos trabalhadores e o empregador. Em um contexto de desemprego elevado, é possível temer que a negociação se desenrole num ambiente de chantagem por emprego, no qual os negociadores têm receio de que a ausência de assinatura do acordo proposto pelo empregador resulte na dispensa coletiva por motivos econômicos. Em segundo lugar, a determinação das condições de trabalho – e em especial a remuneração – no nível da empresa, tende a fazer do Direito do Trabalho um instrumento de concorrência entre os operadores econômicos. Para citar apenas um exemplo, a possibilidade de reduzir o acréscimo salarial sobre as horas extras confere ao empregador uma vantagem sobre os seus concorrentes a partir do momento em que possui um custo de mão de obra reduzido em comparação aos demais, que deverão aplicar o acrésci-

---

73 Conferência de imprensa *Hôtel de Matignon*, 31 août 2017.

74 Nesse sentido, demonstrando o arcaísmo e a ineficácia das reformas orientadas para a descentralização das normas do trabalho ao nível da empresa, ver A. SUPIOT. "Et si l'on refondait le droit du travail?". **Le Monde Diplomatique**, oct. 2017.

mo previsto na lei. Esse "dumping social", permitido pela extensão da ordem pública derrogatória e pela supletividade da lei, corre assim o risco de conduzir as empresas concorrentes a uma corrida à competitividade com base na deterioração das condições de trabalho[75]. Em um caso como esse, é fácil imaginar a pressão que pode ser exercida sobre os trabalhadores incitados a consentir com uma redução de sua remuneração, a fim de manter a competitividade da empresa no nível dos seus concorrentes, sob pena de perderem seus empregos. Apesar dessas críticas, a preferência do legislador pelo acordo de empresa manifesta-se em várias direções.

B. As significações

As sucessivas reformas do Direito do Trabalho têm por objectivo facilitar e encorajar a celebração de acordos coletivos no nível da empresa. Seguindo essa lógica, o Código do Trabalho multiplica, em primeiro lugar, as hipóteses em que um acordo de empresa pode ser firmado na ausência de um delegado sindical **(1)**. Em seguida, o legislador diversificou as modalidades de celebração do acordo **(2)**. Por fim, a preferência pelo acordo coletivo de trabalho se reflete em sua primazia sobre as fontes infralegais no momento de resolver um eventual conflito de normas relativas a um mesmo objeto **(3)**.

1. A multiplicação de negociadores do acordo de empresa na ausência de delegado sindical

Quando a empresa conta com um delegado sindical, é ele o interlocutor de referência do empregador em matéria de negociação coletiva. Essa prioridade explica-se pelo suporte de legitimidade associado ao delegado sindical. De um lado, ele se beneficia de uma base democrática desde que é escolhido "entre os candidatos às eleições profissionais que conquistaram, a título pessoal e no seu colégio eleitoral, pelo menos 10% dos votos expressos no primeiro turno das eleições para o CSE"[76]. Por outro lado, o delegado sindical também retira sua legitimidade de sua designação por uma organização sindical que atendeu aos critérios de representatividade.

---

75 P. LOKIEC. "Réforme du code du travail : Les ordonnances peuvent concourir au *dumping social*". **Le Monde**, 19 septembre 2017; T. SCHULTEN, L. ELDRING, R. NAUMANN. "Le rôle de l'extension dans la solidité et la stabilité de la négociation collective en Europe". **Revue de l'IRES**, Disponível em <http://www.ires.fr/index.php/publications-de-l-ires/item/5419-le-role-de-l-extension-dans-la-solidite-et-la-stabilite-de-la-negociation-collective-en-europe>

76 Código do Trabalho, art. L. 2143-3.

Este monopólio legal depende, no entanto, da presença de um delegado sindical na empresa. Quando isso não ocorre, quer devido ao tamanho[77] da empresa, quer devido à ausência de um candidato que deseje ser designado, o legislador abriu a possibilidade de negociar e firmar um acordo coletivo com outros interlocutores. Em uma célebre decisão de 6 de Novembro de 1996[78], o Conselho Constitucional *(Conseil constitutionnel)* reconheceu que se os termos do preâmbulo da Constituição de 1946 "conferem às organizações sindicais vocação natural para assegurar, principalmente por meio da negociação coletiva, a defesa dos direitos e interesses dos trabalhadores, eles não lhes atribuem um monopólio da representação dos trabalhadores em matéria de negociação coletiva"[79].

Na falta de um delegado sindical, a celebração de um acordo será possível com o concurso de negociadores subsidiários, respeitando, no entanto, condições específicas relacionadas ao objeto da negociação e às modalidades de celebração[80].

	Negociadores	**Temas**	**Condições de validade do acordo**
Empresas com menos de 11 empregados Empresas de 11 a 20 empregados (sem representante eleito)	Empregados	Todos os temas abertos à negociação de empresa	Referendo (ratificação pela maioria de 2/3 do pessoal)
Empresas de 11 a 49 empregados (com representante eleito) Empresas de 21 a 49 empregados (sem representante eleito)	Empregado(s) com mandato* ou Membro(s) eleito(s) do CSE, com ou sem mandato	Todos os temas abertos à negociação de empresa	Negociação com os eleitos do CSE com ou sem mandato: firmada pelos membros do CSE representantes da maioria dos votos expressos nas últimas eleições profissionais Negociação com empregados não eleitos com mandato: referendo (aprovação pela maioria dos empregados que votaram)

77 A designação de um delegado sindical só é obrigatória para as empresas cujos efetivos sejam de pelo menos 50 empregados.

78 Décision n° 96-383 DC du 6 novembre 1996.

79 O sexto parágrafo do preâmbulo da Constituição de 27 de Outubro de 1946 dispõe que "todo homem pode defender os seus direitos e os seus interesses pela ação sindical (...)", enquanto o oitavo parágrafo prevê que "Todo trabalhador participa, pela intermediação de seus delegados, na determinação coletiva das condições de trabalho, bem como na gestão das empresas".

80 Quadro abaixo, P. PETREL. "La négociation collective dans les entreprises sans délégués syndicaux". **Revue française de comptabilité**, février 2018, n°517, Disponível em <http://revuefrancaisedecomptabilite.fr/la-negociation-collective-dans-les-entreprises-sans-delegues-syndicaux>

	Negociadores	Temas	Condições de validade do acordo
Empresas com mais de 50 empregados	Membro(s) eleito(s) do CSE com mandato	Todos os temas abertos à negociação coletiva	Referendo (aprovação pela maioria dos empregados que votaram)
	Membro(s) eleito(s) do CSE sem mandato (na ausência de membros com mandato)	Temas limitados: medidas cuja implantação é subordinada pela lei a um acordo coletivo	Firmada por um ou mais membros eleitos do CSE representantes da maioria dos votos expressos
	Empregado(s) com mandato* (se nenhum eleito do CSE manifestou seu desejo de negociar ou se PV de carência	Todos os temas abertos à negociação de empresa	Referendo (aprovação pela maioria dos empregados que votaram)
* empregados com mandato de uma organização sindical representativa de um ramo de atividade ou, em sua falta, em nível nacional e interprofissional			

Por exemplo, nas empresas com 11 a 49 empregados, que não contam com um representante do pessoal[81], todos os temas estão abertos à negociação e o acordo poderá ser firmado por um empregado indicado por uma organização sindical representativa ao nível do ramo a que pertence a empresa[82]. O acordo deverá, no entanto, ser ratificado através de um referendo de empresa. A lógica subjacente a esse dispositivo reside no fato de o empregado indicado, que não é escolhido entre os eleitos, não dispor da base democrática de que o delegado sindical é investido. Submeter o acordo ao referendo permite compensar esse deficit democrático. Nas empresas com pelo menos 50 assalariados, a negociação conduzida por um representante do pessoal apenas incidirá sobre temas limitados. Essa restrição reflete o desejo do legislador de incentivar a designação de delegados sindicais nas empresas com pelo menos 50 empregados.

No plano axiológico, o reconhecimento da capacidade de negociar e de firmar um acordo coletivo a outros atores além do delegado sindical deve-se à vontade dos governos de promover o acordo de empresa como fonte de direito. Um grande número de empresas não dispõe de pessoal suficiente para a designação de um delegado sindical, o que as privaria da possibilidade de concluir um acordo coletivo em seu nível. Ora, a partir do momento em que o acordo de empresa pode constituir um instrumento de flexibilidade para o empregador – como na questão de reduzir o acréscimo das horas extras – impedir que as pequenas empresas se dotem de um

81 A organização de eleições profissionais é obrigatória a partir de 11 empregados. Na ausência de candidatos, a empresa pode ver-se desprovida de representantes eleitos pelos trabalhadores.

82 Código do Trabalho, art. L. 2232- 23-1 I.

estatuto coletivo teria por consequência torná-las menos competitivas do que os seus concorrentes maiores. Seguindo a mesma lógica, o legislador diversificou os modos de celebração do acordo de empresa.

2. A diversificação dos modos de celebração do acordo de empresa

Em princípio, o acordo deve ser firmado por sindicatos que obtenham 50% dos votos expressos a favor de organizações representativas, no primeiro turno das últimas eleições do Comitê Social e Econômico[83]. Desde a lei de 8 de agosto de 2016, o Código do Trabalho prevê que, se essa condição não for cumprida, o acordo minoritário – assinado por organizações sindicais que representem pelo menos 30% dos sufrágios acima referidos – poderá ser validado por referendo[84]. Essa vontade de "salvar" o acordo minoritário ilustra toda a solicitude do legislador para com o acordo de empresa.

O recurso ao referendo, tratando-se de um acordo que foi assinado apenas por uma minoria de organizações sindicais, continua, no entanto, a ser criticável. Com efeito, é paradoxal exigir das organizações sindicais a prova da sua representatividade e vangloriar-se dos méritos da democracia social baseada na ação dos corpos intermediários, permitindo, simultaneamente, as organizações minoritárias de contornar a oposição dos sindicatos majoritários. O legislador revela aqui uma certa esquizofrenia, pois não admite que a democracia direta resultante de referendos locais possa contrariar a vontade expressa pelos partidos políticos no seio do Parlamento.

Nas empresas com menos de 11 empregados, sem representantes do pessoal, o acordo coletivo pode ser ratificado através do referendo. Concretamente, "o empregador pode propor um projeto de acordo ou uma emenda de revisão aos assalariados, que incida sobre o conjunto dos temas abertos à negociação coletiva de empresa previstos no presente Código"[85]. Esse enésimo avatar da promoção do acordo coletivo de empresa suscita fortes reservas. Em nenhum momento o legislador prevê uma consulta da coletividade dos empregados, muito menos a sua participação numa verdadeira negociação. O empregador submete à ratificação um texto por ele redigido, cujo conteúdo não pode ser alterado pelo referendo. Como destaca Marie-Laure Morin, "o ato resultante de um referendo na empresa expressa, juridicamente, mais uma decisão patronal aceita individualmente, mesmo que por dois terços dos empregados, do que

83 Código do Trabalho, art. L. 2232-12 alínea 1.

84 Código do Trabalho, art. L. 2232-12 alínea 2.

85 Código do Trabalho, art. L. 2232-21.

de um acordo coletivo cujo conteúdo foi negociado"[86]. Essa flexibilização das condições de negociação e de celebração do acordo coletivo encontra o seu prolongamento na afirmação da primazia do acordo de empresa sobre as fontes infralegais.

3. A primazia do acordo de empresa sobre as fontes infralegais

A supletividade da norma legal é acompanhada de uma primazia do acordo de empresa sobre as fontes infralegais. De um lado, a lei estabelece um princípio de supletividade do acordo por ramo de atividade face ao acordo de empresa **(a)**. De outro lado, assiste-se à redução da capacidade de resistência do contrato de trabalho face às estipulações menos favoráveis do acordo de empresa **(b)**.

a. O princípio de supletividade do acordo por ramo de atividade face ao acordo de empresa

Na sequência das *Ordonnances* de 22 de setembro de 2017, as matérias suscetíveis de serem objeto de um acordo coletivo – qualquer que seja o nível de negociação – dividem-se em três blocos.

BLOCO 1	BLOCO 2	BLOCO 3
Matérias nas quais o acordo de ramo de atividade tem um caráter imperativo sobre os outros acordos Salvo se o acordo de empresa prevê estipulações ao menos equivalentes	Matérias nas quais o acordo por ramo de atividade é imperativo unicamente se ele prevê expressamente ao menos uma cláusula denominada de "bloqueio" ou de "imperatividade" Salvo se o acordo de empresa prevê estipulações ao menos equivalentes	Matérias nas quais o acordo de empresa tem prevalência

No que se refere às temáticas do primeiro bloco, em primeiro lugar, o conteúdo do acordo de ramo de atividade impõe-se aos outros acordos, especialmente o acordo de empresa, excepto quando esses outros acordos contenham disposições que prevejam vantagens pelo menos equivalentes para os trabalhadores. Para as matérias do

86 M.-L. MORIN. "Derrière 'le pragmatisme' des ordonnances, la perversion des droits fondamentaux du travail". **Dr. ouvrier** 2017, p. 590, "o ato resultante de um referendo da empresa é, portanto, juridicamente mais uma decisão patronal aceita individualmente, mesmo que por dois terços dos empregados, do que um acordo coletivo cujo conteúdo foi negociado"; criticando a ausência de caráter coletivo na consulta dos empregados antes da realização do referendo, ver A. FABRE. "Regard constitutionnel sur la 'négociation' dans les très petites entreprises". **Dr. ouvr.** 2018, p. 441.

bloco 1[87], o ramo de atividade tem a possibilidade de uniformizar as regras aplicáveis às empresas que pertencem a um mesmo setor, diminuindo assim o risco de *dumping social* que evocamos. Por exemplo, se o acordo de ramo do setor da panificação estabelece uma remuneração mínima horária de 10 euros líquidos, o acordo de empresa que prevê um montante inferior não se aplicaria.

Em seguida, nas matérias do segundo bloco, as disposições do acordo de ramo só se imporão quando os signatários estipularem uma cláusula que proíba qualquer derrogação. O bloco 2 remete para quatro temas exaustivamente relacionados no artigo L. 2253-2 do Código do Trabalho[88]. Se o ramo de atividade pretende exercer a sua função de uniformização e de nivelamento do Direito do Trabalho para as empresas que pertencem a um mesmo setor, os negociadores deverão zelar para que seja previsto um bloqueio anti-derrogação.

Finalmente, o terceiro bloco agrupa todas as matérias que não se incluem nem no bloco 1 nem no bloco 2. O artigo L. 2253-3 do Código do Trabalho estabelece que "nas matérias não mencionadas nos artigos L. 2253-1 e L. 2253-2, as estipulações da convenção de empresa celebrada antes ou depois da data de entrada em vigor da convenção de ramo ou do acordo que abranja um campo territorial ou profissional mais amplo prevalecem sobre as que tenham o mesmo objeto previstas por acordo de ramo ou acordo que abrange um âmbito territorial ou profissional mais amplo". A este respeito, há que se considerar que o legislador consagrou um princípio de primazia do acordo de empresa sobre o acordo de ramo. Com efeito, onde a superioridade do ramo deve imperativamente basear-se na existência de uma temática específica e especialmente visada pelos textos, a primazia do acordo de empresa afirma-se na ausência de qualquer enumeração legal. Em suma, o caráter subsidiário do bloco 3 faz parte da regra que comporta o princípio, enquanto as temáticas limitativamente enumeradas a título dos blocos 1 e 2 constituem exceções. A primazia do acordo coletivo manifesta-se igualmente através da erosão da capacidade de resistência do contrato de trabalho.

---

87 O artigo L. 2253-1 do Código do Trabalho apresenta a lista exaustiva de treze temas para os quais as disposições do acordo de ramo de atividade são necessárias, como salário mínimo, classificação profissional, igualdade profissional entre homens e mulheres, condições de utilização do contrato de duração determinada ou as garantias coletivas em matéria de proteção social complementar.

88 Trata-se da prevenção dos efeitos da exposição aos fatores de risco profissionais, da inserção profissional e manutenção no emprego dos trabalhadores deficientes, o efetivo a partir dos quais os delegados sindicais podem ser designados, o seu número e a valorização dos seus percursos sindicais e dos adicionais para trabalhos perigosos ou insalubres.

b. A redução da capacidade de resistência do contrato de trabalho face ao acordo de empresa

O princípio da força obrigatória do contrato de trabalho impõe-se tanto ao empregado quanto ao empregador, que devem respeitar os seus termos, e opõe-se à alteração da situação jurídica pela vontade de um só deles. Tendo em conta a importância assumida pelo acordo de empresa no âmbito da organização das fontes do Direito do Trabalho, é frequente que as estipulações do contrato de trabalho entrem em contradição com as da norma coletiva[89]. Podem surgir duas situações, dependendo se o acordo instaure regras mais favoráveis do que os termos do contrato de trabalho ou, pelo contrário, implique uma deterioração das condições de trabalho previstas no contrato. No primeiro caso, o acordo aplicar-se-á por força do princípio de favor[90] enunciado no artigo L. 2254-1 do Código do Trabalho[91]. No segundo caso, em que a aplicação do acordo é sinônimo de deterioração da condição social, o empregado deveria, logicamente, poder opor ao empregador a imutabilidade do seu contrato de trabalho. No entanto, corre o risco de ser despedido se a adaptação que rejeita for justificada por uma causa real e séria.

Se foi possível considerar, durante algum tempo, o contrato de trabalho como uma barricada face o acordo coletivo[92], esta capacidade de resistência não para de definhar. As reformas sucessivas dão um lugar de destaque à expressão de uma vontade supostamente livre, ocultando os laços de subordinação e o estado de dependência econômica que continua a caracterizar a imensa maioria das relações de trabalho assalariado[93]. Isso é evidenciado, em particular, pelos dispositivos de organização do tempo de trabalho que neutralizam a força obrigatória do contrato[94].

89 P. ANCEL. "L'articulation du contrat de travail et des accords collectifs au regard de la force obligatoire du contrat". **RDT** 2016, p. 240.

90 No Direito do Trabalho brasileiro, o princípio de favor corresponde à regra da norma mais favorável, integrante do princípio da proteção (N.T.).

91 O artigo L. 2254-1 dispõe que "quando um empregador está vinculado pelas cláusulas de uma convenção ou de um acordo, essas cláusulas são aplicáveis aos contratos de trabalho com ele celebrados, salvo estipulações mais favoráveis". Quanto ao princípio de favor ver A. JEAMMAUD. "Le principe de faveur. Enquête sur une règle émergente". **Dr. soc.** 1999, p. 123.

92 F. CANUT. **L'ordre public en droit du travail.** LGDJ - Bibliothèque de l'institut André Tunc, Paris, 2007, Tome 14, "outrora símbolo do progresso social, a convenção coletiva é doravante suscetível de coagir o empregado a ponto de ser necessário interrogar-se sobre a capacidade de resistência do contrato de trabalho".

93 Th. REVET. "Rupture des contrats de dépendance et rupture du contrat de travail". *in* **Les frontières du salariat.** Dalloz, Thèmes et commentaires, Paris, 1996, p. 195.

94 L. BENTO de CARVALHO. "Aménagement du temps de travail et force obligatoire du contrat : quelle articulation?". *in* **Le temps et la durée de travail après les ordonnances Macron.** Université de Pau et des pays de l'Adour, 19 juin 2018, Lexbase Hebdo - Edition Sociale 2018, n°750.

Em uma primeira fase, a Lei Aubry II de 19 de Janeiro de 2000, sobre a redução do tempo de trabalho, previa que "a simples diminuição do número de horas estipulado contratualmente, em aplicação de um acordo de redução da duração do trabalho, não implica uma alteração do contrato de trabalho"[95]. Em um segundo momento, a Lei de 22 de março de 2012[96] introduziu um sistema de modulação do tempo de trabalho para um período superior à semana[97]. Para evitar que o empregado possa opor a força obrigatória do seu contrato de trabalho, o legislador estabeleceu que "a implantação por acordo coletivo de um dispositivo de organização do tempo de trabalho para um período superior a uma semana não constitui uma modificação do contrato de trabalho para os empregados em tempo integral"[98].

O movimento se fortaleceu e a modulação do tempo de trabalho pode agora ser aplicada durante um período de até três anos[99]. Apesar de um prejuízo considerável para a remuneração do empregado, elemento do núcleo contratual, o Conselho Constitucional nada objetou acerca da licitude do dispositivo[100]. Recentemente, no entanto, a França foi condenada pelo Comitê Europeu dos Direitos Sociais por causa dessa extensão da modulação do tempo de trabalho. Em uma decisão publicada em 15 de Março de 2019, o Comitê considerou que o artigo L. 3121-44 do Código do Trabalho viola o artigo 4º, § 2º, da Carta Social Europeia, que reconhece "o direito dos trabalhadores a uma remuneração mais elevada para as horas de trabalho suplementares"[101]. O Comitê acrescenta que a modulação ao longo de um período de três anos "poderia igualmente ter efeitos negativos sobre a saúde e a segurança, bem como

95 Lei nº 2000-37, de 19 de Janeiro de 2000, relativa à redução negociada do tempo de trabalho

96 Lei n° 2012-387, de 22 de março de 2012, relativa à simplificação do direito e à redução das formalidades administrativas denominada lei "Warsmann".

97 Concretamente, o empregador conta o número de horas de trabalho cumpridas durante um período de 4 semanas, ou mais, e não de uma semana, como previsto na lei. Se o trabalhador totaliza um tempo de trabalho inferior à duração legal semanal – 35 horas – nas duas primeiras semanas, e, em contrapartida, ultrapassa essa duração legal no decurso das duas últimas semanas, os dois períodos compensam-se. O resultado será que as horas cumpridas para além do período legal durante as duas últimas semanas não serão pagas como horas extraordinárias. O ganho para o empregador é considerável, assim como a perda de remuneração para o trabalhador.

98 Código do Trabalho, art. L. 3121-43.

99 Nos termos do artigo L. 3121-44, alterado pela *Loi Travail*, de 8 de agosto de 2016, que torna possível, se um acordo de ramo o permitir, fixar um período de referência de até três anos.

100 Por uma decisão de 15 de março de 2012, "essa possibilidade de repartição dos horários de trabalho sem obter o acordo prévio de cada empregado está subordinada à existência de um acordo coletivo [...] cujas disposições, baseadas num motivo de interesse geral suficiente, não prejudiquem a liberdade contratual em ofensa à Constituição", Cons. const., décision n° 2012-649 DC du 15 mars 2012, J.-F. AKANDJI-KOMBE. "La modulation du temps de travail : regard sur une validation constitutionnelle". **SSL**, 2012, n° 1534, p. 10

101 Confédération générale du travail (CGT) c. France, Réclamation n° 154/2017.

sobre o equilíbrio entre a vida profissional e a vida privada dos empregados"[102]. Por ora, a França mantém a sua legislação contrária às disposições supranacionais. Um tal indiferença testemunha de novo, como se ainda fosse necessário, a transfiguração da negociação coletiva operada pelas recentes reformas do Direito do Trabalho. O ideal de flexissegurança à francesa não se limita ao recuo da lei face ao acordo de empresa. Também tem um objetivo de salvaguarda da relação de trabalho, que atualmente se traduz por uma depuração do contencioso trabalhista.

SEÇÃO 3: A DEPURAÇÃO DO CONTENCIOSO TRABALHISTA

A salvaguarda da relação de trabalho é regularmente realçada para justificar as reformas do Direito do Trabalho, como o testemunha a lei de 14 de junho de 2013 relativa à salvaguarda do emprego. Mais recentemente, o relatório apresentado ao Presidente da República por ocasião da promulgação das Ordonnances de 22 de setembro de 2017 sublinhava a necessidade de "liberar as energias e oferecer verdadeiras proteções aos empregados, através da negociação com os trabalhadores e seus representantes e da segurança jurídica esperada"[103]. Nesse sentido, a terceira das cinco Ordonnances de 22 de setembro de 2017 se diz "relativo à previsibilidade e à salvaguarda das relações de trabalho"[104].

À primeira vista, a ideia de salvaguarda da relação de trabalho ostenta um suposto caráter consensual, pois o termo estaria ligado a um objetivo de estabilidade ou de perenidade de um contrato sinalagmático, a título oneroso, que confere uma vantagem econômica a cada uma das partes[105]. Se olharmos mais de perto, a salvaguarda tal como entendida e aplicada pelas sucessivas reformas apresenta uma face completamente diferente. Do teto para as indenizações por despedida ilícita à redução dos prazos para ajuizamento da ação judicial, trata-se sobretudo de dificultar que os trabalhadores contestem o exercício do poder patronal e o conteúdo dos acordos coletivos. Longe de beneficiar o conjunto das partes na relação de trabalho, a salvaguarda serve prioritariamente aos interesses do empregador e contribui para uma depuração do contencioso trabalhista, que opera em três direções principais. Primeiramente, os

102 Considerando n°60.

103 Relatório ao Presidente da República sobre a *Ordonnance* n° 2017-1387, de 22 de setembro de 2017, relativo à previsibilidade e à salvaguarda das relações de trabalho.

104 *Ordonnance* n° 2017-1387, de 22 de setembro de 2017, relativo à previsibilidade e à salvaguarda das relações de trabalho.

105 De acordo com o artigo 1107 do Código Civil, "o contrato é a título oneroso quando cada uma das partes recebe da outra uma vantagem em contrapartida daquela que ela fornece".

prazos para ajuizamento da ação judicial foram consideravelmente reduzidos **(I)**. Em segundo lugar, o legislador procura restringir os motivos de contestação da despedida **(II)**. Em terceiro lugar, a depuração baseia-se em medidas de dissuasão, como o ilustra o estabelecimento de tetos para as indenizações, instituído pelas *Ordonnances* de 22 de setembro de 2017 **(III)**.

I. A REDUÇÃO DOS PRAZOS PARA AJUIZAMENTO DE AÇÕES JUDICIAIS

A redução dos prazos para ajuizamento de ações judiciais manifesta-se tanto no terreno dos litígios sobre o contrato de trabalho **(A)** como em matéria dos litígios relativos aos acordos coletivos **(B)**.

A. A redução dos prazos nos litígios sobre contrato de trabalho individual

Segundo o artigo L. 1471-1 do Código do Trabalho "Toda ação relativa à execução do contrato de trabalho prescreve no prazo de dois anos a contar do dia em que o titular teve ciência ou devia ter conhecimento dos fatos que lhe permitam exercer o seu direito. Toda ação relativa à ruptura do contrato de trabalho prescreve no prazo de doze meses contados da notificação da ruptura". Instituído pela lei de 14 de junho de 2013, relativa à salvaguarda do emprego, esse novo artigo reduz a possibilidade de o empregado questionar as condições de execução ou de extinção do seu contrato de trabalho, passando o prazo de 5 anos para 2 anos.

Um fenômeno idêntico ocorre com relação às ações de cobrança de salários. O artigo L. 3245-1 do Código do Trabalho prevê que "a ação de pagamento ou de repetição do salário prescreve em três anos a contar do dia em que o titular teve ciência ou devesse ter conhecimento dos fatos que lhe permitam exercê-la. O pedido pode incidir sobre os montantes devidos a esse título no três últimos anos a contar dessa data ou, quando o contrato de trabalho for rompido, sobre os montantes devidos nos três anos anteriores à extinção do contrato". Anteriormente, o empregado dispunha de um prazo de 5 anos para ajuizar a ação de cobrança de salários. Essa redução está igualmente em curso em matéria de litígios sobre acordos coletivos.

B. A redução dos prazos nos litígios sobre acordos coletivos

A redução dos prazos para ajuizamento de ação judicial não poupa os litígios sobre acordos coletivos de trabalho. Consequência lógica da promoção da norma negociada como fonte privilegiada do Direito do Trabalho contemporâneo, a salvaguarda das convenções e acordos coletivos de trabalho constitui doravante uma prioridade. Esse objetivo traduz-se em uma sacralização sem precedentes do contencioso do acordo coletivo. A evolução da jurisprudência relativa ao regime probatório das diferenças injustificadas de tratamento bem demonstra essa tendência. Em 2009, a Câmara Social *(chambre sociale)* exigia ainda que as diferenças de tratamento entre categorias profissionais distintas fossem baseadas em "razões objetivas, cuja realidade e pertinência devem ser concretamente controladas pelo juiz"[106]. Em 2015, a Corte de Cassação *(Cour de cassation)* revisou essa jurisprudência, considerando que as diferenças de tratamento por categorias realizadas por convenções ou acordos coletivos presumem-se justificadas, de modo que cabe a quem as contesta demonstrar que são estranhas a qualquer consideração de natureza profissional[107].

Sob a pena do legislador, a ofensiva de segurança é mais radical. A *Ordonnance* de 22 de setembro de 2017, relativo ao reforço da negociação coletiva, limita e desencoraja as perspetivas de ações judiciais contra o acordo coletivo. Primeiramente, presume-se que o acordo está em conformidade com os requisitos legais que o regem[108]. Em segundo lugar, qualquer ação de anulação dirigida, no todo ou em parte, contra o acordo deve ser ajuizada num prazo extremamente curto de 2 meses[109]. Em terceiro lugar, no caso de um requerente obter a anulação do acordo, o juiz pode decidir, "se lhe parecer que o efeito retroativo dessa anulação é susceptível de ter consequências manifestamente excessivas", que isso "só produzirá efeitos para o futuro ou modulará os efeitos da sua decisão ao longo do tempo"[110]. Não apenas será mais difícil pedir a anulação de um acordo coletivo, como, sobretudo, o benefício proveniente da ação poderá ser muito limitado no que se refere aos seus efeitos, tanto para o requerente como

106 Soc. 1er juillet 2009, n° 07-42675, PB.

107 Soc. 27 janvier 2015, n° 13-22179, PB. A solução foi estendida às diferenças de tratamento entre trabalhadores que exercem funções distintas dentro de uma mesma categoria profissional (Soc. 8 de junho de 2016, n° 15-11324) e às diferenças de tratamento resultantes de acordos de estabelecimento distintos no seio de uma mesma empresa (Soc. 3 de novembro de 2016, n.o°15-18444). Note-se que o acórdão de 3 de abril de 2019, cujo sentido e alcance suscitam debate, interroga a manutenção desta jurisprudência, Soc. 3 avr. 2019, PBRI n° 17-11970, Dalloz act. 11 avril 2019, obs. M. PEYRONNET; Ch. RADE. "Nouvelle décision en matière de justification des différences conventionnelles de traitement : un arrêt en trompe l'œil". **Lexbase Hebdo** éd. sociale 2019, n°780.

108 Código do Trabalho, art. L. 2262-13.

109 Código do Trabalho, art. L. 2262-14 "Qualquer ação pela nulidade da integralidade ou de parte de uma convenção ou acordo coletivo deve, sob pena de inadmissibilidade, ser ajuizada no prazo de dois meses: 1° Da notificação do acordo da empresa prevista no artigo L. 2231-5, para organizações com uma seção sindical na empresa; 2° Da publicação do acordo prevista no artigo L. 2231-5-1 em todos os outros casos".

110 Código do Trabalho, art., L. 2262-15. Para um exemplo recente, Cass. soc., 6 juin 2018, n° 17-21068, publié au Bulletin; JCP S 2018, 1277, obs. G. FRANÇOIS.

para os trabalhadores terceiros no processo. A delimitação dos motivos de contestação das despedidas também constitui um objetivo similar de dissuasão.

II. A DELIMITAÇÃO DOS MOTIVOS DE CONTESTAÇÃO DAS DESPEDIDAS

A delimitação dos motivos de contestação das despedidas segue duas direções principais. À flexibilização da exigência de motivação da ruptura **(A)** acrescenta-se o aumento das hipóteses de pré-justificação da despedida **(B)**, de modo que as atribuições do juiz *prud'homal* ficam reduzidas a pouca coisa.

A. A flexibilização da exigência de motivação da ruptura

É pacífico, de acordo com a jurisprudência da Corte de Cassação, que a carta de motivação, com a qual o empregador notifica a dispensa, fixa os limites do litígio e impede que ele invoque posteriormente motivos não indicados nesse documento[111]. Assim, o juiz não pode levar em consideração um motivo suplementar invocado em uma carta posterior à despedida[112]. Até as *Ordonnances* de 22 de setembro de 2017, os juízes consideravam que a declaração de um motivo impreciso equivalia a uma ausência de motivação, o que tinha por consequência privar a despedida de causa real e séria[113]. Segundo a nova redação do artigo L 1235-2, § 1º, do Código do Trabalho, os motivos declarados na carta de dispensa podem, após a sua notificação, ser especificados pelo empregador, quer por sua própria iniciativa, quer a pedido do empregado. O trabalhador deverá ser particularmente diligente na medida em que, se não solicitar esclarecimentos no prazo de 15 dias a contar da notificação da carta, "a irregularidade constituída por uma insuficiência de motivação não priva, por si só, o despedimento de causa real e séria e resulta em uma indenização que não pode exceder um mês de salário"[114].

Além disso, o novo parágrafo 2º do artigo L. 1245-1 do Código do Trabalho, resultante das *Ordonnances* de 22 de Setembro, dispõe que a inobservância da obrigação de fornecimento de um exemplar escrito do CDD (contrato de duração determinada) ao empregado no prazo fixado pelo artigo L. 1242-13 (48 horas) "não implica, por si só, a requalificação em contrato de duração indeterminada". É, assim,

111 Cass. soc. 29 novembre 1990, n°88-44308 ; e mas recentemente Cass. soc. 4 juillet 2012, n°11-17469.

112 Cass. soc. 22 janvier 1998 n° 95-41496.

113 Especialmente Cass. soc., 8 nov. 1994, no 93-41309.

114 Código do Trabalho, art. L. 1235-2 al. 3.

condenada a jurisprudência que até então impunha a requalificação em caso de não fornecimento do contrato de trabalho nos dois dias úteis enunciados no artigo L. 1242-13 do Código do Trabalho. Essa redução das sanções previstas em caso de descumprimento da obrigação de entrega do CDD coloca o empregado em uma situação ainda mais precária. Não tendo à sua disposição nenhum documento escrito, ele ignora o conteúdo das tarefas que lhe podem ser solicitadas pelo empregador, bem como os seus horários de trabalho, a sua qualificação exata ou ainda o motivo de recurso ao contrato de duração determinada. Em caso de litígio, a ausência de documento funcionará contra o empregado no âmbito probatório. Já o empregador poderá justificar a dispensa do trabalhador com base em infrações a disposições contratuais de que ele sequer poderia ter conhecimento.

B. O aumento das hipóteses de pré-justificação da despedida

As hipóteses de pré-justificação da despedida baseiam-se em grande parte na celebração de um acordo coletivo[115], no nível do ramo de atividade, como em matéria de CDI (contratos de duração indeterminada) de obra **(1)**, ou no nível da empresa, pela aplicação de um acordo de desempenho coletivo **(2)**.

1. A pré-justificação da ruptura decorrente do fim do CDI de obra

O CDI de obra ou de operação é um contrato celebrado por tempo indeterminado, mas que é rompido com o fim da obra ou da operação prevista no contrato. A possibilidade de utilizá-lo está subordinada à celebração de um acordo coletivo de ramo de atividade que "define as condições em que é possível recorrer a um contrato celebrado pela duração de uma obra ou de uma operação"[116]. O legislador previu que o fim da obra ou a realização das tarefas contratuais definidas no contrato constituem um motivo específico de ruptura do contrato por causa real e séria. Somente se aplicará o procedimento de despedida por motivos pessoais. Embora a ruptura se fundamente claramente numa causa econômica – o fim da obra –, o regime de dispensa por motivo econômico está excluído e com ele os dispositivos que acompanham a perda do emprego.

---

115 V. J. ICARD. "La pré-justification de certains licenciements à l'épreuve des normes supra-légales". **Dr. ouvr.** 2018, p. 427 et s.

116 Código do Trabalho, art. L. 1223-8 al. 1. O acordo determina, especialmente, as atividades concernentes e as modalidades adaptadas de ruptura do contrato na hipótese de a obra ou a operação para a qual o contrato foi celebrado não poder realizar-se ou terminar de forma antecipada.

O CDI de obra, que sinaliza o retorno do trabalho por tarefa, coloca o empregado em uma situação de grande precariedade. Contrariamente à sua designação, este tipo de contrato não é reservado ao setor da construção. O termo "obra" é duplicado pela referência a uma "operação", cujos limites temporais e materiais permanecem dos mais vagos. Daí resulta uma forte insegurança econômica para o trabalhador. Ademais, a vinculação desse contrato à categoria dos pactos de duração determinada não é convincente[117]. A relação de trabalho é marcada por um termo que consiste na conclusão da obra ou da operação. Ao optar pela qualificação de contrato de duração indeterminada, o legislador fez com que o recurso ao CDI de obra dispense o cumprimento das regras obrigatórias relativas aos empregos sob o CDD, como a duração máxima do contrato ou ainda o número máximo de renovações. A pré-justificação da ruptura fundada na aplicação de um acordo de desempenho coletivo é igualmente objeto de certa desconfiança.

2. A pré-justificação da ruptura fundada na aplicação de um acordo de desempenho coletivo

Ao contrário dos elementos de linguagem preconizados pelo Ministério do Trabalho[118], os acordos de desempenho coletivo (*accords de performance collective – APC*), previstos no artigo L. 2254-2 do Código do Trabalho, podem ser celebrados em quase todas as áreas possíveis e imaginadas[119], desde que não estejam abrangidas por disposições especiais. Assim, onde os seus predecessores – os acordos de manutenção do emprego e, em menor medida, os acordos de preservação e de desenvolvimento do emprego – apresentavam-se como uma resposta circunstanciada a uma situação particular, os APC reforçam-se como um dispositivo muito mais abrangente[120]. Essa ausência de limites é tanto mais preocupante quanto a economia

117 D. BAUGARD. "Le développement de la précarité subordonnée à la négociation collective: CDD, contrats de mission et 'contrats de chantiers'". **Dr. ouvrier** 2018. 14; F. BOUSEZ. "CDD à durée indéterminée et CDI d'opération à durée limitée". **JCP** S 2017. 1316; L. GAMET et L. ALUOME. "Le contrat de travail de chantier ou d'opération". **JCP** S 2017. 1355; S. TOURNAUX. "CDD, contrat de mission, contrat de chantier". **Dr. soc.** 2018. 37; C. DECHRISTÉ. "Le contrat de chantier ou d'opération: le grand retour?". **RDT** 2017. 633.

118 O site do Ministério do Trabalho considera os APC como um dispositivo de "acompanhamento das mutações econômicas". Disponível em <https://travail-emploi.gouv.fr/emploi/accompagnement-des-mutations-economiques/article/des-accords-de-performance-collective-peuvent>

119 Segundo o artigo L. 2254-2 I, parágrafo 1º, do Código do Trabalho, os acordos de competitividade são celebrados "para responder às necessidades ligadas ao funcionamento da empresa ou com vista a preservar ou desenvolver o emprego".

120 Especialmente porque o conteúdo obrigatório do preâmbulo é consideravelmente simplificado e não é mais estabelecido nenhum limite à duração do acordo.

dos APC está colocada sob o signo da negociação *in defavorem*[121]. Sobretudo, como salientado, a capacidade de resistência do contrato de trabalho é reduzida ao mínimo. A recusa do empregado sobre a modificação decorrente da aplicação do acordo implica a sua despedida por um motivo específico, exclusivo das garantias essenciais que envolvem as rupturas por motivos econômicos[122].

Quando o empregado negar-se a aceitar a modificação, "o empregador dispõe de um prazo de dois meses a contar da notificação da recusa do empregado para iniciar um procedimento de despedida". O artigo acrescenta imediatamente que "essa despedida se baseia em motivo específico que constitui uma causa real e séria". A dispensa está sujeita unicamente aos termos e condições definidos por uma série de artigos do Código do Trabalho exaustivamente listados pelo artigo L. 2254-2, V. Ora, as disposições referida dizem respeito apenas à dimensão procedimental da despedida, com exclusão de qualquer controle da sua motivação. Uma vez que o motivo se baseia numa causa real e séria, o empregado não pode contestar sua despedida, exceto no caso de descumprimento das regras procedimentais[123]. A restrição dos motivos de questionamento da dispensa é considerável: a despedida é considerado legítima e não há mais como submeter a ruptura do contrato de trabalho à existência de uma causa real e séria. Mesmo que o trabalhador consiga demonstrar a ilicitude da ruptura do seu contrato de trabalho, a sua atuação para questionar a dispensa corre o risco de ser dissuadida pelo estabelecimento de um teto para as sanções indenizatórias, instituído pelas *Ordonnances* de 22 de setembro de 2017.

III. TETO PARA AS SANÇÕES INDENIZATÓRIAS

O estabelecimento de um teto para as indenizações devidas pelo empregador em caso de despedida considerada sem causa real e séria foi introduzido no artigo L. 1235-3 do Código do Trabalho pela *Ordonnance* n.º 2017-1387, de 22 de setem-

121 J. DIRRINGER, Y. FERKANE. "L'économie générale des 'accords de compétitivité' mise sens dessus dessous". **Dr. ouvr.** 2017, p. 716

122 Código do Trabalho, art. L. 2254-2 V, "Essa despedida baseia-se em um motivo específico que constitui uma causa real e séria. Essa despedida está sujeito apenas às modalidades e condições definidas nos artigos L. 1232-2 a L. 1232-14, bem como nos artigos L. 1234-1 a L. 1234-11, L. 1234-14, L. 1234-18, L. 1234-19 e L. 1234-20"; sobre os recursos das disposições supranacionais opostas a este regime de ruptura, L. GRATTON, D. BAUGARD. "Les accords de préservation ou de développement de l'emploi: premier regard conventionnel et constitutionnel". **Dr. soc.** 2016, p. 745; J. ICARD. "La pré-justification de certains licenciements à l'épreuve des normes supra-légales". **Dr. ouvr.** 2018, p. 427 et s.

123 Convocação para a entrevista antes da despedida, notificação da despedida, indenização legal ou ainda entrega dos documentos necessários para a inscrição no seguro-desemprego.

bro de 2017, relativo à previsibilidade e à salvaguarda das relações de trabalho[124]. O limite máximo só é afastado nos casos em que a despedida é efetivada na sequência de violações graves cometidas pelo empregador, exaustivamente enumeradas pelo Código do Trabalho[125], tais como as dispensas discriminatórias ou levadas a efeito após atos de assédio moral. Esse teto é questionável tanto do ponto de vista jurídico **(A)** quanto no que concerne às suas bases ideológicas **(B)**.

A. Uma limitação questionável do ponto de vista jurídico

No plano jurídico, o limite máximo coloca o empregado em uma situação muito mais desfavorável do que o litigante de direito comum. Enquanto esse poderá reivindicar uma reparação integral dos seus prejuízos, o empregado ver-se-á confrontado com uma indenização fixa que não leva em conta a realidade do prejuízo realmente sofrido.

Além disso, a fixação da indenização ignora, em nosso entender, as disposições da Carta Social Europeia, cujo artigo 24 estabelece que "deve ser paga ao trabalhador despedido sem motivo válido uma indenização adequada ou qualquer outra forma de reparação apropriada". Quando foi consultado sobre a conformidade do artigo L. 1253-3 com a Carta, a Corte de Cassação evitou cuidadosamente de se pronunciar sobre uma eventual inconvencionalidade da legislação francesa. Em uma decisão de 17 de julho de 2019, a Corte considerou que as disposições do artigo 24 da referida Carta "não têm efeito direto no direito interno em um litígio entre particulares"[126]. No entanto, esse raciocínio padece de algumas deficiências[127]. Para adotar apenas um argumento, é difícil compreender que os altos magistrados da ordem judiciária paralisem a aplicação do artigo 24, enquanto os seus homólogos do Conselho de Estado *(Conseil d'Etat)* reconhecem o efeito direto da disposição[128]. A oposição à limitação da indenização continua no terreno ideológico.

124 O artigo L. 1253-3 dispõe que "Se a despedida de um empregado ocorrer por uma causa que não seja real e séria, o juiz pode propor sua reintegração na empresa, com manutenção das vantagens adquiridas. Se uma das partes recusar essa reintegração, o juiz defere ao empregado uma indenização a cargo do empregador, cujo montante se situa entre os montantes mínimos e máximos fixados na tabela abaixo".

125 Código do Trabalho, art. L. 1253-3-1.

126 Ass. Avis n° 15012 de 17 de julho de 2019.

127 Nesse sentido, J. MOULY. "Qui a peur du Comité européen des droits sociaux". **Dr. soc.** 2019, p. 814.

128 CE, 10 févr. 2014, n°358992.

B. Uma limitação criticável do ponto de vista ideológico

Os fundamentos ideológicos do teto para as indenizações por despedida são pouco convincentes. Primeiro, a aplicação do limite máximo constitui um sinal negativo do ponto de vista do respeito às regras do Direito do Trabalho e da sanção ao seu descumprimento. A partir de agora, o empregador sabe antecipadamente quanto lhe custará a violação do Código do Trabalho. A segurança invocada pelo governo de Eduard Philippe joga em benefício dos fora-da-lei!

Em segundo lugar, o teto foi apresentado como uma medida favorável às pequenas e médias empresas (PME). Durante a conferência de imprensa de 31 de agosto de 2017, a equipe do Primeiro-Ministro Eduard Philippe explicava que a fixação de uma tabela imperativa iria "liberar a criação de emprego nas TPE/PME"[129]. O relatório ao Presidente da República referente à *Ordonnance* n.º 2017-1386, de 22 de setembro de 2017, menciona, entre os eixos-chave estruturante das cinco ordonnances, o aporte "de soluções pragmáticas para as pequenas e médias empresas, bem como um diálogo social simplificado". Apesar das ambições exibidas em direção às pequenas empresas, o teto das indenizações devidas em caso de causa real e séria aplica-se a todas as empresas, independentemente do seu tamanho. Assim, o anúncio de medidas pretensamente destinadas aos sujeitos de direito economicamente mais vulneráveis legitima uma deterioração dos direitos de todos os empregados[130].

Em terceiro lugar, o teto das indenizações foi defendido pelo MEDEF[131] em nome do emprego. Tratava-se, segundo o seu presidente da época, P. Gattaz, de tranquilizar os empregadores sobre o custo da despedida injustificada. O argumento é simples: se as empresas puderem despedir mais facilmente, contratarão mais[132], prometendo o MEDEF a criação de um milhão de empregos na sequência do estabelecimento de um limite máximo para as indenizações por despedida. A ausência de contrapartidas exigidas em decorrência da adoção desse teto, em termos de redução do desemprego, testemunha mais uma vez os limites do modelo de flexissegurança à francesa.

Lucas BENTO de CARVALHO

Montpellier, fevereiro de 2020

---

129 Disponível em <www.travail-emploi.gouv.fr/IMG/pdf/dossier_de_presse_-_conference_de_presse_31082017.pdf>, pt n° 4.

130 Nesse sentido, e além da simples adoção de um teto para as indenizações, ver L. BENTO de CARVALHO. "Contrats de travail et petite entreprise". **Cah. soc.** juill. 2018, n° 123k6, p. 359.

131 *Mouvement des entreprises de France*, principal organização de empregadores do país.

132 AFP. "Le Medef veut faciliter le licenciement dans le contrat de travail". 11 janvier 2016, segundo P. Gattaz, "na França, temos medo de contratar porque não sabemos despedir".

A CONSOLIDAÇÃO DE UM DIREITO DO MERCADO DE TRABALHO[1]

Tatiana Sachs[2]

A elaboração da Lei nº 2016-1088 de 08 de agosto de 2016, finalmente intitulada "relativa ao trabalho, à modernização do diálogo social e à salvaguarda dos percursos profissionais", não foi um longo rio que corre tranquilo. Diante das oposições sociais e políticas que conheceu a primeira versão do projeto de lei, o governo teve que renunciar a certas medidas pretendidas[3] sem que a lógica das concessões fosse claramente perceptível. Essa falta de clareza é corroborada pela dispersão da lei, que cobre os campos mais diversos, da reforma da medicina do trabalho à duração do trabalho, da emergência de um embrionário Direito do Trabalho das franquias às medidas concernentes a pessoas em situação de deficiência, etc. Diante dessa dispersão, seria o caso de renunciar à identificação da *ratio legis?* Isso seria desconsiderar suas inspirações mais longínquas e profundas, cujos traços sobreviveram ao compromisso político buscado pelo governo[4]. É incontestável que a reforma se inscreve em um

---

1 Publicado originalmente em T. Sachs. "La consolidation d'un droit du marché du travail". **Revue de droit du travail**, n. 12, Paris: Dalloz, Décembre 2016, pp. 748-753. Traduzido por **Alessandro da Silva**, Mestre e Doutor em Direito do Trabalho pela Faculdade de Direito do Largo São Francisco -USP, Juiz do Trabalho Substituto no TRT/12, pesquisador do Grupo de Pesquisa Trabalho e Capital (GPTC), vinculado à FD-USP. As notas de rodapé incluídas pelo tradutor, com a finalidade de tornar mais claros para o público de língua portuguesa alguns pontos do texto, são identificadas com N.T.

2 Professora na Universidade Paris-Nanterre *(Institut de Recherche Juridique sur l'Entreprise et les Relations Professionnelles – IRERP).*

3 Assim, o governo teve que renunciar ao estabelecimento de tetos para a indenização por dispensas injustificadas (sobre esse ponto, cf. G. Bargain, T. Sachs, "La tentation du barème", **RDT** 2016. 251) e a estreitar o quadro de avaliação do motivo econômico de dispensa (sobre esse ponto, cf. F. Géa, "Comprendre... ou pas", **RDT** 2016. 170).

4 Como certas reformas que a precederam, a *Loi Travail* tira sua inspiração dos relatórios de economistas. Cf. esp. O. Blanchard at J. Tirole, "Protection de l'emploi et procédures de licenciement, rapport du Centre d'analyse économique", **Doc. fr.**, 2003; P. Cahuc, "Pour une meilleure protection de l'emploi, rapport au Centre d'organisation économique", **CCIP**, 2003; P. Cahuc, F. Kramarz, "Dela précarité àla mobilité: vers une sécurité sociale professionnelle", **Doc. fr.**, 2004; cf. igual. os trabalhos publicados pela *Chaire de sécurisation des parcours professionnels* (http://chaire-securisation.fr).

movimento iniciado, na França, com a lei de modernização do mercado de trabalho nº 2008-596 de 25 de junho de 2008, que a lei de salvaguarda do emprego de 14 de junho de 2013 veio ampliar. Essa constatação não é isolada. O Direito do Trabalho espanhol e italiano, dos quais algumas evoluções influenciaram diretamente o legislador francês, fazem parte desse mesmo movimento[5]. Este artigo pretende propor elementos para essa análise[6].

A ambição da *Loi Travail* transparece nitidamente na exposição de motivos que acompanhou sua apresentação: "refundar" o Direito do Trabalho para fazer surgir "um novo modelo social"[7]. Uma fórmula pode resumi-la facilmente: "melhor proteger as pessoas ao longo de todo seu percurso profissional independentemente de seu estatuto e permitir às empresas melhor antecipar as mudanças econômicas no diálogo com os representantes de seus empregados"[8]. A expressão flexissegurança, popularizada especialmente pelas instituições da União Europeia[9], é destinada a reportar a racionalidade desse novo modelo. Nessa linha, o Direito do Trabalho deve assegurar uma certa flexibilidade às empresas, que lhes permita adaptarem-se às pressões do mercado (concorrencial) e manterem-se competitivas. O componente segurança refere-se também aos trabalhadores, cuja proteção no trabalho deve ser substituída, em parte ao menos, por uma proteção no mercado de trabalho.

Para além dos objetivos expostos, o modelo social em vias de acabamento poderia ainda ser reduzido à transação que resume a expressão flexissegurança – mais flexibilidade para o empregador em contrapartida de uma segurança aumentada das transições profissionais dos empregados? A flexissegurança seria então a encarnação de um novo compromisso entre interesses divergentes. Uma tal representação obscurece as alterações paradigmáticas que conhece o Direito

5 Para uma apresentação das reformas na Itália e na Espanha, cf. as monografias do relatório do *Conseil d'orientation de l'emploi*, in "Les réformes des marchés du travail en Europe", 2015 (www.coe.gouv.fr).

6 No quadro dessa contribuição, não se trata tanto de abordar, em sua plenitude, o conjunto de mudanças introduzidas pela lei, mas de identificar suas linhas principais, estimulados pela ambição declarada do legislador de refundar o Direito Social.

7 Cf. a exposição de motivos do projeto de lei que visa instituir novas liberdades e novas proteções para as empresas e trabalhadores, depositado em 24 de março de 2016.

8 *Idibem.*

9 Cf. esp. a Comunicação da Comissão do Parlamento Europeu ao Conselho/Comitê econômico e social europeu e ao Comitê das regiões, "Vers des principes communs de flexicurité. Des emplois plus nombreux et de meilleure qualité en combinant flexibilité et sécurité", juin 2007.

Social, do qual uma das estruturas técnicas[10] e axiológicas[11] é, doravante, o bom funcionamento do mercado de trabalho. A esse sinal muitas evoluções do Direito do Trabalho foram designadas como constituintes das "reformas do mercado de trabalho"[12]. De aparência evidente, pouco sujeita a discussão, essa referência ao mercado de trabalho, e ao direito destinado a organizá-lo, deve, contudo, ser analisada mais precisamente para relacionar as efetivas funções da reforma[13], mais particularmente a lógica que ela porta (A) e as tecnologias jurídicas utilizadas (B). Entretanto, a constatação da consolidação de um direito do mercado de trabalho não seria suficiente. Convém ainda interpretá-la (C).

1. A LÓGICA

A evocação da flexissegurança sugere que, se as evoluções recentes do Direito do Trabalho modificam o compromisso entre os interesses dos empregadores e aqueles dos empregados, elas não modificam sensivelmente o objeto do Direito do Trabalho: reger as relações de emprego. Semelhante interpretação obscurece as alterações que atingiram a lógica desse ramo do direito. Três dessas mudanças chamam a atenção.

A primeira é a fixação, no coração do Direito Social, de uma racionalidade instrumental orientada em direção a uma finalidade: a melhoria da taxa de emprego. É necessário identificar com precisão essa alteração. Ela não se encontra tanto na consideração da preservação do emprego, à qual já se faz presente no Direito do Trabalho há mais de quarenta anos, especialmente na legislação sobre a despedida por motivo econômico. Na verdade, a alteração reside na dominância da lógica instrumental e na forma que compreende a finalidade do emprego.

A presença de uma lógica instrumental pode parecer evidente. Que o *jurislateur*[14] persegue um objetivo no momento da adoção de uma regra não é surpreendente.

---

10 Segundo a teoria econômica, o mercado é um dispositivo, uma técnica de coordenação dos agentes. Sobre as concepções econômicas do mercado, especialmente do mercado de trabalho, cf. O. Favereau, "Note critique sur le droit, l'économie, et le 'marché' du travail", **RDT** 2012. 479.

11 O mercado não é uma tecnologia axiologicamente neutra: ele é um lugar de atribuição de valores. Nesse sentido, cf. os trabalhos da École *des conventions*, particularmente, F. Eymard-Duvernay, "Le travail dans l'entreprise - pour une démocratisation des pouvoirs de valorisation", in B. Roger (dir.), **L 'entreprise, formes de la propriété et responsabilités sociales**, Lethiolleux, 2012, p. 191.

12 Cf. esp., "Les réformes du marche du travail en Europe", relatório do *Conseil d'orientation de l'emploi*, 2015.

13 As finalidades da reforma devem ser distinguidas do papel que ela assume efetivamente, a saber, sua função. Nesse sentido, cf. A. Jeammaud, "Le droit du travail dans le capitalisme, question de fonctions et de fonctionnement", in A. Jeammaud (dir.). **Le droit du travail confronté à l'économie**, Dalloz, coll. "Themes et commentaires", 2005, p. 15.

14 *Jurislateur*: "Por extensão, esse termo designa um jurista que não se contenta em refletir sobre o direito de forma teórica, mas retira dele aplicações concretas através da redação de anteprojectos de lei. Trata-se,

Um sinal disso é que a intenção do legislador é por vezes pesquisada quando se trata de interpretar uma norma. Todavia, uma vez o dispositivo normativo adotado, seu vínculo com o objetivo que justificou sua adoção, pode tornar-se mais amplo. Exemplos não faltam, como a transferência dos contratos de trabalho em caso de transferência da empresa[15]. Concebido para preservar o emprego, esse mecanismo jurídico assumiu outras funções no curso de sua longa história, especialmente aquela de permitir aos empregadores externalizar uma parte de suas atividades sem ter que despedir o pessoal a elas vinculado[16]. Ao contrário, um direito instrumental retira sua racionalidade inteiramente da finalidade, no mais das vezes extrajurídica, que presidiu sua adoção. Ele não tem outro sentido a não ser reportar-se a sua finalidade. O atingimento do objetivo torna-se, então, o principal aspecto de avaliação de uma lei. A exigência de eficácia do direito torna-se prioridade[17]. Assim é para a *Loi Travail*, como testemunha o estudo de impacto que acompanhou o depósito do projeto de lei[18]. Para cada um dos artigos são mencionados os objetivos jurídicos, econômicos e sociais. Semelhante prevalência dos objetivos socioeconômicos, e do imperativo de atingi-los, destaca-se igualmente das diversas experiências legislativas instituídas pela *Loi Travail* concernentes aos contratos de profissionalização[19], ao financiamento da formação[20], à aplicação da intermitência nos contratos temporários[21]. Assim, "a experimentação da ação normativa", destinada a verificar a aptidão de um dispositivo a atingir os objetivos que lhe são fixados, é utilizada no âmbito administrativo e social[22]. A difusão dessa prática em matéria de Direito Social, e mais particularmente de Direito do Trabalho, constitui a marca de uma evolução desse ramo do direito a caminho de transformar-se em um instrumento de política pública de emprego.

---

portanto, de grandes juristas, cujo reconhecimento está ligado à sua ação na redação de anteprojectos de lei". Disponível em <https://balises.bpi.fr/les-jurislateurs>. (N.T.)

15 Código do Trabalho, art. L. 1224-1.

16 Para uma apresentação, especialmente da parte histórica desse dispositivo, cf. Rép. Trav. **Transferts d'entreprise [Aspects individueis]**, par A. Mazeaud.

17 Sobre os registros de avaliação, cf. A. Jeammaud et E. Serverin, "Evaluer le droit", D. 1992. 263.

18 A obrigação do governo de realizar estudos de impacto decorre da lei constitucional n°2008-724 du 23 juill. 2008 de modernização das instituições da *Vª République*. Ela visa aperfeiçoar a qualidade da legislação. Para um balanço crítico, cf. A. S. Denolle, "Les etudes d'impact: une revision manquée?", **RFDC** 2011. 282.

19 Lei n° 2016-1088 de 8 de agosto de 2016 relativa ao trabalho, à modernização do diálogo social e à salvaguarda dos percursos profissionais, art. 74.

20 Lei n° 2016-1088, art. 76.

21 Lei nº 2016-1088, art. 87.

22 E. Serverin et B. Gomel, "L'experimentation des politiques publiques dans tous ses états", **Informations sociales** 6/2012 (nº 174), p. 128.

A rigor, o observador não pode deixar de constatar a forma original que assume a finalidade do emprego. Não se trata de proteger o emprego de cada um – proteção que poderia ser compreendida como uma resultante do direito ao emprego constitucionalmente protegido – mas de atuar para a melhoria de uma taxa formulada em um nível coletivo, seja o nível de uma empresa[23], seja o de um país. Reforma após reforma, o Direito Social se inscreve assim em uma lógica de política pública orientada a uma finalidade coletiva de emprego. Essa finalidade extrajurídica torna-se dominante até suplantar os outros objetivos, especialmente jurídicos, do Direito Social, como a proteção contra um exercício irregular do poder direção por parte do empregador[24]. É precisamente um tal estreitamento de objetivos que a referência ao direito do mercado do trabalhou permite esclarecer: um mercado do trabalhou eficaz conduz a uma alocação perfeita da mão de obra[25].

A referência ao direito do mercado de trabalho, e o domínio da finalidade de emprego que ela traz, sugere uma superação da ambivalência do Direito do Trabalho, superação que a reforma pretende promover. Esta é uma segunda evolução que não pode restituir a noção de flexissegurança, à qual permanece vinculada à busca de um compromisso entre interesses divergentes. Ao contrário, o direito do mercado de trabalho encontra sua razão de ser não na busca de um compromisso entre interesses divergentes, mas na crença da existência de um interesse comum, o qual ganha forma em torno de um consenso[26]: a preservação do emprego. O título IV denomina-se: "Favorecer o emprego", e se instala no coração de certos dispositivos. Esse é o caso dos acordos de preservação ou de desenvolvimento do emprego[27] em que a negociação se fundamenta sobre "informações necessárias ao estabelecimento de um diagnóstico compartilhado"[28].

23 É esse o caso em matéria de acordo de desenvolvimento ou de preservação do emprego (Código do Trabalho, art. L. 2254-2).

24 Esse movimento estava patente no projeto de estabelecer tetos para a indenização por dispensas irregulares, o que permite ao empregador conhecer e, por conseguinte, aprovisionar o custo da ilegalidade. Em nome do emprego, o direito italiano se comprometeu com esse caminho, cf. P. Ichino, F. Martelloni, "Le Jobs Act italien: quelles inspirations?", **RDT** 2015. 299. Na versão final da lei, o afrouxamento do controle do poder patronal se localiza nas disposições sobre o motivo econômico da dispensa. Sobre esse ponto, cf. *infra*.

25 Por outro lado, o conceito de flexissegurança refere-se mais aos meios utilizados para atingir esse objetivo, ou seja, maior flexibilidade para as empresas e salvaguarda do percurso profissional para os empregados.

26 É necessário compreender esse termo no seu sentido forte: o consenso concebido, não como o menor denominador comum, mas mais como aquele que obtém o acordo da maioria, se não de todos.

27 Cf. G. Borenfreund. "Les rapports de l'accord collectif avec la loi et le contrat de travail". **Revue de droit du travail**, n. 12, Paris: Dalloz, Décembre 2016, pp. 781-790.

28 Código do Trabalho, art. L 2254-2. Cf. D. Benrebai *et. ali.*, "Simplification, dialogue social, confiance, emploi". **Revue de droit du travail**, n. 12, Paris: Dalloz, Décembre 2016, pp. 754-760.

Essa ambição de superação dos antagonismos, se suscita reflexão, recebeu uma extensão: a bilaterização do Direito Social. Em nome do emprego, as empresas[29], como criadoras dos empregos, tornam-se beneficiárias ou destinatárias privilegiadas de dispositivos estabelecidos. Convém dotar cada um dos atores do mercado de trabalho das prerrogativas necessárias ao bom funcionamento desse mercado, com o risco de aniquilar a prevalência axiológica da integração das desigualdades entre as partes no contrato de trabalho[30]: essa é uma das tônicas dominantes da reforma. A título de ilustração, o dispositivo de emprego acompanhado, proveniente do artigo 52 da lei, adotado para promover a inclusão de pessoas com deficiência no mercado de trabalho, funda-se sobre "um suporte e um acompanhamento do empregado, assim como um suporte e um acompanhamento do empregador"[31]. O desenvolvimento de medidas destinadas às pequenas empresas[32] se inscreve também nessa linha, a ponto pensar-se na criação de um serviço público territorial de acesso ao direito destinado às pequenas empresas ou à possibilidade de negociar ao nível da categoria a adoção de acordos coletivos particulares[33]. De um ponto de vista mais geral, o emprego justifica uma bilaterização da exigência de segurança jurídica. Obviamente, a exigência de segurança jurídica, consubstancial ao Estado de Direito, sempre beneficiou a todos os cidadãos, tanto empregados quanto empregadores. Todavia, hoje essa exigência se encontra, ao mesmo tempo, renovada e diferenciada segundo seus destinatários: no que concerne aos empregadores, ela visa a proteção da decisão patronal de todo questionamento proveniente de uma autoridade estatal (heterônoma); em relação aos empregados, ela designa a salvaguarda do percurso profissional. Mais ainda, no espírito dos promotores das sucessivas reformas, a segurança de uns – os empregadores – encontra-se entendida como uma condição da segurança dos outros[34], os empregados. Essas duas

29 A lei parece designar, indistintamente, empregadores e empresas, talvez para sublinhar melhor a ambição de proteger os empregadores em sua função econômica.

30 Um tal paralelismo dos beneficiários ficou evidente desde o primeiro título do projeto "visando instituir novas liberdades e novas proteções para as empresas e trabalhadores", depositado em março de 2016. Não há dúvida de que o abandono desse título não foi acompanhado por uma mudança de inspiração.

31 Código do Trabalho, art. L. 5213-2-1.

32 Código do Trabalho, art. L. 5143-1 que criou um capítulo "Suporte às empresas", dedicado exclusivamente ao acesso ao direito.

33 Código do Trabalho, art. L 2232-10-1.

34 O fortalecimento da segurança jurídica dos empregadores deve restaurar sua confiança e, assim, estimular as decisões de contratação ... um estímulo que beneficia os assalariados. Sobre esse círculo "virtuoso", cf. as referências mencionadas supra, nota nº 3. Para uma crítica, C. Erhel et T. Kirat (dir.), "Les institutions du travail: quelles réévaluations?", **Travail et emploi** nº 142, 2015; A. Eydoux et A. Frétel, "Réformes du marché du travail. Des reformes contre l'emploi", 2016 (www.atterres.org).

facetas da segurança jurídica, que coabitam na reforma[35], parecem assim corresponder em uma simetria confortadora.

Na verdade, a superação do antagonismo empregado/empregador não se resolve somente na crença de um interesse comum: essa é a terceira alteração que a referência ao direito do mercado do trabalho permite ressaltar. Ela importa, igualmente, um deslocamento em direção a novas oposições, especialmente aquela, vinda dos ensinamentos de certas teorias de economia do trabalho, entre *insiders* e *outsiders*. Um dos objetos do direito do mercado de trabalho nascente é menos o enquadramento da desigualdade jurídica entre empregador e empregado que a redução das desigualdades entre aqueles que têm acesso ao mercado e aqueles não o têm. Essa meta justifica a adoção de instrumentos jurídicos que favorecem a fluidez do mercado de trabalho, à imagem das medidas destinadas a minimizar a intervenção do juiz no controle da motivação econômica para a despedida[36].

Instrumento de política pública, bilaterização do Direito Social, emergência de uma nova oposição pivô entre *insiders* e *outsiders*: essas são as lógicas presentes na reforma que estruturam um direito do mercado de trabalho. Em nome do emprego, esses três elementos têm em comum a fragilização de um imperativo: aquele da proteção do empregado diante do exercício do poder patronal. Mais ainda, esse enfraquecimento constitui uma tecnologia do direito do mercado de trabalho.

2. AS TECNOLOGIAS

O direito do mercado de trabalho é um direito que guarnece e favorece a correspondência entre oferta e demanda de trabalho[37]. Ele é eficaz se organiza a fluidez da circulação da mão de obra no mercado de trabalho. A *Loi Travail* se inscreve nessa perspectiva de colocar os meios para os atores do mercado de trabalho em condições de agir racional e eficazmente nesse mercado.

Do lado da oferta de trabalho, essa tecnologia repousa sobre uma forte imbricação do Direito do Trabalho e do direito da proteção social no reconhecimento

35 Sobre medidas para garantir transições profissionais, cf. F. Guiomard. "Le compte personnel d'activité: l'utopie d'un modéle d'emploi". **Revue de droit du travail**, n. 12, Paris: Dalloz, Décembre 2016, pp. 770-776; sobre as medidas de segurança dadas ao empregador, cf. C. Wolmark. "Les difficultés économiques à l'epreuve du droit à l'emploi". **Revue de droit du travail**, n. 12, Paris: Dalloz, Décembre 2016, pp. 764-769.

36 Cf. C. Wolmark. "Les difficultés économiques à l'epreuve du droit à l'emploi". **Revue de droit du travail**, n. 12, Paris: Dalloz, Décembre 2016, pp. 764-769.

37 Para um ponto de vista crítico, cf. O. Favereau, "Note critique sur le droit, l'économie et e le 'marché' du travail", *op. cit.*

dos direitos vinculados à pessoa. Não se trata aqui de negar a virtude desse tipo de dispositivo[38], mas de pontuar o papel que eles assumem na edificação de um direito do mercado de trabalho, especialmente ao facilitar a mobilidade a duplo título. De uma parte, a portabilidade dos direitos, principalmente dos direitos à formação profissional, é destinada a facilitar o encontro entre a demanda e a oferta de trabalho, permitindo a adaptação das competências do trabalhador às necessidades das empresas[39]. De outra parte, esse reconhecimento deve ser compreendido como uma compensação do enfraquecimento das proteções que acarreta a situação no emprego.

Do lado da demanda de trabalho, a vontade de fornecer aos atores a possibilidade de agir sobre o mercado conhece duas inclinações maiores. A primeira reside na adoção de dispositivos, principalmente pelos poderes públicos, que fazem os atores efetivamente capazes de exercer suas prerrogativas[40]. Essa é precisamente a função do reconhecimento de um direito dos empregadores à informação para as empresas com menos de 300 trabalhadores[41], os quais devem ser colocadas em condições de exercer suas liberdades, tal como sugeria o primeiro título do projeto de lei[42]. O direito à informação constitui, em efeito, uma tecnologia vinculada ao funcionamento de um mercado: o funcionamento correto do mercado supõe uma informação perfeita dos seus atores sobre as condições para agir sobre o mercado[43]. Nessa perspectiva, a intervenção do Estado é concebida como um regulador de mercado, que intervém para compor as assimetrias de informação. A leitura do estudo de impacto permite esse convencimento: "Uma melhor aplicação do Direito do Trabalho que prevenirá os contenciosos será benéfica para o emprego. A introdução de um direito à informação personalizada e rápida dos empregadores das TPE-PME (micro e pequenas empresas) visa garantir uma melhor aplicação do Direito do Trabalho de maneira a dar segurança a essas empresas. Essa melhor aplicação do direito permitirá igualmente

---

38 Além disso, o surgimento de direitos vinculados ao trabalhador não precisa necessariamente estar associado ao projeto de construção de um direito do mercado de trabalho. Cf. esp., (e, em particular, a introdução a essa segundo edição), A. Supiot (dir.), **Au-delà de l'emploi**, 2° éd., Flammarion, coll. "Essais", 2016.

39 Cf. o título 3 da *Loi Travail*, em particular o art. 39.

40 O real empoderamento dos atores é uma das dimensões da política pública. As políticas de *empowerment* encontram sua inspiração na filosofia econômica de Amartya. Sen. Cf. esp. B. Zimmerman, J. de Munck, "Amartya Sen au-delà du libéralisme", **EHESS (Raisons pratiques 18)**, 2008.

41 L. n° 2016-1088, art. 61, que tem lugar no capítulo intitulado "Aperfeiçoar o acesso ao direito das empresas e promover a contratação".

42 Em março de 2016 foi depositado o projeto de lei "visando estabelecer novas liberdades e novas proteções para as empresas e trabalhadores".

43 Nesse sentido, é possível traçar um paralelo com as teorias sobre os mercados financeiros, segundo as quais seu "bom" funcionamento depende da qualidade das informações disponíveis aos investidores.

assegurar o desenvolvimento de empregos de qualidade e ainda de melhorar a atratividade de certas profissões"[44].

A segunda inclinação de dispositivos jurídicos que contribuem para possibilitar às empresas agir racionalmente sobre o mercado de trabalho consiste em limitar toda intervenção heterônoma suscetível de contrariar a formulação da demanda de trabalho. Aqui se incluem os dispositivos que limitam a intervenção do juiz, principalmente pela objetivação contábil da motivação econômica da despedida[45]. Contribuem, igualmente, a promoção da negociação coletiva de empresa, que escapa cada vez mais à autoridade da lei[46] e da convenção de categoria[47]. Reduzida a uma barganha[48], a negociação conduzida no nível de empresa permite um ajustamento do compromisso o mais próximo dos imperativos de produção da empresa. Fruto de uma negociação, as obrigações que daí resultam são desejadas e aceitas. Nessa condição, elas devem ser preservadas de um questionamento vindo da lei ou de uma convenção de nível superior. Nessa perspectiva, a "celebração do acordo de empresa"[49] contribui à edificação de um direito do mercado de trabalho.

3. INTERPRETAÇÕES

Se aderirmos à leitura da evolução do Direito do Trabalho em termos de edificação de um direito do mercado de trabalho, ainda é necessário interpretá-la. Essa tarefa é difícil, pois é grande a ambiguidade[50] que marca o direito do mercado de trabalho. Segundo uma primeira interpretação, ele faz parte de uma revalorização dos indivíduos, aos quais se quer ver reconhecida a titularidade de novos direitos[51]. Nessa

44 Cf. o estudo de impacto depositado em 24 de março de 2016, p. 254.

45 Cf. C. Wolmark. "Les difficultés économiques à l'epreuve du droit à l'emploi". **Revue de droit du travail**, n. 12, Paris: Dalloz, Décembre 2016, pp. 764-769; et B. Géniaut. "Discussion: Sécurisation des parcours professionnels et ruputure du contrat de travail: une question de justification". **Revue de droit du travail**, n. 12, Paris: Dalloz, Décembre 2016, pp. 777-780.

46 Cf. G. Borenfreund. "Les rapports de l'accord collectif avec la loi et le contrat de travail". **Revue de droit du travail**, n. 12, Paris: Dalloz, Décembre 2016, pp. 781-790; et L. Pécaut-Rivolier. "Discussion". **Revue de droit du travail**, n. 12, Paris: Dalloz, Décembre 2016, pp. 791-793.

47 Cf. H. Tissandier. "Les rapports entre accords colectif". **Revue de droit du travail**, n. 12, Paris: Dalloz, Décembre 2016, pp. 791-793; et C. Nicod. "Discussion". **Revue de droit du travail**, n. 12, Paris: Dalloz, Décembre 2016, pp. 800-802.

48 G. Bargain, **Normativité économique et droit du travail**, LGDJ, coll. "Droit et économie", 2014, n° 94.

49 E. Peskine, "La célébration de l'accord collectif", **Dr. Soc.** 2014. 438.

50 O termo "ambiguidade" é preferível aqui ao de "ambivalência". Isso porque não se trata de destacar a pluralidade de funções do direito do mercado de trabalho, mas de assinalar a pluralidade de possíveis interpretações das evoluções analisadas.

51 A título de ilustração, mencionemos a criação da conta de atividade pessoal; sobre esse ponto, cf. a citada contribuição de F. Guiomard e as referências mencionadas.

linha, a edificação de um direito do mercado do trabalho constitui um prolongamento do crescente espaço do indivíduo, mesmo da pessoa, no Direito Social[52].

Todavia, uma segunda interpretação é possível: a edificação de um direito do mercado de trabalho marca a penetração de uma avaliação mercantil em uma esfera que permanecia, até então, mais protegida. Uma tal avaliação conducente a transformar o trabalho em um bem mercantil que se troca no mercado. Nesse enfoque, os ensinamentos de Karl Polanyi esclarecerem as evoluções recentes. Segundo o autor de *A Grande Transformação*[53], nem o trabalho, nem a terra, nem a moeda são naturalmente mercadorias. Tratá-los como tal decorre de uma ficção destrutiva de nossa sociedade[54]. Por essa razão o "compromisso fordista" retirou o trabalho da lógica do mercado. Esse compromisso conheceu numerosas traduções jurídicas, entre as quais o desenvolvimento da negociação de categoria como instrumento de equalização das condições de concorrência e, portanto, de retirada do trabalho da pressão concorrencial que exerce o mercado de bens e serviços. Mesmo a emergência da empresa considerada como uma unidade no seio da qual a alocação do trabalho e sua remuneração obedecem a regras distintas daquelas do mercado (adiantamento à antiguidade, negociação de grade de classificação, papel da hierarquia, etc.) constituiu uma barreira à mercantilização do trabalho[55]. Nessa mesma linha está a limitação das condições em que o empregador pode atribuir ao trabalhador o risco econômico.

Ora, a reforma votada contribui para enfraquecer os obstáculos à mercantilização do trabalho, submetendo-o cada vez mais à pressão dos mercados. Mais precisamente, certos dispositivos contribuem para repercutir sobre o trabalho "a pinça na qual foi pega a empresa"[56], entre as exigências de mercados de bens e

---

52 Sobre a ambivalência dessa promoção, cf. P. Adam, **L'individualisation du droit du travail.** Essai sur la réhabilitation juridique du salarié-individu, LGDJ, coll. "Bibliotheque de droit social", 2005.

53 K. Polanyi, **La Grande Transformation**. Aux origines politiques et économiques de notre temps, Gallimard, 1983.

54 Segundo Polanyi, o trabalho não é uma mercadoria, visto que não existe para ser destinado à venda: "Trabalho é apenas um outro nome para atividade humana que acompanha a própria vida que, por sua vez, não é produzida para venda mas por razões inteiramente diversas, e essa atividade não pode ser destacada do resto da vida, não pode ser armazenada ou mobilizada" (K. Polanyi, **La Grande transformation**, *op. cit.* p. 107). Portanto, "permitir que o mecanismo de mercado seja o único dirigente do destino dos seres humanos e do seu ambiente natural, e até mesmo o árbitro da quantidade e do uso do poder de compra, resultaria no desmoronamento da sociedade. [...] nenhuma sociedade suportaria os efeitos de um tal sistema de grosseiras ficções, mesmo por um período de tempo muito curto, a menos que a sua substância humana natural, assim como a sua organização de negócios, fosse protegida contra os assaltos desse moinho satânico" (ibid. p. 108).

55 A empresa foi, assim, qualificada de anti-mercado, cf. O. Favereau, "Organisation et marche", **Rev. fr. éco**, vol. 4, n° 1, p. 65 s.

56 F. Eymard-Duvernay, "Le travail dans l'entreprise – pour une démocratisation des pouvoirs de valorisation", *op. cit.*

serviços e aquelas dos mercados financeiros[57]. Disso resulta que, nas empresas, os valores mercantis, e o tipo de valorização do trabalho que eles implicam, expulsam outros valores organizacionais[58], econômicos ou sociais. A reforma da duração do trabalho é, nesse sentido, emblemática. A prevalência do acordo coletivo de empresa, em detrimento da lei e da convenção coletiva de categoria, autoriza a expansão de uma valorização mercantil do trabalho, cujos ritmos e custos são ditados pelas exigências do mercado de bens e serviços sobre o qual atua a empresa. Como nota um autor, em uma "concepção mercantil, a negociação coletiva não visa mais adaptar as convenções superiores, conforme sua função original, mas a conservar um imperativo jurídico sob medida para a empresa"[59]. Objeto dessa negociação, o trabalho se encontra reduzido à sua expressão mercantil. A objetivação contábil das dificuldades econômicas[60] suscetíveis de justificar uma despedida se presta a uma análise semelhante. Ela conduz a delegar à contabilidade a avaliação e a restituição da situação da empresa assim como suas repercussões sobre o emprego[61]. Os instrumentos contábeis utilizados são o fruto de uma normalização contábil que visa "fazer da comparabilidade das empresas um instrumento de pressão"[62]. A contabilidade é, então, um instrumento no qual é depositada uma visão mercantil do mundo, em que a preconstituição contábil das dificuldades econômicas repercute sobre o trabalho[63]. Percorrido esse caminho, a consolidação de um mercado de trabalho não apenas reduz o trabalho a um bem cambiável: ela o expõe à normatividade dos mercados de bens e serviços e dos mercados financeiros. As liberdades e a segurança dos ativos e das empresas, exibidas como as finalidades da reforma, se encontram assim erigidas a meios de fomentar essa submissão ao(s) mercado(s). Essa dialética entre os fins e os meios da reforma não é o menor de seus equívocos.

---

57 Cf. esp. as análisees de C. Hannoun, "L'impact de la financiarisation de l'économie sur le droit du travail", **RDT** 2008. 288.

58 Alguns economistas mostraram, assim, que a empresa fordista, organizada em um modelo hierárquico, foi construída sobre valores que não podem ser reduzidos a valores de mercado. O valor de um bem, o valor do trabalho obedeceria a outros determinantes. Sobre esse ponto, cf. F. Eymard-Duvernay. "Le travail dans l'entreprise – pour une démocratisation des pouvoirs de valorisation", *op. cit.*

59 G. Bargain, "Normativité économique et droit social", *op. cit.*, n° 730.

60 A partir de agora, o Art. L. 1233-3, Código do Trabalho, elabora uma lista de indicadores contábeis suscetíveis de caracterizar dificuldades econômicas que justifiquem a despedida. A razão econômica é, de certa forma, pré-constituída.

61 A esse respeito, o direito espanhol oferece lições interessantes. Cf. A. Guaman Hernandez, O. Leclerc, "Les mutations du motif économique de licenciement", **RDT** 2016. 388.

62 S. Jubé, "La normativité comptable: un angle mort du droit social", **RDT** 2009. 211.

63 Nesse sentido, cf. igual. B. Géniaut. "Discussion: Sécurisation des parcours professionnels et ruputure du contrat de travail: une question de justification". **Revue de droit du travail**, n. 12, Paris: Dalloz, Décembre 2016, pp. 777-780.

DIREITO DO TRABALHO COMPARADO EM PERSPECTIVA HISTÓRICA: UM OLHAR SOBRE O DIREITO TRABALHISTA ITALIANO

Mariane Lima Borges Brasil[1]

1. INTRODUÇÃO

O presente trabalho foi idealizado com o intuito de fornecer conhecimentos básicos e abrangentes acerca da história do Direito do Trabalho na Itália, bem como da influência do movimento operário italiano no Brasil. Tem-se como objetivo habilitar os leitores a traçarem paralelos com a realidade brasileira e adquirirem compreensão crítica acerca dos fundamentos históricos desta área do Direito, possibilitando uma efetiva imersão na realidade jurídica-histórica italiana.

Historicamente, tem-se que, na Idade Moderna (séc. XIV), três grandes momentos mudaram o curso da história ocidental: a Renascença, a Revolução Francesa e a Revolução Russa. Cada uma delas era dotada de sua própria filosofia, a saber, o humanismo, o liberalismo e o socialismo, respectivamente, as quais contribuíram para a consolidação do capitalismo. Posteriormente, com a Revolução Burguesa-Francesa (1789) e suas consequências históricas advindas dos apelos da retórica capitalista, o capital tornou o trabalho "livre" e foi, então, possível admitir sua prestação mediante a figura do contrato.

Ao avançar na linha do tempo, nasce (como resultado de um longo processo histórico-social) a legislação trabalhista, no bojo do século XIX. As primeiras normas trabalhistas aprovadas pelos Estados Europeus eram relativas ao reconhecimento do sindicato (Inglaterra, 1824), ao exercício do direito de greve (França,

---

1 Advogada. Mestranda em Direito do Trabalho e Seguridade Social pela Faculdade de Direito da Universidade de São Paulo (FD-USP). Integrante do Grupo de Pesquisa Trabalho e Capital (GPTC-USP). Integrante do Grupo de Pesquisa Direito do Trabalho e Direitos da Personalidade (GPDP). E-mail: mariane.brasil96@gmail.com/ mariane.brasil@usp.br.

1864), aos seguros sociais (Alemanha, 1881) e, particularmente, aos acidentes do trabalho (Itália, 1883; Alemanha, 1884).

Assim, observa-se que o Direito do Trabalho possui uma história muito recente. Nota-se que ele é de fato o filho da Revolução Industrial de meados do século XIX e, como tal, foi impactado pelas condições ultra precárias de trabalho. Isso culminou em diversos movimentos sociais, incluindo inúmeras greves, ao ponto de a questão dos trabalhadores se tornar um problema social.

Partindo desse pressuposto, o Direito do Trabalho é, também, fruto de luta de classes, ou seja, a dinâmica destas está presente em seu germe. Cabe ressaltar, contudo, que ele não serve apenas aos interesses do trabalhador, mas também ao capital: possui importante papel na manutenção do capitalismo e nos avanços de suas forças produtivas. Isso significa que, por mais que tal ramo do direito se configure como uma conquista dos trabalhadores, carrega consigo uma contradição interna ao atender ao interesse histórico da burguesia. Tal afirmação ganha força a partir da percepção de que sua origem e desenvolvimento estão ligados à regulação e mitigação dos problemas sociais advindos da primeira Revolução Industrial, servindo como instrumento para a organização de formas de contratação do trabalhador urbano, cumprindo função inequivocamente capitalista.

Faz-se evidente que o Direito do Trabalho, produto de lutas sociais e de classes, possui sua gênese em tensionamentos históricos. Dado o fato de que ele possui faceta que organiza e possibilita o capitalismo a custo de proteção do trabalhador, nota-se sua face dialética. Não há dúvidas, portanto, que tal direito atende aos interesses históricos da burguesia, mas que, dialeticamente, protege os trabalhadores e trabalhadoras através de migalhas protetivas a eles concedidas.

Nessa linha, percebe-se que estamos lindando com um dos ramos do direito que é mais diretamente afetado pela situação econômica geral, pelas concepções ideológicas ou pelas estatísticas do sistema de referência. Tal afirmação ganha nitidez a partir do estudo histórico das legislações sociais trabalhistas ao redor do mundo, bem como seu estudo se torna crucial para evitar que se caia em falácias argumentativas condicionadas pelas mentiras do sistema econômico vigente.

A título de exemplo do aludido caráter dialético, pode ser citada a Organização Internacional do Trabalho (OIT), a mais antiga organização que trata do assunto, e que realiza uma atividade reguladora que consiste em recomendações referentes ao trabalho dirigidas aos Estados. Tais recomendações, no entanto, devem ser implementadas e ratificadas pelos próprios países, em projetos de convenções. Dessa forma, a função da OIT fica restrita a mera pacificação social.

Contudo, isso levou a uma onda (ao menos formalmente) de positivação e implementação principiológica e legal de proteção social nos Estados membros, ecoando nos mais diversos ordenamentos, regra da qual não escapou a Itália e o Brasil.

Configura-se como de extrema necessidade haver um ramo do direito direcionado ao estudo da regulamentação dos aspectos e problemas relacionados com a disciplina do trabalho; com a relação de trabalho e de emprego; e todas as demais questões atinentes ao tema. Trata-se, portanto, da regulamentação das relações entre empregador e trabalhador *lato sensu*, das relações sindicais (objeto do Direito Coletivo do Trabalho) e da seguridade social (da qual trata o Direito Previdenciário).

Dessa forma, não se pretende afirmar aqui que o Direito do Trabalho segue lógica liberal pura e específica, voltada à planificação formal de igualdade entre os sujeitos. Afinal, tal ramo assume, desde sua concepção, que essas pretensas liberdade e igualdade formais inexistem na materialidade. Assim, a seara trabalhista opera também em lógica social e detém certo potencial antissistêmico, ausente em outros campos do direito que cumprem a lógica liberal. Tem-se aqui estabelecido um dos grandes paradoxos do Direito do Trabalho.

Exposto esse panorama geral, adentra-se especificamente no ordenamento italiano, inevitavelmente inspirado por todo esse apelo sistêmico econômico, legislativo e histórico do Capital. Isso posto, importa ao presente estudo compreender o pano de fundo que permeou a história da positivação legal trabalhista na Itália e seus percalços naquele sistema. Buscar-se-á, também, desvendar mitos em relação à comparação da Consolidação das Leis do Trabalho brasileira com a *Carta Del Lavoro* italiana. O estudo será encerrado com a particularidade brasileira da influência do movimento operário italiano no pátrio, especialmente no que concerne aos movimentos sociais de luta em defesa do trabalho e seus desdobramentos.

2. BREVE HISTÓRICO DO DIREITO DO TRABALHO NA ITÁLIA

O presente tópico e seguintes subtópicos têm como função primordial realizar um apanhado geral de toda a história do Direito do Trabalho italiano, visando à maior apreensão didática do leitor. Por isso, optou-se pela divisão em três marcos centrais que não necessariamente se distinguem de forma estanque um dos outros. Ademais, como intitulado, a análise será breve[2].

2 Ressalta-se que boa parte das informações constantes nesse tópico foram coletas em aula proferida pela docente Maria Rosaria Barbato, Professora Adjunta de Direito do Trabalho e Direito Sindical da Faculdade de Direito da Universidade Federal de Minas Gerais (UFMG), no dia 04/04/2019 na Faculdade de Direito

1. Primeira Fase

No final do século XIX, foram positivadas as primeiras leis trabalhistas na Itália, as quais tinham como principal função a proteção dos trabalhadores em resposta ao ascender da questão social[3]. Importa destacar que os primeiros indícios de uma legislação trabalhista italiana, em verdade, estiveram presentes no Código Civil italiano, de 1865. Contudo, não havia uma regulamentação específica e orgânica sobre o tema na referida codificação ou no Código Comercial de 1882. A regulamentação, até então, era dispersa e sequer existia previsão específica referente ao contrato de trabalho, uma vez que a regulamentação do trabalho era deixada de fora do âmbito legislativo, vez que compreendia que neste campo a autonomia privada deveria prevalecer.

No que se refere a esses primeiros sinais de normas trabalhistas contidas no Código de 1865, tem-se que, em seu livro III, este dispunha sobre o "aluguel de trabalho" (*Della Locazione Delle Opere*)[4], presentes no art. 1.627 da aludida codificação. O "aluguel de trabalho", na tradução literal, era nada mais que a permissão de contratação de trabalhadores, cujas forças de trabalhos entendiam ser alugadas pelo empregador[5].

Assim, as únicas disposições especificamente referentes ao trabalho estavam dispostas em tal artigo e no art. 1.628 daquele código, o qual assegurava que "ninguém pode obrigar o trabalho ao serviço de outra pessoa ou para uma empresa específica"[6]. Proibia-se, em essência, a perpetuidade ou a tendência do contrato

da Universidade de São Paulo (FD-USP) para a disciplina de Direito Comparado em Perspectiva Histórica, ministrada pelo Professor Jorge Luiz Souto Maior.

3 Em meados ao final do século XIX passa a se discutir a necessidade de atender anseios da classe trabalhadora. Em primeiro lugar, há a regulamentação dos abusos da exploração de trabalho, bem como o ascender dos primeiros instrumentos normativos destinados a regular a contratação das forças de trabalho. Iniciados na Bélgica e na França, foram destinados em um primeiro momento a proibir a contratação de crianças (menores de oito anos), uma vez que a mortalidade infantil e a de trabalhadores adultos se intensificara diante da ausência de condições mínimas de trabalho. Tal situação foi catalisadora das lutas de classes que se seguiram. A burguesia, visando a conter tais movimentos, fraudou certa solidariedade à classe trabalhadora justamente para inviabilizar e invisibilizar o processo de luta social. Assim, a questão social não é um elemento que desponta da compaixão, solidariedade e humanismo das classes burguesas. A questão social, desse modo, possui um fundamento político, apesar de em seu substrato real guardar as lutas e as revoltas das ruas.

4 Neste contexto, a disciplina do contrato de arrendamento das obras aplicado ao *operarum locatio* e ao *locatio operis* contemplava em suas formas típicas contratuais, basicamente, as obrigações e responsabilidades das partes. Art. 1.627: *Vi sono ter principal specie di locazione di opere e d'industria: 1° Quella per cui le persone obbligano la própria opera all'altrui servizio; 2° Quella de'vetturini sì per terra como per acqua, che s'incaricano del trasporto dele persone o delle cose; 3° Quella degli imprenditori di opere as appalto o cottimo.*

5 CIVITELLI, Stefano. ***Storia del diritto del lavoro:*** *la prima legislazione sociale.* Tese de Doutorado defendida junto à Universidade de Florença, Florença, 2008.

6 Art. 1.628: *Nessuno può obbligare la propria opera all'altrui servizio che a tempo, o per una determinata impresa.*

de trabalho a estipular indefinidamente e forçosamente o préstimo trabalhista; permitindo o cancelamento de tal contrato a qualquer momento.

Os artigos citados refletiam uma antiga tradição, que remonta o pensamento e doutrina dos juristas romanos, em que a determinação do teor da regulação do trabalho era deixada para a autonomia mais ampla e indiscriminada da vontade privada[7]. Entretanto, é possível perceber no art. 1.628 um tímido e primitivo desabrochar de uma legislação "protetiva" aos trabalhadores, visto que continha referências específicas às relações de trabalho, embora ainda não implementasse um sistema de Direito do Trabalho que dispusesse sobre a adequação à legislação trabalhista.

Diante do exposto, é possível afirmar que a semente do Direito do Trabalho italiano se encontrava no Código Civil de 1865. Entretanto, faz-se necessário compreender que neste diploma o trabalho era equiparado às mercadorias, implementando uma espécie de contrato de locação de serviços. A prestação trabalhista, portanto, não era nada mais que um aluguel de mão de obra.

Posteriormente, já no final do século XIX, começaram a ser sentidos com mais intensidade os efeitos do processo de industrialização e, paralelamente, o agravamento da questão social. Por esse motivo, o Estado foi compelido a intervir através da introdução de legislações especiais e sociais. Formalmente, tais legislações representaram uma posição excepcional em relação ao sistema de direito comum (Direito Civil)[8].

Nesse período, foi desenvolvida uma série de legislações (em derrogação aos princípios do Código Civil), cujo intuito é proteger o trabalhador, compreendido como contratante "mais fraco" na relação de emprego. Ou seja, adota-se uma certa noção de hipossuficiência. Além disso, também com viés protetivo aos interesses da classe trabalhadora, passou a ser permitida a ocorrência de negociações coletivas, configurando os primeiros indícios de um direito sindical na Itália. Antes disso, qualquer forma de luta, manifestação ou greve era proibida[9].

Nota-se que o desenvolvimento dessas práticas sindicais foi crucial para o desenvolvimento das regras relativas à regulação do contrato de trabalho, especialmente

---

7 FERRARIO, Susanna. ***Pillole di Storia:*** *Brevi note in matéria di diritto del lavoro.* Disponível em: https://cutt.ly/Ep7rCka. Acesso em 23 de maio de 2015.

8 CIVITELLI, Stefano. ***Storia del diritto del lavoro:*** *la prima legislazione sociale.* Tese de Doutorado defendida junto à Universidade de Florença, Florença, 2008.

9 FERRARIO, Susanna. ***Pillole di Storia:*** *Brevi note in matéria di diritto del lavoro.* Disponível em: https://cutt.ly/Ep7rCka. Acesso em 23 de maio de 2015.

após o estabelecimento de "Conselhos de Árbitros" (1893)[10]. Em cada um destes, foram constituídas câmaras de arbitragem, além de um júri (*probiviris*), ao qual foi atribuída a função de decisão de conflitos laborais entre trabalhadores e empresários, caso um acordo não fosse alcançado entre as partes no processo de conciliação. Ressalta-se que, em razão da ausência de legislação específica, tais julgamentos utilizavam os critérios dos bons costumes e da equidade das regras coletivas derivadas da prática[11]. Configurou-se, pois, uma formação extralegal do Direito do Trabalho.

É no século XX, todavia, que pode ser temporalmente situada a consolidação do Direito do Trabalho na Itália. Em 1920, foram implementas as primeiras normas trabalhistas. O Reino da Itália, à época, obrigou os empregadores, por exemplo, a criarem uma espécie de "auxílio acidentário", cuja principal função girava em torno de conceder indenização ao trabalhador que sofresse algum acidente. Posteriormente, em 1933, esses seguros se tornaram públicos e passaram a ser regidos pelo *Istituto nazionale per l'assicurazione contro gli infortuni sul lavoro* (*INAIL*)[12]. Tem-se, aqui, o primeiro sinal do nascimento de uma legislação trabalhista específica e autônoma italiana. Sucessivamente, vieram outras várias intervenções legislativas.

O referido impulso regulatório tem continuidade com o fenômeno sindical. Este surge em razão do fato de que o trabalhador, ao se relacionar com outros trabalhadores, percebe-se como um ser coletivo e social. Não é simplesmente o trabalhador individual que tem problemas, mas toda a sua comunidade, que passa a ser reconhecida como classe. Dessa forma, compreende-se que, para que os problemas sejam superados, é necessário que haja organização e união. Nascem, então, as associações sindicais que lidam mais especificamente com as condições dos trabalhadores.

Também ascendem os movimentos grevistas, ou seja, de abstenção coletiva do trabalho. Assim, a negociação coletiva (entre empregador e comunidade de trabalhadores representados pelos sindicados) ganha força frente ao Estado[13]. A importância dos sindicatos é crescente durante os primeiros anos do século XX,

---

10 "Longa foi a evolução, desde os primeiros tipos de juízes do trabalho, até, depois das sucessivas etapas de transformações pelas quais passaram, chegar à época contemporânea e às características atuais, evolução essa que tem início na fase laica, na qual o poder de julgar as questões trabalhistas competia aos *prud'hommes* (França, 1806), aos *probiviri* (Itália, 1893), passando pela primeira fase jurisdicional com o pretor (Itália, a partir de 1928) e *o giudice del lavoro* ou *magistrato del lavoro* (Itália corporativa), até chegar, na fase moderna, ao juiz do trabalho especializado da sociedade industrial e pós-industrial". (NASCIMENTO, 2015).

11 CIVITELLI, Stefano. ***Storia del diritto del lavoro:*** *la prima legislazione sociale*. Tese de Doutorado defendida junto à Universidade de Florença, Florença, 2008.

12 CIVITELLI, Stefano. ***Storia del diritto del lavoro:*** *la prima legislazione sociale*. Tese de Doutorado defendida junto à Universidade de Florença, Florença, 2008.

13 GIUGNI, Gino. **Direito Sindical.** Cacucci Editore: Bari, 2007.

de que decorrem muitas conquistas para a classe trabalhadora, como a implementação de normas de segurança, a proibição de trabalho perigoso para crianças e mulheres grávidas, a regulamentação do horário de trabalho (regido pelo Decreto 692/1923), normas sobre descanso e feriados, etc[14].

Em 1922, todavia, os movimentos grevistas (e trabalhistas, em geral) sofrem grave baque: a ascensão de Benito Mussolini ao poder e a decorrente inauguração do regime fascista. A repressão foi tão forte que a greve e o *lockout* passaram a ser tipificados como crimes contra a economia nacional. Alguns anos depois, em 1926, o Estado Italiano promulgou a Lei Sindical, em que era reconhecida a liberdade sindical[15]. O país era signatário da OIT desde 1919, o que facilitou a aprovação de tal legislação. A Lei Sindical possibilitava a existência de vários sindicatos, mas apenas um era juridicamente reconhecimento, implementando o famoso corporativismo. Configura-se, de certa forma, uma espécie de "sindicato fascista".

Evento especialmente marcante no período retratado foi a promulgação da *Carta del Lavoro*, em 1927. Tal documento, que teve que seguir linhas traçadas pelo Partido Nacional Fascista, continha orientações acerca de como deveriam ser guiadas as relações de trabalho na sociedade. O documento carrega, portanto, reflexos do modelo político corporativista, especialmente porque atrelava empregador, trabalhador e Estado. Contudo, trata-se de legislação que trouxe ao Estado alguma responsabilidade pela proteção social (dentro dos limites possíveis à época). Como consequência, houve certo desenvolvimento social, em especial em razão de algumas disposições benéficas à classe operária, como a extensão dos contratos coletivos[16], vide artigos 13 e 19:

> Art. 13. O contrato coletivo de trabalho estende seus benefícios e a sua disciplina também aos trabalhadores a domicílio.
>
> Art. 19. O Estado fascista propõe: ao aperfeiçoamento do seguro de acidentes; à melhoria e extensão do seguro maternidade; ao seguro das doenças profissionais e das tuberculoses, assim como ao início do seguro geral contra todas as doenças; o aperfeiçoamento do seguro contra a desocupação involuntária; a adoção de formas especiais de seguros para os jovens trabalhadores.

14 CIVITELLI, Stefano. ***Storia del diritto del lavoro:*** *la prima legislazione sociale.* Tese de Doutorado defendida junto à Universidade de Florença, Florença, 2008.

15 GIUGNI, Gino. **Direito Sindical.** Cacucci Editore: Bari, 2007.

16 CIVITELLI, Stefano. ***Storia del diritto del lavoro:*** *la prima legislazione sociale.* Tese de Doutorado defendida junto à Universidade de Florença, Florença, 2008.

2. Segunda Fase (1942)

A partir de 1942, tem início a transição para a segunda fase da legislação laboral italiana. Esta se caracteriza pelo aumento da relevância jurídica do fenômeno social trabalhista e pela incorporação gradual dos princípios trabalhistas no sistema de direito privado. É neste momento que disciplinas de leis e acordos coletivos são inseridos na codificação italiana[17]. Assim, do ponto de vista formal, as conquistas advindas desse processo vêm da incorporação do Direito do Trabalho nesta codificação unificada. Importa ressaltar que tal incorporação não retirou a autonomia dos princípios fundamentais do direito trabalhista.

Ressalta-se que, nesse período, o regime corporativo-fascista estava superado, motivo pelo qual o Código Civil de 1942 muda completamente a forma de abordar as questões laborais. A codificação não dita especificamente as regras da relação de trabalho, mas expressa quem será o prestador (o trabalhador). Nessa perspectiva, em seu Livro V (*Libro Quinto: Del Lavoro*), o Código reconhece na atividade profissional o exercício da fidúcia de deveres e da colaboração entre empregador e trabalhador, bem como institui como característica específica da "relação de emprego" – estabelecendo paralelo com a legislação trabalhista brasileira – a subordinação do empregado (art. 2.094 do CC/42)[18]. Isso significa que, na Itália, quando há "relação de emprego", fala-se em trabalho subordinado.

Pode-se dizer que esta posição topológica legislativa corresponde à necessidade de estabelecer uma ligação estreita entre a ordenação da relação de trabalho e a empresa. Isso porque o objetivo perseguido pelo legislador do Código Civil girava em torno de realizar a unificação do Direito Civil e do Direito Comercial[19]. Também, o Livro V faz menção a espécies de trabalhos autônomos, os quais, à época, entendidos como atividades realizadas fora da empresa. Salienta-se, entretanto, que o trabalho realizado na empresa era considerado o mais socialmente relevante para fins legais, assim como o modelo normativo típico de emprego em torno do qual estão dispostas as relações de trabalho protegidas legalmente.

17 CIVITELLI, Stefano. ***Storia del diritto del lavoro:*** *la prima legislazione sociale*. Tese de Doutorado defendida junto à Universidade de Florença, Florença, 2008.

18 *Art. 2094 Prestatore di lavoro subordinato: E prestatore di lavoro subordinato chi si obbliga mediante retribuzione a collaborare nell'impresa, prestando il proprio lavoro intellettuale o manuale alle dipendenze e sotto la direzione dell'imprenditore.*

19 CIVITELLI, Stefano. ***Storia del diritto del lavoro:*** *la prima legislazione sociale*. Tese de Doutorado defendida junto à Universidade de Florença, Florença, 2008.

Assim, o legislador usou do conceito de parceria para descrever a subordinação presente no art. 2094 do CC/42[20], a descrevendo como a colaboração do trabalhador com o objeto contratual sob a direção e controle do empregador. Pode-se afirmar, frente ao apresentado, que a subordinação (sob o mote da colaboração) expressa, historicamente, a função organizacional atribuída pelo legislador ao contrato de trabalho, cuja finalidade era permitir que a atividade laboral fosse realizada pelos trabalhadores. Também nesse contexto está inserido o art. 2094 da regulamentação civilista, o qual consolida a autonomia do direito trabalhista italiano; posto que este era regido por princípios bastante diversos do Direito Civil[21].

Em síntese, se ao final do século XIX o legislador intervinha em princípios gerais (como a exploração de menores ou mulheres), com o passar do tempo, tais intervenções se tornaram cada vez mais frequentes e complexas. Nesse sentido, o Código de 1942 passou a definir figuras como o trabalho subordinado (art. 2.094) e os princípios gerais do contrato de trabalho (art. 2.060)[22]. A maior modificação, porém, veio com o estabelecimento de uma disciplina orgânica (hoje amplamente atualizada) relativa à proteção do trabalhador empregado.

No mesmo período, um importante debate tomou conta da doutrina trabalhista italiana, e girava em torno do fundamento da efetividade dos acordos coletivos de trabalho. Isso porque, a partir da revogação das regras do sistema corporativo, o acordo coletivo não poderia mais ser considerado uma instituição de direito público (art. 2077 CC/42)[23]. Dessa forma, foi necessário transportar o âmbito de análise dos contratos coletivos de trabalho para a seara privada, mais especificamente, para a autonomia privada. Neste caso, reconheceu-se a autonomia coletiva, juntamente com a autonomia individual, como uma espécie do gênero "autonomia privada"[24]. Partindo da nova perspectiva apresentada, conclui-se

---

20 *Art. 2094 Prestatore di lavoro subordinato: E prestatore di lavoro subordinato chi si obbliga mediante retribuzione a collaborare nell'impresa, prestando il proprio lavoro intellettuale o manuale alle dipendenze e sotto la direzione dell'imprenditore.*

21 CIVITELLI, Stefano. ***Storia del diritto del lavoro:*** *la prima legislazione sociale.* Tese de Doutorado defendida junto à Universidade de Florença, Florença, 2008.

22 *Art. 2060 Del lavoro: Il lavoro è tutelato in tutte le sue forme organizzative ed esecutive, intellettuali, tecniche e manuali*

23 *Art. 2077 Efficacia del contratto collettivo sul contratto individuale:*
I contratti individuali di lavoro tra gli appartenenti alle categorie alle quali si riferisce il contratto collettivo devono uniformarsi alle disposizioni di questo.
Le clausole difformi dei contratti individuali preesistenti o successivi al contratto collettivo, sono sostituite di diritto da quelle del contratto collettivo, salvo che contengano speciali condizioni più favorevoli ai prestatori di lavoro (1339).

24 GIUGNI, Gino. **Direito Sindical.** Cacucci Editore: Bari, 2007.

que a convenção coletiva produz efeitos vinculantes (art. 2.113 do Código Civil)[25] em relação os membros da associação sindical (empregadores ou empregados), devido a sua natureza e força de autonomia privada.

À par dessas discussões e frente a histórica repressão que os Sindicatos sofriam, há um feixe de esperança com a promulgação da Constituição de 1948, através do renascer da liberdade material sindical e o reconhecimento do direito de greve, ainda que institucionalizados, isso é, legalizados[26]. Nesse sentido, o artigo 39 estabelece:

> A organização sindical é livre. Aos sindicatos não pode ser imposta outra obrigação senão a do seu registo junto a órgãos locais ou centrais, segundo as normas da lei. É condição para o registo que os estatutos dos sindicatos sancionem um regulamento interno, baseado na democracia. Os sindicatos registados têm personalidade jurídica. Podem, desde que representados unitariamente na proporção dos seus associados, estipular contratos coletivos de trabalho com eficácia obrigatória para todos os pertencentes às categorias de que trata o contrato. O direito de greve é exercido no âmbito das leis que o regulamentam. *(SENATO DELLA REPUBBLICA, 2008)*

Entretanto, conforme o exposto, os sindicatos têm a obrigação jurídica de realizar seu registro em prol da aquisição de personalidade jurídica, que permitirá a realização de contratos coletivos com efeitos *erga omnes*. No mais, a legislação permitiu aos sindicatos plena liberdade e organização, de forma que qualquer tipo de agremiação poderia se tornar sindicado desde que tutelasse o interesse coletivo profissional de trabalhadores. Há que se fazer uma ressalva, todavia, acerca do primeiro ponto: na Itália, até os dias atuais, os sindicatos não realizam o registro, baseados no argumento de que não querem ser controlados pelo Estado, como forma de protesto.

Retornando especificamente para os contratos coletivos, tem-se que sua principal função é integrar e, se possível, melhorar a proteção conferida ao trabalhador pela lei, adaptando-a a diversos contextos.

---

25 *Art. 2113. Rinunzie e transazioni:*
Così sostituito dall'art.6 della Legge 11 agosto 1973, n. 533
Le rinunzie e le transazioni (1966), che hanno per oggetto diritti del prestatore di lavoro derivanti da disposizioni inderogabili della legge e dei contratti o accordi collettivi concernenti i rapporti di cui all'art. 409 Cod. Proc. Civ., non sono valide.
L'impugnazione deve essere proposta, a pena di decadenza, entro sei mesi dalla data di cessazione del rapporto o dalla data della rinunzia o della transazione, se queste sono intervenute dopo la cessazione medesima.
Le rinunzie e le transazioni di cui ai commi precedenti possono essere impugnate con qualsiasi atto scritto, anche stragiudiziale, del lavoratore idoneo a renderne nota la volontà.
Le disposizioni del presente articolo non si applicano alla conciliazione intervenuta ai sensi degli artt. 185, 410 e 411 Cod. Proc. Civ.
§ 3 Della previdenza e dell›assistenza

26 EDELMAN, Bernard. **A legalização da classe operária**. Tradução de Marcus Orione, Flávio Roberto Batista, Jorge Luiz Souto Maior, Pablo Biondi. São Paulo: Boitempo, 2016.

No entanto, existem alguns acordos coletivos realizados especialmente na década de 50 que obtiveram eficácia obrigatória por terem sido incorporados pelas disposições da lei que reproduzia o conteúdo em virtude da lei n. 741 de 1959. Tratou-se de manobra elaborada com o intuito de superar o fracasso na implementação do aludido artigo 39 da Constituição, o qual foi declarado inconstitucional e, eventualmente, caiu em desuso. Alguns acordos coletivos do período corporativo ainda permaneceram em vigor: em 1945 foram suprimidos, porém sua vigência foi mantida por lei para evitar a ocorrência de um vácuo regulatório[27]. A despeito desse fato, seus papéis foram praticamente inexistentes.

No que se refere à elaboração da Constituição italiana de 1948, importa observar que o documento foi elaborado em assembleia na qual nenhuma força política prevalecia. Dessa forma, todos os envolvidos foram relevantes e todas as correntes ideológicas da época contribuíram. Consubstanciou-se, pois, um compromisso firmado entre valores diversos e, às vezes, opostos. Nesse contexto, o trabalho assumiu o posto de um dos princípios fundamentais da República (conforme positivado no artigo 1º da Constituição), um critério orientador para a emancipação social e, por conseguinte, objeto de forte proteção.

Já no artigo 35, estabelece-se que "a República tutela o trabalhado em todas as suas formas e aplicações", enquanto os artigos seguintes estabelecem critérios precisos para determinar questões sensíveis relativas ao trabalho (remuneração, horas de trabalho, feriados, etc.). O artigo 37, por sua vez, reconhece a igualdade entre homens e mulheres e estabelece condições de proteção do trabalho de melhores, como a fixação de uma idade laboral mínima. Dessa maneira, a fase da constitucionalização do Direito do Trabalho italiano representou a proteção da parte hipossuficiente, isto é, do trabalhador.

A entrada em vigor da Constituição republicana, percebe-se, fundou uma nova etapa na evolução história do Direito do Trabalho italiano, ao qual foi direcionada uma relevância significantemente maior quando comparado ao Direito Civil e comercial. No mais, como resultado de políticas legislativas introduzidas na base de um novo conceito de dignidade social do cidadão, mudanças foram realizadas inclusive em instituições locais de Direito Civil e Comercial[28].

27 FERRARIO, Susanna. ***Pillole di Storia:*** *Brevi note in matéria di diritto del lavoro.* Disponível em: https://cutt.ly/Ep7rCka. Acesso em 23 de maio de 2015.

28 CIVITELLI, Stefano. ***Storia del diritto del lavoro:*** *la prima legislazione sociale.* Tese de Doutorado defendida junto à Universidade de Florença, Florença, 2008.

A expressão mais saliente de tais transformações, todavia, ocorreu mesmo no âmbito trabalhista. Afinal, o caráter predominante da legislação em questão se constitui na proteção original do trabalhador como o mais fraco sujeito-contratante. Mas esta não é sua finalidade exclusiva, visto que o foco está na garantia dos direitos sociais. O legislador introduz, assim, o conceito segundo o qual o cidadão deve ser titular de direitos subjetivos adequados à realização do objetivo de igualdade substancial. Nessa linha, em última análise, reconhece-se legalmente a posição subjetiva constitucional do trabalhador detentor dos direitos sociais.

Os argumentos ofertados fornecem uma visão clara do fenômeno de constitucionalização do direito privado, a partir da qual este é chamado a abandonar sua tradicional neutralidade e a se conectar com os modelos de sistemas econômicos configurados pela Constituição[29]. A prioridade, dessa forma, é dirigida aos interesses e à tutela dos mais "fracos", ou seja, dos trabalhadores.

A partir dessa visão e como parte da codificação unificada de direito privado, as peculiaridades desse não ficam tão pronunciadas. Ressalta-se que este foi um dos aspectos mais debatidos em sede doutrinária e jurisprudencial. Reitera-se, portanto, como o processo de implementação da Constituição ocupou papel determinante na evolução do Direito do Trabalho na fase de consolidação da democracia e da industrialização italiana.

Ao seguir na linha do tempo imaginária traçada, no que tange à evolução do Direito do Trabalho no período imediatamente posterior à promulgação da Constituição, torna-se possível distinguir duas tendências referentes à política legal. A primeira se dirige, mormente, para a integração da disciplina codicistica, ou seja, para a melhoria do sistema mínimo de proteção do trabalhador como sujeito contratualmente fraco que necessita de proteção. A segunda corrente considera o trabalhador duplamente vulnerável, isto é, não apenas de modo individual, mas também coletivamente (pertencente a uma classe ou categoria protegida socialmente).

Contudo, nos anos imediatos que seguem à promulgação da Constituição Italiana de 1948 houve redução na produção legislativa trabalhista. Mas, a partir dos anos 60, graças em grande medida à atuação do Partido Socialista, a grande temporada de leis trabalhistas foi retomada. Em 1960, a contratação ilegal foi proibida. Dois anos depois, redigiu-se o protocolo que deu fim à unicidade do contrato coletivo nacional como única fonte contratual, e foi introduzida a

29 CIVITELLI, Stefano. ***Storia del diritto del lavoro:*** *la prima legislazione sociale.* Tese de Doutorado defendida junto à Universidade de Florença, Florença, 2008.

contratação articulada em nível empresarial. Aos sindicados, foi permitida a negociação direta com essas empresas. Já em 1966, foi editada a primeira norma em matéria de dispensa, que estabelecida a necessidade de motivação para tal. No mais, o trabalhador teria direito a uma tutela indenizatória em caso de dispensa se a empresa contasse com mais de 15 empregados (de grande porte). A partir de então, o despedimento individual só poderia ocorrer diante de justa causa[30].

Frente ao exposto, percebe-se que a proteção não mais se limita às condições mínimas de tratamento, mas se estende à dignidade social e, em seguida, para os trabalhadores individuais, especificando-se também como proteção contra a discriminação. Na mesma linha, observa-se a tendência à promoção do reequilíbrio dos trabalhadores nas relações de poder, não só nas empresas, mas nas esferas sociais mais amplas, por intermédio da legislação promocional do Estatuto dos Trabalhadores.

Tal Estatuto representou um marco na legislação trabalhista italiana. Até o século XX, a principal fonte do Direito do Trabalho esteve no Código Civil italiano. Em meados dos anos 60, todavia, foi instaurado intenso debate (para o qual autores como Gino Giugni forneceram ampla contribuição) acerca da regulação das relações trabalhistas, o qual culminou na promulgação do *Statuto dei Lavorati* (Estatuto dos Trabalhadores), em 1970. Este é fundamental na tratativa do tema até os tempos atuais, e se trata da maior e mais importante norma do direito dos trabalhadores e sindicatos na Itália.

O Estatuto possui apenas 29 artigos, que contam com densidade e profundidade ímpar. Ademais, o documento é responsável por introduzir novos direitos, como a liberdade de expressão do trabalhador (artigo 1), regras sobre empresas audiovisuais (artigo 4), a proibição de investigação ideológica-política do trabalhador (artigo 8), regras sobre o controle de revista pessoal (artigo 6) – que são as buscas realizadas sobre o trabalhador na entrada e saída das empresas, e normas acerca da reintegração no local de trabalho (artigo 18). Forneceu-se, portanto, proteção real à classe operária[31].

Conforme pensamento de Gino Giugni, até o Estatuto, a Constituição parou nos portões das fábricas. Com o estatuto, a onda de direitos, finalmente, entrou nas fábricas[32]. Tal legislação marcou o auge da produção legislativa pro-

---

30 CIVITELLI, Stefano. ***Storia del diritto del lavoro:*** *la prima legislazione sociale.* Tese de Doutorado defendida junto à Universidade de Florença, Florença, 2008.

31 DEL PUNTA, Ricardo. ***Il lavoro:*** *Dalla Liberazione allo Statuto dei lavoratori.* Disponível em: https://cutt.ly/Qp7alRO. Acesso em 20 de maio de 2019.

32 GIUGNI, Gino. **Direito Sindical.** Cacucci Editore: Bari, 2007.

tetiva do trabalhador na Itália. As legislações posteriores, conforme será tratado, foram afetadas pela ideologia neoliberal, refletindo positivações desfavoráveis aos trabalhadores – de verdadeiro desmonte de seus direitos – e representaram mera legislações de emergência visando à contenção de "crises" econômicas.

3. Terceira Fase (1970)

Os anos 70 foram marcados por crises (em especial a do petróleo) e pela ascensão da doutrina neoliberal. O Direito do Trabalho passou a ser tratado como mero direito de emergência. Em decorrência, buscando uma contenção do custo do trabalho, surgiram várias normativas conservadoras. Um dos principais marcos nesse sentido foi a expansão dos contratos de trabalho determinados. Ressurgia, pois, a onda flexibilizadora. Por volta de 1975, é possível localizar uma nova fase na legislação trabalhista, etapa conhecida como "Direito do Trabalho da crise"[33].

As intervenções legislativas desse período acabavam por minar a estabilidade no emprego e a continuidade da renda dos trabalhadores. O argumento utilizado predominantemente girava em torno da promoção da proteção e crescimento dos níveis de trabalho (e não necessariamente dos postos de trabalho individuais)[34]. Expandem-se as possibilidades no que tange às formas de utilização flexível da força de trabalho enquanto, conjuntamente, são introduzidas medidas para se obter uma redução da taxa de inflação por intermédio da desaceleração de mecanismos de indexação salarial.

A década de 80, em seu turno, dá início à época dos acordos triangulares realizados entre os sindicatos e o próprio governo. Os primeiros conseguiam se aproximar do segundo ao ponto que este os fagocitou. Isso porque, nesse período, começa-se a conciliação e a ideia de atuações conjuntas. Em decorrência, os sindicatos começam a perder suas bases e esquecer quem, de fato, representam. No mais, inicia-se discussão acerca da relação de trabalho parassubordinada (zona cinzenta entre autonomia e subordinação). Como consequência do debate, obteve-se efeito contrário do pretendido: quem ainda era amparado pelo direito trabalhista foi jogado para fora[35].

---

33 CIVITELLI, Stefano. ***Storia del diritto del lavoro:*** *la prima legislazione sociale.* Tese de Doutorado defendida junto à Universidade de Florença, Florença, 2008.

34 CIVITELLI, Stefano. ***Storia del diritto del lavoro:*** *la prima legislazione sociale.* Tese de Doutorado defendida junto à Universidade de Florença, Florença, 2008.

35 CIVITELLI, Stefano. ***Storia del diritto del lavoro:*** *la prima legislazione sociale.* Tese de Doutorado defendida junto à Universidade de Florença, Florença, 2008.

Nos anos 90, consolida-se a destruição da ideia protetiva do direito trabalhista. Em 1997, a Lei 196 estabelece o fim da proibição de intermediação da mão-de-obra (terceirização). No que tange à temática do trabalho público, nessa mesma década, tem-se o imponente fenômeno (do ponto de vista legal) da privatização na Itália, conforme o Decreto Legislativo n. 29 de 1993 e regulamentos subsequentes, posteriormente incorporados no Decreto Legislativo n. 165, de 2001[36]. Nesse contexto, observa-se que a esquerda tradicional começou a abrir brechas no sistema de tutela mais forte que possuía o Direito do Trabalho até então. Inicia-se o debate sobre a rigidez do Direito do Trabalho.

Grandes reformas trabalhistas são empenhadas, dentre as quais destaca-se a normativa que rege a possibilidade de trabalho por tempo parcial. Esse conjunto de intervenções legislativas foi responsável por muitos aspectos do desenvolvimento futuro da política de Direito do Trabalho da época, orientada para novos modelos de governança de relações industriais, em paralelo com o reforço das práticas de concertação entre o governo e os parceiros sociais. Além disso, faz-se evidente a maior flexibilidade do mercado de trabalho.

Abre-se um parêntese para explicar que grande parte da atividade legislativa do período em questão foi influenciada pela necessidade de adaptar a legislação nacional italiana às restrições e objetivos decorrentes da adesão à União Europeia[37]. Este fato explica os fortes constrangimentos econômicos relativos à inflação, ao déficit orçamentário e à dívida pública, os quais influenciaram fortemente a descrita política legislativa, em especial no domínio da segurança social.

Nesse contexto, a reforma do Título V da Constituição é digna de nota: introduz-se uma nova forma de federalismo legislativo e, no que se refere ao nosso assunto, modificam-se atributos de ordem civil e relativos à segurança social; define-se que a jurisdição exclusiva é do Estado e depende de competência partilhada entre este e as Regiões; implementam-se mudanças no campo da educação, formação profissional, proteção e segurança no trabalho e pensões complementares[38].

Conforme é possível inferir, desde a década de 90, ocorreu uma progressiva introdução de novas figuras e contratos de trabalho, particularmente após

36 CIVITELLI, Stefano. ***Storia del diritto del lavoro:*** *la prima legislazione sociale.* Tese de Doutorado defendida junto à Universidade de Florença, Florença, 2008.

37 CIVITELLI, Stefano. ***Storia del diritto del lavoro:*** *la prima legislazione sociale.* Tese de Doutorado defendida junto à Universidade de Florença, Florença, 2008.

38 CIVITELLI, Stefano. ***Storia del diritto del lavoro:*** *la prima legislazione sociale.* Tese de Doutorado defendida junto à Universidade de Florença, Florença, 2008.

a publicação do *Treu* (Lei 196/1997). A legislação foi reforçada no decorrer do segundo governo de Berlusconi, com a promulgação da Lei Biagi, em 2003, e o subsequente decreto legislativo n. 276, no mesmo ano, que modificou de forma significativa o direito trabalhista italiano. De fato, houve transformação decisiva no que concerne aos tipos contratuais trabalhistas, cuja ampliação do escopo de alguns existentes (como é o caso, por exemplo, do trabalho temporário) deu origem a criação de novas formas contratuais.

Nos anos 2000, inúmeras novidades foram apresentadas, em especial em sede principiológica. O governo nomeado em 2001 abriu a legislatura com a publicação de um *Libro Bianco* sobre o mercado de trabalho na Itália. No documento, o enfoque foi direcionado às necessidades de uma maior liberalização do mercado de trabalho, à reavaliação da autonomia individual e da autonomia coletiva, à definição das condições de emprego e à superação das limitações resultantes do sistema anterior de consulta com os parceiros sociais[39].

O denominador comum das novas intervenções é, certamente, a flexibilidade. A reforma Biagi de 2003 se baseia neste princípio (nome inspirado em Marco Biagi, professor de Direito do Trabalho e colaborador do Ministro Sacconi na reforma, assassinado pelas Novas Brigadas Vermelhas em 19 de março de 2002 em Bolonha), que criara várias formas de flexibilidade. Inovações flexibilizadoras, inspirados por ideologias neoliberais, caracterizaram o Direito do Trabalho nos primeiros anos desta década.

O novo curso tem como evento mais significativo a constituição da legislação de reforma do mercado de trabalho de 2003, que introduziu novas figuras contratuais relativas ao chamado contrato "atípico". Além disso, traz uma disciplina reformista de algumas figuras contratuais pré-existentes (por exemplo, a tempo parcial e de aprendizagem), tudo com o objetivo final de maior flexibilidade[40].

Nessa baila, em 2003, o art. 18 do Estatuto dos Trabalhadores foi o pomo da discórdia. Tal artigo concedia à Justiça do Trabalho poderes absolutos para reintegrar ao trabalho todo trabalhador despedido sem justa causa. O Presidente da República Italiana à época, Silvio Berlusconi, tentou retirar o art. 18 de vigência, diminuir seu impacto nas empresas. Não obteve êxito, contudo, em retirá-lo

39 CIVITELLI, Stefano. ***Storia del diritto del lavoro:*** *la prima legislazione sociale.* Tese de Doutorado defendida junto à Universidade de Florença, Florença, 2008.

40 CIVITELLI, Stefano. ***Storia del diritto del lavoro:*** *la prima legislazione sociale.* Tese de Doutorado defendida junto à Universidade de Florença, Florença, 2008.

completamente do ordenamento. Por outro lado, conseguiu flexibilizar a entrada no trabalho criando outras formas contratuais de emprego, burlando o elemento da subordinação. Dando continuidade à série de reformas trabalhistas na Itália.

Diante do explanado, faz-se possível compreender que, no início do século XXI, ocorreu a liberalização do mercado de trabalho, em especial a partir de 2003, com a promulgação da Lei n. 30, mais conhecida como Lei Biagi (em homenagem ao Prof. Marco Biagi). Em aplicação da delegação, o Decreto Legislativo n. 276, de setembro do mesmo ano que, devido à escala das inovações, poderia ser comparado aos de 1970 e 1993. O assunto foi então modificado pelo governo Renzi com o chamado Jobs Act[41].

O Governo Técnico de Monti, por intermédio da Lei Fornero (Lei 92/2012), ataca novamente o pilar do artigo 18. É em 2014, no entendo, que vem o golpe decisivo: durante o governo Renzi, com a chamada Reforma *Jobs Act*, a proteção do artigo 18 teve seu fim, essencialmente, sendo substituída por um novo sistema. A Reforma em questão incluía uma série de regulamentações, as quais implementaram uma reorganização dos contratos de trabalho e modificou o status de trabalhadores. Houve, ainda, o Decreto Legislativo n. 23, de 2015, que estabelece disposições restritivas acerca da contratação de trabalho por tempo indeterminado.

Conforme muitos autores atestam, tais como os aqui referenciados, torna-se possível auferir que o princípio mais básico da legislação trabalhista, a saber o de proteção do trabalhador, desapareceu em favor de um novo princípio regente, baseado na flexibilidade.

3. DESVENDANDO O MITO DA TAL CLT "FASCISTA"

A partir do presente tópico o estudo será direcionado a algumas interlocuções entre o Direito do Trabalho italiano e o Direito do Trabalho brasileiro, ressaltando a influência italiana no ordenamento pátrio.

A Consolidação das Leis do Trabalho brasileira (CLT) sempre esteve na mira de ataques impetrados contra o Direito do Trabalho. Alguns afirmam que a legislação é velha, obsoleta, visto que editada em 1943. Outros condenam sua inspiração na *Carta Del Lavoro* italiana, fruto da interlocução existente entre Musso-

41 CIVITELLI, Stefano. ***Storia del diritto del lavoro:*** *la prima legislazione sociale.* Tese de Doutorado defendida junto à Universidade de Florença, Florença, 2008.

lini e Getúlio Vargas, alegando que se trata, portanto, de lei fascista, cujos artigos são ultrapassados. Contudo, tais afirmativas são inverídicas.

Esses mitos já foram enfrentados pelo professor Jorge Luiz Souto Maior, que demonstrou majestosamente em seu livro intitulado História do Direito do Trabalho no Brasil[42] que a história normativa do Direito do Trabalho pátrio tem início bem antes da consolidação das leis do trabalho. O autor demonstra, de forma sintetizada, que a experiência legislativa trabalhista, desde a Primeira República, foi bastante considerável. Seu início data ainda do século XIX, em 1890, com o Decreto n. 1.313. Souto Maior conclui que a CLT foi impulsionada pela necessidade de agrupamento das diversas legislações trabalhistas existentes à época, bem como fruto direto das lutas sociais, de classes, dos trabalhadores; representado conquista histórica destes. Acerca do assunto, o autor afirma:

> Podem ser citados ainda: o Decreto n. 979/1903, sancionado pelo Presidente Rodrigues Alves, que facultava aos profissionais da agricultura e indústria rural organizarem-se em sindicatos; o Decreto n. 1.150, de 05 de janeiro, de 1904, que instituiu o privilégio para pagamento de dívidas provenientes de salário do trabalhador rural, tendo sido alterado, em 1906, por outro decreto, de n. 1.607; o Decreto n. 6.532/1907, que regulamentou o pagamento de salários aos trabalhadores rurais; o Decreto n. 6.562, de 16 de julho de 1907, que tratou da inspeção de teatros e demais casas de diversões no Distrito Federal, "com dispositivos cuidando expressamente da duração do trabalho e garantias dos artistas e empregados"[i]; o Decreto n. 1.637, de 5 de Janeiro de 1907, que possibilitou a criação de sindicatos profissionais no âmbito urbano e de sociedades cooperativas; de aplicabilidade restrita ao Distrito Federal, a Lei municipal n. 1.350, de 31 de outubro de 1911, sancionada pelo então prefeito, Bento Ribeiro, que fixou o horário de trabalho no comércio, "facultando aos estabelecimentos dessa natureza funcionarem, diáriamente, num limite de 12 horas"[ii] (segundo Dario de Bittencourt, que "Resultado de uma campanha de tres anos da União dos Empregados no Comércio do Rio de Janeiro, tal lei possibilitou o surto de outras, em todos os Estados, principalmente nas capitais e cidades importantes"[iii]); o Decreto n. 3.724, de 15 de janeiro de 1919, que acolheu a tese da teoria do risco profissional, estabelecendo uma responsabilidade do empregador de indenizar o acidente do trabalho; o Decreto n. 16.027, de 1923, que criou o Conselho Nacional do Trabalho; o Decreto n. 4.682, de 23 de janeiro de 1923, que instituiu a Caixa de Aposentadoria e Pensões para os empregados em empresas de estrada de ferro, prevendo vários direitos trabalhistas, dentre eles a estabilidade no emprego após dez anos de serviço; a Lei n. 4.982, de 24 de dezembro de 1925, que estabeleceu o direito de férias aos empregados e operários; e o Decreto

42 Para maiores informações ler: SOUTO MAIOR, Jorge Luiz. **História do Direito do Trabalho no Brasil**. Curso de Direito do Trabalho. São Paulo: LTr, 2017

n. 17.943-A, de 12 de outubro de 1927, uma espécie de Código de Menores, que fixou regras específicas sobre o trabalho da criança.

Lembre-se, também, dos diversos dispositivos trabalhistas trazidos nas leis municipais de interesse sanitário, como, em São Paulo, o Código Sanitário, Decreto n. 233, de 2 de março de 1894, com 520 artigos que regulavam, dentre outras coisas, as condições sanitárias dos ambientes de trabalho, do trabalho noturno e infantil; e a Lei n. 1.596, de 1917, que reforçou muitos desses dispositivos e foi além.

Destaque-se, ainda, a instauração, em 16 de maio de 1919, da Comissão Especial de Legislação Social da Câmara dos Deputados, com o objetivo de, atendendo as obrigações assumidas pelo Brasil, no Tratado de Versalhes, realizar estudos voltados à elaboração de leis trabalhistas[43].

Resta claro que as acusações que ligam a CLT à mera interlocução entre Vargas e Mussolini são inverídicas, já que, como auferido acima, a legislação trabalhista no Brasil se inicia muito antes da implementação do projeto da CLT e possui sua gênese em tensionamentos sociais e na necessidade de agrupar e organizar as leis esparsas sobre o assunto anteriormente existentes. Ademais, no que concerne à acusação de ser obsoleta, ainda sob a luz dos ensinamentos de Souto Maior, tem-se que muito pouco restou da literalidade presente nos artigos originais, de 1943. Pode-se afirmar, inclusive, que a CLT editada naquele ano há muito não regula as relações de trabalho no Brasil.

> Dos 921 artigos que constavam da CLT, em 1943, somente 625 diziam respeito aos direitos trabalhistas propriamente ditos, pois os demais regulavam o processo do trabalho. Desses 625, apenas 255 não foram revogados ou alterados total ou parcialmente de maneira expressa por leis posteriores, editadas nos mais diversos governos; e 65 não foram recepcionados pela Constituição de 1988, como reconhece doutrina e jurisprudência, expressamente. Os 188 artigos restantes estão integrados a institutos que passaram, considerando o conjunto normativo, por diversas modificações[44].

Esclarece-se ainda que, do ponto de vista legislativo, os direitos trabalhistas que se aplicam às relações de trabalho no Brasil atualmente não foram sequer criados pela CLT de 1943, como:

> [...] Decreto n. 24.637/1934; Decreto-Lei n. 2.122/1940; Decreto n. 5.493/1940; Lei n. 435/1937; Decreto n. 23.152/1933; Decreto n. 23.322/1933; Decreto n. 23.303/1933; Decreto n. 1.918/1937; Decreto n. 23.768/1934; Decreto-Lei n. 1.843/1939; Lei n. 62/1935; Decreto n. 2.308/1940; Decreto-Lei n. 5.429/1943; Decreto n. 21.417-A/1932; Decreto-Lei n. 399/1938; Decreto-Lei n. 4.373/1942; Decreto-Lei

43 SOUTO MAIOR, Jorge Luiz. **"A CLT é velha"**. 2017. Disponível em: https://www.jorgesoutomaior.com/blog/i-a-clt-e-velha. Acesso em 24 de maio de 2019.

44 SOUTO MAIOR, Jorge Luiz. **"A CLT é velha"**. 2017. Disponível em: https://www.jorgesoutomaior.com/blog/i-a-clt-e-velha. Acesso em 24 de maio de 2019.

n. 4.114/1942; Decreto-Lei n. 4.404/1941; Decreto-Lei n. 3.070/1941; Decreto-Lei n. 1.237/1939; Decreto n. 6.596/1940; Decreto-Lei n. 3.616/1941; e Decreto-Lei n. 2.028/1940; b) Carteira de Trabalho: Decreto n. 21.175/1932; Decreto n. 22.035/1932; Decreto-Lei n. 2.308/1940; e Decreto n. 23.591/1933; c) limitação da jornada de trabalho: Decreto-Lei n. 2.308/1940 e Decreto n. 23.152/1933; d) períodos de descanso: Decreto-Lei n. 2.308/1940; e) salário mínimo: Lei n. 185/1936; Decreto-Lei n. 399/1938; Decreto-Lei n. 2.548/1940; e Decreto-Lei n. 2.162/1940; f) proteção do trabalho da mulher: Decreto n. 21.417-A/1932; g) proteção do trabalho do adolescente: Decreto n. 17.934, de 12.10.1927; Decreto-Lei n. 3.616/1941; h) contrato de trabalho: Lei n. 435/1937; Decreto n. 54/1934; e Decreto-Lei n. 4.350/1942; i) remuneração: Decreto-Lei n. 3.813/1941; Decreto-Lei n. 65/1937; Decreto-Lei n. 2.162/1940; e Decreto-Lei 399/1938; j) estabilidade no emprego: Lei n. 62/1935; Decreto n. 4.682, de 23 de janeiro, de 1923; l) férias: Decreto n. 4.982, de 24 de dezembro de 1925; m) justa causa: Lei n. 108, de 11 de outubro, de 1837; Lei n. 62, de 5 de junho de 1935[45].

Além de que, como ensina Souto Maior, depois de 1943, muitos direitos trabalhistas, por contextualização política, social e econômica diversa, foram sendo criados por várias outras leis, como: Descanso Semanal Remunerado (Lei n. 605/49); Vendedores, viajantes ou pracistas (Lei n. 3.207/57); 13º salário (Lei n. 4.090/62); FGTS (Lei n. 5.107/67); PIS (Lei Complementar n. 7/70); trabalho em atividade petrolífera (Lei n. 5.811/72); trabalho doméstico (Lei n. 5.859/72); trabalho rural (Lei n. 5.889/73); Férias de 30 (trinta) dias (Decreto-Lei n. 1.535/77); Alimentação do trabalhador (Lei n. 6.321/76); Serviços no exterior (Lei n. 7.064/82); Vale-transporte (Lei n. 7.418/85); Mãe social (Lei n. 7.644/87); direito de greve (Lei n. 7.783/89); Pessoas com deficiência (Lei n. 7.853/89); PIS-PASEP (Lei n. 7.859/89); seguro-desemprego (Lei n. 7.998/90; regulação atual do FGTS (Lei n. 8.036/90); trabalho do adolescente (Lei n. 8.069/90); atleta profissional (Lei n. 9.615/98); empregado público (Lei n. 9.962/00); participação nos lucros e resultados (Lei n.10.101/00); proteção ao idoso (Lei n.10.741/03); igualdade racial (Lei n.12.288/10); aviso prévio proporcional (Lei n.12.506/11); motorista profissional (Lei n.12.619/12, alterada pela Lei n. 13.103, de 2 de março de 2015); vale-cultura (Lei n.12.761/12), etc[46].

Faz-se necessário destacar, também, a Constituição Federal de 1988, que regula de fato as relações de trabalho no Brasil, visto que nenhuma norma infraconstitucional pode contrariá-la. Em especial, os artigos 7º e 9º, da CF, deixam

---

45 SOUTO MAIOR, Jorge Luiz. **"A CLT é velha"**. 2017. Disponível em: https://www.jorgesoutomaior.com/blog/i-a-clt-e-velha. Acesso em 24 de maio de 2019.

46 SOUTO MAIOR, Jorge Luiz. **"A CLT é velha"**. 2017. Disponível em: https://www.jorgesoutomaior.com/blog/i-a-clt-e-velha. Acesso em 24 de maio de 2019.

claro que as leis trabalhistas têm por finalidade a melhoria da condição social dos trabalhadores, relacionando quais são os direitos trabalhistas "de modo que a legislação infraconstitucional anterior ou foi recepcionada pela Constituição e vale, ou não foi recepcionada, deixando, pois, de ter valor jurídico"[47].

Acrescenta-se ainda que os princípios básicos da ordem sindical brasileira que comungam dos mesmos conceitos adotados na *Carta del Lavoro* foram todos incorporados pelo art. 8º da Constituição Federal de 1988 (como estiveram presentes, também, nas Constituições de 1946 e 1967)[48]. Dentre eles, citam-se a unicidade, o registro sindical, as contribuições recolhidas via Estado e o poder normativo judiciário. Isso, de forma alguma, significa que nossa Constituição é fascista.

No mais, a *Carta del Lavoro* italiana, de 1927, foi, em verdade, uma carta de princípios, com 30 artigos do governo fascista de Mussolini, e visava à proclamação política do Partido Nacional Fascista Italiano, com o fim de orientar o programa de governo do partido que, como ensina Souto Maior:

> (...) em nada se assemelha aos 921 artigos iniciais da CLT, a não ser quanto à vinculação do sindicato ao Estado, mas essa parte da CLT, prevendo essa vinculação, chegou a ser revogada, integralmente, em 1946, no governo de José Linhares e foi revigorada no governo de Gaspar Dutra, em 1946. De todo modo, essa vinculação foi juridicamente rompida desde 1988, com a promulgação da atual Constituição[49].

Ademais, a presença do corporativismo na *Carta del Lavoro* apenas consolidava o princípio da unicidade sindical, atribuindo a regulação dos sindicatos ao Estado. Tal afirmação pode ser retirada do enunciado III do documento, que estabelecia que: há liberdade de organização profissional ou sindical. Mas somente o sindicato legalmente reconhecido e sujeito ao controle do Estado tem o direito de representar legalmente toda a categoria de empregadores ou empregados que o constituem. [...] ou estipular contratos coletivos de trabalho que vinculem todos aqueles que pertencem à categoria, ou impor-lhes taxas ou exercer em seu nome funções delegadas de interesse público. Contudo, como destaca Cássio Casagrande:

> (...) a concepção "corporativa" de ordem sindical (isto é, sindicato único autorizado e regulado pelo Estado) é anterior ao fascismo, que a abraçou tardiamente; ela

47 SOUTO MAIOR, Jorge Luiz. **"A CLT é velha"**. 2017. Disponível em: https://www.jorgesoutomaior.com/blog/i-a-clt-e-velha. Acesso em 24 de maio de 2019.

48 SOUTO MAIOR, Jorge luiz. **O "fascismo" como retórica e a democracia em risco**. 2019. Disponível em: https://www.jorgesoutomaior.com/blog/o-fascismo-como-retorica-e-a-democracia-em-risco. Acesso em 23 de maio de 2019.

49 SOUTO MAIOR, Jorge luiz. **O "fascismo" como retórica e a democracia em risco**. 2019. Disponível em: https://www.jorgesoutomaior.com/blog/o-fascismo-como-retorica-e-a-democracia-em-risco. Acesso em 23 de maio de 2019.

estava presente em fins do século XIX tanto no positivismo sociológico de Augusto Comte, como na "doutrina social" da Igreja Católica, especialmente nas encíclicas *Rerum Novarum* e *Quadragesimo Anno*[50].

Ao retornar à realidade brasileira, conclui-se que a CLT de 1943 já não existe no mundo jurídico há muito tempo, razão pela qual o argumento não tem como ser considerado. "Ou seja, a tal CLT fascista, cópia da *Carta del Lavoro* de Mussolini não passa de uma figura mitológica que sempre serviu aos argumentos retóricos de ataque aos direitos dos trabalhadores, que estão muito distantes de serem dádivas do Estado"[51]. Ainda, como explicita Souto Maior, não bastasse esse fato, o atual texto da CLT foi completamente reformado em 2017 (Lei nº 13.467), de forma que certos dispositivos não alterados acabaram sendo revisitados. O raciocínio lógico, portanto, não deixa dúvidas de que a CLT de 1943, de origem fascista, não existe na realidade concreta há um bom tempo.

4. INFLUÊNCIA ITALIANA NO MOVIMENTO OPERÁRIO BRASILEIRO

O presente tópico visa a demonstrar a influência que o movimento operário italiano exerceu em solo brasileiro, especialmente no germe da industrialização brasileira, momento em que despontam nossas primeiras leis trabalhistas, bem como sindicados. Destaca-se que, em razão de recorte metodológico, optou-se pela análise centrada na cidade de São Paulo na transição do século XIX para o século XX. A fonte bibliográfica principal para o estudo foi o texto do professor Luigi Biondi intitulado: "A greve geral de 1917 em São Paulo e a imigração italiana: novas perspectivas"; e o texto de Oswaldo Coggiola chamado "Origens do movimento operário e do socialismo no Brasil". A escolha pela particularidade da greve de 1917 para abordar a temática pode ser justificada porque:

> Foi talvez na greve geral de 1917, pela sua natureza crítica, que mais explicitamente emergiu o modo como estava ocorrendo a progressiva inserção do trabalhador italiano na sociedade de acolhida e a sua participação na formação de uma classe operá-

50 CASAGRANDE, Cássio. **Associar a CLT ao fascismo é uma mistificação da História:** Afirmativa revela ignorância sobre origens do Direito do Trabalho no Brasil e no mundo. Disponível em: https://www.jota.info/opiniao-e-analise/colunas/o-mundo-fora-dos-autos/associar-a-clt-ao-fascismo-e-uma-mistificacao-da-historia-06082018. Acesso em 23 de maio de 2019.

51 SOUTO MAIOR, Jorge luiz. **O "fascismo" como retórica e a democracia em risco**. 2019. Disponível em: https://www.jorgesoutomaior.com/blog/o-fascismo-como-retorica-e-a-democracia-em-risco. Acesso em 23 de maio de 2019.

ria que, apesar de ser ainda fortemente caracterizada por uma heterogeneidade nacional e étnica, cada vez mais se identificava como brasileira[52].

Sabe-se que a origem do movimento operário no Brasil se deu, sobretudo, por influência dos diversos imigrantes estrangeiros que vieram para o país no final entre o final do século XIX e início do século XX. Os imigrantes eram prioritariamente italianos, alemães, japoneses, poloneses, entre outros. Dado esse cenário, torna-se impossível ligar os fios do movimento operário e sindical sem levar em consideração a presença dos italianos imigrantes que aqui acorreram aos milhões desde a primeira leva, ocorrida entre 1870 e 1885, seguida de outras duas: entre 1885 e 1902 e de 1902 a 1920. Ao final da década de 1880, os imigrantes representavam 35% da população, número que cresceu para 48% em 1920. Em 1913, os números são especialmente espantosos: os italianos representavam 80% dos trabalhadores em alvenaria na cidade de São Paulo[53].

Abandonados pelo governo italiano, que se unificara como nação, os imigrantes enfrentaram vicissitudes mil em território brasileiro, que os levaram a assumir forte protagonismo no movimento operário. Em um primeiro momento, a influência principal era do anarquismo; em seguida, também comunista e socialista, especialmente entre o lapso temporal que abrangeu de 1917 a 1922[54]. O ativismo político e a atividade editorial foram marcantes, com inúmeros sindicatos e jornais, com especial menção para o jornal socialista italiano *Avanti*. O peso político dos imigrantes naquele contexto era enorme.

Observa-se, assim, que desde o Império, italianos e italianas exerceram forte influência no cenário operário brasileiro. Como destaca Oswaldo Coggiola, em 1889, um anarquista italiano chamado Giovanni Rossi, "tentou fundar em Palmeira, no interior do Paraná, uma comunidade baseada no trabalho, na vida e na negação do reconhecimento civil e religioso do matrimônio, denominada Colônia Cecília"[55]. Contudo, foi relativamente curta a duração da experiência[56].

52 BIONDI, Luigi. A greve geral de 1917 em São Paulo e a imigração italiana: novas perspectivas. In: CADERNOS AEL. **Imigração.** Campinas, v.15, n. 27, ISSN: 1413-6597, p. 263-306, 2009. pp. 306.

53 SORRENTINO, Walter. **A participação italiana na organização operária sindical brasileira.** Disponível em: https://cutt.ly/Hp7kPhf. Acesso em 23 de meio de 2019.

54 SORRENTINO, Walter. **A participação italiana na organização operária sindical brasileira.** Disponível em: https://cutt.ly/Hp7kPhf. Acesso em 23 de meio de 2019.

55 COGGIOLA, Oswaldo. Origens do Movimento Operário e do Socialismo no Brasil. **Germinal:** Marxismo e Educação em Debate em Salvador. Salvador, v. 7, n. 2, pág. 51-91, dez/2015. pp. 53.

56 "Em 20 de fevereiro de 1890 zarparam em Gênova cerca de 150 anarquistas italianos. Chegando ao planalto dos Campos Gerais, instalaram se no que seria o núcleo "Cecília" em abril de 1890. Os anarquistas italianos, concentrados uns na grande lavoura regional, outros em empreitadas contratadas junto ao governo para a

A importância da imigração, em especial italiana, na formação do operariado brasileiro é deveras notória. Oswaldo Coggiola cita em seu texto a pesquisa de Leôncio Martins Rodrigues, que calculou que até 1920, "os imigrantes constituíam 95% dos trabalhadores chegados ao estado de São Paulo"[57]. Desde os tempos do Império, a imigração já era bastante expressiva e os imigrantes italianos e italianas vieram trabalhar nas fazendas de café paulista ao lado dos trabalhadores negros escravizados. O mesmo autor expõe ainda a experiência de um viajante que, ao chegar a São Paulo nos anos 1900, depois de 30 anos de ausência, exclamou que "era então São Paulo uma cidade puramente paulista, [enquanto] hoje é uma cidade italiana"[58]. Nesse aspecto, os imigrantes não trouxeram apenas bagagens, mas também o ideal de um mundo novo.

Assim, os imigrantes, compondo fileiras de trabalho nas primeiras indústrias brasileiras do século XX, trouxeram de seus países de origem as ideias e teorias em voga entre a classe trabalhadora europeia. Dentre elas, as que mais foram difundidas em nosso país foram o socialismo científico e o anarquismo. As principais lutas reivindicatórias do proletariado situado no Brasil da época se centraram nas melhores condições de trabalho, menores cargas horárias e assistência trabalhista.

---

construção da estrada de rodagem da Serrinha Santa Bárbara, recebiam salários semanais com os que auxiliavam os companheiros da Colônia. Construíram um barracão coletivo que instalava, provisoriamente, as famílias para, em seguida, cada uma tratar de construir a sua própria casa. O contingente era de quase trezentas pessoas. A lavoura e a pecuária não produziam o suficiente para a subsistência dos colonos, grande parte de origem operária e sem conhecimentos agrícolas para implementar uma produção em maior escala. Aos artesãos foram designadas tarefas semelhantes às que já realizavam. Os colonos plantaram mais de oitenta alqueires de terra na área que lhes fora cedida pelo Imperador Pedro II, pouco antes da proclamação da República, e construíram mais de dez quilômetros de estrada. Em 1892, sete famílias decidiram pelo regresso à Itália; a primeira desagregação que, seguida de outras, reduziu a Colônia a apenas vinte pessoas até o final desse mesmo ano. Os colonos iniciaram a migração para Curitiba: eram médicos, engenheiros, professores, intelectuais e operários, além de camponeses. Novos colonos chegaram, tendo início a vitivinicultura e a fabricação de sapatos e barricas. Foi nesse período que os sapateiros oriundos da Colônia exerceram papel de destaque nos inícios do movimento operário do Estado. O experimento da Colônia terminou por vários motivos. O principal foi a pobreza material, chegando a condições de miséria. Houve também a hostilidade da vizinha comunidade polonesa, fortemente católica. O clero e as autoridades locais promoveram o ostracismo dos anarquistas. Enfim, havia as doenças, ligadas à desnutrição e à falta de condições de saneamento adequadas. Já havia grande demanda por mão de obra nas cidades vizinhas, especialmente Palmeira, Porto Amazonas, Ponta Grossa, além da capital paranaense, que atraiu membros da Colônia. Outras famílias continuaram chegando à Colônia, atraídas pela propaganda difundida pela imprensa socialista europeia; isso não foi suficiente para a sua manutenção. A Colônia Cecília se extinguiu em 1893.". GOSI, Rinaldo. **Il Socialismo Utopistico**: Giovanni Rossi e lacoloniaanarchica Cecilia. Milão, Moizzi Editore, 1977.*apud.* COGGIOLA, Oswaldo. Origens do Movimento Operário e do Socialismo no Brasil. **Germinal:** Marxismo e Educação em Debate em Salvador. Salvador, v. 7, n. 2, pág. 51-91, dez/2015, pp. 89.

57 COGGIOLA, Oswaldo. Origens do Movimento Operário e do Socialismo no Brasil. **Germinal:** Marxismo e Educação em Debate em Salvador. Salvador, v. 7, n. 2, pág. 51-91, dez/2015. pp. 61.

58 COGGIOLA, Oswaldo. Origens do Movimento Operário e do Socialismo no Brasil. **Germinal:** Marxismo e Educação em Debate em Salvador. Salvador, v. 7, n. 2, pág. 51-91, dez/2015, pp. 61.

O Partido Socialista Brasileiro foi fundado na primeira década do século XX, em 1906, e buscava por melhores condições de trabalho pela via institucional; isto é, clamavam ao governo. As primeiras sociedades operárias, por sua vez, eram associações de ajuda e assistência mútua: Liga Operária, União Mútua, Sociedade Beneficiente Operária, Coletivo Operário, dentre outros. Apareceram também os primeiros boletins e jornais: O Proletário, O Anarquista, O Brado dos Pobres, O Lutador, Gazeta Operária, Revolução Social, O Progresso, O Trabalho e dezenas de outros mais[59].

> Nesse momento de surgimento das primeiras fábricas no Brasil a composição social dos trabalhadores da indústria era predominantemente de imigrantes e pouco se conheceu de uma legislação de proteção ao trabalhador e de assistência social. O trabalhador podia ser demitido a qualquer momento sem direito à indenização. Era inexistente um sistema de previdência social, aposentadoria, pensão. Os salários eram estipulados conforme as "tabelas" fixadas pelos patrões. Mulheres e crianças compunham uma parcela da força de trabalho nas indústrias[60].

Dessa maneira, no final do século XIX, os conflitos entre a burguesia e o nascente operariado se acentuaram veementemente. "As greves, até então restritas a uma fábrica, passaram a ser greves de todo um ramo industrial"[61]. Diante do cenário, os primeiros partidos operários surgem.

> O pioneirismo coube ao Partido Operário, fundado em fevereiro de 1890 na cidade do Rio de Janeiro. Mesmo não possuindo uma base territorial ampla, mas simplesmente local ou no máximo regional, o surgimento das organizações partidárias operárias indicam uma mudança qualitativa no processo de formação do operariado como classe. Cabe ressaltar também que no mesmo período foram organizadas as primeiras ligas e sindicatos de resistência destinados a mobilizar os trabalhadores para a luta econômica contra os empresários e, até, contra o próprio Governo[62].

Além disso, ascendiam no século XX correntes do anarquismo e do anarco-sindicalismo, que representavam "as tendências majoritárias entre o operariado brasileiro, culminando com as grandes greves operárias de 1917, em São Paulo, e 1918 e 1919, no Rio de Janeiro"[63]. Cabe destacar o protagonismo dos trabalhado-

---

59 COGGIOLA, Oswaldo. Origens do Movimento Operário e do Socialismo no Brasil. **Germinal:** Marxismo e Educação em Debate em Salvador. Salvador, v. 7, n. 2, pág. 51-91, dez/2015.

60 GOMES, Marco Antônio de Oliveira; BORDIN, Magali Regina. **Educação e movimento operário no Brasil:** a organização dos trabalhadores durante a república velha. Universidade Federal do Pará, 2010. pp. 05.

61 GOMES, Marco Antônio de Oliveira; BORDIN, Magali Regina. **Educação e movimento operário no Brasil:** a organização dos trabalhadores durante a república velha. Universidade Federal do Pará, 2010. pp. 07.

62 GOMES, Marco Antônio de Oliveira; BORDIN, Magali Regina. **Educação e movimento operário no Brasil:** a organização dos trabalhadores durante a república velha. Universidade Federal do Pará, 2010. pp. 07.

63 COGGIOLA, Oswaldo. Origens do Movimento Operário e do Socialismo no Brasil. **Germinal:** Marxismo e Educação em Debate em Salvador. Salvador, v. 7, n. 2, pág. 51-91, dez/2015. pp. 80.

res têxteis, em especial as mulheres, nas principais das greves. Diante desse contexto, frente ao endurecimento da política patronal, iniciou-se "um duro processo de luta; locaute patronal e repressão policial que foram enfrentadas nas ruas pelos trabalhadores organizados"[64]. Por exemplo,

> A Liga Operária da Mooca, que participava da organização dos têxteis, respondeu negativamente, em maio de 1917, na véspera da greve geral, a um chamado de um centro socialista que pretendia "cuidar de questões organizatórias da ação operária, com o objetivo, se necessário, de preparar uma greve geral"[65].

Ademais, a influência italiana foi pulverizada, como bem ressalta Luigi Biondi, "é suficiente pensar, por exemplo, que as greves começaram exatamente numa fábrica, a Crespi, cujo dono era italiano e que empregava 947 italianos, num total de 1.305 operários"[66]. No final de maio do ano de 1917, a Liga Operária da Mooca, somando poucos dias de existência, possuía cerca quatrocentos afiliados, na maior parte mulheres, do Cotonifício Crespi[67].

Além do já apresentado, a presença de um proletariado de origem italiana deve ter refletido no movimento as tensões que caracterizava internamente a comunidade ítalo-paulista da época. Isso porque a I Guerra Mundial, da qual a Itália participava há mais de dois anos, tinha imediatos reflexos em todas as comunidades de italianos pelo mundo.

Nessa baila, destaca-se que a contribuição *pro-patria* foi, indiscutivelmente, um dos elementos de atrito que desencadearam a greve, visto que afetava mensalmente o salário real dos trabalhadores imigrantes italianos e italianas, cada vez menor. Tal contribuição constituiu um auxílio "voluntário" descontado do salário dos trabalhadores italianos e italianas em prol do financiamento da I Guerra Mundial, da qual a Itália fazia frente. O caráter voluntário vem entre aspas porque era claramente questionável, vez que "uma das reivindicações dos operários italianos para voltar ao trabalho depois da greve era o não-pagamento das subscrições em favor do *Comitato Pro-Patria*" [68].

---

64 COGGIOLA, Oswaldo. Origens do Movimento Operário e do Socialismo no Brasil. **Germinal:** Marxismo e Educação em Debate em Salvador. Salvador, v. 7, n. 2, pág. 51-91, dez/2015. pp. 83.

65 COGGIOLA, Oswaldo. Origens do Movimento Operário e do Socialismo no Brasil. **Germinal:** Marxismo e Educação em Debate em Salvador. Salvador, v. 7, n. 2, pág. 51-91, dez/2015. pp. 83.

66 BIONDI, Luigi. A greve geral de 1917 em São Paulo e a imigração italiana: novas perspectivas. In: CADERNOS AEL. **Imigração.** Campinas, v.15, n. 27, ISSN: 1413-6597, p. 263-306, 2009. pp. 271.

67 BIONDI, Luigi. A greve geral de 1917 em São Paulo e a imigração italiana: novas perspectivas. In: CADERNOS AEL. **Imigração.** Campinas, v.15, n. 27, ISSN: 1413-6597, p. 263-306, 2009.

68 BIONDI, Luigi. A greve geral de 1917 em São Paulo e a imigração italiana: novas perspectivas. In: CADERNOS AEL. **Imigração.** Campinas, v.15, n. 27, ISSN: 1413-6597, p. 263-306, 2009. pp. 272.

> Em suma, a presença das ofertas dos operários italianos nos balancetes de subscrição em prol do *Comitato Italiano Pro-Patria* era, nos meses de abril, maio e junho de 1917, uma componente fundamental, como mostram as listas apresentadas pelo Fanfulla ao longo destes meses. Então, quando começou a primeira greve na fábrica têxtil Crespi, foi decidido que os pedidos se concentrassem inicialmente, além do acréscimo do salário, na abolição das contribuições para o *Pro-Patria* e do aumento do horário noturno ocorrido naqueles meses[69].

De acordo com o que ensina Luigi Biondi, a recusa em continuar a pagar tais contribuições constituiu inclusive "uma das condições *sine qua non* dos operários em greve em junho-julho 1917 para voltarem ao trabalho"[70].

Outro exemplo expressivo da influência italiana em solo brasileiro pode ser encontrado na importância exercida pelo *Syndicato Graphico* do Brasil. Este, no fatídico ano de 1917, tinha à frente os socialistas italianos Ambrogio Chiodi e Giuseppe Sgai. Ambos exerceram influente papel ao pressionar os núcleos políticos do PSI em São Paulo, visando a facilitar as agremiações dos trabalhadores paulistanos nos *syndicatos de officio*[71]. A título de curiosidade, acrescenta-se que a Greve Geral de 1917 em muito se assemelha ao movimento grevista ocorrida na cidade italiana de Turim um mês após a brasileira. Além disso,

> A origem da estrutura da Federação Operária de São Paulo (FOSP), criada em agosto de 1917, após os eventos da greve geral e o trabalho de organização que os acompanhou, deve ser procurada também na ação desenvolvida pelos grupos anarquistas e socialistas (estes últimos formados quase exclusivamente por italianos)[72].

As vitórias da greve aos poucos foram surgindo, mas também os reflexos nefastos foram sentidos, conforme demonstra Biondi:

> Entre o dia 12 e o dia 16 de julho, chegou-se finalmente à assinatura de uma base de acordos que reconhecia o direito de reunião, o aumento de 20%, a libertação dos presos e a proibição de demissão dos operários grevistas apontados como os organizadores do movimento nas fábricas. No dia 16 de julho, em comícios nos bairros operários (o mais importante foi o realizado no Largo da Concórdia, no Brás), os líderes do Comitê de Defesa Proletária (Leuenroth, Monicelli, e Candeias Duarte) apresentaram aos operários as bases de acordo, que foram aprovadas com poucas oposições. Os protestos custaram a vida de cerca de 200 pessoas, segundo uma investigação realizada pelo

69 BIONDI, Luigi. A greve geral de 1917 em São Paulo e a imigração italiana: novas perspectivas. In: CADERNOS AEL. **Imigração.** Campinas, v.15, n. 27, ISSN: 1413-6597, p. 263-306, 2009. pp. 283.

70 BIONDI, Luigi. A greve geral de 1917 em São Paulo e a imigração italiana: novas perspectivas. In: CADERNOS AEL. **Imigração.** Campinas, v.15, n. 27, ISSN: 1413-6597, p. 263-306, 2009. pp. 284.

71 BIONDI, Luigi. A greve geral de 1917 em São Paulo e a imigração italiana: novas perspectivas. In: CADERNOS AEL. **Imigração.** Campinas, v.15, n. 27, ISSN: 1413-6597, p. 263-306, 2009.

72 BIONDI, Luigi. A greve geral de 1917 em São Paulo e a imigração italiana: novas perspectivas. In: CADERNOS AEL. **Imigração.** Campinas, v.15, n. 27, ISSN: 1413-6597, p. 263-306, 2009. pp. 275.

Fanfulla no cemitério do Araçá nas noites de 15 e 16 de julho, quando a polícia fechou o cemitério e começou a transportar os cadáveres[73].

A atuação dos socialistas italianos, em específico na cidade de São Paulo foi, portanto, crucial em todo o desenvolvimento grevista. Inclusive,

> Quem mais insistiu para que a greve iniciada na Crespi se transformasse em greve geral foram exatamente os socialistas: o que não deve parecer estranho pois o líder Teodoro Monicelli, de tendência socialista revolucionária, tinha organizado ou participado de greves gerais na Itália em contextos nos quais também as formas de repressão eram bastante violentas[74].

Conforme explica Coggiola, a expressão política das reivindicações operárias se realizou por meio do Comitê de Defesa Proletária, liderado por figuras do anarco-sindicalismo, como Edgard Leuenroth e Gigi Damiani[75]. Ademais, houve a participação de socialistas favoráveis ao movimento, como o jornal *Avanti*, editado em italiano. As reuniões do Comitê de Defesa Proletária aconteciam tanto na sede do Centro Libertário como na do *Circolo Socialista Internazionale*. Cerca de 70 mil trabalhadores haviam aderido ao movimento.

> A grande vitória foi o reconhecimento do movimento operário como instância legítima, obrigando os patrões a negociar com os proletários e a considerá-los em suas decisões. Em 1918, a Câmara dos Deputados criou a Comissão de Legislação Social, encarregada de redigir leis específicas de proteção aos trabalhadores. Entre essas leis incluíam-se as de acidente de trabalho e as de férias remuneradas. Os patrões resistiram à ideia dessas leis. Mas elas foram aprovadas, o "fantasma da revolução" aparecera em 1917-18 em São Paulo e no Rio de Janeiro,40 sem esquecer a Revolução Russa de outubro do mesmo ano, e seu impacto internacional[76].

Importa salientar que uma organização sindical que ainda era frágil foi capaz de, em pouco tempo, levar à frente uma greve que, inicialmente limitada a poucos setores, transformou-se em generalizada. Tornou-se, inclusive, o impulso maior na formação de uma estrutura sindical brasileira mais enraizada[77]. Em con-

---

73 BIONDI, Luigi. A greve geral de 1917 em São Paulo e a imigração italiana: novas perspectivas. In: CADERNOS AEL. **Imigração.** Campinas, v.15, n. 27, ISSN: 1413-6597, p. 263-306, 2009. pp. 293.

74 BIONDI, Luigi. A greve geral de 1917 em São Paulo e a imigração italiana: novas perspectivas. In: CADERNOS AEL. **Imigração.** Campinas, v.15, n. 27, ISSN: 1413-6597, p. 263-306, 2009. pp. 299-300.

75 COGGIOLA, Oswaldo. Origens do Movimento Operário e do Socialismo no Brasil. **Germinal:** Marxismo e Educação em Debate em Salvador. Salvador, v. 7, n. 2, pág. 51-91, dez/2015.

76 COGGIOLA, Oswaldo. Origens do Movimento Operário e do Socialismo no Brasil. **Germinal:** Marxismo e Educação em Debate em Salvador. Salvador, v. 7, n. 2, pág. 51-91, dez/2015. pp. 85.

77 BIONDI, Luigi. A greve geral de 1917 em São Paulo e a imigração italiana: novas perspectivas. In: CADERNOS AEL. **Imigração.** Campinas, v.15, n. 27, ISSN: 1413-6597, p. 263-306, 2009. pp. 295.

trapartida, a repressão estatal também foi significativa. Chegaram a ser extraditados 556 italianos e italianas até 1922.

> Em resposta às greves de 1905 a 1908, o Congresso aprovou uma lei de expulsão de estrangeiros. Baseado nessa lei o governo procurara acusar os estrangeiros de "perturbações da ordem" e, respaldado pela legislação repressora, iniciava o processo de expulsão. Em 1912, após novas mobilizações, o Parlamento acentuou sua perseguição aos estrangeiros. O texto da lei de 1907 não autorizava a expulsão daqueles que provassem residência no Brasil por dois anos consecutivos, que fossem casados com brasileiros ou que fossem viúvos com filho brasileiro. Em 1912 o senador Adolfo Gordo, de São Paulo, autor da lei de1907, apresentou novo projeto parlamentar de repressão aos estrangeiros. Pela nova legislação ficaram suspensas as salvaguardas contidas na lei de 1907; qualquer estrangeiro que "perturbasse a ordem" poderia ser deportado[78].

Frente às considerações apresentadas, Luigi Biondi e Oswaldo Coggiola demonstram que, de fato, não podemos enfrentar todas as questões envolvidas na greve geral de 1917 sem levar em consideração a especificidade dessa greve, que a torna um marco em relação aos movimentos anteriores. Tal especificidade está relacionada justamente à "estabilidade dos fluxos migratórios internos e externos ao estado de São Paulo, dos quais os italianos eram os protagonistas"[79].

Em suma, no processo de formação do operariado brasileiro, o papel dos imigrantes italianos foi significativo, em especial em razão da bagagem de experiência sindical-trabalhista que traziam de seu país de origem. Até hoje a presença da cultura e dos hábitos italianos se faz muito presente em São Paulo; mas é sobretudo no terreno da luta operária e sindical que essa influência é, sem dúvidas, mais relevante.

5. CONCLUSÃO

Diante de todo o exposto, conclui-se que os estudos em Direito do Trabalho comparado em perspectiva histórica, os quais atravessam o firmamento jurídico, juntamente com a crescente complexidade da realidade econômico-social, convidam para uma nova reflexão dos rumos do Direito do Trabalho não só no Brasil, mas em todo o mundo, reflexo do colonialismo – tão atual.

Desse modo, em um contexto diante do qual o Direito do Trabalho atua apenas na defensiva, os desafios a serem superados são mais difíceis que os enfrentados anteriormente. Na busca por combater a ainda forte resistência conserva-

78 GHIRALDELLI JR, Paulo. **Educação e movimento operário no Brasil**. São Paulo: Cortez, 1987. pp. 47-48.

79 BIONDI, Luigi. A greve geral de 1917 em São Paulo e a imigração italiana: novas perspectivas. In: CADERNOS AEL. **Imigração.** Campinas, v.15, n. 27, ISSN: 1413-6597, p. 263-306, 2009. pp. 273.

dora, em um ambiente político-social assolado pelo neoliberalismo, o estudo histórico das questões jurídicas trabalhistas se mostra crucial em prol de desvendar mitos e sobreviver à retórica capitalista.

Ademais, o estudo comparado proporciona o visualizar da teia capitalista e a percepção sobre como ela atua no mundo de modo combinado e arranjado, diante da semelhança história da trajetória do Direito do Trabalho nos países de notória influência ocidental. Ao final, resta apenas a esperança de que os sujeitos saibam sentir-se provocados e empenhados na tarefa de se tornarem guardiões daquele "espírito" do Direito do Trabalho, protagonista da história do século XIX e XX.

6. REFERÊNCIAS BIBLIOGRÁFICAS

BIONDI, Luigi. A greve geral de 1917 em São Paulo e a imigração italiana: novas perspectivas. In: CADERNOS AEL. **Imigração.** Campinas, v.15, n. 27, ISSN: 1413-6597, p. 263-306, 2009.

BITTENCOURT, Dario de. Das "ordenações filipinas" á creação do Ministério do Trabalho: a legislação social trabalhista brasileira anterior a 1930. Separata da **Revista Trabalho, Indústria e Comércio**, Ano I, n. 2, 1932, setembro/1938. Porto Alegre: Thurmann, 1938.

CANNELLA, Giovanni. ***La parábola del diritto del lavoro.*** Disponível em: https://cutt.ly/Ip7b2YD. Acesso em 26 de junho de 2019.

CASAGRANDE, Cássio. **Associar a CLT ao fascismo é uma mistificação da História:** Afirmativa revela ignorância sobre origens do Direito do Trabalho no Brasil e no mundo. Disponível em: https://cutt.ly/jp7bLXv. Acesso em 23 de maio de 2019.

CIVITELLI, Stefano. ***Storia del diritto del lavoro:*** *la prima legislazione sociale.* Tese de Doutorado defendida junto à Universidade de Florença, Florença, 2008.

CODICE CIVILE DEL REGNO D'ITALIA. Disponível em: https://cutt.ly/Xp7ny8b. Acesso em 23 de junho de 2019.

COGGIOLA, Oswaldo. Origens do Movimento Operário e do Socialismo no Brasil. **Germinal:** Marxismo e Educação em Debate em Salvador. Salvador, v. 7, n. 2, pág. 51-91, dez/2015.

COSTITUZIONE DELLA REPUBBLICA ITALIANA. Disponível em: https://cutt.ly/ep7nfIA. Acesso em 23 de maio de 2019.

DEL PUNTA, Ricardo. ***Il lavoro:*** *Dalla Liberazione allo Statuto dei lavoratori.* Disponível em: https://cutt.ly/Qp7alRO. Acesso em 20 de maio de 2019.

EDELMAN, Bernard. **A legalização da classe operária**. Tradução de Marcus Orione, Flávio Roberto Batista, Jorge Luiz Souto Maior, Pablo Biondi. São Paulo: Boitempo, 2016.

FERRARIO, Susanna. ***Pillole di Storia:*** *Brevi note in matéria di diritto del lavoro.* Disponível em: https://cutt.ly/Ep7rCka. Acesso em 23 de maio de 2015.

GHIRALDELLI JR, Paulo. **Educação e movimento operário no Brasil**. São Paulo: Cortez, 1987.

GIANNOTTI. Vito. **Cem anos de lutas da classe operária no Brasil 1880-1980.** In-formar: São Paulo, 1980.

GIUGNI, Gino. **Direito Sindical.** Cacucci Editore: Bari, 2007.

IX Jornada do Histedbr. História, Sociedade e Educação: O nacional e o local na história da educação. 2010, Pará. Anais. GOMES, Marco Antônio de Oliveira; BORDIN, Magali Regina. **Educação e movimento operário no Brasil:** a organização dos trabalhadores durante a república velha. Universidade Federal do Pará, 2010.

I1 CODICE CIVILE ITALIANO. Disponível em: https://cutt.ly/Yp7nbFL. Acesso em 23 de maio de 2019.

MAZZIOTTI, Fabio. **Noções de Direito do Trabalho e Seguridade Social.** Editoria: Scientifica, Nápoles, 2003.

MAZZOTTA, Oronzo. ***Diritto del lavoro.*** 2ª ed. Giuffrè editore: Milano, 2013.

NASCIMENTO, Amauri Mascaro Nascimento. **O papel do juiz na Justiça do Trabalho.** Disponível em: https://cutt.ly/Zp7nYLd. Acesso em 25 de maio de 2019.

SENATO DELLA REPUBBLICA. ***Constituzione Italiana:*** *edizione in lingua portoghese.* Disponível em: https://cutt.ly/Ap7nADL. Acesso em: 20 de maio de 2019.

SORRENTINO, Walter. **A participação italiana na organização operária sindical brasileira.** Disponível em: https://cutt.ly/Hp7kPhf. Acesso em 23 de meio de 2019.

SOUTO MAIOR, Jorge Luiz. **"A CLT é velha".** Disponível em: https://cutt.ly/Np7nBaG. Acesso em 24 de maio de 2019.

________. **História do Direito do Trabalho no Brasil.** Curso de Direito do Trabalho. São Paulo: LTr, 2017

________. **O "fascismo" como retórica e a democracia em risco.** Disponível em: https://cutt.ly/Up7nKi1. Acesso em 23 de maio de 2019.

DIREITO DO TRABALHO COMPARADO EM PERSPECTIVA HISTÓRICA: AS CONTRARREFORMAS TRABALHISTAS NA ITÁLIA E NO BRASIL

Raquel Bossan[1]

RESUMO: O presente trabalho tem por objetivo discorrer a respeito das contrarreformas trabalhistas ocorridas na Itália e no Brasil. Através do breve cotejo histórico e das nuances das severas mudanças trazidas em cada proposta de referidos países, busca-se analisar e compreender de maneira crítica as alterações legislativas e sociais arraigadas nas propostas de "reforma", apontando as semelhanças e diferenças. Ademais, visa a demonstrar o desmonte dos direitos trabalhistas em ambas experiências, os quais culminaram no retrocesso dos direitos sociais em referidos países.

Palavras-chave: Direito do Trabalho; Contrarreforma trabalhista italiana; Contrarreforma trabalhista brasileira.

ABSTRACT: This paper aims to discuss the labor counter-reforms that occurred in Italy and Brazil. Through the brief historical comparison and the nuances of the severe changes brought about in each proposal of these countries, we seek to analyze and critically understand the legislative and social changes rooted in the proposals for "reform", pointing out the similarities and differences. Moreover, it aims to demonstrate the dismantling of labor rights in both experiences, which culminated in the regression of social rights in those countries

Keywords: Labor Law; Italy; Brazil.

1 Mestranda em Direito do Trabalho e Seguridade Social pela Faculdade de Direito da Universidade de São Paulo (FDUSP). E-mail: raquel.bossan@usp.br

1. INTRODUÇÃO

As denominadas "reformas trabalhistas", por vezes, são defendidas, de maneira equivocada, como "necessárias", "inevitáveis" e inerentes aos movimentos históricos. Em uma visão totalmente superficial e pueril, justificam-se sob o pálido argumento de que "copiam" os modelos adotados por países "mais avançados", a fim de modernizar os estatutos sociais, o que em verdade, nada mais é que uma retórica argumentativa falaciosa e pouco profunda do tema.

Diante das atuais alterações legislativas e da relevância do tema, o presente estudo, busca realizar a análise e crítica das verdadeiras contrarreformas trabalhistas experimentadas pela Itália e pelo Brasil, ocorridas nos anos de 2015 e 2017, respectivamente, não olvidando, entretanto, do arcabouço histórico e legislativo de referidos países.

A relevância da referida análise se dá, pois, estes marcos legislativos alteram mais do que as relações de emprego: produzem efeitos deletérios sobre a economia, sobre mercado de trabalho, sobre a proteção social e a forma de organização da sociedade social nestes países.

Ademais para além de suas consequências, o estudo do contexto histórico em que se dão é salutar, visto a necessidade de se compreender sob qual prisma tão relevantes e nefastas alterações ocorreram, de maneira comparativa, inclusive.

Não obstante, é mister o cotejo comparativo diante da influência do ordenamento jurídico italiano no ordenamento jurídico pátrio, desde a concepção da *Carta Del Lavoro*, até os dias atuais, sendo que as contrarreformas em questão, inclusive, ocorreram em passados recentes muito próximos.

Deste modo, por meio da análise histórica, buscar-se-á a compreensão dos movimentos precarizantes ocorridos no Brasil e na Itália, no que se refere ao Direito do Trabalho nos últimos anos e como o caminho legislativo foi trilhado para tanto.

Ainda, por meio de uma análise histórica bibliográfica aliada aos conhecimentos adquiridos na disciplina Direito do Trabalho Comparado em Perspectiva Histórica, ministrada pelo Professor Jorge Luiz Souto Maior, propõe-se, no presente trabalho cotejar as mudanças legislativas na seara trabalhista entre referidos países, sob uma perspectiva crítica e histórica.

2. A CONTRARREFORMA ITALIANA

A despeito do que se leva a crer, a reforma na Itália não ocorreu unicamente em 2015, eis que houve uma construção temporal e fática para que se chegasse à mais recente e conhecida alteração em comento. A Itália vem sofrendo ondas de flexibilização, o que não pode ser enxergado como um fato isolado[2].

Em primeiro plano, para a real percepção de como tal ruptura se deu, é salutar destacar como se operam as relações laborais na Itália. De plano, temos que o país ítalo não possui uma consolidação ou código de trabalho próprio. As relações laborais são reguladas pelo Código Civil e não são plenamente autônomas ou dissociadas às relações civilistas.

Deste modo, a rigor da lógica, as normas relativas às relações de trabalho se encontram inseridas no Código Civil italiano, no Livro V, o qual trata das relações de trabalho e o direito societário. Para além da legislação, há, também, uma ampla gama de leis e decretos legislativos que regulam as relações de trabalho[3].

No que se refere à norma constitucional, a Constituição Italiana de 1948 estava fortemente ligada à ideia da democracia salarial e da primazia do trabalho, sendo que o primado era a proteção do trabalhador contra a dispensa sem justa causa.

Ocorre que as primeiras manifestações de mudanças ocorreram entre as décadas de 1960 e 1970, interregno em que se iniciou a discussão a respeito da restrição da despedida imotivada, ou também a "monetarização da despedida".

Nesta época, foi criado o Estatuto dos Trabalhadores (Lei nº 300/1970), o qual assegurava, em seu art. 18, que o trabalhador estava resguardado ao direito de reintegração ao emprego, com o pagamento de salários a partir do afastamento, caso fosse constatado, por um juiz, a ilicitude da dispensa.

A partir daí a dispensa injustificada é considerada inválida e a restituição integral passa a ser uma reação natural do descumprimento da lei. Neste sentido, conquanto a Itália não tenha ratificado a Convenção nº 158[4], a partir da década de 1970, passa a prevalecer a ideia de certa estabilidade contratual nos contratos por prazo indeterminado.

2 Destaca-se que parte das informações constantes nesse tópico foram coletas em aula proferida pela docente Maria Rosaria Barbato, Professora Adjunta de Direito do Trabalho e Direito Sindical da Faculdade de Direito da Universidade Federal de Minas Gerais (UFMG), no dia 04/04/2019 na Faculdade de Direito da Universidade de São Paulo (FD-USP) para a disciplina de Direito Comparado em Perspectiva Histórica ministrada pelo Professor Jorge Luiz Souto Maior.

3 MUNERATI, Ligia Ramia. A evolução do direito do trabalho na Itália: Da Lei 604/1966 até o Jobs act. Revista de Direito do Trabalho. vol. 164. ano 41. São Paulo: Ed. RT, jul.-ago. 2015, p. 302.

4 A Convenção 158 estabelece, de forma geral, a necessidade de justificar por parte do empregador a dispensa do colaborador, evitando práticas arbitrárias de rescisão do contrato de trabalho. Tem como objetivo principal preservar as relações estabelecidas pelas partes, dentro de um cenário de transparência na relação, em especial a necessidade de apresentação de motivos para o término da relação de emprego.

Entretanto, em razão do agravamento da crise fiscal em diversos países, inclusive na Itália, bem como, em consonância com as políticas anti-inflacionárias, o cenário laboral mudou. Para muitos juristas e economistas, segundo Santos, a mudança no mercado de trabalho ítalo, especialmente nas últimas duas décadas se deu em virtude da unificação da União Europeia[5], uma vez que, em razão da inata integração econômica europeia, as relações de trabalho se tornaram cada vez mais padronizadas e flexibilizadas[6].

Mais adiante, a questão do emprego só foi tratada de maneira ampla e sistemática em 1996, quando da assinatura do Pacto pelo Trabalho. Do ponto de vista do seu conteúdo, referido Pacto contemplava quatro temas principais: programas de treinamento; medidas de flexibilização do mercado de trabalho e do emprego; promoção de emprego para os jovens e incentivo à concertação descentralizada e aos contratos de área ou territoriais[7]

Em continuidade, algumas mudanças expressivas ocorreram em meados de 1997, através da Lei 196/1997 ("Pacote *Treu*"). Esta medida retoma vários pontos negociados no Pacto pelo Trabalho e se propõe a estimular políticas ativas de emprego e, ao mesmo tempo, modificar aquelas ditas passivas.

Quanto às primeiras, as principais medidas do Pacote *Treu* que trouxeram formas até então atípicas e precárias de trabalho, foram: a introdução do trabalho temporário e do contrato por tempo determinado; o incentivo à flexibilidade do horário de trabalho e à adoção do *part time*; medidas de estímulo à inserção dos jovens – bolsa de trabalho, formação profissional, estágios e aprendizado.

Além disso, a nova Lei acenava com a "racionalização" e a modificação dos instrumentos tradicionais utilizados pelos trabalhadores adultos desempregados – *cassa integrazione, prepensionamenti*[8] ; com a formação profissional contínua e integrada escola/trabalho; além do reordenamento da legislação sobre o trabalho socialmente útil e de novas regras para facilitar a constituição de sociedades mistas[9].

5 Tratado de Maastrich, 1992, criação da União Europeia.

6 SANTOS, José Aparecido dos. "Reformas trabalhistas na Itália: breve análise histórica e comparativa. In: Revista do Tribunal Superior do Trabalho: vol. 83, n. 4. Dez. 2017, p. 252.

7 TAPIA, Jorge R. B. Concertação Social, Negociações Coletivas e Flexibilidade: O caso italiano (1992-202). DADOS - Revista de Ciências Sociais. vol. 46, n. 2. p. 215-263. Rio de Janeiro, 2003, p. 223.

8 5 Demissões, reforma antecipada.

9 CARAVELLA, *apud,* TAPIA, Jorge R. B. Concertação Social, Negociações Coletivas e Flexibilidade: O caso italiano (1992-202). DADOS - Revista de Ciências Sociais. vol. 46, n. 2. p. 215-263. Rio de Janeiro, 2003, p. 225.

A maior novidade da Lei 196/97 foi a introdução do trabalho temporário, que significou a possibilidade de se trabalhar em uma empresa por tempo determinado, depois de ser recrutado por uma agência de emprego privada (empresa fornecedora), com a qual se estabelece um vínculo formal de emprego.

As agências de emprego são, para efeitos da legislação, fornecedoras de prestadores de serviços profissionais. Essa modalidade de emprego envolve uma relação triangular, fundada em dois contratos distintos: aquele de fornecimento de trabalho temporário, assinado entre a agência e a empresa demandante, e o contrato de trabalho propriamente dito entre agência, empresa contratante e o trabalhador, no qual a relação entre trabalhador e empresa demandante não tem autonomia contratual. O objetivo desse pacote era melhorar os índices de desemprego no país.

Referido pacote trouxe à tona o conceito de parassubordinação[10], bem como introduziu o "co.co.co", acrônimo de contratos de *colaboração, coordenação e continuidade*, os quais são abusivos, pois substituem as contratações efetivas. Destaque-se que em 2001, tornou-se possível a contratação por prazo determinado, podendo o trabalho pactuado em 12 meses ser prorrogado até 36 meses.

Em 2003, estatui-se a Lei Biaggi (Lei nº 30/2003), com a finalidade de simplificar os procedimentos de contratação de mão de obra. Até 2012, a maior parte das modificações nos arranjos trabalhistas italianos se pautou na promoção de novas formas de trabalho, potencializando a flexibilização[11], em razão da grave crise financeira de 2011. Nesse período, entrou em vigor a "Lei de *Fornero*"[12], que flexibilizou ainda mais a demissão sem justa causa, diminuindo os custos da despedida de empregados.

---

10 A doutrina italiana criou uma figura intermediária, denominada parassubordinação e que foi introduzida no ordenamento jurídico desse país pela Lei Biaggi. No Direito italiano, o trabalho parassubordinado encontra expressão em algumas formas específicas de contrato, como o trabalho por colaboração coordenada e continuada, por colaboração com um projeto, por colaboração ocasional e por associação de participação. O trabalho parassubordinado, no Direito italiano, possui um rol de direitos assegurados inferior àqueles garantidos ao empregado subordinado. São eles: sujeição ao processo do trabalho; aplicação dos juros e correção monetária próprios dos créditos trabalhistas; irrenunciabilidade e intransacionalidade de direitos de natureza imperativa; seguro obrigatório contra acidentes do trabalho e doença profissional; liberdade sindical; direito de greve e cobertura previdenciária para aposentadoria, maternidade e auxílio familiar.

11 Inlcui-se o conceito de "Flexissegurança": Segundo a professora Marisa Barbáto, é uma "estratégia política que conjuga flexibilidade do trabalho e segurança sócia"l –Em: Seminário sobre a reforma trabalhista-OAB/PR, 2017. Ainda, destaca-se o conceito de tal termo por Guilherme Feliciano (Curso Crítico de Direito do trabalho, p. 140) "a flexissegurança representou, portanto, u poderoso golpe nas garantias gerais de emprego, priorizado contratos que a mitigasse ou neutralizassem". Esse conceito atentou, inclusive às disposições quanto às dispensas imotivadas (Convenção 158, OIT), sendo que muitos países são signatários e adotavam a Convenção ratificada.

12 Fornero vem de Elsa Fornero, ministra do trabalho à época. Ferrenha defensora da maior flexibilização no governo de Mario Monti.

O último grande conjunto de alterações legislativas foi o *Jobs Act* (Decreto Legislativo nº23/2015), do Governo centro-esquerda de Matteo Renzi, o qual teve grandes influências norte americanas, provenientes do governo Obama, quanto ao estímulo a pequenas empresas. Foi polêmica, posto que omissa em relação aos servidores públicos, abrandou ainda mais as demissões sem justa causa, não prevendo a reintegração dos empregados. Com o termo *Jobs Act* faz-se referência a um complexo de iniciativas legislativas que, a partir de 2015, tem reformado profundamente o direito do trabalho italiano, fragilizando as relações de trabalho.

Entre os aspectos atingidos pela reforma, uma matéria elementar é a relativa à despedida dos trabalhadores. O Decreto legislativo n. 23 de 2015, de fato, ainda que não tenha alterado as tipologias de dispensa permitidas e vetadas, modificou sensivelmente o regime sancionatório em caso de despedidas ilegítimas.[13]

Na mesma toada da Lei n. 92 de 2012 (a chamada *Reforma Fornero*), as novas disciplinas reduziram ulteriormente a área de aplicação da tutela reintegratória, privilegiando uma tutela meramente ressarcitória, medida exclusivamente em razão da antiguidade do trabalhador (o chamado contrato de trabalho a tutela crescente), sem possibilidade do juiz graduar o ressarcimento em relação a cada caso concreto.

A nova disciplina se aplica aos trabalhadores admitidos a partir de 7 de março de 2015. Para os trabalhadores admitidos antes, estes continuam submetidos ao art. 8 da Lei n. 604 de 1966 ou o art. 18 da Lei n. 300 de 1970, tal qual modificado pela Lei 92 de 2012.

> A lei n. 183/2014 – *Jobs Act* – em especial, visava mitigar os efeitos da crise por meio da desregulamentação do mercado de trabalho. Apenas para ressaltar, as reformas estiveram ancoradas num entendimento de que o desemprego e o mal funcionamento da economia poderiam estar, em parte, relacionados à rigidez do mercado de trabalho italiano e, desse modo, a solução passaria por uma regulação pública do trabalho mais "flexível". Dentre as medidas implementadas, vale ressaltar: (i) a introdução do *increasing protection* contract, um contrato de trabalho que visava substituir os contratos de trabalho permanentes, que existiam desde 1970, com o oferecimento de subsídios para aquelas empresas que o adotassem; (ii) também encerrou-se a possibilidade que os trabalhadores sob contratos de duração determinada tinham de requerer a conversão para o contrato permanente, uma vez excedido o tempo limite de uso para o contrato temporário; (iii) por fim, a introdução de vouchers como meio de pagamento, uma maneira de remunerar os trabalhadores ocasionais, auxiliares, sem o estabelecimento

13 MEZZACAPO, Domenico. O direito do Trabalho em transformação: um confronto ítalo brasileiro. Estudos Jurídicos 2018. TRT 15ª Região. Disponível em:< https://trt15.jus.br/sites/portal/files/fields/colecoesdotribunal_v/estudos-juridicos-e-livros/2018/o-direito-do-trabalho-em-transformacao-2.pdf> Acesso em, 05 de junho de 2019.

contratual e sem a necessidade de arcar com as contribuições sociais – à hora definida de 7,50 EUR. Ou seja, as medidas do *Jobs Act* foram no sentido de aumentar a flexibilidade do mercado de trabalho, pois acreditava-se que essa seria a maneira adequada para combater o desemprego,a queda na produtividade e o hiato entre as economias mais avançadas e a economia italiana.[14]

Segundo dados do Instituto Nacional de Estatística (ISTAT), a atual situação de emprego na Itália mostra a existência de uma taxa de desocupação atualmente quantificada em 11,2% da força de trabalho. Este percentual, contudo, tem sofrido redução significativa nos últimos anos a respeito dos períodos de maior efeito da crise econômica mundial sob o sistema das empresas italianas: em 2014 a taxa de desocupação foi mensurada no percentual de 13,5%[15]. A taxa de ocupação atual sob o total da população em idade laborativa é de 62,3%, considerando um total de cerca de 23 milhões de ocupados.

Neste espeque, o caso italiano é especialmente preocupante: o declínio na produção da economia foi acompanhado de um crescimento significativo do desemprego[16].

Mais especificamente, um dos maiores pontos de estrangulamento do mercado de trabalho italiano faz referência à alta taxa de desemprego juvenil, que registra uma média muito maior do que a geral, atualmente calculada, como média nacional, em 21,4% na faixa etária de 15 a 34 anos, embora ainda muito diversificada entre as diferentes regiões do território nacional, muito mais alta nas regiões do sul da Itália.

Outro dado que emerge dos últimos dados estatísticos é que o crescimento ocupacional no período mais recente está estritamente ligado ao desenvolvimento de formas flexíveis de trabalho: isso porque embora em termos de *stock*, os contratos a tempo indeterminado representem ainda a maioria absoluta dos contratos de trabalho subordinado, o fluxo atual apresenta uma prevalência das contratações a tempo determinado[17].

Nesse contexto de profunda crise econômica, queda na produção e crescimento do desemprego, os países da Europa reagiram por meio de estratégias diferentes. Enquanto a Alemanha procurou adotar uma estratégia baseada em

14 FANA, GUARASCIO & CIRILLO, 2016; FANA, GUARASCIO, CIRILLO, 2017; GUARASCIO & SIMONAZZI, 2016, *apud*, ROGOLETTO; PÁEZ, 2018.

15 Disponível em:https://www.istat.it/it/archivio/occupati+e+disoccupati?page=9. Acesso em 18 nov. 2019.

16 FANA, M; GUARASCIO, D; CIRILLO, V. Did Italy need more labour flexibility?, Intereconomics, 51 (2), p. 79-86. Leibniz Information Centre for Economics, 2016.

17 BELLOMO. Stefano. LE RIFORME DEL LAVORO ITALIANE DEGLI ANNI 2012-2016 NEL QUADRO EUROPEO DELLA FLEXICURITY. In: O Direito do trabalho em transformação: um confronto ítalo-brasileiro. TRT da 15ª Região, 2018, p. 12.

inovações produtivas, outros países preferiram a redução de custos por meio da flexibilização do mercado de trabalho – sendo a Itália um desses países.

A conceituação da *Flexicurity* remonta aos anos noventa, com referência às medidas de desregulamentação assistida do mercado de trabalho experimentada nos Países Baixos e na Dinamarca, com a criação de um modelo no qual a elevada utilização dos contratos flexíveis de trabalho acaba por conduzir a um retorno, no mercado de trabalho, de um grande número de trabalhadores que, seguindo à cessação dos contratos de duração limitada, voltam a procurar uma nova ocupação e, durante tal procura, passam a receber subsídios de desocupação e acessam percursos de formação e orientação para se qualificarem

A periferia da Europa perseguiu a otimização de custos via redução dos custos do trabalho, ao realizar uma série de "reformas estruturais". Dessa forma, na Itália, as reformas mais relevantes ocorreram em 2012 e 2015 – a "*Reforma Fornero*" e o *Jobs Act,* respectivamente[18].

Houve a corrosão de um dos pilares do direito italiano, ou seja, o da proteção à dispensa do trabalhador, através do estabelecimento de um novo sistema que visa regular os efeitos da cessação do contrato de trabalho, e que alterou profundamente a perspectiva da reintegração para a tutela meramente ressarcitória.

E ainda, a chamada "*Jobs Act* do Trabalho Autônomo", introduzida em 2017, novel alteração legislativa, estende algumas proteções a autônomos – não subordinados e não "autoempreendedores" – além de regular o *lavoro agile* – trabalho sem horário ou local précontratados.

O trabalho ágil, tipo legal introduzido em 2017 no ordenamento italiano, e da sua possível sobreposição - sobretudo no tópico de segurança - ao teletrabalho ou trabalho à distância, forma de organização do trabalho já conhecida na Itália e em muitos outros países, como o Brasil. A Lei n. 81/2017 qualifica o trabalho ágil como modalidade de desenvolvimento da prestação de trabalho subordinado com conotações particulares, e que corresponde à finalidade de proteção da competitividade das empresas e de conciliação entre vida e trabalho por parte dos trabalhadores.

O sistema jurídico italiano continua vendando a dispensa discriminatória, mas há uma progressiva tendência à "monetarização da despedida ilegal" ou à limitação

18 FANA, M; GUARASCIO, D; CIRILLO, V. Did Italy need more labour flexibility?, Intereconomics, 51 (2), p. 79-86. Leibniz Information Centre for Economics, 2016.

dos custos de eventual reintegração de empregados. Sendo assim, constata-se que houve uma mudança de paradigma quanto à concepção de dispensa ilícita na Itália.

A reforma falhou integralmente em desencorajar os empregadores a oferecer trabalhos temporários, sob contratos atípicos. A parcela de contratos temporários atingiu, em 2015, o maior patamar já registrado: 14% de todos os empregos. Além disso, é preciso salientar que, em 2015, 38% dos contratos de trabalho criados foram empregos de regime de tempo parcial; e, dos empregos cuja carga horária não é parcial, 64% deles são de duração determinada.

A reforma trabalhista não teve sucesso algum em diminuir precariedade das relações de trabalho[19]

Os resultados econômicos, sociais e jurídicos da reforma italiana são que, diferentemente da reforma trabalhista brasileira, em tese, aquela buscou simplificar e melhorar o ordenamento jurídico, sendo que foi muito mais minuciosa, detalhista e ampliativa quanto ao texto legal. Por outro lado, a brasileira buscou reduzir textos "excessivos", "complexos" e "obsoletos".

3. A CONTRARREFORMA TRABALHISTA BRASILEIRA

A contrarreforma trabalhista foi responsável pela maior mudança ocorrida no campo regulatório desde a promulgação da Consolidação das Leis do Trabalho (CLT), em 1943. Foi revelada em um cenário cuja legislação laboral até então vigente era duramente criticada, tida como "engessada", obsoleta. O que se propunha era uma suposta repaginação de uma legislação, sendo que, em verdade, dos 900 artigos que ela possui, apenas 150 não foram alterados ao decorrer dos anos de sua vigência.

Sua origem está em um Projeto de Lei nº 6.787, encaminhado ao Congresso Nacional no dia 23 de dezembro de 2016, sendo que, em que pese as profundas alterações por la propostas, teve um processo legislativo como um todo durou pouco mais de quatro meses, considerando o despacho inicial para sua tramitação na Câmara dos Deputados, no dia 3 de fevereiro 2016, até sua aprovação final no Senado, no dia 10 de julho. Um tempo bastante curto tendo em vista a complexidade dos temas tratados e o histórico desse tipo de debate no Brasil.

Desde então, em sua tramitação, o projeto vinha passando por sucessivas discussões e também aglutinando emendas, como por exemplo, a proposta do fim da obriga-

19 FANA, M; GUARASCIO, D; CIRILLO, V. Did Italy need more labour flexibility?, Intereconomics, 51 (2), p. 79-86. Leibniz Information Centre for Economics, 2016.

toriedade da contribuição sindical. Foi antecedida pela Lei da Terceirização, sancionada meses antes de sua vigência. Até então não havia legislação específica sobre essa prática.

A famigerada "reforma trabalhista" no direito pátrio foi implantada por meio da Lei n° 13.467/2017, que trata da alteração de dezenas de artigos da CLT e de artigos da Lei n. 6.019/1974 (trabalho temporário), da Lei n. 8.036/1990 (FGTS) e da Lei n. 8.212/1991 (Plano de Custeio Previdenciário).

Em síntese, surgiu num momento bastante conturbado no país sob o prisma político e econômico, já reflexo também do que ocorria na esfera mundial. As questões política, econômica e social que a motivaram, a exemplo do que ocorreu em outros países da Europa também se evidenciaram no Brasil.

No entanto, em solo brasileiro, foi aprovada de maneira repentina, arrimada sob o engodo argumentativo de que ser necessária em razão da dramática situação em que o país chegou em face da corrupção, que praticamente esvaziou totalmente os recursos públicos.

Assim, o Projeto de Lei da contrarreforma tramitou no Congresso como matéria de urgência, sem prévia e devida análise ou sequer maturação do projeto, sem grandes discussões, sem a oitiva de todas as partes e atores sociais interessados, empregados, patrões, sindicatos, e em aproximadamente 6 meses foi aprovada numa longa e tumultuada sessão. Ou seja, para além das inúmeras e profundas alterações na legislação vigente, quiçá obedeceu ao processo democrático e ponderoso a que exige uma reforma de tamanha repercussão.

A verdadeira contrarreforma surgiu sob a promessa de modernizar as leis laborais, bem como com o intento de prestigiar as negociações coletivas proposta de direitos inegociáveis.

Neste passo, a OIT realizou um levantamento e constatou que as reformas legislativas e laborais e de mercado de trabalho foram efetivadas em 110 países entre 2008 a 2014. Esses novos modelos estão sendo enfrentados pelos trabalhadores em todo mundo. Ainda, verificou e analisou 642 mudanças nos sistemas laborais dos 110 países e foi possível constatar que a maioria das reformas diminuiu o nível de regulamentação existente. Em 55% dos casos as reformas visaram reduzir a proteção ao emprego, atingindo toda a população, e tinham caráter definitivo, produzindo uma mudança de longo prazo na regulamentação do mercado de trabalho[20].

20 Disponível em: <https://www.dieese.org.br/notatecnica/2017/notaTec178reformaTrabalhista.pdf>. Acesso em 04 junho de 2019.

A contrarreforma trabalhista significa uma mudança substantiva no padrão de regulação do trabalho no Brasil, pois altera mais do que as relações de emprego, tendendo a produzir efeitos deletérios sobre a economia, o mercado de trabalho, a proteção social e a forma de organização da sociedade brasileira, por meio de seu caráter flexibilizador.

4. O COTEJO

As contrarreformas trabalhistas em questão parecem ser a impossibilidade de controlar e prever todos os efeitos de modificações profundas e malsinadas no mercado de trabalho. Entretanto, é incontroverso o caráter de retrocesso de ambas.

Em síntese, as reformas trabalhistas na Itália e a brasileira foram criadas – supostamente- com o fito de combater os efeitos negativos da crise: o crescimento do desemprego e das formas de empregos precárias.

Estiveram arrimadas, de maneira semelhante entre elas, à concepção de que o desemprego e o mal funcionamento da economia poderiam estar, em parte, relacionados à rigidez do mercado de trabalho e, desse modo, a solução passaria por uma regulação pública do trabalho mais "flexível", inclusive quanto à forma de dispensa de empregados, no caos italiano.

O que há por trás de muitas das propostas interpretativas em voga e da própria reforma trabalhista brasileira é a ideia de que tais objetivos são inalcançáveis e que a única realidade existente é a do mercado econômico.

Tal como na experiência italiana, a contrarreforma trabalhista brasileira também revela os argumentos falaciosos que a justificam e que, em termos de resultado e números, sequer correspondem às expectativas de melhora na economia.

Ou seja: em ambos os países, as contrarreformas empreendidas não produziram o impacto esperado de aumentar o emprego nos grupos mais vulneráveis, ao passo que o pretenso crescimento do emprego seguiu sua trajetória por meio de empregos precários, marcados pela descontinuidade, concentrados em setores de baixa qualificação e pouca tecnologia.

5. CONCLUSÃO

Fato é que os processos de "reformas" pelos quais a Itália e o Brasil passaram, sobretudo as mais recentes e praticamente contemporâneas, encadearam incontroversos malefícios e retrocessos sociais. Dentre eles, a desestruturação do tecido social, com ampliação da desigualdade e fortalecimento da exclusão social, especialmente entre a população mais vulnerável, constituída pelas mulheres, jovens, negros e negras.

Não houve prova alguma de que a flexibilização das leis trabalhistas traga resultados positivos para o crescimento econômico, para a diminuição das desigualdades e para menores taxas de desemprego. Por outro lado, há fartas evidências de que a redução da proteção ao emprego agrava a proliferação dos empregos precários, engendra o aumento da desigualdade e a piora na segmentação do mercado de trabalho.

Tal como ocorreu no Velho Continente com a Itália, no Brasil, a promessa de desenvolvimento, de aumento de empregos e impulso da economia foi vastamente desconstituída, nos dois países em comento. Observa-se o efeito reverso: retrocesso jurídico, econômico, social, sobretudo aos trabalhadores.

A legislação trabalhista até aqui, de ambos os países, não parece ter sido suficiente para impedir o rápido aumento da taxa de desocupação, da queda dos rendimentos do trabalho e da taxa de informalidade.

Assim, o que se observa, é que as premissas e propostas que supostamente foram usadas, em ambos os casos, não se concretizaram, uma vez que não se sustentaram. A promessa de melhorias e desenvolvimento da economia em nada se consumou. Pelo contrário: apenas engendrou a liquefação dos direitos trabalhistas arduamente conquistados pelos trabalhadores, seja no Brasil, seja na Itália.

6. REFERÊNCIAS BIBLIOGRAFICAS

BELLOMO. Stefano. LE RIFORME DEL LAVORO ITALIANE DEGLI ANNI 2012-2016 NEL QUADRO EUROPEO DELLA FLEXICURITY. *In:* O Direito do trabalho em transformação: um confronto ítalo-brasileiro. TRT da 15ª Região, 2018.

BIAVASCHI, Magda Barros. O Direito do Trabalho no Brasil – 1930-1942: a construção do sujeito de direitos trabalhistas. São Paulo: LTr, 2007.

CASAGRANDE, Cássio. A reforma trabalhista e o "sonho americano". Uma grande ignorância sobre o direito e o sistema de justiça nos EUA, 2017. Disponível em: https://jota.info/artigos/a-reforma-trabalhista-e-o-sonho-americano-11062017. Acesso em 23 de junho de 2019.

________. Contribuição crítica à reforma trabalhista / organizadores: Marilane Oliveira Teixeira... [et al.]. – Campinas, SP : UNICAMP/IE/CESIT, 2017. 328 p. Disponível em: < https://www.eco.unicamp.br/images/arquivos/Reformatrabalhista.pdf>. Acesso em 03 de julho de 2019.

________. Associar a CLT ao fascismo é uma mistificação da História: Afirmativa revela ignorância sobre origens do Direito do Trabalho no Brasil e no mundo. Disponível em: https://www.jota.info/opiniao-e-analise/colunas/o-mundo-fora-dosautos/associar-a-clt-aofascismo-e-uma-mistificacao-da-historia-06082018. Acesso em 24 de junho de 2019. COSTITUZIONE

DELLA REPUBBLICA ITALIANA. Disponível em:https://www.nascitacostituzione.it/costituzione2.htm. Acesso em 23 de junho de 2019.

DIEESE, A reforma trabalhista e os impactos para as relações de trabalho no Brasil. Nota técnica, número 178 – maio/2017. In: https://www.dieese.org.br/notatecnica/2017/notaTec178reformaTrabalhista.pdf. Acesso em 07 de julho de 2019.

DI MARTA FANA, DARIO GUARASCIO, VALERIA CIRILLO. La crisi e leriformedelmercatodel lavoro in Italia: un'analisiregionaledel Jobs Act. Disponível em: < h ttp:// www.unife.it/economia/lm.economia/insegnamenti/economia-del-lavoro-e dellinnovazione/ jobs-act-analisi-e-valutazione-dellultima-riforma-del-mercato-del-lavoro/la- c risi-e-le-riforme-del-mercato-del-lavoro-in-italia-un2019analisi-regionale-del-jobs-act-di-m arta-fana-dario-guarascio-e-valeria-cirillo-argomenti-2016/view>. Acesso em 08 de junho de 2019.

FANA, M; GUARASCIO, D; CIRILLO, V. Did Italy need more labour flexibility?, Intereconomics, 51 (2), p. 79-86. Leibniz Information Centre for Economics, 2016.

FARIA, Fernanda Nigri, VIANA, Marcio Tulio. Movimentos sociais versus retrocessos trabalhistas: poder e resistência no mundo do trabalho. – São Paulo: LTr, 2018.

FERRARIO, Susanna. PillolediStoria: Brevi note in matéria didirittodel lavoro. Disponível em: <http://www.archiviolavoro.it/sites/www.archiviolavoro.it/files/progetti/files/Diritto%20del %2 0Lavoro_pillole.pdf. Acesso em 23 de junho de 2019.

MASSAGLI, Emmanuele. Piccolo compendio delleriformedel lavoro dal 1997 al 2018: dalla "qualità" alla "dignità". Disponível em: < http://www.bollettinoadapt.it/ >. Acesso em 05 de junho de 2019. MAZZOTTA, Oronzo. Dirittodel lavoro. 2ª ed. Giuffrè editore: Milano, 2013.

MEZZACAPO, Domenico. O direito do Trabalho em transformação: um confronto ítalo brasileiro.Estudos Jurídicos 2018. TRT 15ª Região. Disponível em:< https://trt15.jus.br/sites/portal/files/fields/colecoesdotribunal_v/estudos-juridicos-e-livros/2018/o-direito-do-trabalho-em-transformacao-2.pdf> Acesso em, 05 de junho de 2019.

MUNERATI, Ligia Ramia. A evolução do direito do trabalho na Itália: Da Lei 604/1966 até o Jobs act. Revista de Direito do Trabalho. vol. 164. ano 41. p. 301-311. São Paulo: Ed. RT, jul.-ago. 2015.

POCHMANN, Márcio. A crise capitalista e os desafios dos trabalhadores. Cadernos do CEAS, Salvador, n. 239, 2016.

SANTOS, José Aparecido dos. "Reformas trabalhistas na Itália: breve análise histórica e comparativa. In: Revista do Tribunal Superior do Trabalho: vol. 83, n. 4. Dez. 2017.

SILVA, Sandro Pereira. A estratégia argumentativa da reforma trabalhista no Brasil à luz de dados internacionais. Disponível em:. Acesso em 03 de julho de 2019.

SOUTO MAIOR, Jorge Luiz; SEVERO, Valdete Souto. Os 201 ataques da "reforma" aos trabalhadores. Disponível em:< h ttps://www.jorgesoutomaior.com/blog/os-201-ataquesda-reforma-aos-trabalhadores>. Acesso em 04 de julho de 2017. ____________. "A CLT é velha". Disponível em: https://www.jorgesoutomaior.com/blog/ia- clt-e-velha. Acesso em 24 de maio de 2019.

_____________. História do direito do trabalho no Brasil : Curso de direito do trabalho, volume I : parte II / Jorge Luiz Souto Maior. — São Paulo :LTr, 2017.

TAPIA, Jorge R. B. Concertação Social, Negociações Coletivas e Flexibilidade: O caso italiano (1992-202). DADOS - Revista de Ciências Sociais. vol. 46, n. 2. p. 215-263. Rio de Janeiro, 2003.

_____________. Um debate necessário. Carta Del Lavoro. Disponível em: http://www.tiebrasil.org/Documentos/Carta%20del%20Lavoro.html. Acesso em 30 de junho de 2019.

A "NOVA" DOGMÁTICA E O ATAQUE AOS DIREITOS TRABALHISTAS

António Garcia Pereira[1]

Os tempos actuais são, como todos sabemos e sentimos, de profundo ataque não apenas aos direitos laborais, mas também aos direitos cívicos, políticos e sociais, tudo isto sob uma capa, sob uma cobertura ideológica, sob uma dogmática, que se pretende de "nova" e até "progressiva", mas que não passa, afinal, de uma nova roupagem exterior para ideias e políticas de há décadas atrás e, em alguns casos, até de há um século atrás.

A minha interpelação, aqui e agora, é a de que procuremos então dissecar, e de forma aprofundada e rigorosa, o modo como este discurso legitimador se vem procurando impor e os interesses que ele precisamente visa prosseguir e justificar, sem também alimentar quaisquer ilusões acerca quer da natureza de classe do Direito do Trabalho (como se este fosse – que obviamente não é – uma ilha socialista num oceano capitalista), quer acerca da possibilidade do sistema capitalista do Trabalho assalariado se auto-reformar.

A época actual – muitas vezes designada de globalização – é, sim, a época do grande imperialismo financeiro globalizado à escala mundial. Deste modo:

a) Com as Novas Tecnologias da Comunicação e Informação (NTCI) verificou- se, antes de mais, o estilhaçamento das noções tradicionais de tempo e de espaço[2];

b) Assistimos à mundialização da própria actividade económica capitalista, assente em grandes organizações funcionando em constelação ou em rede, e já não temos, como há cerca de um século atrás, apenas um mercado global para o

---

1 Doutorado em Ciências Jurídicas, Advogado, Especialista em Direito do Trabalho, Professor Auxiliar do Instituto Superior de Economia e Gestão- Universidade de Lisboa.

2 Fazendo, por um lado, com que o "curto prazo" de duas ou três semanas de há umas décadas seja hoje de duas ou três horas apenas e, por outro, que uma informação, um dado ou um fluxo financeiro de milhões circule, num segundo, de um ponto para outro da Terra.

capitalismo com empresas e economias predominantemente nacionais e um sistema mundializado de transporte de mercadorias, mas sim um capitalismo global, do capital como finança. Temos, pois, uma globalização financeira, de um capital financeiro que é dono das grandes cadeias produtivas, mas que não produz valor, sendo essa a sua principal característica e também a causa da sua própria crise;

c) Dentro da lógica do funcionamento deste capital financeiro global, verifica-se uma transferência da produção dos países de economia capitalista mais avançada (como os Estados Unidos da América ou a Alemanha) para os países onde fica mais barato produzir, os chamados países emergentes ou da periferia (como a Coreia do Sul, o Sudoeste Asiático, a Índia, o Brasil), que estão agora a fazer o seu processo de acumulação primitiva, com:

- Destruição acelerada das relações pré-capitalistas de produção.

- Desapropriação das terras colectivas e expropriação acelerada das terras aos camponeses e pequenos proprietários e vinda destes em massa para as cidades, em busca de sustento.

- Desprezo profundo pelas questões ambientais e entrega dos recursos naturais mais essenciais para os diversos países e mesmo para toda a Humanidade (como a Amazónia), à exploração desenfreada das grandes multinacionais, em obediência à lógica do máximo lucro para os grandes interesses económicos e financeiros.

- Constituição, em particular nas cinturas dos centros urbanos mais importantes, de grandes unidades industriais, com utilização intensiva de trabalhadores despojados de tudo, muito mal pagos e em péssimas condições de segurança e saúde.

d) Simultaneamente, ocorre a concentração dos serviços mais qualificados e dos centros de decisão financeira nos países ditos do centro, onde se assiste – a par com a já referida deslocalização das actividades produtivas, em particular da indústria, para os países ditos emergentes, e a uma consequente diminuição dos operários industriais[3] – a uma proletarização crescente dos trabalhadores mais qualificados (como os médicos, bancários, funcionários públicos, advogados, técnicos informáticos, engenheiros e arquitectos), com expropriação dos saberes mais qualificados e a imposição de vínculos cada vez mais precários, salários mais baixos, horários mais extenuantes[4] e mesmo a "inempregabilidade" (ou seja, a si-

3 A classe operária industrial, nos últimos 20 anos, diminuiu 10% nos EUA e 7% na Europa.

4 É o caso em Portugal dos empregos a "recibos verdes" (isto é, das falsas prestações de serviços) com salários de 500€ ou 600€ mensais, e da contratação de profissionais altamente qualificados como, por exemplo, os enfermeiros, a auferirem 2,5€ à hora.

tuação de todos aqueles, em particular os mais jovens, que nunca conseguirão alcançar um emprego e muito menos um emprego compatível com as respectivas qualificações) de um grande número de trabalhadores. Não porque, em particular com as NTCI, não houvesse trabalho e até com melhores condições (desde logo, jornadas de trabalho mais curtas) para todos, mas simplesmente porque as exigências da manutenção das elevadíssimas taxas de lucro dos grandes interesses financeiros não o permitem nem toleram.

Temos, assim, hoje em dia, e pela primeira vez na História, uma classe operária que é mundial e que é constituída não só pelos proletários industriais (cujo número cresce nos países ditos emergentes e diminui nos países denominados do centro), mas também pelos proletarizados e expropriados do seu saber, em particular nestes últimos países, e ainda pelo "inempregados", os quais, nem as organizações políticas, nem os sindicatos, nem os juslaboralistas do século XXI podem (continuar a) desconhecer e desvalorizar pois que representam a massa crítica das grandes transformações sociais, políticas e económicas do futuro.

A exploração até à medula, à maneira do século XIX, dos trabalhadores dos países ditos emergentes ou de periferia, a crescente proletarização dos trabalhadores mais qualificados dos países do centro acompanhada de um crescente desemprego e, mais, de um não emprego de trabalhadores, ainda que altamente qualificados, apenas para que o grande capital financeiro consiga manter e até aumentar as suas astronómicas taxas de lucro, tudo isto conduz a que se alargue cada vez mais o fosso entre os que tudo produzem e nada têm de seu e os que tudo têm e nada produzem (como evidenciam as estatísticas oficiais, inclusive da própria ONU - Organização das Nações Unidas, em especial o chamado PNUD - Programa das Nações Unidas para o Desenvolvimento).

Mas tudo isto também põe cada vez mais a claro a contradição entre forças produtivas cada vez mais avançadas (inclusive do ponto de vista da tecnologia e dos enormes aumentos da produtividade que ela possibilita e da menor carga e esforço de trabalho que deveriam proporcionar, nomeadamente de tempos máximos e de ritmos de jornada de trabalho, mas que, exactamente por terem sido apropriados por uma ínfima minoria, não proporcionaram) e relações sociais (do trabalho assalariado) que cada vez mais se mostram injustas e impeditivas do progresso social.

E a crise do capitalismo financeiro global que eclodiu em 2008 – e que atingiu primeiro os Estados Unidos da América e alastrou depois a outras zonas do Mundo, designadamente a Europa – mostra, quer onde conduz esta autêntica "economia de casino", quer a necessidade, cada vez mais premente, de alterar estruturalmente este estado de coisas pois é, afinal, a lógica do lucro do grande capital financeiro que impede, mata e deslocaliza a produção.

Estamos assim perante uma crise, não meramente económica, mas política, de um sistema político de exploração e opressão que procura, com todas as forças e por todos os meios, manter-se e impor-se, buscando apresentar-se como inevitável, inelutável e eterno[5].

Ora, o processo de imposição deste modo de funcionamento do sistema capitalista de produção (na fase do capitalismo financeiro global) e das teorias das suas pretensas inevitabilidade e eternidade passa também por um processo de verdadeira destruição dos direitos cívicos, políticos, sociais, designadamente laborais e, precisamente a fim de assegurar a sua manutenção e reprodução, passa igual e necessariamente pela construção de toda uma dogmática, económica, política, mas também jurídica, que forneça a fundamentação e a justificação ideológico-formal para esse mesmo processo de destruição. Dogmática essa que será sempre tanto mais eficaz quanto mais capaz for de iludir a sua verdadeira natureza de classe, a sua verdadeira finalidade (a de aumentar ainda mais os fabulosos ganhos dos grandes interesses financeiros e da ínfima minoria que é deles titular) e a sua função legitimadora desse tipo de sociedade (disfarçada sob a natureza pretensamente técnica e neutral das medidas e soluções preconizadas).

Tal como nos quiseram convencer de que já não seria preciso falarmos em Economia Política, e que quem deveríamos ouvir eram os tecnocratas e "especialistas" do grande capital financeiro (como os da Escola de Chicago)[6] – o que é afinal uma ideologia que precisamente visa desarmar-nos e impedir-nos de compreender verdadeiramente as coisas e, mais importante ainda, de querermos e de sabermos alterá-las –, agora os técnicos do pensamento jurídico dominante pretendem impor como verdades científicas aquilo que não passa de escolhas e decisões de óbvia natureza política.

---

5 Recorde-se que, depois da queda do muro de Berlim e do desmoronar dos regimes que se diziam socialistas, Fukuyama proclamou mesmo – retomando, aliás, uma interpretação errada e abusiva das concepções de Hegel – que a História tinha acabado e que o sistema capitalista era, ele próprio, o fim da História, isto é, que tal sistema se teria (tal como a "Ideia" de Hegel) materializado no mundo e, logo, perduraria por todos os tempos.

6 Em Portugal, como de resto um pouco por toda a Europa, as medidas anti-populares mais extremas foram sustentadas e justificadas com o "argumento" de que os meios para combater o défice e diminuir a dívida pública não passavam de uma questão "técnica", cabendo assim apenas aos "especialistas" e aos tecnocratas a definição de tais medidas.

Importa, pois, exigir e impor – contra a lógica opressiva e asfixiante desse mesmo pensamento dominante – a discussão, livre e aprofundada, de tudo, pois não podemos (nem devemos!) aceitar tabus ou "verdades feitas", venham elas de onde vierem.

No que respeita às chamadas reformas laborais do grande capital financeiro, importa ver que, de uma forma geral, elas assentam sempre num duplo raciocínio (cujos termos, todavia, são sempre convenientemente apresentados com carácter de postulados indiscutíveis e que, por isso mesmo, não podem nem devem ser discutidos):

1º Na época da chamada globalização da economia, só seria possível ter empresas estáveis e competitivas com trabalhadores instáveis, trabalhando incessantemente, permanentemente constrangidos e até amedrontados pela chamada gestão científica do medo (o medo de perder o emprego, o medo de perder a casa, o medo do outro, o medo do diferente, o medo do estrangeiro...).

2º A forma de aumentar a produtividade da economia consistiria, sobretudo, na chamada desvalorização interna, procurando assim corresponder às exigências do grande capital financeiro e igualando por baixo os paraísos da desregulação social, desde logo com o esmagamento dos custos unitários do trabalho, nomeadamente através de:

a) **Restrição ou mesmo eliminação, sob a capa da reforma da Segurança Social ou da Previdência, de importantes direitos sociais** (como a diminuição das prestações sociais – subsídios de desemprego ou de doença - ou o abaixamento do valor das reformas, por exemplo). Sempre sob o argumento de que tal se torna "tecnicamente" necessário para equilibrar o orçamento, reduzir o défice e a dívida e diminuir a despesa pública (mas para tapar os buracos das fraudes financeiras na Banca[7], para as Parcerias Público-Privadas (PPP), designadamente na Saúde e nas Auto-estradas[8], etc., e para diminuir os impostos sobre os rendimentos da capital[9] – por exemplo, o Imposto sobre os Rendimentos do Capital (IRC) –, tais "argumentos" já obviamente não se aplicam...).

---

7 Só desde o início da crise de 2008 foram confiscados aos contribuintes portugueses (que são fundamentalmente os trabalhadores por conta de outrem) cerca de 20.000 milhões de euros para injectar nos bancos onde as maiores fraudes foram cometidas pelos banqueiros, com o Banco Espírito Santo à cabeça.

8 Nas PPP, o risco (designadamente decorrente de o número de utilizadores daquela auto-estrada ou daquela unidade de saúde e, logo, o montante das respetivas receitas ser inferior ao inicialmente previsto) corre inteiramente para o Estado (que paga ao privado a diferença entre o efectivamente cobrado e o previsto), enquanto os ganhos (acaso suceder que afinal as receitas são superiores ao previsto) vai integralmente para os bolsos do privado.

9 Durante o período mais agudo da crise em Portugal, o único imposto que, entretanto, baixou foi, significativamente, o IRC.

b) **Enfraquecimento drástico ou até mesmo destruição da vertente das relações colectivas de trabalho:**

- Debilitando e restringindo os modos de luta (greve[10]) e de acção (acção sindical na Empresa[11]) colectivas;

- destruindo a contratação colectiva como instrumento de melhoria das condições legais mínimas, nomeadamente estabelecendo a caducidade das convenções colectivas com a possibilidade de criação de "buracos negros" da sua cobertura, e destruindo o princípio do favor laboratoris, passando a permitir-se que a contratação colectiva estabeleça condições menos favoráveis que as da própria lei[12];

- impondo a individualização máxima das relações de trabalho e a sua civilização (isto é, a aproximação às regras do Direito Civil), com a consagração do predomínio do contratado (sobretudo individualmente), ainda que menos favorável, sobre o legislado e o consequente desequilíbrio estrutural de poderes a favor do empregador (designadamente em matéria de fixação de horários, de locais de trabalho e de funções exigíveis ao trabalhador), tudo sob a capa da falácia do pretenso "encontro de vontades", da "liberdade contratual" e da "autonomia da vontade das partes";

- alargando, com base em particular na facilitação do uso da contratação precária (do trabalho temporário e dos contratos a termo, ou a prazo, e ainda dos "contratos de muito curta duração" aos contratos ditos de "prestação de serviços") a imposição, ao jeito de verdadeiros contratos de mera adesão, de retribuições miseráveis[13], de horários próprios do século XIX, da ausência de condições minimamente dignas de segurança e saúde no trabalho, etc.

---

10 Designadamente facilitando e aumentando as hipóteses de alargamento da definição dos serviços mínimos e/ ou do decretamento pelo Executivo de mecanismos destruidores da greve, como a requisição civil.

11 É o caso da diminuição dos tempos legais de dispensa do trabalho para o exercício das funções sindicais ou, como sucedeu recentemente no Brasil, da forte restrição dos meios de financiamento da actividade sindical, designadamente no tocante à cobrança das quotas.

12 Ainda que com alguns temperamentos introduzidos por alterações legais posteriores, o Código do Trabalho português de 2003 veio precisamente permitir quer a caducidade das convenções colectivas, quer a possibilidade de a contratação colectiva conter tratamento menos favorável que o da lei, respectivamente nos actuais artigos 501º e 3º do mesmo Código.

13 Podendo verificar-se nas próprias estatísticas oficiais (designadamente as dos chamados "quadros de remunerações", publicados pelo Ministério do Trabalho) que, por referência a um trabalhador com as mesmas funções e com um contrato sem termo, o salário de um contratado a prazo é, em média, 74% do daquele, e o de um contratado sob a capa de uma pretensa "prestação de serviços", de 55% a 60%! Sugere-se a leitura dos seguintes artigos da minha autoria: "Portugal, um país de escravos", Por um País mais justo e outras crónicas, Lisboa, Âncora, 2019, pp. 139-142; "Trabalhadores ou escravos?", op. cit., pp. 224-229; "O regresso dos homens de Neandertal ao mundo do trabalho", disponível em: http://www.noticiasonline.eu/o-regresso-dos-homens-de-neandertal-ao-mundo-do-trabalho/).

c) **Definição e aplicação de reformas laborais** que, para além da diminuição drástica dos direitos sociais, passam sempre – como também em larga medida passaram em Portugal[14] – por:

- Tornar fáceis e baratos quer a contratação precária quer os despedimentos, designadamente os despedimentos por causas alegadamente económicas[15];

- diminuir os salários e as retribuições, inclusive abaixo do valor da força de trabalho (ou seja, do montante indispensável para assegurar a sua manutenção e reprodução);

- aumentar os tempos e intensificar os ritmos de trabalho;

- baixar as contribuições patronais para a Segurança Social e reduzir os direitos sociais e em particular as pensões de reforma (não raras vezes empurrando os trabalhadores para o sector privado dos seguros, com "soluções" ditas alternativas como os PPR-Planos de Poupança Reforma e Fundos de Pensões).

Acontece ainda que, não raras vezes, tem sido defendida – e inclusive pela própria OIT (Organização Internacional do Trabalho), e não só para a Europa como para fora dela[16] – a adopção de um outro tipo de medidas, ditas de criação de emprego, mas cujo resultado é o de acabar por aumentar ainda mais a precarização laboral e contribuir para o abaixamento geral dos salários.

Desde logo, ao permitir legalmente[17] a contratação a termo ou a prazo de jovens à procura do primeiro emprego ou de desempregados de longa duração para ocuparem postos de trabalho permanentes, ou o emprego de desempregados inscritos nos Centros de Emprego. Ou o estabelecimento, como condição para eles poderem receber o subsídio de desemprego, da sua colocação em empregos ditos formais, mas com salários muito inferiores ao salário mínimo nacional, em acções ditas de formação muitas vezes por completo desfasadas da realidade, ou ainda em outros tipos de ocupação profissional com direitos reduzidos, tudo na famigerada lógica da chamada "evolução" do welfare para o workfare (e, claro, da fraudulenta diminuição das estatísticas do desemprego).

---

14 Assim, muito em particular as Leis nº 23/2012, de 25/6, e a nº 69/2013, de 30/8, modificaram o regime legal dos tempos de trabalho (designadamente no tocante aos dias de férias e de folgas e aos regimes de adaptabilidade e do banco de horas, da isenção de horário de trabalho e de trabalho suplementar) bem como dos contratos de muito curta duração e dos despedimentos por justa causa "objectiva" (colectivos, por extinção do posto de trabalho e, sobretudo, por inadaptação do trabalhador).

15 A indemnização que é devida a um trabalhador abrangido por um destes despedimentos por justa causa objectiva passou em Portugal, nos termos do art.º 366º do Código do Trabalho, de 30 dias de retribuição base e diuturnidades para apenas 12 dias por cada ano de antiguidade e não podendo nunca exceder um montante global superior a 12 meses de retribuição base e diuturnidades.

16 Veja-se, por exemplo, o relatório "Políticas activas de mercado de trabalho na América Latina e no Caribe", 2016.

17 Cf. art.º 140º, nº 4 do Código do Trabalho português.

Temos também os chamados "estímulos à criação do próprio emprego", promovendo a transformação de trabalhadores por conta de outrem que se encontrem desempregados, em empresários em nome individual através da constituição de sociedade unipessoais, ditas prestadoras de serviços. Ou a diminuição dos descontos patronais para os empregadores que celebrem novos contratos de trabalho, com a consequente debilitação financeira do próprio sistema da Segurança Social e a subsequente defesa da necessidade da "reforma" deste, entendida esta sempre como significando a diminuição dos direitos dos trabalhadores, quer ainda no activo, quer após a reforma.

Exemplos bem significativos de todos estes tipos de medidas no Brasil são, nomeadamente, a Lei nº 13429, de 31/3/17, que alargou a possibilidade da terciarização das chamadas "actividades-meio" para todas as actividades, e a Lei nº 13467, de 14/7/17 que alterou mais de 100 artigos da Consolidação das Leis do Trabalho (CLT) e que, entre outros pontos, consagrou o famigerado princípio do predomínio do contratado sobre o legislado e permitiu a redução do salário no trabalho no domicílio e o aumento da jornada de trabalho até às 12 horas diárias.

Creio que os resultados já conhecidos no Brasil relativamente a todas estas medidas confirmam aquilo que já amplamente se conhece na Europa – um aumento geral da precariedade nas relações de trabalho[18], a diminuição dos salários[19], a intensificação da exploração dos trabalhadores[20], o aumento da pobreza[21], o incremento da concorrência entre trabalhadores, dentro da velha lógica do "divi-

18 Em Portugal, tem-se assistido a uma autêntica proliferação deste tipo de sociedades comerciais – maxime das "sociedades unipessoais", inclusive de trabalhadores altamente qualificados como médicos – que encobrem duplamente (pela máscara da "prestação de serviços" e pela circunstância de o alegado prestador ser uma pessoa colectiva) verdadeiras relações de trabalho subordinado, mas que se torna muito mais difícil desvendar e declarar como tal, em particular na situação que se vive na Justiça Laboral portuguesa, e a que adiante se fará referência.

19 Segundo dados oficiais do próprio Instituto Nacional de Estatística (INE), 28,1% dos trabalhadores portugueses ganham até 599€ por mês e 31,5% entre 600€ e 899€ mensais, isto quando o valor do rendimento considerado necessário para um adulto sozinho ter um padrão de vida digno, segundo o relatório da OCDE sobre o rendimento adequado em Portugal, actualizado aos valores de 2017, é de... 1.025€ mensais.

20 De acordo com o Eurofound (Fundação Europeia para a Melhoria das Condições de Vida e de Trabalho), Portugal é o 4º país dos 28 países da União Europeia com horários de trabalho mais extensos: 1958 horas anuais contra a média EU-28 que é de 1669 horas e 1418 horas na Alemanha. Mais de 76,6% dos trabalhadores portugueses não têm um horário de trabalho normal ou fixo, e em certos sectores, como a construção civil, essa percentagem chega a 85%. De acordo com um estudo da Michael Page (empresa especializada na selecção e recrutamento de quadros altamente qualificados), 87,1% dos trabalhadores portugueses desenvolvem algum trabalho (não pago) remotamente, fora do horário oficial, designadamente à noite e ao fim de semana, além de 61,1% executarem algum trabalho, também gratuitamente, durante as férias. Presentemente, um trabalhador português ganha, em média, metade de um espanhol, cerca de 1/3 de um francês e 1/4 de um dinamarquês, mas é dos que tem que suportar maior carga fiscal (13º em 35 países).

21 A pobreza em Portugal – dos que vivem com privação material severa ou estão há muito tempo fora do mercado de trabalho – atinge 23,3% da população.

dir para reinar", bem como a progressiva rarefacção e a assim promovida e provocada incapacidade da legislação laboral ainda existente para regular minimamente as relações de trabalho[22].

Ora, certo é que todo este conjunto de medidas, só aparentemente técnico-jurídicas, mas realmente político-ideológicas, é sustentado e legitimado por todo um ideário não só do campo político geral, mas também do âmbito da própria dogmática juslaboralista, que importa então pôr a claro.

Esse fundo, que, repete-se, nada tem de "técnico", assenta num conjunto de concepções básicas que se impõe analisar criticamente, e algumas das quais, aliás, já foram, entretanto, sendo assinaladas, a saber:

1. Desvalorização do Trabalho como instrumento de afirmação e realização pessoal e social, e promoção permanente e absoluta dos valores do poder, do dinheiro e do "sucesso" a todo o custo.

2. Pregação de um individualismo feroz, o qual passa pela concepção de todos os outros, a começar pelos próprios companheiros de trabalho, como adversários a ultrapassar, senão mesmo como inimigos a "abater", e pela consequente defesa da "lei da selva" nas relações pessoais e nas relações sociais.

3. Gestão "científica" do medo, do medo do estrangeiro, do deficiente, do diferente, do outro, simplesmente[23] – pois que é muito mais fácil dirigir e controlar cidadãos, e cidadãos trabalhadores, permanentemente amedrontados, divididos, instáveis e incansáveis, (sobre)vivendo e trabalhando como autênticos novos escravos.

---

22 Portugal é hoje um país onde se estima que a área do chamado trabalho informal, atípico ou não declarado (onde se inclui, também, mas não só, a actividade dos imigrantes ilegais) representa cerca de 25% do PIB, nela não entrando nem se aplicando a lei, designadamente laboral.

23 O papel da figura retórica de conceitos como o "outro" e da violência simbólica que eles acarretam foi estudado, sob a perspectiva da justificação das dominações coloniais, por G.C. Spivac, "The Rani of Sirmur: an essay in reading the archive", History and Theory, 24 (3), 1985, pp. 247-72. E bem mais recentemente por M. Backhouse, Grüne Landnahme, Münster, Westfälisches Dampfboot, 2015, especificamente quanto ao conceito de "áreas degradadas" ("degradierte Flächen"), utilizado até na lei para assim justificar a transferência (expropriação) da titularidade de áreas verdes da propriedade de pequenos proprietários para grandes empresas no Estado do Pará. E o mesmo se diga da linguagem policial frequentemente usada em Portugal acerca dos bairros sociais, apelidados de "bairros problemáticos". Tudo exemplos de que como a discriminação, a exploração, o confisco e a perseguição são justificados e legitimados, aliás, com a contribuição do próprio Direito, definindo as vítimas desses processos como "atrasados", "inferiores", "resistentes à civilização e à integração" e, logo, justificadoras da aplicação da disciplina adequada à sua integração social e política. Tal como o próprio Marx já explicara a aprovação na Inglaterra, a partir do Século XV, de várias leis contra a mendicidade e a chamada vagabundagem.

4. Desprezo e ataque aos mais fracos e mais vulneráveis, apresentados como seres "inferiores" e fonte de encargos e despesas escusados, que apenas prejudicam os restantes membros da sociedade. E assim se trata sempre de:

- Fomentar, por todos os meios, o conflito, em vez da solidariedade, intergeracional;

- apontar os que ousam lutar e reclamar, como "retrógrados", "resistentes à mudança", "privilegiados", "inadaptados" e, sobretudo, "trouble makers" que se imporia afastar, punir e sanear rapidamente – é a famigerada tese de que "não há problema enquanto alguém (no mínimo, ignorante e no máximo, mal-intencionado) não fizer disso um problema". Como com o sistema capitalista financeiro globalizado temos "gente a mais" para manter a exploração ao nível da cúpula financeira, a "solução" que o capitalismo reserva para essa gente é a de – na lógica das soluções malthusianas – fazê-los "morrer à fome", embora haja na sociedade recursos mais que suficientes para garantir a subsistência de tais pessoas, com a consequente legitimação das medidas da "solução final" para elas e a "tolerância zero" para com os mais vulneráveis, afirmando assim, como valor superior (e tal como justamente assinala Hannah Arendt) a sobrevivência dos mais aptos e dos considerados "superiores";

- definir os desempregados como "piegas" e "vadios", que não querem é trabalhar e, para os que trabalham em condições miseráveis, repetir-lhes milhentas vezes que "mais vale um mau emprego que emprego nenhum" e que devem fazer da precariedade "uma oportunidade e não uma dificuldade[24];

- apontar os idosos como gente que está cá "a mais" e a consumir recursos que fazem falta aos mais jovens (não se justificando, por exemplo, que se gaste com eles cuidados de saúde, em particular os mais caros, como os oncológicos ou de hemodiálise) e negando-lhes o direito a, após uma vida inteira de trabalho, usufruírem de uma velhice com dignidade;

- referir os doentes e deficientes como alguém que representa uma despesa sem retorno e, logo, um fardo que seria forçoso, e legítimo, designadamente em nome da "necessidade" (por exemplo de definir "prioridades"), alijar e deitar fora;

- manter, sob um ideário profundamente machista e (mal) disfarçado por meras declarações abstractas sobre a igualdade dos sexos[25], um tratamento pro-

24 O relatório da OIT intitulado "Trabalho digno em Portugal – 2008-2018" assinala (p. 51) que um trabalhador que "nasce temporário tende a ser temporário para o resto da vida" e a possibilidade de transitar para um trabalho permanente é, em Portugal, baixíssima – cerca de 12%, ou seja, 1/4 da percentagem do Reino Unido, da Irlanda ou da Áustria, por exemplo.

25 A ideologia nazi reservava às mulheres as funções "dos 3K" (Kinder – a gestação e criação dos filhos; Kirchen – a igreja e Kürchen – a cozinha, como o lugar a elas destinado no lar).

fundamente discriminatório relativamente às mulheres trabalhadoras, sempre as últimas a serem contratadas e as primeiras a serem despedidas, e sempre com remunerações muito inferiores às dos homens[26], fazendo delas (como também e nomeadamente de trabalhadores de minorias étnicas e/ou imigrantes, quer legais, quer sobretudo ilegais) um forte factor de agravamento das condições de trabalho e abaixamento dos salários em geral[27].

5. Utilização de uma linguagem pretensamente técnica (e até frequentemente em língua inglesa...) para assim procurar ocultar e mistificar a verdadeira natureza das medidas. Deste modo, o encerramento de escolas, de centros de saúde e de maternidades é apresentado como mera "reorganização do mapa"; a restrição dos direitos sociais e o abaixamento das pensões como "garantia de sustentabilidade"; os despedimentos como "eliminação das gorduras supérfluas" ou ainda da implementação da "lean production" ou de processos de downsizing; os cortes nos salários como "reajustes"; o aumento dos poderes patronais quanto à fixação dos tempos e locais de trabalho e das funções exigíveis ao trabalhador como "mobilidade temporal, geográfica ou funcional", ou "aproveitamento de sinergias", etc., etc., etc. E tudo isto a par com verdadeiramente científicos e maquiavélicos mecanismos de manipulação das massas, designadamente com o uso

26 É verdade que no Portugal do fascismo as mulheres eram gravemente discriminadas (tidas como seres inferiores e submissas aos homens, legalmente impedidas de aceder às magistraturas e à carreira diplomática, só podendo casar com autorização do Ministério da Educação - no caso das professoras primárias - ou do patrão – no caso das enfermeiras, hospedeiras e telefonistas e, sendo já casadas, necessitando de autorização do marido para celebrar um contrato de trabalho ou exercer uma actividade económica), mas ainda hoje a situação no mundo do trabalho continua a ser de grave discriminação. De acordo com o chamado "Quadro de Pessoal – Sector Privado", publicado pelo Gabinete de Estratégia e Planeamento do Ministério do Trabalho, Solidariedade e Segurança Social, relativo ao 4º trimestre de 2018, muito em particular nos empregos de mais baixas qualificações (de "estagiários, praticantes e aprendizes", de profissionais "não qualificados" e de "semi-qualificados"), a percentagem de mulheres é de 39,2% do total desses trabalhadores, enquanto a percentagem de homens é de apenas 29,7%. Tudo isto quando a percentagem de mulheres que, empregadas embora nos trabalhos menos qualificados, têm habilitações iguais à licenciatura ou mesmo superiores (mestrado ou doutoramento) é de 16,7% do total, ou seja, o dobro da percentagem dos trabalhadores homens que é de apenas 8,8%. Por outro lado, nas profissões dos 4 níveis de qualificações mais elevadas (quadros superiores, quadros médios, encarregados e chefes de equipe e profissionais altamente qualificados), as remunerações (incluindo vencimento base e subsídios) das mulheres representam apenas, respectivamente, 59,3%, 78,1% e 85% e – pasme-se! – 24,7% daquelas que são pagas aos homens.

27 Assistimos mesmo ao renascer das concepções mais retrógradas acerca, designadamente, das mulheres e dos homossexuais, tanto no campo mais geral das relações sociais e políticas como no campo mais específico das relações de trabalho. Não é só a ministra brasileira da Mulher, Família e Direitos Humanos, Damares Alves, a proclamar que "a nova era começa agora e menino veste azul e menina veste rosa", bem como que "a mulher deve ser submissa ao homem no casamento"; são também representantes patronais e professores universitários a defenderem concepções próprias de um verdadeiro "feudalismo industrial". Sobre isto, sugere-se a leitura dos seguintes artigos da minha autoria: "O regresso dos homens de Neanderthal ao mundo do Trabalho" (disponível em: http://www.noticiasonline.eu/o-regresso-doshomens- de-neandertal-ao-mundo-do-trabalho/) e "Um Bolsonarus juridicus: um homossexual é, necessariamente, um pedófilo", op. cit., pp. 217-223.

das redes sociais, e com a acrítica e mesmo bestializada mobilização dos "nossos" contra "os outros", com a utilização do ódio e do insulto como instrumentos para simplesmente rebaixar os adversários, com a completa, intencional e programada falsificação dos factos e a sua substituição pelas verdades "oficiais" e "alternativas", através da persistente utilização de uma linguagem tão aparentemente simples quanto ficcional, feita essencialmente de meros slogans e sound bites (de que, por exemplo, o Facebook, mas sobretudo o Twitter, são instrumentos privilegiados).

Do ponto de vista jurídico-formal e da construção do discurso legitimador deste ataque aos direitos não só laborais como também civis e políticos, é muito interessante verificar como se assiste a uma interessante, retrógrada e até terrorista combinação – designadamente em nome da pretensa necessidade de desmantelamento do Direito do Trabalho ou então da edificação de um Direito do Trabalho "de emergência", ou "da", ou "na", crise – de concepções ultra-liberais (por exemplo, as dos gurus da famigerada Escola de Chicago) com as concepções institucionalistas e autoritárias do centro da Europa dos anos 30. Deste modo, ao individualismo extremo, chamado a legitimar, em nome da "liberdade contratual" e da "autonomia da vontade das partes", o predomínio do contraente mais forte – o empregador – e a enfraquecer a dimensão das relações colectivas de trabalho e os sentimentos e laços de solidariedade, juntam-se então as teses institucionalistas e autocráticas. Teses estas que isolam o indivíduo em organizações de massa indiferenciadas, tornando-o assim facilmente manipulável e dominável, que apresentam a sociedade como um corpo social constituído por sub-corpos sociais (como a Família, a Escola e a Empresa) em que, pelo chamado princípio da liderança ("Führerprinzip"), todos eles têm de ter um chefe (ou Duce ou Führer) indiscutível e indiscutido, e o qual, ao nível da sociedade em geral, constitui a fonte legitimadora de todas as normas. E, assim, dentro da lógica destas concepções e para usar a expressão de Carl Schmitt, o grande construtor da dogmática jurídica nazi, "O Fuhrer é quem protege o Direito".

Deste modo, de um ultra-positivismo legalista se passa, então e consoante as conveniências do momento, para uma versão modernizada da famigerada e tristemente célebre teoria do "pensamento da ordem concreta", estruturante do pensamento jurídico-político do III Reich. E que foi reeditada depois, na altura do Presidente dos EUA George W. Bush, pelo jurista Antonin Scalia (que depois chegou a juiz do Supremo Tribunal...), sob a forma da "teoria do executivo unitário", consistente em que se o Führer ou o Presidente – enquanto Autoridade Executiva Absoluta – faz alguma coisa, esta tem necessariamente de ser legal, simplesmente porque é o Führer ou o Presidente a fazê-la). E é fácil de ver onde rapidamente sempre conduziram este tipo de teses – por exemplo, à tristemente célebre teoria do "memorando sobre a tortura" de John Yoo, que significa afinal isto: os EUA não torturam, logo, se empregam violência nos interrogatórios, designadamente nos realizados no Iraque, isso não pode ser tortura[28].

Na sequência daquelas concepções, e assente na ideia de que todo o direito é "direito situacional", Schmitt construiu então uma teoria legitimadora, de acordo com a qual o fundamento da validade do Direito já não está sequer na norma, mas sim no monopólio decisório de que é titular o soberano ou a autoridade executiva. Assim, a Constituição deixa de ser concebida – tal como ainda o era, por exemplo, por Kelsen – como um instrumento de criação de limites jurídicos ao exercício do poder político. E a fonte de legitimação passa a ser simplesmente a autoridade estatal, a qual "para criar direito, não precisa de ter razão/direito", e pode assim, em nome dos "interesses superiores" que ela alegadamente personifica e representa, suspender, nos chamados estados de excepção, a própria Ordem Jurídica. É, em todo o seu "esplendor", a tese do auctoritas facit legem, que foi depois devidamente recauchutada, em plena época da crise financeira do século XXI, para a versão do necessitas facit legem, com o reconhecimento aos Executivos ditos democráticos quer da qualidade de uma espécie de guardiões únicos da Constituição, quer dos poderes de, perante as tais situações ditas de excepção (como as de crise política ou financeira), fazerem cessar a aplicação da Lei Fundamental e suspender os direitos nela consagrados, operando assim verdadeiras revisões constitucionais não declaradas. Em Portugal, nos anos 30 do século 20, isto é, em pleno fascismo, já este tipo de teorias – difundidas, entre outros, por Fezas Vital – significavam que para o jurista "fora das normas queridas e sancionadas pelos governantes, não há Direito, logo, não há direitos".

Mas se este tipo de teses legitimou os maiores e mais horrendos crimes contra a Humanidade cometidos pelos regimes nazi e fascistas, é preciso também dizer, e com toda a clareza, que os juristas que as elaboraram e as desenvolveram têm também as mãos sujas do sangue dessas mesmas atrocidades. Tal como os

---

28 Um dos exemplos mais sinistros desta "teoria executiva unitária" foi a construção, sob encomenda, da teoria de que os indivíduos capturados pelos militares ou agentes secretos norte-americanos, nomeadamente sob a invocação da suspeita de serem "terroristas", não eram cidadãos dos Estados Unidos (logo, as leis destes não se lhe aplicavam), mas também não eram prisioneiros de guerra (pelo que normas como as da Convenção de Genebra não lhes eram igualmente aplicáveis), razão por que nenhuma lei lhes era aplicável e nenhum direito lhes era reconhecido, e toda a sorte de torturas e atrocidades contra eles cometidas estavam "automaticamente" justificadas, também do ponto de vista jurídico.

mais recentes autores e cultores das teses da "emergência financeira", da "legitimidade dos fins" e da aferição da justeza dos meios unicamente em função da sua maior ou menor "eficácia" para alcançar tais fins são directamente responsáveis, não só pelos desenfreados ataques cometidos por governos ditos democráticos contra os direitos, liberdades e garantias dos cidadãos, como também por todas as respectivas consequências sociais e políticas.

Por outro lado, às exigências neo-liberais da máxima ausência de intervenção do Estado, designadamente na economia (por exemplo, com privatizações em massa das empresas e sectores mais lucrativos), e da máxima desregulação das relações sociais com as relações laborais à cabeça (e com a instituição da lei do mais forte a nível das contratações e o "darwinismo social", ou seja, a "lei da selva" a nível da sociedade), juntam-se tão curiosa quanto significativamente as exigências da máxima intervenção dos poderes do Estado e dos seus órgãos, designadamente dos legisladores, das polícias e dos tribunais, para perseguirem e punirem os comportamentos sociais e políticos considerados como susceptíveis de porem de alguma forma em causa a ordem política e social vigente. E assim se defende a hiper-regulação e hiper-punição administrativa, disciplinar e até criminal das condutas dos cidadãos e das suas organizações, com o desmesurado aumento, por exemplo, das normas e sanções penais. A perseguição e criminalização da pobreza, bem como dos movimentos de resistência, dos activismos sociais e até dos simplesmente divergentes (na lógica, já denunciada por Chomski, do "quem se preocupa e quando se preocupa é logo acusado de ser político", subversivo ou até "vermelho"), é assim a reprodução sociojurídica da lógica de funcionamento do capitalismo financeiro global[29]. E assim se "legitima" e até "normaliza" a perseguição disciplinar e até o afastamento e expulsão dos que pensam e falam diferente, designadamente na Administração Pública, a começar pelos professores universitários, tal como sucedeu em Portugal, no pós-Segunda Guerra Mundial, com 26 dos seus melhores docentes. E se processa agora a perseguição a professores no Brasil sob o lema da "Escola sem Partido"...

De todas estas ideias decorre em linha recta a tese (também ela nazi) de que **o direito vigente é sempre legítimo simplesmente porque vigora.** E vigora (apenas) enquanto as respectivas normas se conformarem com os objectivos do regi-

29 Sobre esta temática, ver o importantíssimo texto de Guilherme Leite Gonçalves, "Valor, expropriação e direito: sobre a forma e a violência jurídica na acumulação do capital", I. Boshetti (org.), Expropriação e Direitos no Capitalismo, S. Paulo, Cortez, 2018, pp. 101-130.

me, logo sendo convenientemente esquecidas, reinterpretadas ou até inutilizadas quando tal não sucede. Que é precisamente aquilo que se verifica quando preceitos da lei, e designadamente da lei constitucional ainda vigente, são apresentados como "empecilhos" ou mesmo "forças de bloqueio" à acção governamental e aos objectivos por esta prosseguidos.

Assim, e dentro desta lógica, ao mesmo tempo que, por exemplo, o indivíduo, enquanto tal, é controlado, manipulado e esmagado sob a invocação do interesse nacional e a cultura é desvalorizada e atacada e progressivamente substituída por propaganda pura e dura, visando a aculturação e a bestialização das pessoas, o Direito – com a lastimável cumplicidade, activa ou passiva, de uma parte considerável dos juristas – é por completo instrumentalizado relativamente aos objectivos políticos, económicos ou financeiros visados pelo poder político dominante em cada momento, e a aferição da sua legitimidade é restringida ao saber se as suas normas atingiram ou não a finalidade que, por tal poder político, lhes foi apontada[30].

Por fim, outro importante sustentáculo desta "nova" dogmática jurídica consiste, compreensivelmente, aliás, **na ostensiva e assumida expulsão do mundo do Direito**, em nome da pretensa "neutralidade" deste, **de todas as concepções e valorações da Justiça e da Ética** (tidas como espúrias e estranhas à realidade normativa) e ainda na afirmação crescente de que, como já referido, os fins (designadamente os políticos e financeiros, convenientemente travestidos de "grandes desígnios nacionais", assim definidos pelo "grande chefe") justificam todos os meios, por mais brutais, injustos (e mais ilegais e inconstitucionais) que eles sejam. Assim, por exemplo, em nome da contenção da despesa pública e do combate ao défice público, se trata de justificar o legal e constitucionalmente injustificável, como o corte ou a inutilização de direitos (tais como o direito a complementos de reforma

30 Em Portugal, mesmo o próprio Tribunal Constitucional enveredou por este caminho (por exemplo, a propósito das propostas de lei visando a alteração do regime legal dos despedimentos). E chegou ao ponto de, no seu Acórdão nº 353/2012, de 5/7, permitir e impor que uma norma que ele acabara de declarar inconstitucional (a que determinou, em nome do combate ao défice e à dívida, o corte do subsídio de Natal aos trabalhadores da Administração Pública em 2012) pudesse afinal ver salvos e salvaguardados não só os efeitos jurídicos já produzidos aquando da declaração de inconstitucionalidade (quanto ao subsídio de férias pago no mês de Junho), mas também os que se viriam a produzir no futuro (ou seja, o subsídio de Natal pago em Novembro)!? E o mesmo se diga do Acórdão nº 602/2013, de 20/9, que não declarou a inconstitucionalidade de diversas normas da Lei nº 23/2012, de 25/6, que, por seu turno, introduziu diversas alterações ao Código do Trabalho, e acórdão esse que justifica as opções normativas em causa por assentarem "em razões conjunturais plenamente válidas, dada a conjuntura particularmente difícil que a economia nacional no seu conjunto atravessa e que está na base dos compromissos assumidos no quadro do Memorando de Entendimento de 2011" (sic!).

estabelecidos há várias décadas na contratação colectiva[31], ou o direito à pensão por trabalhador da Administração Pública que sofreu um acidente ou contraiu uma doença em serviço, de que resultou uma incapacidade parcial permanente)[32]. E logo toda esta tese surge convenientemente embalada com teorias como a do "estado de necessidade financeira" para assim justificar um verdadeiro "estado de sítio não declarado", com a consequente compressão ou até a supressão de direitos, liberdades e garantias fundamentais. E não apenas no campo dos direitos laborais, mas também no campo mais amplo dos direitos sociais e políticos (por exemplo, com a revisão das leis penais e processuais penais e o aniquilamento de princípios constitucionais essenciais como o da presunção de inocência, e as restrições legislativas às liberdades de manifestação e de organização, designadamente com a defesa cada vez mais aberta da extinção das associações sindicais e dos partidos políticos), num processo grave e preocupantemente similar ao que se verificou com a Constituição de Weimar no início da ascensão do nazismo ao Poder[33].

Traço típico da nova versão deste tipo de teorias é, também, o aparecimento, a par dos mais ou menos inflamados discursos moralizadores (arrancando de reais e graves problemas como o da corrupção), de um "activismo judiciário", com "super juízes" e "super procuradores" mediaticamente promovidos a uma espécie de "salvadores da Pátria". Os quais, também eles "justificados" pela pretensa legitimidade dos fins que proclamam, actuam e se comportam acima da própria lei[34].

---

31 É o caso do Acórdão do Tribunal Constitucional nº 413/2014, de 30/5, que não declarou a inconstitucionalidade da norma do art.º 75º da Lei do orçamento de Estado para 2014 (Lei nº 83- C/2013, de 31/12) que precisamente possibilitou a cessação, pela empresa do Metro de Lisboa, do pagamento de uns complementos de reforma há muito consagrados no Acordo de Empresa.

32 Assim decidiu o Tribunal Constitucional no seu Acórdão nº 786/2017, de 21/11, consagrando o entendimento de que não seria inconstitucional a norma da Lei nº 11/2014, de 6/3, que, uma vez mais em nome da diminuição da despesa pública, passou a determinar que um trabalhador da Administração Pública que sofra um acidente em serviço ou contraia uma doença profissional e fique a padecer de uma incapacidade permanente não poderá, porém, acumular a respectiva pensão com o vencimento ou, após a aposentação, com a sua pensão de aposentado.

33 Sugere-se a leitura dos seguintes artigos da minha autoria: "Anatomia de um ditador", op. cit., pp. 148-151; "Que esquerda é esta?", op. cit., pp. 120-123; "O ovo da serpente" (disponível em: http://www.noticiasonline.eu/o-ovo-da-serpente/).

34 Com o precioso auxílio de sempre cirúrgicas e impunes violações do segredo de Justiça (que fazem passar para a opinião pública apenas os elementos que interessam às autoridades judiciárias e às suas teses), assiste-se, de forma crescente, ao jogo perverso de cidadãos serem denunciados, acusados, julgados e sentenciados sumariamente na praça pública, com os respectivos direitos, e desde logo o da presunção de inocência até ao trânsito em julgado da sentença condenatória, totalmente aniquilados. E o processo penal transformado – pelas mãos daqueles que, sendo supostamente os defensores da Lei, se comportam, todavia, como se estivessem acima dela – num processo de abate de adversários políticos e de cidadãos incómodos. Com aqueles que dizem combater a alta criminalidade, maxime a corrupção e os altos delinquentes, a mostrar-se iguais ou piores do que aqueles que eles dizem combater. E com todos os que se erguem contra este estado de coisas a serem logo apodados de estarem do lado dos corruptos e demais criminosos. Sobre esta matéria

No que toca mais especificamente ao Direito do Trabalho e aos direitos laborais, a concretização desta pretensamente nova dogmática laboral passa por pontos já bem conhecidos, tais como:

1. Negação, ou pelo menos progressiva erosão, da autonomia dogmática e científica do Direito do Trabalho como Ramo do Direito, com a pregação da necessidade ou da "utilidade" da sua substituição pelo Direito Civil ou, pelo menos, da sua profunda adaptação aos princípios e regras próprios deste. Idêntica involução se verifica quanto ao Direito Processual do Trabalho (com a desvalorização do apuramento da verdade material dos factos, a admissão crescente do predomínio da forma sobre a substância, a multiplicação de decisões que, sob pretextos meramente adjectivos ou formais, não chegam a apreciar o mérito das causas, etc.).

2. Negação do valor normativo e da eficácia vinculativa – bem sustentada e afirmada por Robert Alexi, por exemplo – dos princípios, e em particular dos princípios próprios do Direito do Trabalho (designadamente os princípios que Hector-Hugo Barbagelata justamente designou de segunda geração[35], como os da tutela jurisdicional efectiva, da busca da verdade material, do predomínio do real sobre o formal, do favor laboratoris quanto à articulação das Fontes de Direito do Trabalho entre si, e bem assim dos da interdependência e complementaridade de todas as normas sobre direitos humanos, e da progressividade e irreversibilidade de tais normas).

3. Defesa de um legalismo ultra-positivista, com desvalorização das questões da fiscalização da constitucionalidade das normas e em particular das normas laborais (chegando-se ao ponto, em Portugal, de se ter pretendido sustentar que o Memorando de Entendimento com a Tróica e as leis aprovadas pelo Governo em sua execução prevaleceriam sobre a própria Constituição).

4. Afirmação acintosa e afrontosa do maior desprezo pelos princípios constitucionais mais básicos (como o da certeza e segurança jurídicas dos cidadãos, por um lado, e os da dignidade da pessoa humana e da presunção de inocência, por outro).

---

sugere-se a leitura dos seguintes artigos de minha autoria: "A Justiça acima de tudo e o Ministério Público acima de todos?", op. cit., pp. 114-119; "Ministério Público ou desvario público?", op. cit., pp. 258-264; "Carlos Alexandre – em nome da justiça ou em nome dele próprio?", op. cit., 210-216; "Silêncios de chumbo" (disponível em: http://www.noticiasonline.eu/silencios-de-chumbo/); "Em nome da Justiça, em nome de todos nós" (disponível em: http://www.noticiasonline.eu/em-nome-da-justica/).

35 Cf. "Los princípios de Derecho del Trabajo de segunda generacion", JusLabor 1/2008, p. 17.

5. Esvaziamento e inutilização prática dos sistemas de fiscalização da constitucionalidade das leis e de defesa dos direitos fundamentais (nomeadamente, e tal como tem sucedido em Portugal, inexistência de declarações de inconstitucionalidade por omissão, salvaguarda dos efeitos entretanto produzidos (ao estilo do "facto consumado") por leis declaradas inconstitucionais[36], custas judicias elevadíssimas para quem recorre ao Tribunal Constitucional, imposição da lógica de que a qualidade da Justiça se afere exclusivamente (ou quase) pelo número de decisões produzidas, o já referenciado largo predomínio das questões de forma sobre as de substância, etc., etc., etc.).

6. Degradação e até inutilização – seja pela sua extinção formal, seja pelo esvaziamento dos meios, materiais e humanos, que lhe estão afectos – dos organismos estatais encarregues, quer da tutela das questões e relações de trabalho (como o Ministério do Trabalho, extinguindo-o ou, pelo menos, integrando os seus serviços noutros ministérios, como o da Economia)[37], quer da fiscalização de aplicação das leis, designadamente os da Administração Estadual do Trabalho (como a Inspecção-Geral do Trabalho).

7. Pregação de um autêntico ódio à jurisdição laboral, negação da sua especificidade a todos os níveis, e mesmo defesa formal da extinção dos Tribunais e das magistraturas do Trabalho.

Ora, perante tudo quanto antecede, impõe-se agora sublinhar que, como aliás se verificou por toda a Europa, mas muito em especial em Portugal, o resultado essencial da adopção desta "nova" dogmática laboral e das medidas que ela precisamente visa justificar é o **empobrecimento drástico e generalizado de quem trabalha ou já trabalhou a vida inteira**[38] e o aumento das situações e áreas de miséria, a par com uma cada vez maior concentração de riqueza nas mãos de uma minoria cada vez mais ínfima. Vale a pena recordar que, segundo as estatísticas da própria ONU, no ano de 2017, cerca de 1% de toda a população do Mundo se apropriou de 80% de toda a riqueza criada no planeta e 50% da mesma população

36 Como sucedeu com o já citado Acórdão do Tribunal Constitucional nº 353/2012, de 5/7, que permitiu o não pagamento dos subsídios quer de férias (em Junho), quer de Natal (em Novembro) de 2012, não obstante ter declarado a inconstitucionalidade das normas da Lei do Orçamento de Estado para 2012 (art.º 21º e 25º da Lei nº 64-B/2011, de 30/12) que estabeleciam esse não pagamento.

37 Como aconteceu em Portugal com o XIX Governo Constitucional (o governo de Passos Coelho/Paulo Portas) em cuja orgânica (ver art.º 2º do Dec. Lei nº 86-A/2011, de 12/7) desapareceu o Ministério do Trabalho, cujas competências na área do Emprego foram integradas nas do Ministério da Economia.

38 Calcula-se que mais de 80% do peso das chamadas "medidas de austeridade", em particular a diminuição de rendimentos e o aumento de impostos, foi suportado pelos trabalhadores por conta de outrem, muito em particular pelos funcionários públicos, pelos reformados e pensionistas.

recebeu... 0% dessa mesma riqueza. Em contrapartida, entre 2010 e 2017, o crescimento da riqueza das multinacionais foi de 13% e só no último ano ascendeu a 762 mil milhões de dólares, ou seja, sete vezes mais que o suficiente para acabar com as situações de pobreza extrema no Mundo!

Mas importa sublinhar também que, como o demonstram claramente dois estudos recentes – um, da OIT, intitulado "Trabalho digno em Portugal 2008-2018" e outro de um investigador universitário, Frederico Cantante, intitulado "O mercado de trabalho em Portugal e nos Países Europeus – Estatísticas 2018", **as medidas preconizadas e impostas pelos grandes interesses que essa mesma dogmática sustenta e legitima afinal também não atingiram nenhum dos objectivos com que se apresentaram e se procuraram justificar.**

E, assim, tendo, por exemplo, colocado mais de 1/5 de toda a população portuguesa abaixo do limiar da pobreza e expulsado do acesso aos direitos sociais cerca de meio milhão de cidadãos carenciados, tais medidas não determinaram nem nenhum aumento, muito menos significativo, de produtividade da economia portuguesa, nem nenhum acréscimo do emprego, nem diminuíram a chamada "segmentação" (ou diferenciação de condições, remuneratórias ou outras) entre os vários sectores do denominado mercado de trabalho[39].

Mas, em contrapartida, possibilitaram uma marcada transferência de rendimentos do Trabalho para o Capital e o aumento e concentração da riqueza nas mãos daqueles que já a detinham[40]. Ao ponto de, em 2018, os administradores das 20 maiores empresas cotadas na Bolsa de Lisboa ganharem, em média, vencimentos e prémios 52 vezes superiores aos dos trabalhadores, chegando nalguns casos a 140 vezes mais. Mais! Segundo o estudo da OIT, "Global Wage Report 2016/2017: wage inequality in workplace", Portugal é mesmo o país da União Europeia onde as desigualdades de vencimento são mais elevadas...

Em suma, aquilo que a referida **"nova" dogmática jus-laboral** justificou e legitimou foi, por um lado, **a fome, a miséria e o desemprego para quem nada**

39 Do já citado relatório da OIT, "Trabalho digno em Portugal 2008-2018", resulta claro que as medidas das reformas laborais da austeridade não se traduziram em aumento de produtividade (p. 41), "não alcançaram o seu objectivo explícito de reduzir a segmentação do mercado de trabalho" (p. 62). E no estudo de 17/9/18 do economista Eugénio Rosa, intitulado "O caminho para a estagnação em Portugal" e publicado em www.eugeniorosa.com, é assinalado expressamente que "a produtividade por empregado, calculada com base no VAB – Valor Acrescentado Bruto (para não ser influenciado nem por impostos nem por subsídios) tem diminuído desde 2013 para cá.

40 Segundo os dados do Instituto Nacional de Estatística - INE, entre 2010 e 2015, a Parte dos Salários e Ordenados do PIB diminuiu de 36,8% para 34,1%, enquanto a Parte do Excedente de Exploração (de que se apropriam os patrões) cresceu de 41,3% para 43%.

tem e tudo produz e, por outro, **o acentuado aumento da riqueza da pequena minoria que nada faz e se apropria do que os outros produzem.**

Ora, perante tudo isto, os juristas, e muito em particular os juslaboralistas, não podem nem ser uma espécie de ignaros e obedientes "guardas de Auschwitz", nem aceitar o papel de meros instrumentos, dóceis e pretensamente neutrais, deste processo de profundo retrocesso social, político e civilizacional.

Não esqueçamos, por isso, que, como bem assinalou Alain Supiot[41], o trabalho é parte da identidade humana e "o elemento primeiro do Direito **não** é o Número, mas o Sujeito", e este não pode ser reduzido a um mero objecto ou a uma unidade de conta.

E como o mesmo Alain Supiot magistralmente afirmou numa célebre conferência proferida na Escola nacional dos Magistrados franceses, o papel do próprio juiz não é aplicar as leis reais ou supostas da economia, mas aplicar as leis, ponto final. E se é preciso que acompanhe e apoie a mudança na sociedade em que vive, deve fazê-lo cuidando que as relações de trabalho continuem sob a alçada do Direito, que continuem relações civilizadas.

Essa postura passa pela luta, firme e persistente, contra a autêntica "Gleichschaltung" (uniformização e controle absoluto proveniente do topo, na terminologia da teoria jurídica nazi) do pensamento dominante e, desde logo, da denominada "nova" dogmática laboral. Imposta sob os já referidos "postulados" que, de apresentados como indiscutíveis e indiscutidos ao abrigo daquilo que Noan Chomsky apelida certeiramente de "teorias da fabricação do conhecimento", devem antes passar a ser completamente discutidos e, mais do que isso, cientificamente demolidos. Como passa também pelo combate ao conformismo do chamado "argumento de Vichy", ou seja, do argumento colaboracionista de que, como os nazis ocuparam brutalmente a França e arrogantemente marcharam sob o Arco do Triunfo, em Paris, seria "correcto" e até "patriótico" aceitar tal ocupação porque supostamente "não há alternativa".

Contra o discurso mistificatório da pretensa neutralidade, não nos calemos, pois, juslaboralistas brasileiros e portugueses, pois que, se nada dissermos nem fizermos, aceitaremos afinal a "banalização do mal" e enfrentaremos decerto aquilo para que o poeta brasileiro, e resistente contra a ditadura militar, Eduardo Alves da Costa alerta no seu belo poema "No caminho com Maiakóvski":

41 Cf. A. Supiot, Crítica do Direito do Trabalho, Lisboa, Fundação Calouste Gulbenkian, 2016, p. 352.

"Na primeira noite eles se aproximam e roubam uma flor do nosso jardim. E não dizemos nada.

Na segunda noite, já não se escondem: pisam as flores, matam nosso cão. E não dizemos nada.

Até que um dia, o mais frágil deles entra sozinho em nossa casa, rouba-nos a luz, e, conhecendo nosso medo, arranca-nos a voz da garganta.

E já não podemos dizer nada!"

Nós podemos e queremos dizer e fazer tudo! Tudo o que for preciso fazer contra a opressão, contra a exploração desenfreada, contra a injustiça!

Não nos esqueçamos de que, ao longo da História, a Humanidade nunca colocou nenhum problema para o qual não se encontrasse concomitantemente a solução.

Há, pois, alternativa, como a Resistência se encarregou de demonstrar e a História de confirmar. E hoje, neste campo da chamada "nova" dogmática laboral, nós, juslaboralistas empenhados na construção de um mundo mais justo, sem exploração nem opressão, é que somos, é que temos de ser, a Resistência!

Vamos, pois, a essa luta, desmascarando a dogmática laboral dos grandes interesses do capital financeiro e defendendo os direitos, a Justiça e a dignidade de quem trabalha!

Viva a Resistência!

DIREITO DO TRABALHO COMPARADO EM PERSPECTIVA HISTÓRICA: DA REVOLUÇÃO DE CRAVOS AO CAMINHO DO RETROCESSO

Augusto Xavier de Carvalho[1]
Daniela Duarte Murayama[2]

1. INTRODUÇÃO

O intercâmbio cultural do Direito do Trabalho entre Brasil e Portugal foi consolidado de forma definitiva pela da Carta do Rio de Janeiro em 04 de abril de 2004, com a criação da JUTRA – Associação Luso-Brasileira de Juristas do Trabalho – com personalidade jurídica em ambos os países, tendo como primeiro princípio: "Promover a universalização, assegurar e aperfeiçoar os princípios fundamentais do Direito do Trabalho, como instrumentos de dignificação da pessoa humana". Desde então, aos estudiosos do Direito do Trabalho comparado é possível acompanhar a discussão de temas que resultam na produção de trabalhos acadêmicos sobre a legislação e situação social dos dois países e que convidam a sociedade a sair da paralisia de espectadores imposta pela velocidade das informações políticas, econômicas e sociais.

Assim, sob os mais diversos argumentos, difundem-se ideias a respeito da necessidade do sacrifício individual para se alcançar um objetivo maior, mudanças de paradigmas, empreendedorismo e etc., que trazem como pano de fundo o desmerecimento do trabalhador assalariado, e revelam a perversidade da desvalorização do homem, da precarização das relações laborais e do valor social do trabalho em ambos os países.

---

1 Advogado, Especialista em Economia do Trabalho e Sindicalismo, Mestrando em Direito do Trabalho e Seguridade Social. e-mail: augustoxcarvalho@gmail.com

2 Advogada, Especialista em Direito e Relações do Trabalho, Mestranda em Direito do Trabalho e Seguridade Social. email: danieladuartemurayama@gmail.com; danielamurayama@usp.br

Sob o aspecto constitucional, assim como no Brasil, em Portugal não há na Carta Magna um capítulo especial sobre o trabalho, contudo, a elaboração da legislação trabalhista prescinde da participação de comissão de trabalhadores, ainda que de forma consultiva.

O Código do Trabalho Português - Decreto-Lei nº 47 344, de 25 de Novembro de 1966 - sofreu três significantes alterações: a primeira em 2009, a segunda em 2011 (estabelecendo um novo sistema de compensação na cessação do contrato de trabalho, aplicável apenas aos novos contratos de trabalho) e a mais recente é a de 2012, que traz alterações ao despedimento, redução do montante das compensações por despedimento, introdução do banco de horas por negociação individual, redução das férias e dos feriados e corte na compensação por horas extraordinárias.

Infelizmente, assim como no Brasil, a reforma da legislação trabalhista portuguesa nos remete à ideia que os trabalhadores mais resistem: a primazia do Capital sobre a Pessoa Humana. Esse colapso de ideias é revelado como solução em ambos os países e como remédio para a "crise" estrutural econômica, social e política que atravessa o mundo, potencializada pelas novas tecnologias de comunicação, que massificam o medo pelo futuro, causando a apatia da classe trabalhadora.

Assim, quando o indivíduo passa a acreditar que seus direitos individuais prejudicam o interesse econômico coletivo, se sente egoísta por não aceitar sua cota de sacrifício, pois afinal o objetivo maior é o progresso da "nação", esquecendo-se de que seus direitos fundamentais são parte essencial desse mesmo coletivo.

2. O CONTEXTO HISTÓRICO DA CONSTITUIÇÃO PORTUGUESA

A Constituição da República Portuguesa (CRP) de 2 de abril de 1976, é o resultado do golpe militar de abril de 1974 que derrubou sem resistência o regime autoritarista iniciado por Oliveira Salazar e 1933, que ficou conhecido como Revolução dos Cravos (a Revolução do 25 de abril de 1974).

Um ano após o golpe, foram realizadas eleições democráticas para formação da Assembleia Constituinte, em que foram vencedores pelo Partido Socialista. As discussões ocorreram entre embates políticos e intensa movimentação popular-revolucionária: o texto originário da CRP (atual art. 58), assegurava direito ao trabalho e foi aprovado em 16 de setembro de 1975, quando em meio a uma crise política, ocorriam a negociação do VI do Governo Provisório, quando semanas depois foram sequestrados alguns deputados durante uma greve pelos trabalhadores da construção civil.

Neste período de forte pressão popular é que se votaria pela aprovação da "apropriação coletiva dos principais meios de produção", sem qualquer voto divergente. Neste ambiente, a Constituição Portuguesa foi aprovada em 2 de abril de 1976, refletindo as opções ideológicas do período iniciado em 1974 e com resposta às mais de quatro décadas de corporativismo imposto pelo regime autoritário anterior[3].

O Estado de Direito Social obriga-se a atuar no sentido da remoção do que obstaculiza ou dificulta a concretização de princípios essenciais e fundamentais da pessoa e de sua dignidade, garantindo ainda a participação dos cidadãos.

O texto constitucional original, preconizava a formação de uma sociedade sem classes e com rumo ao socialismo, no entanto, essas normas acabaram modificadas com sete subsequentes Revisões Constitucionais; a primeira de 1982, que inseriu normas de flexibilização do sistema econômico, redefiniu as estruturas do exercício do poder político e extinguiu o Conselho da Revolução, além de criar o Tribunal Constitucional.

Segundo Álvaro Mattos[4], citando J.G. Canotilho in "Direito Constitucional e Teoria da Constituição" Ed. Almedina, 96), a Constituição de 1976 *"é uma Constituição de momento: é a Constituição de um momento revolucionário, é a Constituição de um momento extraordinário, é a Constituição de um momento maquiavélico."*

A denominada "filosofia social" da Constituição da República, comporta três conceitos: pluralismo (liberdade sindical expressa no art. 56 e é a expressão da visão plural da sociedade); rejeição do modelo liberal (conforme a perspectiva de uma sociedade plural, a imposição às entidades públicas, ao legislador e as entidades privadas de um estatuto social mínimo) e compromisso (concretizado entre a direção da empresa e o sentido democrático contido na Constituição).

A segunda revisão, em 1989, deu maior liberdade ao sistema econômico e após seguiram mais cinco, sendo a última em 2005. As seguidas revisões não modificaram, na essência, as regras e os princípios que influenciaram a constituição laboral e econômica, mas atualizaram texto constitucional à nova realidade europeia.

3 MEIRELLES, Edilton. *A Constituição do Trabalho. O trabalho nas Constituições da Alemanha, Brasil, Espanha, França, Itália e Portugal.* 3ª ed. São Paulo, LTR, 2018.

4 Mattos, Alvaro. "Constituição e Direitos Sociais. Situação em Portugal e na Europa". In Madeira, Custa et al. (Coords) *Temas Laborais luso-brasileiros.* São Paulo: LTR, 2006.

A Constituição Portuguesa passou, conforme seu texto constitucional original, de uma sociedade "empenhada na sua transformação numa sociedade sem classes" para uma sociedade "empenhada na construção de uma sociedade livre, justa e solidária".

O Direito do Trabalho não é - assim como não é na brasileira - objeto de um capítulo especial na Constituição Portuguesa mas a competência legislativa é privativa da Assembleia da República (art. 161, I, b, Constituição Portuguesa), ou seja, o governo somente pode legislar sobre a matéria se houver autorização legislativa para tanto.

3. O TRABALHO NA CONSTITUIÇÃO PORTUGUESA

Como dito, Portugal passou de uma sociedade empenhada na inexistência de classes, para uma sociedade "empenhada na construção de uma sociedade livre, justa e solidária, para realizar os fins da democracia econômica, social e cultural e o aprofundamento da democracia participativa".

O constituinte, reforçou as bases da nova ordem laboral e conferiu status constitucional aos principais direitos dos trabalhadores. Alguns destes preceitos são aplicáveis imediatamente, enquanto outros exigem normas supervenientes que os concretizem e os tornem exigíveis.

Persiste na Constituição de 1976 o princípio da organização econômico-social em que é "assegurada a participação das organizações representativas dos trabalhadores e das organizações representativas das atividades econômicas na definição das principais medidas econômicas e sociais" (letra "g" do art. 80 da CRP).

O art. 1º da Constituição da República Portuguesa, traz o princípio da dignidade humana como fundamento da República. A preservação deste princípio, decorre da própria condição de ser humano e traz manifesta preocupação em inserir o homem como ponto de partida da sociedade.

A CRP de 1976 ainda que inúmeras vezes revista, não recepcionou o primado econômico sobre o social, assim como no Brasil, guardando o homem como pessoa, cidadão e trabalhador.

No âmbito do trabalho, assim como na legislação brasileira, a subordinação jurídica e a dependência do trabalhador não podem causar nenhum dano à dignidade constitucionalmente garantida, pois o ordenamento não permite que o trabalhador seja moral ou fisicamente desrespeitado no local de trabalho, colocando os trabalhadores como protagonistas da implantação do Estado Social, conforme seu art. 2, que define a República Portuguesa como "*um Estado de direito democrático, baseado na soberania popular, no pluralismo de expressão e organização política democráticas, no respeito e na garantia de efetivação dos direitos e liberdades fundamentais e na separação e interdependência de poderes, visando à realização da democracia econômica, social e cultural e o aprofundamento da democracia participativa.*[5]"

Em face da forte influência ideológica e dos movimentos ocorridos, a CRP de 1976 reflete a tendência política da época com predomínio da classe trabalhadora, que acabou por ser suprimida na Constituição de 1982.

Podemos resumir os direitos constitucionais trabalhistas em duas perspectivas:

a. Proteção do trabalhador subordinado: com a criação de diversos dispositivos de proteção de direito do trabalho;

b. Intervenção democrática dos trabalhadores: assegurou-se o direito a entidades sindicais (ar. 40, n.1), direito de controle de gestão empresarial (art. 54 e 56) e da administração pública (art. 89), direito de opinar sobre políticas econômico-sociais (art. 56, n.2, letra "c"), participar da legislação do trabalho (art. 56, n.2, letra "a").

Mostrando sua tendência social, insere em seu texto, "direitos, liberdades e garantias dos trabalhadores", elevando à categoria constitucional de alguns dos direitos dos trabalhadores e impõe limitação ao poder empresarial, garantindo uma cidadania plena, também no âmbito laboral.

Dentre os direitos trabalhistas previstos na Constituição Portuguesa, particularmente entre os artigos 1º e 53 a 59, declara-se a dignidade humana e o trabalho entre os direitos fundamentais dos cidadãos. Ainda que a dignidade humana seja, acima de tudo, um direito humano, sua declaração como direito fundamental (art 1º) caracteriza um elemento ético do Estado Democrático de Direito, em que o ser humano é o centro da gravidade, para o qual devem convergir todos os direitos fundamentais, inclusive o direito ao trabalho como direito fundamental do cidadão previsto no art. 58 da CRP.

No plano das relações capital x trabalho, a Constituição tende a proporcionar maior equilíbrio na relação contratual, tanto individual como coletivamente, estabelecendo princípios mínimos de proteção em face da subordinação, jurídica e pessoal do trabalhador.

Essa proteção se manifesta e desdobra nos artigos 53º a 57ª inseridas no Capítulo III do Título II (Direitos, Liberdades e Garantias) e nos artigos 58º e 59ª, inseridas no Capítulo I do Título III (Direitos e Deveres econômicos).

---

5 MEIRELLES, Edilton, *op. cit.*

A Constituição não despreza a importância da empresa e de sua rentabilidade, mas impõe como limite e acima disso, o respeito pelos direitos, liberdades e garantias dos trabalhadores que não podem imotivadamente serem sacrificados pelos interesses empregatícios. Ao incluir expressamente a livre iniciativa entre seus princípios (art. 61º da CRP), incluiu a necessidade da afirmação da proteção ao trabalho, a par de outros direitos contidos nos artigos 53º a 59º da CRP.

É possível verificar, assim como no Brasil, que a subjetivação do dever de proteção deve ser assegurada no âmbito dos princípios fundamentais, na medida em que, na situação concreta, estes colidam com a livre iniciativa do empregador. O princípio de proteção deve prevalecer sempre que estiver em debate a manifestação da dignidade da pessoa humana, o valor fundamental do sistema jurídico e fundamento do Estado Democrático de Direito.

Dessa forma, a CRP assegura a garantia de emprego, o direito de criar comissões de trabalhadores na empresa e o poder de controlar a gestão da empresa, logo, a proteção do emprego contra dispensa imotivada, se constitui a base do ordenamento jurídico português.

De outra parte, o direito constitucional não veda a possibilidade de existirem outras formas de cessação do contrato (que não seja a despedida sem justa causa) e a legislação infraconstitucional pode estabelecê-las. Neste caso, as causas objetivas de continuidade do vínculo empregatício trazem a instituição da garantia ao trabalhador do pagamento de uma indenização.

No entanto, a Reforma do Código do Trabalho, facilitou o rompimento do contrato de trabalho, com o manifesto abandono por parte do Estado da preocupação constitucionalmente tutelada da garantia e segurança do emprego (art. 1º e 53º da CRP) com a adoção de medidas adequadas, para que sempre que possível evitar o desemprego.

No plano do direito coletivo, a Constituição portuguesa traz um conjunto de direitos, que consagram a intervenção dos trabalhadores na gestão da empresa, procurando restabelecer o equilíbrio das situações dos desfavorecidos no plano individual. Podemos citar ainda a liberdade sindical, o direito a negociação coletiva e o direito à greve, este último como direito fundamental.

Ainda sob o aspecto do direito coletivo, estabeleceu regras de auto defesa do trabalhador (greve, autonomia coletiva etc), proibiu-se o lockout, consagrou a liberdade sindical na empresa, o controle da gestão empresarial, além de outras limitações à liberdade do empregador.

Sobre a greve, é interessante notar que deve ser praticado e decidido pelos trabalhadores interessados – não é um direito a ser exercido ou dirigido pela entidade sindical – e pode ter objetivo extralaborais, ao contrário do Direito brasileiro que traz as hipóteses de greve lícita insculpidas na Lei nº 7.783 de 28 de junho de 1989.

Um dos artigos nucleares do direito do trabalho na Constituição Portuguesa é o art. 59, número 1, letra "b", que assegura "a organização do trabalho em condições socialmente dignificantes, de forma a facultar a realização pessoal e a permitir a conciliação da atividade profissional e familiar". Tal proposição encontra plena eficácia, tanto em face do Estado, quanto do empregador, em face dos quais o trabalhador pode exigir a progressividade de direitos.

Um dos pontos de atenção na Constituição portuguesa, é o direito dos trabalhadores, através de comissões e entidades sindicais na participação da legislação dos trabalhadores. Tal direito, o que podemos chamar de requisito essencial para a lei, se suprimido, pode acarretar em inconstitucionalidade da norma laboral.

A participação dos trabalhadores também é assegurada no Conselho Econômico e Social, como órgão consultivo, tendo como atribuição participar "na elaboração das propostas das grandes opções e dos planos de desenvolvimento econômico e social" (art. 92).

A Constituição limita a jornada em no máximo 6 (seis) horas por dia, no caso de turno ininterrupto do trabalho, salvo negociação coletiva e devem ser organizados de modo de que os o trabalhador goze de ao menos um dia de descanso no período de 7 (sete) dias, se prejuízo de descanso a que tenha direito.

De uma forma didática, podemos verificar que a Constituição Portuguesa distribui os direitos fundamentais dos trabalhadores, por dois capítulos:

No título II – Direitos, Liberdades e Garantias, o Capítulo III refere-se aos *Direitos, Liberdades e Garantias dos trabalhadores* consagrando o Direito à Segurança no Emprego, à Contratação Coletiva, ao Direito à Greve.

No título III os Direitos e Deveres Econômicos, Sociais, Culturais, o Capítulo II traz os Direitos e deveres sociais (segurança social, saúde, maternidade e paternidade).

Agrupamos os direitos com reconhecimento constitucional em quatro grandes conjuntos[6]:

6 MATTOS, Álvaro. "Constituição e Direitos Sociais: Situação em Portugal e na Europa". In *Constituição e Direitos Sociais. Situação em Portugal e na Europa. In Madeira, Custa et al. (Coords) Temas Laborais luso-*

- Individuais gerais:

a. Liberdade de escolha de profissão ou gênero de trabalho (art. 47º)

b. Igualdade no acesso à profissão ou gênero de trabalho (art 58º, 2b)

c. Direito ao trabalho(direito ao exercício remunerado de uma atividade profissional (art. 58º,1)

- Individuais dos trabalhadores:

a. Direito a segurança no emprego (art. 53º)

b. Direito a retribuição suficiente (art. 53, 1 a)

c. Direito a prestação de trabalho em condições socialmente dignificantes (art. 59º, b)

d. Direito a prestação de trabalho em condições de higiene e saúde (art. 59º, c)

e. Direito a limitação da jornada de trabalho (art. 59, d)

f. Direito ao repouso (art. 59º, d)

g. Direito a assistência material no desemprego (art. 59, e)

- Coletivos e de exercício coletivo:

Liberdade sindical

Direito de criação de comissões de trabalhadores

Direito de contratação coletiva

Direito de Greve

- Direito de Participação:

a. Participação Institucional na esfera pública (arts. 56º, 2b e d) – Conselho Econômico e Social Comissão para igualdade de Trabalho e Emprego;

b. Não institucional (art. 56º, 2 'a' e 'c') concretizando no dever de informação e consulta embora sem caráter vinculativo

c. Participação institucional na esfera privada (art; 54, 5 'e' e 'f') ou não institucional (arts. 54º, 56º, 'c' e 'd' e art. 56, 2, 'c')

A lei que rege as relações trabalhistas portuguesas é o Código do Trabalho Português (CTP), introduzido no ordenamento pelo Decreto-Lei nº 47.344, de 35 de novembro de 1966. Sofreu três significantes alterações: a primeira em 2009,

---

brasileiros. São Paulo: LTR, 2006.

a segunda em 2011 (estabelecendo um novo sistema de compensação na cessação do contrato de trabalho aplicável apenas aos novos contratos de trabalho) e a mais recente é a de 2012, que traz alterações ao despedimento, redução do montante das compensações por despedimento, introdução do banco de horas por negociação individual, redução das férias e dos feriados e corte na compensação por horas extraordinárias.

4. PRINCIPAIS ALTERAÇÕES LEGISLATIVAS NA REFORMA TRABALHISTA PORTUGUESA (LEI Nº 23/2012) E ALGUNS ASPECTOS RELEVANTES DA LEGISLAÇÃO

Embora a Constituição portuguesa tenha, assim como no Brasil, lançado suas bases na valorização do trabalho humano como condição necessária para seu sistema democrático, a sociedade portuguesa também não se viu livre da onda neoliberal de destruição de direitos laborais historicamente conquistados às custas de muita luta.

As recentes alterações legislativas havidas em Portugal relativas às relações de trabalho, com caráter liberalizante, ocorreram sobretudo a partir do ano de 2008, culminando, por fim, na Lei nº 23/2012, objeto principal deste estudo.

Tanto em Portugal quanto no Brasil, em função de crises econômicas, se aprofundaram as reformas legislativas, com a intenção de diminuir o nível de proteção dos trabalhadores, sendo, contudo, justificadas pela necessidade de conceder maior competitividade às empresas.

A lei 23/2012 veio cumprir os compromissos assumidos pelo Estado português no "Memorando da *troika*", que está embasado em outros dois acordos sobre reajustes sociais - o Acordo Tripartido para a Competitividade e Emprego, de 22 de março de 2011, e o Compromisso para o Crescimento, Competitividade e Emprego, de 18 de janeiro de 2012.

Jorge Leite, jurista português, em seu texto intitulado a reforma laboral em Portugal, aponta as principais mudanças havidas pela edição da Lei nº 23/2012, num contexto econômico mais crítico, e as subdivide em grupos: I. as medidas de desvalorização predominantemente econômica, II. as medidas de desvalorização predominantemente pessoal, III. outras medidas respeitantes à relação individual de trabalho (tempo de trabalho, despedimentos), IV. medidas relativas às relações coletivas de trabalho.

I. As medidas de desvalorização predominantemente econômica

Neste aspecto, destacam-se as alterações legislativas voltadas à redução custo do trabalho, para proporcionar o ganho competitivo almejado.

Um dos pontos importantes da reforma trabalhista portuguesa, como forma de barateamento da produção, foi o aumento da jornada de trabalho com a diminuição do número de feriados.

Antes da edição da reforma trabalhista, existiam dois tipos de dias feriados, os obrigatórios e os facultativos, sendo doze os feriados *obrigatórios*, quais sejam: 1 de janeiro, sexta-feira santa, domingo de Páscoa, 25 de Abril, 1 de maio, 10 de junho, dia de Corpo de Deus, 15 de agosto, 5 de outubro, 1, 8 e 25 de dezembro. E ainda existiam dois feriados *facultativos*: terça-feira de carnaval e dia do município.

Após a edição da Lei n. º 23/2012 o número de feriados obrigatórios foi reduzido de doze para oito, tendo eliminado dois feriados religiosos, o dia de Corpo de Deus, e o dia 1 de novembro, dia de todos os santos, e dois civis, o dia 5 de outubro, dia da implantação da República, e o dia 1 de dezembro, dia da restauração da independência nacional.

Os feriados facultativos foram excluídos, deixando a cargo da negociação entre trabalhadores e empregados a possibilidade de mantê-los no quadro de feriados.

Outra novidade trazida pela reforma portuguesa, para aumentar a carga de trabalho, e assim reduzir os custos do trabalho, diz respeito às férias.

Até então a lei vigente previa que o trabalhador teria direito a 22 dias úteis de férias de forma incondicionada, e mais outro período de 1 a 3 dias úteis de férias condicionadas ao critério de absenteísmo.

Contudo, a Lei 23/2012 revogou toda a regulamentação referente ao período de férias relacionado ao critério de absenteísmo, reduzindo, portanto, as férias a apenas 22 dias úteis.

Para reduzir o custo do trabalho suplementar, a Lei nº 23/2012 reduziu o adicional de horas extras pela metade: sendo que as horas prestadas em dias úteis passaram de adicionais de 50% na primeira hora e de 75% nas horas subsequentes para, respetivamente, 25% e 37,5%; e ainda as horas extras prestadas em dias de descanso ou feriados passaram de 100 para 50%.

A lei ainda veio reduzir o valor do trabalho prestado em dia de feriado, para empresas de trabalho contínuo, dispensadas de encerrar suas atividades nestes dias, que poderão passar a remunerar seus empregados pela metade da hora de um dia útil de trabalho. Ou seja, além de não pagar qualquer adicional pelo trabalho que, para os demais empregados é um feriado, ainda pode passar a pagar menos que um dia normal de trabalho.

Os custos do trabalho também foram reduzidos para baratear as dispensas e diminuir drasticamente as remunerações dos trabalhadores e daí, logicamente, decorrer a precarização dos vínculos laborais.

A facilitação e o embaratecimento dos despedimentos são definidos como "flexibilização" da lei laboral e agravam o desequilíbrio das partes no contrato de trabalho, com o alargamento do tempo de trabalho, funções exigíveis e possibilidade de alteração unilateral pelo empregador do tempo ou do local de trabalho (mobilidade).

O trabalhador dispensado sem justa causa, por motivos a ele alheios, teve sua indenização reduzida de 30 para 20 dias de salário para cada ano de antiguidade. Neste aspecto, ainda houve a extinção do piso mínimo trienal indenizatório, sendo ainda incluído um teto indenizatório até então inexistente, não podendo ultrapassar 12 vezes o salário nominal e 240 salários mínimos. Há ainda a previsão de criação de "fundo de compensação do trabalho ou mecanismo equivalente" que será responsável pelo pagamento de uma parte da compensação do trabalhador, bem como a possibilidade de nova redução do teto indenizatório para se adequar ao que chamam de média europeia, de 8 a 12 dias de indenização por ano de antiguidade.

E mais, as indenizações de rescisão de contratos a termo também foram reduzidas. A lei n.º 23/2012 ainda introduziu importantes alterações em duas das modalidades de despedimento por motivos não inerentes ao trabalhador: o despedimento por extinção do posto de trabalho e o despedimento por inadaptação.

Quanto ao despedimento por extinção do posto de trabalho, que antes deveria obedecer ao critério da antiguidade do trabalhador na escolha do(s) posto(s) a extinguir, foi substituído por critérios a definir pelo empregador que sejam relevantes e não discriminatórios relacionados aos objetivos da extinção do posto de trabalho. Eliminando ainda obrigação até então existente do empregador oferecer ao trabalhador posto de trabalho compatível, mesmo que dele disponha.

Quanto ao despedimento por inadaptação, este só ocorria quando o trabalhador, diante de novas condições técnicas de trabalho, não consegue ou não quer se adaptar às novas necessidades da empresa. Com a entrada em vigor da Lei n. º 23/2012 o trabalhador pode ser despedido mesmo que não tenha havido qualquer alteração das condições técnicas do posto. Neste caso o empregador também fica desobrigado de oferecer ao trabalhador outro posto de trabalho compatível; houve desde logo, a eliminação do chamado "ônus de ocupação substitutiva"

A contradição com o conceito constitucional de justa causa revela a inconstitucionalidade material de tais normas, não sendo o legislador ordinário livre para aplicar conceitos colidentes com a Constituição.

II. As medidas de desvalorização predominantemente pessoal

Sobre as medidas de desvalorização predominantemente pessoal, Jorge Leite se refere a proposições legislativas que permitem, ou até estimulam, a humilhação do trabalhador em situações de maior fragilidade, preponderantemente nos momentos de acesso ao emprego, ou de possível perda do emprego conseguido.

O primeiro exemplo diz respeito às normas de mobilidade geográfica. Como regra, o artigo 194 do Código do Trabalho português prevê os casos e condições em que o empregador pode, por decisão unilateral, transferir o trabalhador de forma temporária ou definitiva, quando houver mudança ou extinção, total ou parcial, do estabelecimento onde o trabalhador presta serviço para outro local ou quando outro motivo do interesse da empresa o exija, e a transferência não implique prejuízo para o trabalhador.

Contudo, a reforma laboral 23/2012 veio alargar irrestritamente a possibilidade de transferência do trabalhador, que pode ser restringida apenas por acordo individual. Sem se falar no vício de vontade expresso na vigência do contrato de trabalho, é certo que referida alteração acentua o desequilíbrio de forças entre empregado e empregador, possibilitando que este utilize dessa prerrogativa como coação daquele, inclusive em prejuízo de sua vida extralaboral e familiar.

Outra medida de desvalorização pessoal, diz respeito à chamada mobilidade funcional.

À semelhança do Brasil, o Direito do Trabalho português é regido pelo princípio da coincidência entre a atividade contratada e a desempenhada, consagrado pelo art. 118 do Código do Trabalho português, onde também estão previstos os casos de mobilidade funcional permitida, ao que se dá o nome de *ius variandi*, no qual o trabalhador pode ser obrigado a desempenhar por determinado período funções a princípio não inerentes à atividade contratada, desde que não ocorra modificação substantiva de sua atividade, conforme n.º 1 do art. 120, não podendo ainda haver redução da contraprestação pecuniária recebida, conforme previsão n.º 4 do mesmo artigo.

Estas previsões também foram alargadas, sem limites expressos. Esta previsão elastecida tem se tornado "cláusula de estilo", que tende a ser inserida de forma indiscriminada nos contratos de trabalho com o intuito exclusivo de ampliação dos poderes do empregador.

Outra modificação que acentuou a desproporcionalidade na relação empregatícia, diz respeito aos "silêncios positivos do empregado", em que o empregador tanto para implementação da chamada "adaptabilidade do tempo de trabalho" (art. 205.º), como o designado banco de horas (art. 208.º-A), o faz em formato de proposta escrita ao empregado que, por sua vez, caso discorde o deve responder também de forma escrita nos 14 dias seguintes, mesmo quando acompanhado de oposição verbal. E ainda que o trabalhador se "arrisque" em recusar a proposta de seu empregador, este o pode fazer de forma impositiva, guardadas certas excepcionalidades legais.

Há, como visto, uma forte desconsideração da pessoa do trabalhador, que na relação de emprego pode ser coagido a circunstâncias prejudiciais à sua vida profissional e até mesmo pessoal, com o aval da lei, que acaba por ser permissiva com o abuso do poder diretivo pelo empregador.

III. Outras medidas respeitantes à relação individual de trabalho (tempo de trabalho, despedimentos)

Uma das alterações legislativas que enfraquecem inclusive o acesso do trabalhador ao judiciário se refere a seu despedimento. Considerando que em Portugal mesmo as dispensas ocorridas sem justa causa devem ser motivadas, como forma de inviabilizar a impugnação judicial dos despedimentos, criou-se a presunção de que o trabalhador aceita os motivos de sua dispensa a partir do momento em que não recusa o pagamento de indenização, não podendo posteriormente impugnar sua rescisão contratual em juízo.

Ou seja, aproveitando-se do momento de maior fragilidade econômica do trabalhador, quando ele perde sua fonte de sustento: o trabalho, a legislação o penaliza por aceitar a indenização rescisória, impossibilitando a discussão judicial de uma possível despedida arbitrária.

Ainda quanto aos direitos individuais do trabalhador, tem-se alterações atinentes à flexibilização do tempo de trabalho.

Os limites estabelecidos por lei preveem o máximo de 8 horas de trabalho por dia e 40 horas semanais, enquanto que a jornada do trabalhador prestada exclusivamente em dias de descanso semanal, pode ser aumentada em até 4 horas diárias.

Por meio de negociação coletiva de trabalho pode ser instituída a jornada acima de 40 horas, bem como o regime de banco de horas, permitindo o atingimento de 60 (sessenta) horas semanais.

O período de trabalho deve ser acompanhado de um intervalo intrajornada, para que o trabalhador não tenha mais que 5 (cinco) horas de trabalho ininterruptas.

No entanto, o limite semanal pode ser afastado caso a utilização do regime tenha por escopo a redução do número de trabalhadores, só podendo esse limite ser aplicado, por no máximo 12 (doze) meses.

A lei 23/2012 apesar de não ter instituído de forma o originária o regime de banco de horas, possibilitou que este não mais se limite à autonomia coletiva, podendo ser instituído nos modelos de "banco de horas individual", no art. 208.º- A, e o "banco de horas grupal", no art. 208.º-B. Sendo que o primeiro pode ser celebrado mediante acordo individual entre empregado empregador, como se houvesse a real possibilidade de recusa do trabalhador, e o segundo há inclusive a dispensa da aquiescência do empregado, caso sejam cumpridos determinados requisitos previstos no art. 206 do CT.

Embora tenha sido regulado por legislação esparsa da que ora se analisa, importante mencionar que pela edição da lei 3/2012, de 10-1, houve o aumento do tempo máximo de duração dos contratos a termo certo, de até três anos, para possibilitar duas novas renovações de 18 meses, fazendo com que os contratos a termo possam durar por até seis anos.

Em Portugal, assim como no Brasil, os direitos individuais do trabalhador relacionados à jornada de trabalho e à desburocratização e barateamento da despedida são reivindicações antigas do empresariado, com o único intuito de economizar com a produção e assim render mais lucros, uma vez que referidas reivindicações datam de épocas em que sequer se falava em crise econômica.

IV. Medidas relativas às relações coletivas de trabalho

Nas relações coletivas também ocorreram significativas alterações, principalmente para legalizar a burla à fiscalização do Ministério do Trabalho, trazendo a lei 23/2012 as seguintes alterações:

a. Eliminação da obrigação de envio à Autoridade para as Condições de Trabalho do Regulamento Interno;

b. Simplificação das comunicações de início de atividade da empresa ou de alteração de atividade;

c. Deferimento tácito de requerimento de redução ou de exclusão do intervalo de descanso;

d. Eliminação da obrigação de envio de mapa de horário de trabalho;

e. Eliminação da obrigação de envio de acordo de isenção de horário

O Governo, em sua exposição de motivos apresentada na Proposta de Lei n.º 46/XII que daria origem à Lei 23/2012, justificava a implementação destas medidas como sendo necessárias às desburocratização, e racionalização da atividade da inspeção geral do trabalho, para simplificar a legislação laboral, "através, acrescenta, de maior clareza das suas normas e da diminuição da burocracia e do excesso de procedimentos ...".

Contudo, o que se verifica é o aumento desarrazoado do poder do empregador que, sem fiscalização efetiva de sua atuação, poderá, a seu critério, desrespeitar direitos fundamentais do trabalhador.

No que diz respeito às convenções coletivas de trabalho, também pode-se verificar pontuais alterações com o intuito de desprestigiar a negociação coletiva e desmobilizar os sindicatos, como a delegação de competências de negociação de sindicatos a outras estruturas de representação de trabalhadores, tornando possível que associações ou outras estruturas de representação coletiva de trabalhadores na empresa possam celebrar convenções coletivas se o número de trabalhadores for igual ou superior a cento e cinquenta.

Assim, como no Brasil, a limitação da ultratividade dos instrumentos de regulação coletiva tem o efeito de reduzir o nível de proteção dos trabalhadores e a própria efetividade da atuação sindical, num cenário de crise econômica e desigualdade entre empregados e empregadores especialmente num momento de recessão e altos índices de desemprego, cenário propício para desequilibrar a balança e introduzir mecanismos flexibilizadores de preceitos constitucionais.

5. CONCLUSÃO

É certo que ambas as Constituições trazem os direitos fundamentais protegendo juridicamente a dignidade da pessoa humana, o desenvolvimento da personalidade, o primado do trabalho humano, a autonomia e o bem-estar das pessoas, impondo-se aos poderes constituídos, na observância dos deveres estatais, a realização desses direitos sociais.

Portanto, de forma similar, Brasil e Portugal construíram o direito laboral sobre as bases constitucionais de valorização do trabalho humano como pilar da democracia e da paz social.

Contudo, de forma também paralela tomaram medidas de austeridade neoliberal eliminando ou reduzindo substancialmente a negociação coletiva, diminuindo salários, aumentando a jornada de trabalho, aumentando o arbítrio patronal nos despedimentos e reduzindo a proteção social no desemprego.

Estas alterações neoliberais que, a princípio, se diziam aptas à geração de empregos e aquecimento da economia, em verdade se mostraram nefastas e precarizantes, por contribuírem para a queda do emprego decente e dos salários, na redução da proteção social dos trabalhadores e no aumento da desigualdade e da pobreza. Mas não só! Se mostraram antidemocráticas, por ferirem as bases constitucionais que estão fortemente construídas na valorização social do trabalho.

Para que se possa reverter todo o desmanche democrático verificado nos últimos anos, há que se reconstruir a teia de proteção social atingida, de modo a garantir à classe trabalhadora novamente a possibilidade de trabalho digno, salários justos e representação de classe fortalecida.

Deve-se registrar a existência de posicionamento similar entre Brasil e Portugal ao adotarem espectro reducionista do Direito Laboral, como se estivesse restrito às legislações ordinárias vigentes, sem ocuparem-se da hierarquia das fontes, em especial às Constituições de ambos os países, que impedem o aviltamento de preceitos fundamentais, justamente porque o ordenamento jurídico não é constituído apenas por regras jurídicas, mas por valores e princípios que devem ser interpretados em uma hermenêutica que possibilite a legitimação do Direito como instrumento de pacificação e Justiça Social.

No mundo, o Direito do Trabalho tem sido alvo de ataques que potencializaram o esmagamento dos direitos sociais como um todo, sob o argumento do mal menor, em que é melhor estar mal-empregado a ter de passar fome.

Neste momento, importa encontrar respostas para os problemas sociais que se colocam, desde que estas respostas estejam assentadas na defesa do papel central do trabalho, como condição de realização do homem e da sua dignidade para uma plena cidadania, respeitando o lugar sagrado que ocupa em ambas as Constituições como direito fundamental. É, enfim, dever constitucional das sociedades brasileira e portuguesa assumirem o compromisso de implementação de um modelo de desenvolvimento econômico sustentável, que tenha como primado o respeito e valorização do trabalho humano, sem o qual não há Estado Democrático.

6. REFERÊNCIAS BIBLIOGRÁFICAS

AMADO, João Leal. Revista Direito e Desenvolvimento, João Pessoa, v. 4, n. 8, p.163-186, jul./dez. 2013.

COSTA, Hermes Augusto. *Do contexto das reformas laborais às respostas do campo sindical.* Caderno nº 4 do Observatório sobre crises e alternativas do Centro de estudos sociais do Universidade de Coimbra, junho de 2015. Disponível em <https://www.ces.uc.pt/observatorios/crisalt/documentos/cadernos/CadernoObserv_IV_jun2015_final.pdf>. Acesso em 09 jul. 2019.

_____. Constituição da República Portuguesa, 2 abr. 1976. Disponível em <https://www.parlamento.pt/Legislacao/Paginas/ConstituicaoRepublicaPortuguesa.aspx>. Acesso em 09 jul. 2019.

LEITE, Jorge. *A reforma laboral em Portugal.* Revista General de Derecho del Trabajo e de Seguridad Social, n.º 34, ano 2013.

LIMA, Maria da Paz Campos. *A reconfiguração do regime de emprego e de relações laborais em Portugal na ótica liberal.* Caderno nº 5 do Observatório sobre crises e alternativas do Centro de estudos sociais da Universidade de Coimbra, junho de 2015. Disponível em <https://www.ces.uc.pt/observatorios/crisalt/documentos/cadernos/CadernoObserv_V_jun2015_final.pdf>. Acesso em 09 jul. 2019.

MADEIRA, Auta...[et. a.]. *Temas laborais luso-brasileiros* – São Paulo: LTR, 2006.

MATTOS, Alvaro. "Constituição e Direitos Sociais. Situação em Portugal e na Europa". *In Madeira, Custa et al. (Coords) Temas Laborais luso-brasileiros.* São Paulo: LTR, 2006.

MEIRELLES, Edilton. *A Constituição do Trabalho. O trabalho nas Constituições da Alemanha, Brasil, Espanha, França, Itália e Portugal.* 3ª ed. São Paulo, LTR, 2018.

PEREIRA, Antonio Garcia. A Crise, a Constituição e os Direitos Laborais. Disponível em <http://www.jutra.org.pt/images/Documentos/Comunicacoes_X_Jutra/TEXTO_-_A_CRISE_A_CONSTITUI%C3%87%C3%83O_E_OS_DIREITOS_LABORA.pdf> Acesso em 17/11/2019.

O PAPEL DOS SINDICATOS NA DESJUDICIALIZAÇÃO DAS DEMANDAS TRABALHISTAS: UMA PERSPECTIVA COMPARADA ENTRE BRASIL E ESTADOS UNIDOS DA AMÉRICA

Manuela Cristina Fernandes Leite[1]

1. INTRODUÇÃO

O número de ações trabalhistas, assim entendidas as demandas judiciais de trabalhadores contra seus empregadores – ou ex-empregadores – levadas perante o Judiciário, parece ser um "problema" recorrente nos mais diversos países e objeto de constante atenção.

No Brasil, a redução das reclamações trabalhistas após a entrada em vigor da Lei nº 13.467/17, chamada de Reforma Trabalhista, foi recebida com alguma comemoração e tida como um alívio ao próprio Poder Judiciário. Segundo dados divulgados pelo Tribunal Superior do Trabalho no ano de 2018, entre janeiro e setembro de 2017, as Varas do Trabalho receberam 2.013.241 reclamações trabalhistas; no mesmo período de 2018, o número caiu para 1.287.208[2].

Igualmente, nos Estados Unidos da América (EUA), as chamadas *labor claims* são constantemente monitoradas e usadas para uma análise da "temperatura" do mercado naquele país, como, por exemplo, divulgou a mídia em agosto de 2018 sobre a queda nas ações que pleiteavam subsídio desemprego (UI – *unemployment insurance*), afirmando que se tratava de "um sinal de que o mercado de trabalho estava se man-

---

1 Advogada. Especialista em Direito e Processo Constitucional pelo Instituto de Direito Público (IDP/SP). Mestranda em Direito do Trabalho pela Faculdade de Direito da Universidade de São Paulo (USP).

2 BRASIL. TST. **Primeiro ano da reforma trabalhista: efeitos.** 2018. Disponível em: <http://www.tst.jus.br/noticias/-/asset_publisher/89Dk/content/primeiro-ano-da-reforma-trabalhista-efeitos?inheritRedirect=false>. Acesso em: 24 nov. 2019.

tendo firme apesar das tensões entre os Estados Unidos e seus parceiros comerciais que geraram restrições ao comércio global"[3].

Pois, não raro, se propõem novos aparatos práticos e teóricos para a diminuição das demandas judiciais, cujo número elevado é sempre (ou quase sempre) associado à morosidade do Poder Judiciário, sua ineficiência e outras vilanias. Sobre essa associação entre morosidade, número de demandas e meios extrajudiciais de solução de conflitos, Manus bem destaca:

> Duas medidas, contudo, acreditamos que são de grande importância para a tornar o processo do trabalho efetivamente rápido e seguro. No que respeita a rapidez acreditamos que só a instituição de formas seguras de soluções extrajudiciais será capaz de permitir que o Poder Judiciário receba um volume de processos compatível com sua capacidade de julgar. Por mais bem aparelhado que esteja, o Poder Judiciário jamais dará conta desta avalanche de processos que temos atualmente.
>
> Um grande número de processos judiciais reclama soluções extrajudiciais, não justificando o ingresso em juízo, pois versam meros cálculos de horas extras, diferenças salariais e outras questões que deveriam ser solucionados extrajudicialmente, não justificando a necessidade de interferência judicial. É preciso, contudo, que os organismos de solução extrajudicial sejam da absoluta confiança das partes e, portanto, estejam sob constante fiscalização estatal[4].

Na seara trabalhista, contudo, os meios de desjudicialização das demandas, também chamados de métodos alternativos de solução de conflitos, são vistos com bastante desconfiança por parte da doutrina e dos tribunais. As experiências anteriores e a imposição de métodos supostamente consensuais por uma legislação de teor duvidoso em sua extensão não contribuíram para um amadurecimento da discussão de forma prática quanto aos litígios trabalhistas.

Mas esse debate se faz presente e urgente justamente devido às alterações promovidas na legislação trabalhista recente (em especial, após a edição da Lei nº 13.467/17) e à necessidade premente de reinterpretarmos os institutos e adequar sua aplicação de forma mais equânime e adequada às peculiaridades do Direito do Trabalho.

Nesse cenário, a participação das entidades sindicais, enquanto entes para promoção de resoluções menos díspares nos conflitos trabalhistas, precisa ser reassumida

---

3 "*The report signaled the labor market was holding firm despite tensions between the U.S. and its trading partners*" (REUTERS (EUA). **US jobless claims fall as labor market holds firm despite trade tensions.** 2018. Disponível em: <https://www.cnbc.com/2018/08/23/us-weekly-jobless-claims-aug-18-2018.html>. Acesso em: 24 nov. 2019).

4 MANUS, Pedro Paulo Teixeira. **Morosidade na solução dos processos judiciais não interessa a ninguém.** 2014. CONJUR. Disponível em: <https://www.conjur.com.br/2014-out-17/reflexoes-trabalhistas-morosidade-solucao-processos-judiciais-nao-interessa-ninguem>. Acesso em: 24 nov. 2019

e redimensionada, especialmente diante dos novos desafios que os sindicatos vêm enfrentando em sua reinvenção na sociedade.

2. A EXPERIÊNCIA BRASILEIRA COM AS COMISSÕES DE CONCILIAÇÃO PRÉVIA

Na seara trabalhista, talvez o primeiro dos aparatos legalmente instituídos para desjudicialização das demandas, que funcionaria como uma espécie de barreira prévia – e aí residia sua controvérsia –, foi introduzido pela Lei nº 9.958/2000, que criou as denominadas "Comissões de Conciliação Prévia" (CCPs) como forma alternativa de composição extrajudicial de dissídios individuais trabalhistas.

As CCPs eram compostas paritariamente, por representantes patronais e dos empregados, e poderiam ser constituídas no âmbito dos sindicatos ou das próprias empresas. A CCP atuaria na conciliação dos conflitos trabalhistas individuais e o termo de conciliação ali firmado teria caráter de título executivo extrajudicial, podendo ser executado nos termos da Consolidação das Leis do Trabalho (CLT).

Como a conciliação é um meio de autocomposição para solução de conflitos, a CCP não imporia um resultado compulsório às partes envolvidas, mas atuaria na tentativa de demover as partes à solução da controvérsia (papel do conciliador), tomando por conta as ponderações dos envolvidos e eventuais alternativas possíveis, o que só alcançaria sucesso com a anuência das partes[5].

Como já mencionado, a controvérsia das CCPs residia no fato de que a redação original do artigo 625-D, *caput* e parágrafos da CLT, instituía as comissões como uma espécie de barreira prévia ao ingresso da ação judicial pelo trabalhador; qualquer demanda de natureza trabalhista seria submetida às CCPs e, apenas em caso de motivo de relevante impossibilidade de observância ao procedimento de submissão à comissão, este poderia ser rechaçado mediante a declaração expressa da impossibilidade na petição inicial de ingresso junto ao Poder Judiciário em eventual ação trabalhista.

Contra esse entendimento, foram ajuizadas três Ações Diretas de Inconstitucionalidade (ADIs) perante o Supremo Tribunal Federal (STF) – 2139, 2160 e 2237. Em maio de 2009, o STF concedeu liminar para dar interpretação conforme a Constituição ao artigo consolidado, que veio a ser confirmada em definitivo pelo julgamento plenário de agosto de 2018. O STF, por unanimidade, reconheceu que a

5 SCAVONE JUNIOR, Luiz Antonio. **Manual de Arbitragem:** Mediação e Conciliação. 8. ed. Rio de Janeiro: Editora Forense, 2018.

redação do artigo 625-D, *caput* e parágrafos da CLT, feriria o amplo acesso à Justiça, insculpido no artigo 5º, XXXV da CRFB, eis que lei infraconstitucional não pode estabelecer "requisitos desproporcionais ou inviabilizadores da submissão de pelito ao Poder Judiciário"[6]. Assim, a submissão de controvérsia às CCPs, em interpretação conforme a Constituição, não se configuraria como requisito essencial para o ajuizamento de demandas trabalhistas.

Vale ressaltar que o próprio STF, no julgamento conjunto das ADIs mencionadas, reconheceu a legitimidade das CCP como meio alternativo para resolução de conflitos baseado na consensualidade e como "importante instrumento para o acesso à ordem jurídica justa, devendo ser estimulada"[7].

A despeito da parca utilização do instituto das CCPs na prática, o Tribunal Superior do Trabalho (TST) tem, historicamente, prestigiado essa forma de autocomposição prévia, reconhecendo que, salvo parcelas expressamente ressalvadas ou casos de vício de consentimento, o termo de conciliação tem eficácia liberatória geral, nos termos do artigo 625-E, parágrafo único da CLT[8].

Para Freitas Junior, contudo, a experiência desastrosa com as CCPs ajudou a alimentar uma "desconfiança na adequação da mediação em relações individuais de trabalho no Brasil"[9], pois, segundo o autor, deixou de considerar a assimetria na relação trabalhador-patrão e apresentava problemas quanto à idoneidade de seus atores e meios.

Desde então, nenhuma medida no intuito de afirmar ou valorizar uma forma de alternativa de desjudicialização de conflitos trabalhistas foi envidada ou recebida de forma a não causar severas desconfianças sobre sua efetividade, adequação e imparcialidade. Notadamente, no âmbito dos sindicatos brasileiros, a questão parece ter se tornado um tabu distante.

---

6 BRASIL. STF. **ADI nº 2139**. Relator: Ministra Cármen Lúcia. Brasília, DF, 01 de agosto de 2018. DJE. Brasília, 19 fev. 2019.

7 *Ibidem.*

8 Disponível em: <http://www.tst.jus.br/noticias/-/asset_publisher/89Dk/content/acordo-feito-em-comissao-de-conciliacao-nao-pode-ser-alterado-na-justica-decide-tst> e <http://www.tst.jus.br/noticias/-/asset_publisher/89Dk/content/turma-extingue-processo-sobre-parcelas-objeto-de-acordo-perante-comissao-de-conciliacao-previa>. Acesso em: 24 nov. 2019

9 FREITAS JUNIOR, Antônio Rodrigues. Métodos alternativos de solução de conflitos: mediação trabalhista. In: LAGRASTA NETO, Caetano; SIMÃO, José Fernando (Org.). **Dicionário de Direito de Família:** Volume 2: I - Z. São Paulo: Atlas, 2015. p. 691.

3. A ARBITRAGEM TRABALHISTA NOS EUA NO SEIO DOS SINDICATOS

Já nos EUA, onde a organização sindical é substancialmente diferente da brasileira, seja pela sua gênese, seja pelo seu desenvolvimento ao longo dos anos, há uma estreita e íntima relação entre a resolução de conflitos relacionados às negociações coletivas e a arbitragem, outro meio alternativo para solução de conflitos. Entretanto, à semelhança das decisões judiciais, trata-se de um meio de heterocomposição, ou seja, a decisão é dada por um terceiro, estranho à relação, e acatada pelas partes[10].

Como afirma Santos[11], o sistema de negociação coletiva constitui o cerne do sistema laboral nos EUA, o que demorou anos para ser reconhecido, validado e aplicado pelas cortes judiciais naquele país. Para Stone, foi justamente a dificuldade de se impor o cumprimento de uma norma coletiva (*collective agrément* ou *collective bargaining agreement*) através das cortes judiciais que conduziu os sindicatos à procura pela arbitragem, procedimento que se aperfeiçoou desde então[12].

Parte das dificuldades das cortes em validar e determinar coercitivamente o cumprimento das normas coletivas se devia ao fato de que não havia uma teoria processual, paradigmas jurídicos (típicos da *common law*) ou legislação que se adequasse às peculiaridades do instrumento normativo, que é, por sua essência, tripartido (*three-cornered*), ou seja, prevê direitos e obrigações dos empregadores, dos empregados (enquanto pessoas físicas, individualizadas) e do próprio sindicato[13].

O pouco contato das cortes e dos juízes, em geral, com as relações trabalhistas e suas peculiaridades conduziu a uma empreitada judicial dos sindicatos de trabalhadores para consolidar a arbitragem como instrumento primordial para garantir a coercibilidade do cumprimento das normas coletivas, em uma série de julgamentos da Suprema Corte Americana, que veio a ficar conhecida como "Trilogia dos Metalúrgicos" (*Steelworkers' Trilogy*)[14].

---

10 Maior (2008, p. 99) destaca que "há quem sustente que a arbitragem é técnica auto-compositiva para soluçãode conflitos, vez que as partes elegem espontaneamente, escolhem o árbitro, fixam os limites da atuação do árbitro e, em geral, acatam a decisão do árbitro".

11 SANTOS, Enoque Ribeiro dos. **Fundamentos do Direito Coletivo do Trabalho:** nos Estados Unidos da América, na União Européia, no Mercosul e a Experiência Brasileira. Rio de Janeiro: Lumen Juris, 2005.

12 STONE, Katherine V. W. The Steelworkers Trilogy and the Evolution of Labor Arbitration. **Public Law & Legal Theory Research Paper Series,** Los Angeles, n. 04-29, p.1-40, 2005. University of California School of Law. Disponível em: <https://papers.ssrn.com/sol3/papers.cfm?abstract_id=631343>. Acesso em: 24 nov. 2019.

13 *Ibidem.*

14 *Ibidem.*

É nesse contexto que Getman afirma que a adequação e força da arbitragem trabalhista nos EUA é resultado da valorização, força e legitimação dos sindicatos e das próprias normas coletivas, o que torna bastante discutível a extensão indiscriminada dessa forma de resolução de disputas para outras áreas do Direito ou sua aplicação a outros contextos que não a resolução dos conflitos coletivos de trabalho[15]. Para o autor, são as disparidades de poder entre as partes envolvidas na disputa que devem refletir e ditar qual o mecanismo para resolução do conflito[16], o que só valida a arbitragem como meio adequado quando os sindicatos têm força suficiente perante os empregadores.

Nos últimos anos, contudo, os EUA – como o Brasil – vêm enfrentando uma onda de "dessindicalização" e um desmonte das entidades sindicais por várias frentes. Apesar de cláusulas *yellow-dog* (na qual um trabalhador assumia não se filiar ao sindicato da categoria como condição para seu emprego) serem proibidas desde 1932, com a edição do *Norris-LaGuardia Act*, os empregadores estadunidenses ainda podem empreender, legalmente, campanhas antissindicais, "incluindo algumas combinações de dispensa de empregados por atividade sindical, reuniões cativas, trabalho de supervisores, promessas de aumento salarial, de melhora nas condições de trabalho, de benefícios, comitês anti-sindicais e cartas"[17].

Os dados divulgados pelo *Bureu of Labor Statistcs*, referentes ao ano de 2018, indicam que o percentual de trabalhadores sindicalizados era de 10,5%, o que representa um total de 14,7 milhões de pessoas. Em relação a 1983, primeiro ano com informações disponíveis para comparação, houve uma queda significativa: naquele ano, havia um total de 17,7 milhões de trabalhadores sindicalizados, o que representava um percentual de 20,1%[18].

Paralelamente, a Suprema Corte dos EUA, superando paradigma firmado em 1977, decidiu por acabar com a contribuição sindical obrigatória dos trabalhadores representados por determinado sindicato, ainda que se valham dos benefícios estabelecidos nas normas coletivas negociadas pela entidade sindical (*Mark Janus v. American Federation of State, County, and Municipal Employees*, julgado em junho de

15 GETMAN, Julius G.. Labor Arbitration and Dispute Resolution. **Yale Law School Faculty Scholarship Series**, New Haven, v. 4403, p.916-949, 1979. Disponível em: <https://digitalcommons.law.yale.edu/fss_papers/4403>. Acesso em: 24 nov. 2019.

16 "*Disparities of power in the relationship that is the focus of a dispute are bound to be reflected in the mechanism used to resolve the dispute*" (*Ibidem*, p. 933).

17 SANTOS, Enoque Ribeiro dos. **Fundamentos do Direito Coletivo do Trabalho:** nos Estados Unidos da América, na União Européia, no Mercosul e a Experiência Brasileira. Rio de Janeiro: Lumen Juris, 2005, p. 71.

18 Dados disponíveis no *site* do *United States Department of Labor*, acessados em 20 de novembro de 2019.

2018). Como veiculado pela maior parte da mídia nos EUA, a decisão afeta de forma significativa a estabilidade financeira dos sindicatos de trabalhadores estadunidenses.

Tal como no Brasil, onde a Lei nº 13.467/17 extinguiu a contribuição sindical obrigatória[19], a necessidade de reinvenção dos sindicatos para manutenção da sua higidez enquanto entidades de representação e proteção dos trabalhadores saltou à pauta prioritária da doutrina especializada e das próprias entidades.

4. AS CLÁUSULAS INDIVIDUAIS DE DESJUDICIALIZAÇÃO

Contrário à aplicação indiscriminada da arbitragem, nos bem-sucedidos moldes coletivos trabalhistas estadunidenses, a outras áreas do Direito, Getman ressalva, ainda, a aplicação da arbitragem em setores – ou a empregados – não sindicalizados (*nonunionized employment*)[20]. Para o autor, a inexistência da entidade sindical e da relação de trabalho protegida pela norma coletiva (elementos-chave para o sucesso da arbitragem trabalhista nos EUA, como já pontuado acima), colocam o empregado em situação de vulnerabilidade frente a pressões para que renuncie às suas pretensões, ainda que sua queixa inicial tenha seja bem-sucedida[21].

Outros aspectos importantes também são destacados pelo autor estadunidense quanto à arbitragem em relações individualizadas, sem assistência sindical, que podem ser aplicados à realidade brasileira: (i) a falta de familiaridade com os procedimentos legais e mesmo uma relutância em se envolver com eles vão barrar a maior parte dos trabalhadores em litigar; (ii) enquanto indivíduos isolados no litígio arbitral, os trabalhadores têm menos acesso aos precedentes de casos anteriores e ao "currículo" dos árbitros, o que prejudica seu envolvimento efetivo e justo na escolha do julgador; (iii) a descontinuidade da relação entre as partes e da disputa colocada à arbitragem (que, via de regra, será isolada e referente a apenas uma pendenga, não subsistindo com a frequência de uma relação entre sindicato e empregador no contexto da negociação coletiva) coloca em xeque a própria efetividade da atuação do árbitro que, como é da

19 Norma que foi validada pelo Supremo Tribunal Federal como constitucional também em junho de 2018 (ADI 5794 e ADC 55).

20 GETMAN, Julius G.. Labor Arbitration and Dispute Resolution. **Yale Law School Faculty Scholarship Series**, New Haven, v. 4403, p.916-949, 1979. Disponível em: <https://digitalcommons.law.yale.edu/fss_papers/4403>. Acesso em: 24 nov. 2019.

21 *"An individual employee without union protection would be vulnerable to harassment to force him to resign, even after a successful grievance"* (*Ibidem*, p. 935).

natureza humana, buscará soluções mais equânimes às partes quando houver a possibilidade de que seja recontratado tendo em vista sua boa decisão[22].

Dos pontos acima citados, incluindo o fato de que, no Brasil, a arbitragem pode ser bastante cara (em termos financeiros) às partes envolvidas, podemos extrair boa parte das críticas que essa forma de solução alternativa de conflitos encontra na doutrina nacional quanto à sua inaplicabilidade às relações individuais de trabalho. Retomar-se-ão as proposições de Getman mais à frente neste trabalho.

De forma bastante relevante, destaca-se que a Justiça brasileira possui ramo especializado com competência para dirimir judicialmente questões laborais, com acesso bastante simplificado e barateado se comparado ao caríssimo sistema judicial dos EUA, o que contribuiu para relegar os meios alternativos de solução de conflitos ao segundo plano no debate teórico e na vida prática das relações laborais brasileiras.

De todo modo, a aplicação da arbitragem nas relações individuais de trabalho é uma realidade, tanto no Brasil quanto nos EUA.

Nos EUA, a Suprema Corte, em maio de 2018, julgou três paradigmas que envolviam cláusulas obrigatórias de arbitragem em contratos de trabalho e cláusulas de renúncia do direito do empregado em ingressar com ações coletivas contra seu empregador (*class or collective actions*), validando as referidas disposições no contrato de trabalho – *Epic Systems Corp v. Lewis*; *Ernst & Young LLP v. Morris*; and *National Labor Relations Board v. Murphy Oil USA*. Para críticos da arbitragem individual nos EUA, como Stone, as cláusulas representam os novos *yellow-dog contracts*[23].

Stone aponta, ainda, que a evolução da aplicação da arbitragem a setores não sindicalizados vem se consolidando como paradigma judicial desde 1991, quando a Suprema Corte decidiu o caso *Gilmer v. Interstate/Johnson Lane Corp*[24].

Para os setores sindicalizados que possuem normas coletivas com cláusulas de compromisso arbitral, uma interpretação bastante duvidosa do artigo (*section*) 301 do *Labor Management Relations Act* também conduziu a uma extensão desastrosa da arbitragem trabalhista típica das negociações coletivas para os casos individuais de empregados. A autora afirma que, enquanto a expansão da arbitragem pareça uma forma de reduzir a sobrecarga das cortes, essa tendência se mostrará, ao longo do tem-

22 *Ibidem, passim.*

23 STONE, Katherine V. W. Mandatory Arbitration of Individual Employment Rights: The Yellow Dog Contract of the 1990s. **Cornell Law Faculty Publications.**, Ithaca, v. 1601, p.1017-1050, 1996. Disponível em: <https://scholarship.law.cornell.edu/facpub/1601/>. Acesso em: 24 nov. 2019.

24 *Ibidem.*

po, bastante cara[25], ao que nos parece, por conta das peculiaridades do desenho arbitral laboral e da fraca atuação das cortes na proteção dos direitos trabalhistas nos EUA.

No Brasil, a arbitragem é regulada em lei própria desde 1996 (Lei nº 9.307) e possui mecanismos que merecem algum destaque.

A Lei da Arbitragem brasileira é partidária do princípio da competência-competência (artigo 8º), que dispõe que o árbitro tem precedência sobre a decisão da pendenga e sobre os próprios limites do compromisso arbitral. Em termos práticos, significa que, caso o árbitro verifique, por exemplo, que os direitos postos em conflitos não são de natureza patrimonial disponível (artigo 1º) ou que há qualquer vício que macule a manifestação livre da vontade ou capacidade das partes, ele declinará de sua competência – o que levará as partes a litigar perante o Poder Judiciário. O Superior Tribunal de Justiça (STJ) só tem admitido a revogação do princípio da competência-competência diante de situações muito extremas, quando os contratos têm cláusulas visivelmente "patológicas"[26].

A Lei da Arbitragem prevê, ainda, mecanismo de judicialização da cláusula compromissória caso uma das partes se recuse à instituição da arbitragem (artigo 7º). Instituída a audiência, o juiz tentará, previamente, a conciliação das partes acerca do litígio, de modo que, se for frutífera a conciliação, a própria arbitragem será desnecessária. Tiburcio faz importantes considerações sobre a (in)constitucionalidade da substituição judicial da vontade da parte que se recusa à instituição da arbitragem, prevista no citado artigo 7º da Lei de Arbitragem, o que macularia a própria natureza voluntária do procedimento[27].

Por fim, a própria Lei de Arbitragem prevê hipótese de anulação da sentença arbitral pelo Poder Judiciário, nos termos de seus artigos 32 e 33, nos quais elenca as razões de nulidade da sentença e o procedimento para anulação judicial. Ou seja, a sentença arbitral não afasta das partes envolvidas a possibilidade de apreciação de seu litígio pelo Poder Judiciário, em pleno respeito ao direito contido na Constituição (artigo 5º, XXXV).

---

25 *Ibidem*, p.1050.

26 CONJUR. Árbitro tem preferência sobre Judiciário para fixar alcance de cláusula arbitral. **Revista Consultor Jurídico**, 24 de junho de 2019. Disponível em: <https://www.conjur.com.br/2019-jun-24/arbitro-preferencia-fixar-alcance-clausula-arbitral>. Acesso em: 24 nov. 2019.

27 TIBURCIO, Carmen. A lei de arbitragem e a pretensa inconstitucionalidade do seu art. 7º. **Revista de Direito Administrativo**, [s.l.], v. 218, p.175-196, 1 out. 1999. Fundacao Getulio Vargas. http://dx.doi.org/10.12660/rda.v218.1999.47458. Disponível em: <http://bibliotecadigital.fgv.br/ojs/index.php/rda/article/view/47458>. Acesso em: 24 nov. 2019.

A despeito de regulamentada desde 1996, a arbitragem não tem boa aceitação na seara trabalhista brasileira.

Quanto às relações individuais de trabalho, a arbitragem sempre encontrou muita resistência de aplicação. Dentre as diversas críticas colocadas por seus opositores na doutrina e na jurisprudência, algumas das quais já foram apontadas parágrafos acima (postas por Getman, 1979), acrescenta-se, geralmente, a mais veemente delas: os direitos trabalhistas são, por sua natureza, indisponíveis e, portanto, não sujeitos à arbitragem pela própria dicção da legislação (artigo 1º, da Lei nº 9.307/96).

Sobre essa colocação, transcreve-se o contrargumento de Freitas Junior, acerca da mediação trabalhista que, geralmente, recebe críticas muito similares às da arbitragem:

> Não é invulgar encontrarmos autores brasileiros céticos, como o emprego da mediação nas relações individuais de trabalho, ao argumento de que o direito do trabalho seria composto predominantemente de normas indisponíveis. O argumento não procede. Conquanto haja algumas normas trabalhistas claramente indisponíveis (proibição do trabalho da criança, por exemplo), essa qualidade não afeta a maioria das normas trabalhistas. Impossibilidade de renúncia de direitos na vigência do vínculo, característica do direito do trabalho no Brasil, não se confunde com a indisponibilidade, tanto que a própria Constituição reserva um regime prescricional específico para direitos trabalhistas (art. 7º, XXIX, CR) e o Judiciário homologa transações trabalhistas com frequência (algo impossível em direitos indisponíveis)[28].

Igualmente, o princípio da competência-competência, consagrado na Lei da Arbitragem, como já descrito, blindaria as partes da transação sobre direitos não disponíveis ou sobre a invalidade do próprio contrato e da cláusula compromissória por fraude à legislação trabalhista (artigo 9º da CLT), por exemplo, o que seria dirimido pelo árbitro. Caberia, como último recurso, ainda, a anulação da sentença arbitral pela via judicial.

Nas relações coletivas, por sua vez, a arbitragem também não parece ser meio comum ou consolidado para dirimir as controvérsias entre as partes negociantes, notadamente porque a Justiça do Trabalho, no Brasil, dispõe de meio próprio de judicialização dos dissídios coletivos, regulado pela CLT (artigo 616, § 2º).

Vale o destaque que, por controvérsias coletivas, no Brasil, temos majoritariamente os conflitos quanto à celebração e assinatura das normas coletivas (aliás, conforme a própria disciplina legal mencionada), enquanto, nos EUA, como já explanado

---

28 FREITAS JUNIOR, Antônio Rodrigues. Métodos alternativos de solução de conflitos: mediação trabalhista. In: LAGRASTA NETO, Caetano; SIMÃO, José Fernando (Org.). **Dicionário de Direito de Família:** Volume 2: I - Z. São Paulo: Atlas, 2015. p. 691.

anteriormente, as controvérsias coletivas, dirimidas por meio da arbitragem, dizem respeito à efetivação e ao respeito aos direitos postos nas normas coletivas. Isto é, enquanto aqui, a controvérsia se põe, principalmente, na celebração do acordo, lá se põe em relação à sua implementação e cumprimento.

Mas, a despeito de toda a celeuma sobre o instituto da arbitragem e do cenário brasileiro trabalhista não afeito à sua utilização, a Reforma Trabalhista (Lei nº 13.467/17) trouxe expressamente a aplicabilidade do procedimento às relações de emprego em que figurem empregados cuja remuneração seja superior a duas vezes o limite máximo estabelecido para os benefícios do Regime Geral da Previdência Social (RGPS) – atual redação do artigo 507-A da CLT.

Aqui, valem dois destaques. Primeiro, entende-se incorreto afirmar que a Reforma Trabalhista instituiu a arbitragem para os empregados "hiperssuficientes", como se convencionou chamar os empregados que percebem salário mensal igual ou superior a duas vezes o limite máximo dos benefícios do RGPS e que possuem diploma de nível superior (artigo 444, parágrafo único da CLT). A cláusula 507-A da CLT não menciona a necessidade de diploma de ensino superior, bem como fala em remuneração superior a duas vezes o limite máximo dos benefícios do RGPS, não salário; como é sabido, as terminações têm significados diferentes no Direito do Trabalho.

O segundo destaque é que a lei trabalhista afirma apenas que poderá ser pactuada cláusula compromissória de arbitragem, desde que por iniciativa do empregado ou mediante a sua concordância expressa, e remete à Lei da Arbitragem, de forma genérica.

A dicção não muito clara da norma trabalhista nos obriga a procurar, na Lei da Arbitragem, figura que garanta a proteção à manifestação ou concordância expressa do trabalhador com o compromisso arbitral, o que pode ser verificado, analogicamente, na disposição sobre cláusula compromissória nos contratos de adesão (artigo 4º, § 2º da Lei nº 9.307/96): "nos contratos de adesão, a cláusula compromissória só terá eficácia se o aderente tomar a iniciativa de instituir a arbitragem ou concordar, expressamente, com a sua instituição, desde que por escrito em documento anexo ou em negrito, com a assinatura ou visto especialmente para essa cláusula". Assim, parece coerente defender que, para validade da cláusula compromissória nos contratos de trabalho, eles devem atender aos mesmos requisitos e especificações dos contratos de adesão previstos na Lei de Arbitragem.

Dentre as formas de desjudicialização de conflitos trabalhistas, a arbitragem não foi a única novidade introduzida pela Lei nº 13.467/17: a celebração de acordos extrajudiciais (o que a lei chamou de jurisdição voluntária), atual redação do artigo 855-B da CLT, pode conter cláusula de quitação geral do extinto contrato de trabalho, cuja validade foi certificada recentemente pela 4ª Turma do TST[29].

Diante dessas alterações legislativas, reavivar o debate sobre a aplicação prática dos meios alternativos de solução de controvérsias às relações de emprego é de extrema urgência.

5. OS ESPAÇOS DE ATUAÇÃO DOS SINDICATOS EM MATÉRIA DE DESJUDICIALIZAÇÃO DE CONFLITOS TRABALHISTAS

Sem prejuízo de todas as críticas que possam ser colocadas aos meios alternativos de soluções de controvérsias à seara trabalhista, algumas das quais já desenhadas nos tópicos precedentes, é certo que sua aplicação prática, no Brasil, é uma realidade presente. Cabe, agora, verificar algumas das possibilidades para que sejam mitigados os riscos de que tais institutos venham a desvirtuar os direitos trabalhistas legalmente e coletivamente instituídos; em especial, algumas proposições sobre qual papel os sindicatos podem assumir frente a estas mudanças legislativas.

Primeiro, após a erradicação da contribuição sindical obrigatória pela Lei nº 13.467/17, validada pelo STF como constitucional, muito se tem falado sobre a necessidade de "reinvenção" das entidades sindicais. Mas o tema não é recente, sendo relevantíssimas a bastante atuais as proposituras de Freitas Junior, acerca da necessidade de amadurecimento dos sindicatos enquanto associações de interesse que devem se incumbir da exteriorização da autonomia coletiva[30].

Conforme levantamento apontado por Galvão, "a campanha de sindicalização se destaca entre as principais medidas adotadas para compensar a perda de arrecadação"[31]. A autora, ainda, é bastante crítica a algumas das posições adotadas pelas entidades sindicais frente à Reforma Trabalhista, sentenciando que "é preciso ir além

29 Disponível em: <http://www.tst.jus.br/noticias/-/asset_publisher/89Dk/content/laboratorio-e-gerente-conseguem-homologacao-de-acordo-extrajudicial-para-encerrar-contrato?inheritRedirect=false>. Acesso em: 24 nov. 2019.

30 FREITAS JUNIOR, Antônio Rodrigues. Sindicato: conceito, representação e função no cenário contemporâneo. In: MAIOR, Jorge Luiz Souto; CORREIA, Marcus Orione Gonçalves (Org.). **Curso de Direito do Trabalho:** Vol. III - Direito Coletivo do Trabalho. São Paulo: Ltr, 2008. p. 86-97. Coleção Pedro Vidal Neto.

31 GALVÃO, Andréia. Reforma Trabalhista: efeitos e perspectivas para os sindicatos. In: KREIN, José Dari; OLIVEIRA, Roberto Véras de; FILGUEIRAS, Vitor Araújo. **Reforma Trabalhista no Brasil:** Promessas e Realidade. Campinas: Curt Nimuendajú, 2019. p. 220-221.

de uma postura defensiva, é necessário combater ativamente a ideologia e a política neoliberal, que favorecem o individualismo e o imobilismo"[32].

Segundo, mesmo que a edição da Lei nº 13.467/17 tenha trazido inovações ao campo das negociações coletivas, seja a extensão de seus domínios (artigo 611-A da CLT), seja a institucionalização do princípio de prevalência do negociado sobre o legislado, levantamentos recentes apontam que, em 2018, as entidades sindicais enfrentaram entraves negociais decorrentes, justamente, dos mecanismos introduzidos pela Reforma Trabalhista, como uma "faca de dois gumes"[33].

As dificuldades negociais apontam para uma defasagem das cláusulas de natureza econômica e uma guinada em favor das cláusulas sociais, notadamente a manutenção de benefícios anteriormente estabelecidos e a homologação das rescisões no sindicato, que foi extirpada do ordenamento com a Reforma Trabalhista[34]. Sobre esse último ponto, bastante sensível, Scherer alerta que "há um claro favorecimento à burla de direitos trabalhistas, já que o trabalhador, sozinho, frequentemente não está preparado para verificar a correção do pagamento das verbas rescisórias"[35].

Scherer[36] indica, ainda, uma tendência preliminar de que a Reforma Trabalhista tenha ampliado o antagonismo dos interesses em disputa nas negociações coletivas, sendo que para quase metade dos casos levantados (46,8%), a negociação foi finalizada por dissídio coletivo, com mediação do Ministério Público do Trabalho (MPT) ou com a realização de greves e paralisações.

Terceiro, a consideração do papel dos sindicatos de promoção de conciliação nos dissídios de trabalho (artigo 514, "c" da CLT), bem como ao alerta já feito por Freitas Junior acerca da necessidade de, nas relações individuais do trabalho, ter-se presente a assimetria, ou seja, "a desigualdade constitutiva que se estabelece entre

---

32 *Ibidem*, p. 220.

33 SCHERER, Clovis. Diálogo e proteção social: a negociação coletiva após a Reforma Trabalhista. In: KREIN, José Dari; OLIVEIRA, Roberto Véras de; FILGUEIRAS, Vitor Araújo (Org.). **Reforma Trabalhista no Brasil:** Promessas e Realidade. Campinas: Curt Nimuendajú, 2019. p. 181-199.

34 "Pelo lado dos trabalhadores, os questionários indicaram que as reivindicações econômicas continuaram sendo o 'carro-chefe' das pautas laborais no primeiro semestre de 2018. Entretanto, o percentual de 35% das pautas em que a principal reivindicação era o reajuste salarial pode ser considerado baixo, diante da tradição brasileira de negociações centradas na questão salarial. Além das reivindicações econômicas, aparecem também, com destaque a manutenção das cláusulas vigentes e a homologação das rescisões no sindicato" (SCHERER, 2019, p. 191-192).

35 SCHERER, Clovis. Diálogo e proteção social: a negociação coletiva após a Reforma Trabalhista. In: KREIN, José Dari; OLIVEIRA, Roberto Véras de; FILGUEIRAS, Vitor Araújo (Org.). **Reforma Trabalhista no Brasil:** Promessas e Realidade. Campinas: Curt Nimuendajú, 2019. p. 190-191.

36 *Ibidem*, p. 192.

trabalhadores (legalmente subordinados) e empregadores (a quem o direito confere a titularidade do poder diretivo"[37].

E, sobre essas premissas, questiona-se: qual papel as entidades sindicais, munidas de seu poder representativo, podem (e devem) assumir na defesa dos interesses de suas categorias coletivas?

O vácuo sobre o qual se assentaram as medidas de desjudicialização dos conflitos individuais do trabalho previstas na Reforma Trabalhista, especialmente quanto à percepção da assimetria das partes envolvidas (empregador-empregado) parece crucial para que se modele um novo campo de atuação das entidades sindicais.

Sua força enquanto entes representativos das categorias de trabalhadores, ainda que abalada pela questão financeira[38], é indiscutível. A necessidade de que passe a promover, em seu seio, voluntariamente, novas formas de participação na mediação de conflitos individuais do trabalho ou passe a atuar de forma mais ativa e presente junto à massa de trabalhadores, é, julga-se, sua pauta mais importante.

Desvincular-se do passado infrutífero das CCPs, que atraiu maus olhares à possibilidade dos sindicatos de atuarem de forma indubitável na defesa dos interesses dos empregados quando da rescisão contratual, é de extrema urgência para que as entidades sindicais voltem a ganhar confiabilidade dos trabalhadores e, em efeito reverso, atraiam mais interessados na sindicalização.

Assim, sugere-se debruçar-se sobre a implantação de novos mecanismos de defesa dos direitos, com a extensão de novas cláusulas sociais nas negociações coletivas, ao invés de insistir apenas "na mesma tecla" da homologação obrigatória da rescisão no sindicato – norma legal que, aliás, era a única que, após a derrocada das CCPs, impunha a participação sindical na rescisão contratual, de forma impositiva[39].

A arbitragem, por exemplo, é uma realidade, hoje, na legislação trabalhista e que pode ser internalizada, a exemplo das experiências estadunidenses com o instrumento, à atuação dos sindicatos no Brasil, seja no papel de árbitro, com a

37 FREITAS JUNIOR, Antônio Rodrigues. Métodos alternativos de solução de conflitos: mediação trabalhista. In: LAGRASTA NETO, Caetano; SIMÃO, José Fernando (Org.). **Dicionário de Direito de Família: Volume 2: I - Z.** São Paulo: Atlas, 2015. p. 691.

38 Aliás, Freitas Junior (2008, p. 96) já alertava o ceticismo "quanto às aptidões institucionais do sindicato brasileiro, para protagonizar significativos exercícios de contenção do quadro de crise estrutural do emprego e de precarização do trabalho humano" sem a remoção de algumas peculiaridades da disciplina jurídica das entidades sindicais no país – peculiaridades dentre as quais, talvez, se podia enquadrar a contribuição sindical obrigatória.

39 O que nos faz questionar, de forma provocativa: os sindicatos no Brasil, em algum momento, efetivamente participaram do cotidiano das relações de trabalho de forma voluntária ou sempre tiveram a lei como "muleta" para sua participação obrigatória? Talvez, novamente, a homologação da rescisão contratual fosse uma das peculiaridades citadas na nota de rodapé nº 11.

formação de pessoal qualificado para atuação em demandas dessa natureza, seja no papel de parte requerente quando da necessidade de resolução de conflitos de natureza coletiva.

A familiaridade crescente das entidades sindicais, em especial, de trabalhadores, com o procedimento da arbitragem dá margem para sua atuação segura na defesa dos interesses de seus representados. Isso implica, claro, na familiaridade com as cláusulas compromissórias, com a institucionalização das regras do procedimento arbitral (notadamente, da responsabilidade sobre o pagamento dos árbitros e das despesas) e com a respeitabilidade da sentença arbitral, nos conformes da Lei nº 9.307/96.

Não se verifica empecilho legal para que esses desenhos passem a ser delineados em norma coletiva, notadamente em proteção daqueles trabalhadores que podem estar submetidos a essa modalidade de resolução de conflitos, por aplicação do artigo 507-A da CLT, como já explanado acima. Se Getman já alertava quanto à falta de familiaridade dos trabalhadores de forma individualizada com o procedimento arbitral[40] e a ausência de homologação sindical sobre as rescisões contratuais acende um alerta quanto à dificuldade dos trabalhadores em verificar a acerto de seus pagamentos, as preocupações convergem. E elas parecem ter uma única solução comum: o retorno da participação efetiva da entidade sindical na vida dos trabalhadores.

Igualmente, quanto aos acordos extrajudiciais, a lei determina a assistência das partes obrigatoriamente por seus advogados e faculta a assistência do trabalhador pelo advogado do sindicato de sua categoria (artigo 855-B, § 2º da CLT). Além do oferecimento dos patronos aos trabalhadores, o sindicato pode, a teor do que defende este trabalho, atuar como mediador na conciliação, ancorado na previsão do artigo 514, "c" da CLT, o que pode vir, também, a ser previsto em norma coletiva.

6. CONCLUSÃO

A exemplo da experiência dos EUA com a arbitragem trabalhista, as entidades sindicais brasileiras têm muito a aprender com os meios alternativos de solução de controvérsias. Como evidencia Souto Maior,

> [...] Nada autoriza dizer que os modos de solução de conflitos trabalhistas possam ser utilizados como instrumentos de meras reduções dos direitos dos tra-

40 Destacando, ainda, a peculiaridade já mencionada de que, no Brasil, a Reforma Trabalhista previu, apenas, um recorte monetário para a possibilidade de institucionalização da arbitragem, sem qualquer remissão à qualificação do trabalhador em termos educacionais.

balhadores, sendo relevante realçar os fundamentos que lhe são próprios, conforme acima destacado: a) fixar parâmetros específicos para efetivação, em concreto, dos preceitos normativos de caráter genérico referentes aos valores humanísticos afirmados na experiência histórica; b) melhorar, progressivamente, as condições sociais e econômicas do trabalhador[41].

Assim, a adoção de meios de desjudicialização baseados em pactos de comum acordo e submissão voluntária devem ser valorizados e vistos pelos agentes sociais como instrumentos de pacificação social e implementação de comunicações não-violentas, aptos a "produzir resultados mais rápidos, eficazes, corretivos de conduta do ofensor e não duplamente vitimizador, como invariavelmente acaba sendo a via judicial, por sua natureza pública e coessencialmente adversarial"[42].

A quebra do paradigma entre os "maus olhares" com que, hoje, a maior parte da doutrina vê esses meios, como formas de furtar à apreciação do Poder Judiciário eventual lesão de direitos trabalhistas, está em lançar mão de um debate sério sobre as práticas, sua aplicação, seus efeitos sociais, sua sistematização e, acima de tudo, sobre a garantia de uma atuação forte e correta em prol dos trabalhadores. É neste ponto que este artigo enxerga, com boas perspectivas, um amplo espaço para atuação das entidades sindicais de trabalhadores, casando um o momento ideal em que seu papel social precisa ser repensado e seus laços com o trabalho de base devem ser fortalecidos.

A remissão às entidades sindicais estadunidenses, nessa perspectiva, visava a ilustrar como a ativa participação sindical deu bons frutos no desenvolvimento da arbitragem coletiva trabalhista em moldes bem-sucedidos, que somente foram "contaminados" com o enfraquecimento dos sindicatos e com o alargamento de políticas econômicas liberais em detrimento dos direitos trabalhistas já consolidados.

Guardadas as devidas proporções entre os sistemas políticos e jurídicos de ambos os países, EUA e Brasil enfrentam a mesma necessidade de revalorização das entidades sindicais, seu fortalecimento enquanto associações de interesses e uma profunda reestruturação de sua forma de atuação e comunicação. Invariavelmente, isso passará pela reinvenção das frentes de luta e das pautas prioritárias. O que sugere esse trabalho é, justamente, uma dessas hipóteses de reinvenção, para fortalecer a atuação sindical onde, hoje, tem-se enxergado, apenas, práticas duvidosas contra

41 SOUTO MAIOR, Jorge Luiz. Fundamentos para a solução dos conflitos coletivos de trabalho. In: MAIOR, Jorge Luiz Souto; CORREIA, Marcus Orione Gonçalves. **Curso de Direito do Trabalho:** Vol. III - Direito Coletivo do Trabalho. São Paulo: Ltr, 2008. p. 98-107. Coleção Pedro Vidal Neto.

42 FREITAS JUNIOR, Antônio Rodrigues. Métodos alternativos de solução de conflitos: mediação trabalhista. In: LAGRASTA NETO, Caetano; SIMÃO, José Fernando (Org.). **Dicionário de Direito de Família:** Volume 2: I - Z. São Paulo: Atlas, 2015. p. 692.

os interesses dos trabalhadores, qual seja, na resolução de conflitos por meios alternativos e na desjudicialização de demandas.

7. REFERÊNCIAS BIBLIOGRAFICAS

BRASIL. STF. **ADI nº 2139.** Relator: Ministra Cármen Lúcia. Brasília, DF, 01 de agosto de 2018. DJE. Brasília, 19 fev. 2019.

BRASIL. TST. **Primeiro ano da reforma trabalhista: efeitos.** 2018. Disponível em: <http://www.tst.jus.br/noticias/-/asset_publisher/89Dk/content/primeiro-ano-da-reforma-trabalhista-efeitos?inheritRedirect=false>. Acesso em: 24 nov. 2019.

CONJUR. Árbitro tem preferência sobre Judiciário para fixar alcance de cláusula arbitral. **Revista Consultor Jurídico**, 24 de junho de 2019. Disponível em: <https://www.conjur.com.br/2019-jun-24/arbitro-preferencia-fixar-alcance-clausula-arbitral>. Acesso em: 24 nov. 2019.

FREITAS JUNIOR, Antonio Rodrigues. Métodos alternativos de solução de conflitos: mediação trabalhista. In: LAGRASTA NETO, Caetano; SIMÃO, José Fernando (Org.). **Dicionário de Direito de Família:** Volume 2: I - Z. São Paulo: Atlas, 2015. p. 689-692.

____________________. Sindicato: conceito, representação e função no cenário contemporâneo. In: MAIOR, Jorge Luiz Souto; CORREIA, Marcus Orione Gonçalves (Org.). **Curso de Direito do Trabalho:** Vol. III - Direito Coletivo do Trabalho. São Paulo: Ltr, 2008. p. 86-97. Coleção Pedro Vidal Neto.

GALVÃO, Andréia. Reforma Trabalhista: efeitos e perspectivas para os sindicatos. In: KREIN, José Dari; OLIVEIRA, Roberto Véras de; FILGUEIRAS, Vitor Araújo. **Reforma Trabalhista no Brasil:** Promessas e Realidade. Campinas: Curt Nimuendajú, 2019. p. 201-223.

GETMAN, Julius G.. Labor Arbitration and Dispute Resolution. **Yale Law School Faculty Scholarship Series,** New Haven, v. 4403, p. 916-949, 1979. Disponível em: <https://digitalcommons.law.yale.edu/fss_papers/4403>. Acesso em: 24 nov. 2019.

MANUS, Pedro Paulo Teixeira. **Morosidade na solução dos processos judiciais não interessa a ninguém.** 2014. CONJUR. Disponível em: <https://www.conjur.com.br/2014-out-17/reflexoes-trabalhistas-morosidade-solucao-processos-judiciais-nao-interessa-ninguem>. Acesso em: 24 nov. 2019

REUTERS (EUA). **US jobless claims fall as labor market holds firm despite trade tensions.** 2018. Disponível em: <https://www.cnbc.com/2018/08/23/us-weekly-jobless-claims-aug-18-2018.html>. Acesso em: 24 nov. 2019.

SANTOS, Enoque Ribeiro dos. **Fundamentos do Direito Coletivo do Trabalho:** nos Estados Unidos da América, na União Européia, no Mercosul e a Experiência Brasileira. Rio de Janeiro: Lumen Juris, 2005.

SCAVONE JUNIOR, Luiz Antonio. **Manual de Arbitragem:** Mediação e Conciliação. 8. ed. Rio de Janeiro: Editora Forense, 2018.

SCHERER, Clovis. Diálogo e proteção social: a negociação coletiva após a Reforma Trabalhista. In: KREIN, José Dari; OLIVEIRA, Roberto Véras de; FILGUEIRAS, Vitor Araújo (Org.). **Reforma Trabalhista no Brasil:** Promessas e Realidade. Campinas: Curt Nimuendajú, 2019. p. 181-199.

SOUTO MAIOR, Jorge Luiz. Fundamentos para a solução dos conflitos coletivos de trabalho. In: SOUTO MAIOR, Jorge Luiz; CORREIA, Marcus Orione Gonçalves. **Curso de Direito do Trabalho:** Vol. III - Direito Coletivo do Trabalho. São Paulo: Ltr, 2008. p. 98-107. Coleção Pedro Vidal Neto.

STONE, Katherine V. W. Mandatory Arbitration of Individual Employment Rights: The Yellow Dog Contract of the 1990s. **Cornell Law Faculty Publications.**, Ithaca, v. 1601, p.1017-1050, 1996. Disponível em: <https://scholarship.law.cornell.edu/facpub/1601/>. Acesso em: 24 nov. 2019.

______________________. The Steelworkers Trilogy and the Evolution of Labor Arbitration. **Public Law & Legal Theory Research Paper Series**, Los Angeles, n. 04-29, p.1-40, 2005. University of California School of Law. Disponível em: <https://papers.ssrn.com/sol3/papers.cfm?abstract_id=631343>. Acesso em: 24 nov. 2019.

TIBURCIO, Carmen. A lei de arbitragem e a pretensa inconstitucionalidade do seu art. 7º. **Revista de Direito Administrativo**, [s.l.], v. 218, p.175-196, 1 out. 1999. Fundacao Getulio Vargas. http://dx.doi.org/10.12660/rda.v218.1999.47458. Disponível em: <http://bibliotecadigital.fgv.br/ojs/index.php/rda/article/view/47458>. Acesso em: 24 nov. 2019.